T0298763

التدريب الإداري

الدكتور بلال خلف السكارنه

كلية العلوم الادارية والمالية/ جامعة الاسراء

دار وائل للنشر

الطبعة الأولى

2009

رقم الايداع لدى دائرة المكتبة الوطنية : (2008/12/4266)

السكارنه، بلال

التدريب الاداري / بلال خلف السكارنة. - عمان: دار وائل للنشر 2008

(488) ص

ر.إ. : (2008/12/4266)

الواصفات: ادارة الأعمال / التدريب / التطور الاداري

* تم إعداد بيانات الفهرسة والتصنيف الأولية من قبل دائرة المكتبة الوطنية

****

رقم التصنيف العشري / ديوي : 658.406

ISBN 978-9957-11-791-7 (ردمك)

* التدريب الاداري

* الدكتور بلال خلف السكارنه

* الطبعـة الأولى 2009

* جميع الحقوق محفوظة للناشر

دار وائــل للنشر والتوزيع

* الأردن - عمان - شارع الجمعية العلمية الملكية - مبنى الجامعة الاردنية الاستثماري رقم (2) الطابق الثاني

هـاتف : 00962-6-5338410 - فاكس : 00962-6-5331661 - ص. ب (1615 - الجبيهة)

* الأردن - عمـان - وسـط البـلد - مجمـع الفحيص التجـاري- هــاتف: 00962-6-4627627

www.darwael.com

E-Mail: Wael@Darwael.Com

الإهـــداء

إلى أمي وأبي أطال الله في عمريهما ..

إلى زوجتي وولدي عمر وشهد .. رمز الحب والأمل..

إلى عائلتي حفظهم الله ورعاهم ..

إلى كل المهتمين بالتدريب الاداري ..

المحتويات

المقدمـــة

يعد التدريب في عالم المجتمعات والمؤسسات المعاصرة هو أداة التنمية ووسيلتها كما أنه الأداة التي إذا أحسن استثمارها وتوظيفها تمكنت من تحقيق الكفاءة والكفاية في الأداء والإنتاج ، وقد أظهرت نتائج العديد من الأبحاث أن للتدريب دوراً أساسياً في نمو الثقافة والحضارة عامة وتبرز أهمية ذلك باعتباره أساس كل تعلم وتطوير وتنمية للعنصر البشري ومن ثم تقدم المجتمع وبنائه . وعن طريق التدريب يستمر الإعداد للمهنة طالما أن متطلباتها متغيرة بتأثير عوامل عدة كالانفجار المعرفي المتمثل في التقدم التقني في جميع مجالات الحياة وكذلك سهولة تدفق المعلومات من مجتمع إلى آخر ومن حضارة إلى أخرى، فالتدريب يقدم معرفة جديدة ، ويضيف معلومات متنوعة ، ويعطي مهارات وقدرات ويؤثر على الاتجاهات ، ويعدل الأفكار ويغير السلوك ويطور العادات والأساليب في العمل. والتدريب ليس عملاً عشوائياً أو مهمة زائدة يمكننا أن نمارسها أو لا نمارسها .

التدريب مهمة أساسية في حياتنا المعاصرة . التدريب ليس بحاجة منظمات العمل فقط بل ينبغي أن يسري مفهوم التدريب ليشمل كافة مؤسسات المجتمع من الأسرة إلى أعلى تنظيم في الدولة. إننا نعتقد أن التقليد الذي نمارسه اليوم في منظماتنا وحياتنا العامة يحتاج إلى إعادة نظر من خلال التوقف عند كل مرحلة من مراحله والعمل على تحليلها وتشخيصها . أننا بحاجة إلى أن نتساءل عن أهداف التدريب وجدواه ومن يعد برامجه ، وفي تنفيذ هذه البرامج ومن يقيمها . إننا بحاجة أن نعيد النظر في كافة قضايا التدريب الحالية ونربطها بتحديات الحاضر والمستقبل وأن نستفيد في هذا الشأن من تجارب وممارسات الأمم المتقدمة .

ولهذا فقد جاء هذا الكتاب في اثنا عشر فصلاً لالقاء الضوء على كثير من الموضوعات المعاصرة التي تساعد المهتمين في التدريب الاداري لتعميق مفاهيمهم الادارية نحو ذلك ، فقد تناول الفصل الأول موضوع مفهوم وأهمية التدريب ودوافع ومزايا وفوائد ومبادىء التدريب وعلاقة التدريب والتنمية والتعليم وعناصر ومرتكزات العملية التدريبية ،أما

الفصل الثاني تناول موضوع تصميم عملية التدريب والنظام التدريبي وفق منحى النظم و مراحل العملية التدريبه وفعاليات العمليه التدريبية ، اما الفصل الثالث تناول موضوع تحديد وأهمية الاحتياجات التدريبية و طرق تحديدها وطرق جمع البيانات لتحديدها ومقاومة فكرة تحديد الاحتياجات التدريبية ونتائج الفشل فيها ، اما الفصل الرابع تناول موضوع أنواع التدريب ومستويات التدريب وتصميم البرامج التدريبية وخطواتها وحالة دراسية لتنفيذ برنامج تدريبي، أما الفصل الخامس تناول موضوع الأساليب التدريبية والعوامل التي تؤثر في اختيار اساليب التدريب ومعاييرها وأنواع اساليب التدريب المختلفة ، اما الفصل السادس تناول موضوع الوسائل والمساعدات التدريبية وانواع التقنيات الحديثة في التدريب وانواع الوسائل والمساعدات التدريبية ، أما الفصل السابع تناول موضوع تقويم التدريب وابعاده ومراحل وطرق عملية تقويم التدريب والعوامل المؤثرة في اختيار معايير تقويم التدريب ونماذج تقويم برنامج تدريبي ، اما الفصل الثامن تناول مفهوم الحقيبة التدريبية وخصائصها ومميزاتها ومكونات ودليل إعداد الحقيبة التدريبية وتمارين تطبيقية للحقائب التدريبية أما الفصل التاسع تناول موضوع إدارة الانشطة التدريبية وآلية إدارتها وبيئة التدريب وإدارة افتتاحية البرنامج التدريبي وآلية تنظيم مرحلة تنفيذ التدريب وطبيعة دور أخصائي التدريب والمهارات الإدارية والسلوكية والانشطة الرئيسية لاخصائي التدريب، اما الفصل العاشر تناول موضوع إعداد المدربين والخصائص والمهارات المطلوبة في المدرب والمحاذير على المدرب وكيفية تقديم حلقة تدريبية ومهارات استخدام أجهزة العرض أما الفصل الحادي عشر تناول موضوع قياس العائد من التدريب وتحديد تكاليف التدريب وأنظمة تصنيف التكاليف وأسباب مبررات بناء قاعدة بيانات التكاليف و حساب العائد على الاستثمار في التدريب أما الفصل الثاني عشر تناول موضوع مهارات العرض والتقديم ومراحل التقديم الشفوي والعرض والية التعامل مع المستمعين و كيف تجذب أنتباه المستمعين ولغة الجسد وأهميتها في العرض والتقديم .

وهذا قد تضمن الكتاب مجموعة من الاسئلة المختارة في نهاية كل فصل لتكون معينة لقارئ هذا الكتاب في فهم موضوعاته .

وأخيرا يأمل المؤلف بان يكون قد قدم اسهاما متواضعا في موضوع الكتـاب وبـالرغم مـن إغنـاء المكتبة العربية في مثل هذه الاسهامات الفكرية التي احتواها الكتاب الا انه جاء بحيـث تكـون في كتـاب واحد وعذرا عن أي نقص يمكن تلافيه في الطبعات القادمة ان شاء الله .

د. بلال خلف السكارنه

bsakarneh@yahoo.com

الفصل الأول

مفهوم التدريب

الفصل الأول
مفهوم التدريب

الأهداف التعليمية للفصل :

يهدف هذا الفصل الى تزويد القارىء بالمعلومات التي تمكنه من :

1. مفهوم التدريب .
2. أهمية التدريب .
3. دوافع ومزايا التدريب .
4. فوائد ومبادىء التدريب .
5. مراحل النظام التدريبي .
6. التدريب والتنمية .
7. التدريب والتعليم .
8. عناصر التدريب .مرتكزات العملية التدريبية .
9. فلسفة العملية التدريبية.
10. معوقات التدريب .

المقدمــــة

إن عملية التدريب عملية مستمرة ومتكاملة حيث يتوقف النجاح في أي مرحلة من مراحلها على الأداء الصحيح للمراحل السابقة لها، ولغرض تأدية المهام والواجبات الموكلة للأفراد العاملين بالمستوى المطلوب ووفقاً لما اتخذته المنظمة من أهداف لا بد من تهيئة كافة المستلزمات الأساسية لزيادة كفاءة وفاعلية الأفراد العاملين لإنجاز مهامهم ومتطلباتهم وعملهم بنجاح.

ولهذا فالتدريب يحتل أهمية قصوى كعنصر رئيسي في عملية التنمية الإدارية، ومن ثم يتطلب عناية فائقة في التخطيط والتنفيذ والمتابعة ضماناً لتحقيق الأهداف المحددة، حتى يتمكن الفرد العامل من تأدية عمله بأسلوب فعال ذات سلوك واتجاهات إيجابية.

نظرا للتطورات التكنولوجية و الاقتصادية العالمية الجارية و اتجاه المؤسسات نحو الانفتاح والتوسع تزايدت و تجددت الحاجة إلى كادر وظيفي مؤهل و مدرب ليواكب هذا التطور.

يعيش عالمنا اليوم ثورة شاملة في جميع مجالات الحياة الاقتصادية، والاجتماعية، والتكنولوجية و الصناعية. لـذلك تسـعى المجتمعـات الحديثـة في عـالم اليـوم إلى التغلـب علـى مشـكلاتها الاقتصادية والاجتماعية، وبخاصة في ظل هذا التطور الصناعي والتكنولوجي والعلمي المذهل في كل المجالات.

ونظراً للتطور والتنوع في الخدمات في عصر المعلومات والاتصالات وازدياد أهميـة المؤسسـات في تطوير الأعمال، حيث أصبح العمل مفهوماً معقداً ومتنوعاً وذلك بعد ظهور أعمال جديـدة وتلاشي أعمـال قديمة، وبعد أن أصبحت المعلومات والخبرات موضوعاً إبداعياً يتعلق بأسلوب تنظيم المعلومات وبالعقليـة التحليلية التي تتعلم باستمرار، حتى قيل أن استراتيجية التعليم والتدريب في القرن الحادي والعشرين هي إكساب المتعلم/ المتدرب مهارات تتعلق بكيفية التعلم، بحيـث يصبح المـتعلم أو المتـدرب معلمـاً ومدربـاً لنفسه باستمرار.

ينظر إلى وظيفة التدريب اليوم على أنها الوظيفة المكملة للتعيين، فلا يكفي أن تقوم المنظمات باختيار الموظفين و تعيينهم. إنما يجب إعداد هؤلاء الأفراد وتنمية قدراتهم على أداء

الأعمال المسندة إليهم ومساعدتهم على اكتساب الجديد من المعلومات والمعارف و تزويدهم بالأساليب الجديدة لاداء الأعمال وصقل مهاراتهم.

إن التدريب هو النشاط الذي توليه المنظمة اهتماما كبيرا، حيث يهدف إلى تنمية قدرات العاملين في العمل، ومن خلاله يزود الفرد بالمعلومات والمهارات الجديدة المطلوبة لتحقيق استراتيجية المنظمة في البيئة.

اذ ان طبيعة التغييرات التي تعيشها المنظمات في الوقت الحاضر سواء أكانت تكنولوجية او تنظيمية اصبحت تفرض عليها ضرورة توافق قدرات العاملين مع ما يستجد من هذه التطورات بغية تحقيق ما تصبوا اليه المنظمات، وأصبح لزاما عليها ان تفتش عن برامج التدريب المناسبة للعاملين في مراكز التدريب المختلفة.

ومن هذا المنظور، فقد أخذت المؤسسات والإدارات الحديثة تتبارى في تقديم البرامج التدريبية لكوادرها الإدارية والفنية، وتخصيص الموازنات المالية الكبيرة التي ترصدها لتدريب مواردها البشرية، حتى أن نسبة ما تخصصه هذه المؤسسات من موازناتها العامة للتدريب يصل إلى حوالي 15% من الموازنة العامة للمؤسسة في المؤسسات الرائدة في العالم المتقدم.

1-1 مفهوم التدريب

لقد تعددت التعاريف حول مفهوم التدريب إلا أنها متفقة على الركائز الأساسية لعملية التدريب، فقد عرف الهيتي التدريب على انه: جهود إدارية وتنظيمية مرتبطة بحالة الاستمرارية تستهدف إجراء تغيير مهاري ومعرفي وسلوكي في خصائص الفرد الحالية أو المستقبلية لكي يتمكن من الإيفاء بمتطلبات عمله أو أن يطور أدائه العملي والسلوكي بشكل افضل.

كذلك عرف عبد الجليل التدريب بأنه: (عملية تزويد الأفراد أو الجماعات بالمعلومات والخبرات والمهارات وطرق الأداء والسلوك بحيث يكون هؤلاء الأفراد أو الجماعات قادرين على القيام بوظائفهم بفعالية وكفاءة). وعرفت برنوطي التدريب بأنه: (نشاط تعليم من نوع

خاص، فهو نشاط متعمد تمارسه المنظمة يهدف إلى تحسين أداء الفرد في الوظيفة التي يشغلها).

من خلال التعريفات السابقة يمكننا القول أن التدريب هو عبارة عن عملية مخططة ومنظمة ومستمرة تهدف إلى تنمية مهارات وقدرات الفرد وزيادة معلوماته وتحسين سلوكه واتجاهاته نحو ما يمكنه من أداء وظيفته بكفاءة وفعالية.

وهنالك عدد من العوامل التي دفعت المؤسسات الحديثة إلى اعتماد التدريب كاستراتيجية محورية في نشاطاتها وبرامجها، وهي:

1. سرعة التغيّر الحاصل، وحاجة البشر إلى التعلّم المستمر.
2. تغيير طريقة إنجاز الأعمال والحاجة لمعرفتها.
3. تغيير المنتجات/ الخدمات المقدمة والحاجة لإنتاج جديد.
4. تغيير طريقة تفكير البشر حول العمل.
5. حصول فجوة في الأداء الوظيفي.
6. حاجة المؤسسة والأشخاص لردم فجوة المهارات.
7. اعتبار التدريب سبيل التقدم والتطوّر.

2-1 أهمية التدريب

إن من أبرز سمات العصر الحديث تلك التغيرات الهائلة والمستمرة في المعارف الإنسانية وما يترتب على ذلك من تغيرات مستمرة من نظم العمل، ما يستوجبه ذلك من ضرورة إعادة تنمية القوى العاملة لمواجهة تلك التغيرات واستيعابها والتكيف مع مقتضياتها، ولا شك أن أجهزة التعليم جامعية وغير جامعية لا تستطيع وحدها ملاحظة هذا التقدم العلمي السريع المتلاحق، لذلك تزيد الحاجة إلى التدريب الفعال المستمر الذي يستجيب لهذه التغيرات المستمرة في مختلف المجالات واصبح تدريب القوى العاملة ضرورة لا غنى عنها في أي قطاع بحثي يثار لذلك التطور الهائل في المعرفة وتطبيقاتها المختلفة.

ولا شك أن هذه الأهمية المتزايدة للتدريب إذا كانت تمثل ضرورة ملحة لكافة الدول بصفة عامة إلا أنها أكثر إلحاحاً بالنسبة للدول النامية نظراً للعبء المضاعف الملقى على

عاتق التدريب والمتمثل في اللحاق بالدول والمعارف وتطبيقاتها. وتبرز أهمية التدريب لأنه يؤدي إلى تحسين الأداء في الحاضر، والتأهيل لمسؤوليات أكبر في المستقبل، كما أنه هام بالنسبة للأفراد الذين يلتحقون بالعمل لأول مرة وخاصة الأعمال التي لم يسبق لهم التدريب عليها فإنهم يحتاجون إلى التدريب على طبيعة هذه الأعمال، ومما لا شك فيه أن شعور المتدرب بأهمية التدريب أمر مهم وتوافر هذا الشعور يؤدي إلى تقبله للتدريب والاستفادة منه.

ويفيد التدريب في أنه أحد أشكال الاستثمار في المؤسسة لأنه يسمح باستخدام الثقافات الجديدة، وتحقيق الأهداف، والاستراتيجية والقدرة على المنافسة، ودخول أسواق جديدة. لذلك خصصت له بعض المؤسسات الكبرى حصصاً كبرى، من كتلة الأجور فنجد أن شركة (IBM) تخصص له نسبة 12% بينما شركة Ball بنسبة 8% وشركة كهرباء فرنسا 7% وكان المستوى السطحي المخصص له في المؤسسات الفرنسية 2.15% عام 1984م، (مرعي، 1999).

ويمكن تلخيص أهمية التدريب في الآتي:

1. إنجاز وظيفي أفضل كماً ونوعاً أي زيادة الإنتاجية، وبالتالي تخفيض التكاليف.

2. زيادة فرص لإشباع المستفيد أو المستهلك لمنتجات المنظمة من خلال تحسين الخدمات والسلع المقدمة له.

3. استخدام التكنولوجيا الحديثة.

4. استكمال دور الجامعات والمدارس فإذا كان التعليم يوفر الأساس الذي يمكن أن ينطلق.

5. تنمية المجتمع، إذ نجد التدريب يشمل تنمية معلومات ومهارات الأفراد والجماعات في الاتصال والتعاون وإقامة علاقات إنسانية متساندة.

لذلك فالكثير من المنظمات تهتم اهتماماً كبيراً بعملية التدريب، ففي الولايات المتحدة الأمريكية زادت عملية الاستثمار في برامج تدريب العاملين، وذلك لمواجهة زيادة المنافسة العالمية في سوق العمل. فقد أنفقت بعض الشركات حوالي 30 مليار دولار سنوياً على التدريبات المختلفة للأفراد وتطوير النشاطات المختلفة.

التدريب هو عملية تعديل ايجابي ذي اتجاهات خاصة تتناول سلوك الفرد من الناحية المهنية أو الوظيفية وذلك لاكتساب المعارف والخبرات التي يحتاج إليها الفرد ، وتحصيل المعلومات التي تنقصه ، والاتجاهات الصالحة للعمل والإدارة والانماط السلوكية والمهارات الملائمة ، والعادات اللازمة ومن اجل رفع كفاءة الفرد في الأداء وزيادة الانتاجية بحيث تتحقق فيه الشروط المطلوبة لاتقان العمل وظهور فاعلية مع السرعة والاقتصاد في التكلفة(زويلف) . وكذلك تهتم المنظمات بالتدريب ، لان ما ينفق فيه يمثل استثمارا في الموارد البشرية ، قد يكون له عائد يظهر في شكل زيادة الانتاجية الكلية . أما على مستوى الفرد فتظهر أهمية التدريب في زيادة المعارف والمهارات ، الأمر الذي قد يؤدي إلى رفع دافعية وقدرة الفرد على العمل .

ويعتبر التدريب Training من الأنشطة التي ترفع القدرات والمهارات الحالية والمقبلة للعاملين . ويختلف التدريب عن التعليم ، وذلك في ان التدريب يركز على زيادة القدرات والمهارات التي لها علاقة بعمل محدد ، بينما يعبر التعليم Education عن زيادة في المعرفة والمدارك التي لا ترتبط بالضرورة بعمل محدد (ماهر .1998) .

اما أهمية التدريب في المفهوم الإداري الحديث

اولاً : بالنسبة للمنظمات الإدارية

1 - الانصهار في عالم الجودة الإدارية وتنمية الموارد البشرية بالاتجاهات الحديثة.

2 - رفع كفاءة المؤسسة الثقافية والعلمية وتحسين مستوى الإنتاجية العام .

3 - القدرة على التخطيط والتفكير الاستراتيجي واتخاذ القرارات.

4 - استخدام مفاهيم حديثة والإطلاع على تجارب عالمية متخصصة .

5 - التعامل مع المتغيرات ومواكبة التطور والتفكير بأسس علمية وتطبيقية حديثة.

6 - التخطيط لا صلاح الماضي وتطوير الحاضر والتنبؤ بالمستقبل والتخطيط للريادة.

7 - الاضطلاع بدور قيادي واجتماعي ضمن مجتمع الأعمال.

8 - تطوير كوادر مؤهلة من الموظفين يساهمون في نمو وتطور الشركة.

9 - نشر الوعي بأهمية التنمية البشرية ومتطلباتها وتطوير أسس الرقي الوظيفي .

10-توفر للمنشأة بيئة آمنة وسليمة تعمل على تشجيع الموظف على الإبداع وتحسين أدائـه.

ثانياً : بالنسبة للمتدربين من داخل المنظمة

1 - رفع كفاءة الفرد بالمعلومات والمهارات اللازمـة لعمـلية التنمية البشرية.

2 - اكتساب علوم تطبيقية وبرامج طويلة المـدى وقصيرة المـــدى للتطوير.

3 - تعويض ما فـاتـه من مهارات لم يتسنى لـــه اكتسابها في مجال التعـــليم التقليدي.

4 - الولاء للمنظمة والشعـــور بالاهتمام والاحترام وتولد مشاعـــر الحب للعمل.

5 - الإطلاع على التجارب العـالمية في تخصصه ومـدى الاستفادة منها.

6 - كسر حاجز الرهبة مع العالم الخارجي وتعزيز دور الثقة بالنفس.

7 - الإبداع الوظيفي وتنمية التفكير في سبل تطوير الاختصاص من العلـوم الحـديثـة.

8 - منح الفرصة للفرد بالمشاركة الفعالة في برامج التدريب لحل المشاكـل الإداريـة العـالقـة .

ونلخص مما سبق إلى الحقائق التالية :

1. ان التدريب عملية مستمرة خلال حياة الفـرد تبـدأ مـن ولادتـه وتسـتمر حتـى أخـر حياتـه وفقـا لاحتياجاته كفرد ، واحتياجاته كعضو في المجتمع لأساليب وسائل تدريبية متطورة .

2. ان التدريب وسيلة وليس غاية في حد ذاته ، فهو استثمار لرأس المال الإنساني بهدف إعطاء الفرصـة الكاملة للأفراد لتأدية العمل المطلوب منهم بكفاءة عالية ، ومن ثـم وسـيلة لتنميـة قـدرات الفـرد التي تفيده في الحصول على اكبر نفـع لشخصـه وللمجتمـع المحـيط بـه ، لان التـدريب يضـع لبنـه أساسية في سبيل تحقيق توافق الفرد المجتمع ، وتوافق المجتمع مع الفرد .

3. ان الكفاءة في العملية التتدريبية ترتبط بمجموعة من العنـاصر هـي : المـدرب ، والمتـدرب والمـنهج التدريبي ، ووسائل التدريب والمعينات والادوات التدريبية فضلا عن قيـام العمليـة التدريبيـة عـلى تلبية احتياجات تدريبية حقيقة في الأساس(سليم . 1990) .

كيف يخاطبنا التدريب ؟

التدريب من الجهة السلوكية يعمل على الاتصال بالانسان من خلال ثلاثة مستويات هي:

- مستويات المعارف والمعلومات .

- مستوى المهارات والقدرات .

- مستوى السلوك والاتجاهات .

ولذلك فهو يخاطب الإنسان من خلال قنوات تتناسب كل منها مع كل مستوى مـن هـذه المـستويات كما يظهرها الشكل(1- 1) (سليم . 1990) .

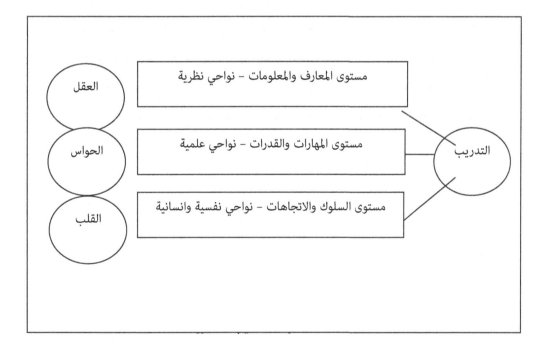

وإن من حسنات التدريب فهي كثيرة ، ويكفي ان نذكر منها انه :

1- يحسن اداء الفرد ، وينعكس ذلك في زيادة كمية انتاجه وتحسين جودته بأدنى تكلفة ، واقل جهـد ، وفي اقصر وقت .

2- عن طريق مواكبة التدريب ومن خلاله يمكن مواكبة التدريب ومن خلاله يمكن التطورات التكنولوجيـة المتسارعة والتنظيمية المستجدة . فمن نتائج التقدم التكنولوجي انتشار اسـتعمال الآلات الحديثة والمعقدة ، مما يوجب على المؤسسات تدريب موظفيها على استعمال وصيانة كل ما هو جديد من الأجهزة الحديثة ، اما التطورات التنظيمية الحديثة فقد دفعت المؤسسـات بتـدريب موظفيها ليتمكنوا من مواكبة واستيعاب التنظيم الحديث .

3- التدريب يقلل الحاجة إلى الاشراف : فالعامل المتدرب الذي يعي ما يتطلبه عمله يستطيع انجاز ذلك العمل دون الحاجة إلى توجيه أو مراقبة مسـتمرة مـن رؤسائه . وبـذلك يـوفر وقتهم ويجعلهـم يتفرغون للقيام بنشاطات اخرى في خدمة المنشاة . وهذا نقيض حـال العامـل غـير المتدرب ، فهو يظل في حاجة إلى توجيه دائم ورقابة مستمرة من قبل رؤسائه ، وبذلك يعمل على اضاعة أوقاتهم في أمور كان يمكن استغلالها في نشاطات اخرى .

4- يحسن التدريب خدمة المنشأة وطريقة تقديم السلع التي تنتجها وتعرضها ممـا يـنعكس عـلى صـورة علاقات جيدة بين المنشأة وعملائها (سعيد . 1990) .

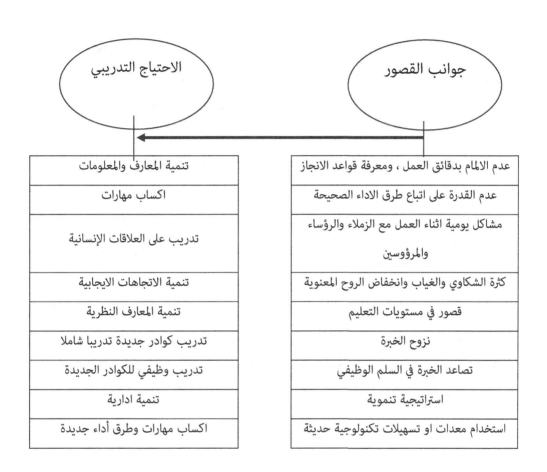

جوانب القصور	الاحتياج التدريبي
عدم الالمام بدقائق العمل ، ومعرفة قواعد الانجاز	تنمية المعارف والمعلومات
عدم القدرة على اتباع طرق الاداء الصحيحة	اكساب مهارات
مشاكل يومية اثناء العمل مع الزملاء والرؤساء والمرؤوسين	تدريب على العلاقات الإنسانية
كثرة الشكاوي والغياب وانخفاض الروح المعنوية	تنمية الاتجاهات الايجابية
قصور في مستويات التعليم	تنمية المعارف النظرية
نزوح الخبرة	تدريب كوادر جديدة تدريبا شاملا
تصاعد الخبرة في السلم الوظيفي	تدريب وظيفي للكوادر الجديدة
استراتيجية تنموية	تنمية ادارية
استخدام معدات او تسهيلات تكنولوجية حديثة	اكساب مهارات وطرق أداء جديدة

الشكل (1-2) العلاقة بين جوانب القصور والاحتياجات التدريبية

3-1 الدوافع التدريبية

وتتلخص دوافع التدريب في الثمرات التي ستحقق من ورائه وهي :

1- زيادة الانتاج :

وهي زيادة في كميته . فتدريب العاملين على كيفية القيام بواجباتهم معناه درجة اتقانهم للعمل . ومن ثم زيادة قابليتهم الانتاجية .

2- تحسين في نوعية الانتاج :

إذ ان تدريب الفرد على أداء عمله وفق شروط معناه أداءه بنوعية عالية .

3- اقتصاد في النفقات :

حيث تؤدي البرامج التدريبية مردودا اكثر من نفقاتها . ان التدريب على استخدام الآلات طبقا لاصولها . ووفق الطرق السليمة ، فيه الكثير من الاقتصاد في النفقات ، مردها سلامة الآلة ، وقلة في المخاطرة ، واقتصاد في المواد ، وقلة في التآلف .

4- قلة في معدل دوران العمل :

ان تدريب العاملين وزيادة مقدرتهم وتلقينهم المعارف التي مع مداركهم يعني اهتمام الادارة فيهم مما يؤدي إلى زيادة رغبتهم في العمل ، ومن ثم استقرارها وقلة تركهم خدمة المؤسسة . وهذا يؤدي إلى قلة معدل دوران العمل ، كما ان بعض المؤسسات تلزم المتدربين بعقود لخدمة معينة بعد التدريب . كل ذلك يؤدي إلى استقرار العمل وقلة في دورانه .

5- رفع معنويات العاملين :

وللتدريب اثر كبير على معنويات العاملين . إذا ما ان يشعر الفرد ان المؤسسة جادة في تقديم العون له ، وراغبة في تطويره حتى يزداد اخلاصه لعمله(الهيمي . 1999) وبالتالي ينعكس ذلك على علاقته بمؤسسته وعمله ، ويقبل على العمل باستعداد وجداني ودون ان يشعر بالكلل والملل وهو مصدر رفع معنويات العاملين في العمل .

6- توفير القوة الاحتياطية في المؤسسة :

كما ان التدريب يشكل مصدرا مهما للطلبات الملحة للايدي العاملة . وخاصة ايام الرخاء الاقتصادي وزيادة حاجات المؤسسات للقوى العاملة التي قد لا يستطيع سوق العمل

توفيرها . وسيبقى التدريب هو المصدر الذي يوفر الاعداد الكثيرة التي تحتاجها المؤسسات.

7- قلة في الاشراف :

إذ ان الفرد الذي تم تدريبه ، وتعرف على عمله وطرق أداءه سيخلق التدريب وعيا وقدرة عـلـى النقد الذاتي ، فيقلل من المزيد من الاشراف والاستفسارات فتقل رقابته .

8- التدريب الخاص بالمشرفين والاداريين :

ولم يقتصر التدريب على القوى العاملة المنتجة أو الكتاب بل الاداريين والمشرفين مـمـا يـزيـد مـن قدراتهم في الادارة والتخطيط وعملية اتخـاذ القـرار . ويـؤطر إدارتهـم بالاطار الانسـاني في تعـاملهم مـع العاملين . لذا فالتدريب معناه زيادة قدرة الادارة .

9- قلة في الحوادث :

ان التدريب معناه معرفة العاملين بأداء العمل وفق احسـن الطـرق واسـلمها في تشـغيل الالـة والحركة والمناولة وهي كلها مصادر القضاء على الحوادث (زويلف ، 1994) .

1-3-1   مزايا التدريب

هناك بعض المزايا التي تعود على الفرد المتدرب ومزايا أخرى تعود على المنظمة نتيجة قيامها بتدريب العاملين بها. ومن مزايا التدريب للفرد ما يلي:

1-   اكتساب الفرد خبرات جديدة تؤهله إلى الارتقاء وتحمل مسئوليات اكبر من العمل.

2-   اكتساب الفرد الصفات التي تؤهله لشغل المناصب القيادية.

3-   زيادة ثقة العاملين بأنفسهم نتيجة لاكتساب معلومات وخبرات وقدرات جديدة، مما يؤدي إلى رفع روحهم المعنوية.

ومن مزايا التدريب للمنظمة مايلي:

1-   تنمية كفاءات وخبرات العاملين وزيادة مهاراتهم.

2-   إعداد أجيال من الأفراد لشغل الوظائف القيادية.

3-   مواجهة التغيرات التي تحدث في النظم الاقتصادية والاجتماعية ومواكبة التطور العلمي والتكنولوجي.

1-3-2 فوائد التدريب

تحقق عملية التدريب الفوائد التالية:

1. رفع الروح المعنوية للعاملين بعد إلمامهم الجيد بأعمالهم وزيادة قدرة الشخص على الأداء وتحقيق ذاتهم من خلال رضاهم على أنفسهم وأعمالهم.

2. تأهيل العاملين ليشغل وظائف من سوية أعلى مستقبلاً بدلاً من اللجوء إلى المصادر الخارجية.

3. تمويل المؤسسة بالكفاءات البشرية بشكل مستمر عن طريق تحسين عناصرها لتقاس مع المتطلبات القائمة.

4. تقليل الإشراف حيث الموظف المدرب قليل الأخطاء ويمارس الرقابة الذاتية.

5. تخفيض النفقات جراء زيادة الخبرات ومستويات الأداء.

6. غرس أخلاقيات عمل وسلوكيات جديدة وطرق من التفكير السليم الأمر الذي يخلق مناخاً جيداً من العمل.

7. تأمين مستلزمات الحماية والسلامة المهنية للعاملين بعد تحسين كفاءتهم ومهاراتهم من العمل الأمر الذي يقلل من إصابات العمل والأمراض المهنية.

8. رفع الإنتاجية بعد زيادة صقل مهارات وقدرات العاملين، وتحسين الأداء.

1-4 مبادئ التدريب

تخضع العملية التدريبية إلى عدة مبادئ عامة ينبغي مراعاتها في جميع مراحل هذه العملية

هي:

1- الشرعية:

يجب أن يتم التدريب وفقاً للقوانين والأنظمة واللوائح المعمول بها داخل المنظمة.

2- المنطقية:

يجب أن يتم التدريب بناء على فهم منطقي وواقعي ودقيق وواضح للاحتياجات التدريبية.

3- **الهادفية:**

يجب أن تكون أهداف التدريب واضحة وموضوعية قابلة للتطبيق ومحددة تحديداً دقيقاً من الزمان والمكان والكم والكيف والتكلفة.

4- **الشمولية:**

يجب أن يشتمل التدريب جميع أبعاد التنمية البشرية من قيم واتجاهات ومعارف ومهارات، كما يجب أن يوجه إلى جميع المستويات الإدارية في المنظمة ليشمل جميع فئات العاملين فيها.

5- **التدرجية:**

يجب أن يبدأ التدريب بمعالجة الموضوعات البسيطة ثم يتدرج بصورة مخططة ومنظمة إلى الأكثر تعقيداً وهكذا.

6- **الاستمرارية:**

في التدريب يبدأ مع بداية الحياة الوظيفية للفرد، ويستمر معه خطوة بعد أخرى لتطويره، وتنميته حتى يساعد العاملين على التكيف والتطورات المستمرة أمام التغييرات الحالية والمستقبلية.

7- **المرونة:**

يجب أن يتطور نظام التدريب وعملياته لمواكبة التطور والتزود بالوسائل والأدوات والأساليب اللازمة لإشباع الاحتياجات التدريبية للعاملين بما يتناسب ومستوياتهم الوظيفية وتوظيفها في خدمة العملية التدريبية.

الجدول (1-1) مبادئ التدريب

1. Trainees are responsible for their own learning	1. المتدربون هم المسؤولون عن تعليمهم
2.Trainees have the rights to analyse their own learning needs	2. يحق للمتدربين تحليل حاجاتهم التعليمية
3. Trainees have the rights to design their own learning programs	3. يحق للمتدربين تقييم برامجهم التعليمية
4. Motivation	4. الحافزية
5. Reinforcement	5. التعزيز
6. Conditions of learning	6. تهيئة ظروف وبيئة التدريب
7. Individual differences	7. مراعاة الفروق الفردية
8. Transferability of learning	8. تحويل التدريب (تطبيقه على أرض الواقع)
9. Feedback	9. التغذية الراجعة

1-4-1 استراتيجية التدريب

التواصل الدائم مع بيئة العاملين وتحديث ملفات مصادر المتدربين كشرائح وفئات مستهدفة

والتي يمكن حصرها من حيث المبدأ بالشرائح التالية :

1 – موظفون حسب الدرجة الوظيفية.

2 – الموظفون حسب الخلفيات التعليمية.

3 – الموظفون حسب المهمات الوظيفية .

4 – الموظفون حسب المشاريع.

5 – الموظفون حسب منطقة التواجد.

6 – الموظفون حسب تحديد الإحتياجات التدريبية.

7 – الموظفون حسب الحاجة لتحقيق مؤشرات الإنجاز.

اما تطوير وسائل التدريب ويشمل على النقاط التالية :

1 - تقديم التدريب على مستوى متقدم وضمن معايير دولية.

2 - قياس أثر التدريب ميدانيا وعمليا للتأكد من فاعليته.

3 - معايير قياسية لاختيار المدربين.

4 - مراعاة الفروقات الفردية في تصنيف المتدربين إلى فئات بالنسبة للسن والخبرة ومجالات الإنجاز والأبحاث.

5 - القدرة على تلبية الاحتياجات التدريبية لكافة فئات الموظفين المستهدفة.

6 - المرونة في استيعاب مستجدات العمل والتجاوب معها في التطوير والتدريب.

7 - وضع ملف خاص للتدريب في وحدة التدريب يشمل على سياسات التدريب استراتيجيات وأهدافه وفلسفة على النحو التالي:

أ - وصف مرجعة لكل دورة تدريبية (محتويات الدورة).

ب - وصف مرجعي لكل مدرب في حقل اختصاصه .

جـ - وصف مرجعي لفريق المدربين الموظفين.

د - وصف مرجعي للعملية التدريبية نفسها.

هـ - مسح حركة تدريب الموظفين والانخراط والتأثير في هذا القطاع باتجاه أهداف واستراتيجيات وحدة التدريب في المنشأة.

مسؤولية التدريب:

التدريب مسؤولية من؟

عندما ترسم السياسات الخاصة بالتدريب فإنها تأخذ في الاعتبار أن التدريب هو مسؤولية كل مدير وكل مشرف في المشروع، ومن المسلم به أن المديرين في جميع أجزاء المشروع سيزودون بالمساعدة الفنية والخبرة المتخصصة وبالإرشادات التي يحتاجون إليها لمقابلة مسئولياتهم، ويتولى تقديم هذه الاستشارات الفنية أقسام متخصصة يعمل بها فنيون خبراء ضمن الهيكل التنظيمي في المشروع.

ففي المشروعات المتوسطة تكون هناك أقسام لإدارة شئون الأفراد، أما في المشروعات الكبيرة تكون هناك إدارة لشؤون الأفراد يتبعها أقسام للتدريب، أي أن وجود أقسام متخصصة للتدريب يتوقف على حجم المشروعات، كما يتوقف أيضاً على مدى اتساع وأهمية برامج التدريب. وفي المشروعات الضخمة المتقدمة قد تكون هناك عدة أقسام متخصصة لتخطيط التدريب ووضع برامج وتنظيم تنفيذه ومتابعة نتائجه.

5-1 التدريب والتنمية

يعتبر نشاط التدريب والتنمية من الأنشطة الأساسية والخطيرة في أداء القوى البشرية. وتنفق الدول في العادة أموالاً باهظة في تدريب وتنمية القوى البشرية، آملاً أن تؤدي تلك الجهود التدريبية إلى رفع كفاءة العاملين بها ورفع إنتاجيتهم مما يساعد على تحقيق أهداف التنظيم.

والتدريب هو عملية منظمة مستمرة، يرمي إلى تزويد القوى البشرية في التنظيم بمعارف، ومهارات واتجاهات إيجابية لتحسين أدائهم في العمل، ويتضح هنا أن هنالك ثلاثة أهداف للتدريب هي:

1. **المعرفة Knowledge:** وهي أطر فكرية نظرية من أمثلتها: أهداف وظائف وسياسات المنظمة، القوانين والأنظمة والتعليمات، مثال: الإطلاع على أساليب التدريب.
2. **المهارات Skills:** وهي التي تتعلق بمهارات العمل، ومهارات الاتصال والمهارات الإدارية (كالتخطيط والتنظيم والتنسيق واتخاذ القرارات). مثال: إتقان مهارة جمع المعلومات لتقدير الاحتياجات التدريبية، تصميم استبيان مبسط لتقدير الاحتياجات التدريبية.
3. **الاتجاهات Altitudes** : وهي محاولة تنمية اتجاهات إيجابية في العمل كالأمانة، وإثارة الدافعية، وروح الفريق ، والتعاون والولاء التنظيمي . مثال تطوير اتجاه ايجابي نحو المشاركة في اتخاذ القرارات، الانضباط النفسي أثناء الاشتراك في نقاش.

يفرق البعض بين التدريب والتنمية في المؤسسات والتنظيمات الإدارية، بحيث يشير مفهوم التـدريب إلى:

أ. أنه نشاط بهدف إلى مساعدة المتـدربين في إنجـاز وظـائفهم الحاليـة ومسـؤولياتهم بشـكل مناسب.

ب. نقل وتعليم مهارات فنية بدلاً من المهارات المفاهيمية (مهارات يدوية حركية في الغالب) .

أما التنمية فإنهم يحددونها على اعتبارا أنها :

أ. نشـاطات تهـدف إلى مسـاعدة المـوظفين للنمـو والتطـور لاسـتلام وظـائف ومسـؤوليات مستقبليه .

ب. تعليم مفاهيم (كالتخطيط ، والتنظيم ....الخ) بدلاً مـن مهـارات فنيـة. والجـدول (1-2) يوضح التفريق بينهما :

الجدول (1-2) الفرق ما بين التنمية والتدريب

المعيار	التدريب	التنمية
* فئات المشاركين	العاملون من غير المديرين	المديرون
* محتوى التعليم	العمليات الفنية الميكانيكية	المفاهيم النظرية الفكرية
* الأهداف	أهداف تتعلق بالعمل أو الوظيفة	المعرفة العامة
* المدى الزمني	قصير المدى	طويل المدى

6-1 كيفية تنظيم التدريب والتنمية حتى يصبح أكثر فعالية ؟

لتحقيق تلك الفعالية , يجب أن يتم تنظيم التدريب والتنمية وبالشكل الذي يتناسب ويتفق تماماً مع المتطلبات المعينة للمنظمة . ويعكس التنظيم الملائم خصائص الهيكل الكلي فضلاً عن أنه يعكس بعض العوامل الهامة مثل الإنتشار الجغرافي والتكنولوجيا والمجموعات الوظيفية ومعدل الإبتكار والتجديد ودوران العمل .

وفيما يلي بعض الإعتبارات الواجب أخذها في الحسبان :

1- درجة مركزية أو لا مركزية التدريب والتنمية .

2- مسئوليات مديري خط السلطة وأخصائي التدريب والتنمية .

3- تنظيم التدريب والتنمية وعلاقة ذلك بإدارة الموارد البشرية ككل .

4- التنظيم الداخلي لإدارة (قسم) التدريب والتنمية .

5- العلاقات مع الإخصائيين الوظيفيين الآخرين والذين لديهم مسؤوليات خاصة بالتدريب والتنمية .

6- الإستعانة في التدريب والتنمية بموارد خارجية أم سيتم ذلك من خلال أخصائي التدريب والتنمية في المنظمة .

التنظيم الداخلي لوظيفة التدريب والتنمية :

يمكن أن يتم ذلك بأكثر من طريقة :

1- **على أساس المهمة أو العملية :** فقد يركز بعض المدربين على تقديم النصح بخصوص تحديد وتحليل الإحتياجات , واختيار واستخدام وتقييم الوسائل الكفيلة بالوفاء بها .بينما قد يهتم البعض الآخر بتصميم وإنتاج وتنفيذ البرامج التدريبية .

2- **المجموعات الوظيفية :** عاملون جدد - بائعون - عمال مهنيون - مديرون .

3- **مهارات المدربين :** أساليب التعليم الذاتي - الأنشطة الجماعية - خدمات استشارية .

4- **تنظيم الشركة :** يتعامل مختلف المدربين مع مختلف الشركات والقطاعات والأقسام والإدارات والوظائف .

5- **موارد داخلية أم خارجية** :وهناك مدى واسع من البدائل في هذا المجال تتراوح ما بين المنظمات التي توفر كافة الموارد اللازمة للوفاء بمتطلبات التدريب والتنمية بها وبين الاستخدام الواسع للموارد الخارجية .

وعلى كل حال فإن الأسلوب المطبق يعتمد إلى حد كبير على عدد كبير من العوامل منها حجم المنظمة وحجم الطلب على كل نوع من أنواع الخدمات التدريبية , وأهمية عنصر المرونة ,وتوافر المهارات والخبرات المطلوبة ومدى تقبل النصائح الداخلية أو الخارجية في الموقف المعين والظروف المعينة , والأهمية النسبية للمعرفة الداخلية مقارنة بمزايا الاستفادة من الخبرة المهنية الخارجية والتكاليف المقارنة لكلا الأسلوبين , ومدى التقلبات والإضطرابات في النشاط التدريبي وغير ذلك .

وعودة إلى التفريق بين التنمية والتدريب فان ذلك يبدو غـير واقعيـاً ، ونحـن نـرى أنهمـا تشكلان أجـزاء لسلسلة واحدة وبدلاً من التفريق بينهما فالأولى اعتبارهما كلاً متكاملاً .

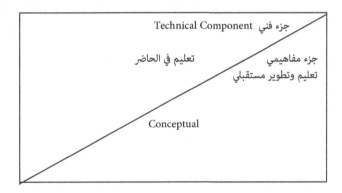

الشكل (3-1) يوضح الاطار المفاهيمي في التدريب

إن الشكل أعلاه يعني أن لكل وظيفة جزء فني وآخر مفاهيمي ، وان طبيعة تلك الوظيفـة هـي التي تحدد الوزن أو الأهمية النسبية لهذين البعدين . ومن الواضح فان الوظائف الدنيا تهتم أكثر بمسـألة المهارات الفنية في حين ان الوظائف الإدارية تهتم بالمسائل المفاهيميه أكثر، وفي جميـع الحـالات فـان لكل عمل جانب فني وآخر مفاهيمي.

1-6-1 أغراض التدريب والتنمية

1. هدم الفجوة بين المعارف التي تم التزود بها في مؤسسات التعليم الرسمي والمتطلبات المحددة للوظيفة فالموظفين يتم استخدامهم في العادة بناءً على معارف ومهارات متراكمة في مؤسسات التعليم. وان لا بد من تحويل تلك المعارف العامة إلى حاجات محدده تتطلبها طبيعة الوظيفة التي يشغلها الفرد. أي أن على الفرد أن يتدرب على الواجبات والوظائف المناطه بمسّماه الوظيفي.
2. منع التقادم obsolescence prevention . إن بيئة المنظمة تتغير بصورة مستمرة، وان على المنظمة أن تتكيف مع تلك البيئة من خلال إكساب موظفيها معارف، ومهارات جديدة منعاً لحدوث ما يسّمى بالتقادم.
3. ضمان الصحّة والسلامة Health &safety . ان التدريب الجديد يقلل من الحوادث المتعددة .
4. زيادة الانتاجيه Productivity . فالتدريب يسهم في زيادة مستوى الأداء.
5. نوعية الأداء Quality . يسهم التدريب في تحسين الجودة ونوعية السلعة/الخدمة.
6. تخطيط القوى البشرية، بحيث يساعد التدريب المنظمات لملئ الشواغر المستقبلية من مصادر داخلية.
7. الروح المعنوية.
8. تعويض غير مباشر. كثير من الدورات التي يدخلها الموظفون يعتبرونها استثماراً ودخلاً غير مباشر لهم.

7-1 التدريب والتعليم

يحاول بعض الباحثين أن يفرقوا بين التدريب Training والتعليم Education . فقد فرق ليون ميجنسون Megginson بين التدريب والتعليم ، بحيث اعتبر أن التدريب يحاول إكساب الفرد أساليب ومهارات معينة ، في حين أن (التعليم) يحاول إكساب الفرد معلومات عامة. أماليونارد نادلر L. Nadler فيقول بأن التدريب هو تعلم يهدف إلى تحسين

أداء الفرد في عملة الحالي ، أما التعليم فهو تعلم ما يرمي إلى تحسين أداء الفرد في عمل مستقبلي. ويمكن بيان أسس التفريق بينهما من خلال الجدول (1-3):

الجدول (1-3) الفرق بين التدريب والتعليم

	التدريب	التعليم
التعريف	إحداث تغيير في سلوك الفرد وتبسيط عملية النمو من خلال إكسابه مهارات محدده للعمل	إكساب الفرد أنظمة منطقيه تهدف إلى تكوين وإعداد معلومات جديدة
الغاية	إمداد الفرد بمعرفة ومهارات وسلوك محدد تتطلبها طبيعة العمل	توفير المعرفة والقيم والمهارات التي تتطلبها تحقيق حياة ناجحة للفرد ، وتنمية قدرته على التعامل مع الظروف المتغيرة
النتائج المتوقعة	القيام بمهام محدده لتحقيق أهداف محدده	معلومات جديدة
الإطار الزمني	الاهتمام بالاحتياجات الحالية/مدى قصير	مدى طويل

1-7-1 العلاقة بين التدريب والتعلم والتعليم والتطوير

(Learning Theory) تعتبر نظرية التعلم بمثابة القلب النابض بالنسبة للجوانب النظرية فبرامج التدريب ما هي إلا تطبيق لنظرية التعلم، إذ أن عملية التدريب تنطوي على جهود يعتقد واضعوا البرامج بأنها ستكون فعالة في تعليم الأفراد، وإذا لم يتعلم الفرد الموضوع تحت التدريب فإن ذلك قد يكون راجعاً إلى أن بعض مبادئ نظرية التعلم قد أغفلت، ولذلك فإن المسئولين عن برامج التدريب يعطون أهمية كبيرة إلى المبادئ السيكولوجية الأساسية لعملية التعلم.

لذلك فالتعليم هو الجهد الذي يقوم به الإنسان لتنشئة الأفراد الجدد في المجتمع بطريقه تسمح بتنمية طاقاتهم، وإمكانياتهم إلى أقصى درجة ممكنة، أي اكتساب الفرد مجموعة من العادات والأفكار والقيم والمعتقدات والمهارات التي تنمي هذا الفرد وتجعله قادراً على أن يعيش في توافق مع مجتمعه وتساعده على أن يشق طريقه في مضمار الحياة.

أما التدريب فهو الذي يهيأ الفرد للعمل المثمر ويمده بالمعارف والمهارات التي تمكنه من القيام بعمله على الوجه الأكمل وهو مرحلة تالية للتعليم كما أنه عملية مستمرة خلال فترة خدمة الموظف. أما التطوير فانه يمكن أن يوجه للارتقاء بالسلوكيات والمهارات والمعارف من خلال برامج التعليم والإطلاع الشخصي والتوجيه والمراقبة والإرشاد في موقع العمل، وبرامج التدريب، لذلك يمكن القول أن التدريب هو جزء من عملية التطوير.

ولهذا فإن عمليات التعليم والتعليم والتطوير والتدريب أجزاء متكاملة ومكملة لبعضها البعض، فالتدريب يبدأ حيث ينتهي التعليم والتطوير يبدأ من حيث ينتهي التدريب.

ومن هذا المنطلق يتم الربط بين التعليم والتدريب بحيث يتم أعداد برامج التدريب وفق نظريات التعليم.

8-1 الأداء والتدريب

إن الأداء الفعّال لأي موظف هو محصله تفاعل عوامل كثيرة أبرزها ما يلي:

1. **كفايات الموظف** Competencies . ونعني بها معلوماته، ومهاراته واتجاهاته وقيمه.
2. **متطلبات العمل (الوظيفيه)**، ويعني بها المهام والمسؤوليات أو الأدوار التي يتطلبها عمل من الأعمال أو وظيفة من الوظائف.
3. **بيئة التنظيم**. وتتكون من عوامل داخلية وعوامل خارجية. ومن العوامل الداخلية التي تؤثر في الأداء الفعّال للموظف أهداف التنظيم وهيكلة والإجراءات المستخدمة، أما العوامل الخارجية فتتمثل بالعوامل الاقتصادية والاجتماعية والتكنولوجية والسياسية والقانونية.

الأداء الفعّال= كفايات الموظف × متطلبات الوظيفة × بيئة التنظيم.

1-8-1 معوقات التدريب

هناك العديد من المشكلات التي تقف عائق في وجه العملية التدريبية ولا يستطيع التدريب أن

يجدي معها ولا يمثل لها الحل الصحيح منها:

1- اختلاف الهياكل التنظيمية للمنشآت وعدم تحديد الاختصاصات وتوزيع المسئوليات بين الأفراد.

2- غياب السياسات التي ترشد العمل وتوجه اتخاذ القرارات وتعتبر أساساً يعتمد عليها الأفراد في مواجهة ما يعترضهم من مشكلات.

3- سوء التخطيط أو انعدامه على بيانات غير صحيحة أو توقعات مبالغ فيها.

4- ضعف الروح المعنوية للعاملين بسبب نقص الأجوبة، أو سوء معاملة المشرفين لهم أو منازعات الأفراد مع بعضهم البعض.

ومما سبق ولكي يكون التدريب ناجحاً في علاج المشكلات المنظمة لا بد أن تكون تلك المشكلات

والعوائق ناشئة عن:

1. نقص في مهارات الفرد وقدراته لتأدية العمل.

2. نقص في معلومات الفرد عن العمل.

3. عدم تناسب مفاهيم وسلوك الفرد مع متطلبات العمل.

بمعنى أن تكون مشكلة الأداء ناتجة عن بعض أوجه القصور في مواصفات وخصائص العامل

نفسه حتى يمكن أن يكون للتدريب أثر في علاجها.

9-1 فلسفة العملية التدريبية

العملية التدريبية :هي مجموع الأنشطة أو العمليات الفرعية التي توجّه لعدد من المتدربين لتحقيق

أهداف معنية في برنامج تدريبي معين وتحدث الأثر أو الآثار المطلوبة فيه .وبالرغم من اختلاف الباحثين

في عدد العمليات الفرعية المكونة للعملية التدريبية فيمكن اعتماد النموذج التالي:

تقدير الاحتياجات ← تحديد أهداف التدريب ← اختيار الأساليب التدريبية

التدريبية   (مشكلة التدريب)   والتقنيات السمعية والبصرية المناسبة

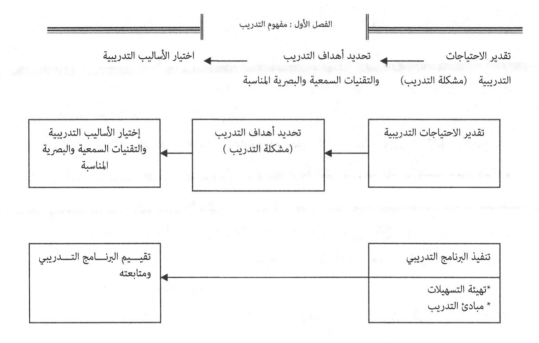

الشكل (1-4) فلسفة العملية التدريبية

1-   لا بد من تخطيط وإدارة التدريب الفعال ذلك أنه لا يحدث عرضاً؛ كما أن التدريب لغرض معين ليس أبداً التدريب الممكن الأكثر فعالية.

2-   التدريب يمثل التكنولوجيا، ولدى المدرب فهم عن كيفية تعلم الكبار، ولديه أيضاً المعرفة والمقدرة على الاعتماد على مجموعة واسعة من الطرق الفنية والتمارين الملائمة للتدريب. أنه يعرف أيها أكثر فعالية في التدريب المعد لـ:

■   زيادة المعرفة أو تحديثها.

■   تطوير المهارات.

■   أو تعديل المواقف.

ليس ضرورياً أن يكون المدرب خبيراً في كل مجال أو في كل منهاج، وهو يعتمد على خبراء المحتوى العلمي للمادة التدريبية لهذه الغاية، الخبرة الفنية للمدرب هي التدريب.

3- ينبغي للتدريب أن يحدث تغييراً؛ والتدريب الفعال هو الذي يوجد الفرق.

4- يجب تحديد تلك التغييرات سلفاً في أهداف التعلم.

5- على المدربين، كلما أمكنهم ذلك، أن يكون لديهم مُدخل في تخطيط تدريبهم الخاص.

6- يجب أن يكون التدريب موجهاً للعمل وأن يكون شاملاً، وهذا يفرض الملاءمة ويجعل التعلم مفيداً.

7- وبالقدر الممكن يجب أن يجعل التدريب فردياً لأن كل شخص يتعلم بطرق مختلفة ولأن مهارات مستوى الدخول وكفاءاته متفاوتة إلى حد كبير.

8- على المدربين أن يعملوا بصفة مسهلي أعمال ومستشارين ومرشدين ومشجعين (كولز،2001).

1-9-1 عناصر التدريب

وتتكون عملية التدريب من مجموعة من العناصر المتفاعلة حيث أن كل عنصر يتأثر بالعناصر الاخرى و يؤثر فيها. وهذه العناصر هي:

أ- **المتدرب:** ان وجود متدرب مقتنع باهداف التدريب وبحاجته اليه يعتبر من العوامل التي تؤدي الى نجاح التدريب حيث يعتبر المتدرب أساس العملية التدريبية و محورها.

ب- **المدرب:** وهو الشخص المسؤول عن اعداد و اختيار المادة العلمية المناسبة لتلبية أهداف التدريب، ولذلك فإنه من المهم ان يتم اختيار المدرب المناسب القادر على استخدام وسائل التدريب و اساليبه المتنوعة بما يتفق مع طبيعة المتدرب و أهدافه و مستوى التدريب.

ج- **المادة العلمية:** ان المادة العلمية للتدريب تكون عادة مختصرة تحتوي على تطبيقات و تمارين وحالات دراسية و تكون ضمن محتويات حقيبة التدريب فبعضها يؤديه

المتدرب وحده وبعضها يؤديه بشكل جماعي من خلال تقسيم المتدربين الى مجموعات.

د- **بيئة التدريب**

وتشمل بيئة التدريب على مكان التدريب و قاعاته و الوسائل السمعية والبصرية والتجهيزات الميتخدمة في عملية التدريب. و يقصد ببيئة التدريب مجموعة من الاشياء خارج النظام والتي تؤثر التغيرات في صفاتها المميزة على النظام وتتأثر بالمثل صفاتها المميزة بسلوك النظام.(كولز،2000).

2-9-1 معايير خاصة بالعملية التدريبية

يمكن استعمال المعايير التالية في تخطيط أو تصميم أو تقييم برنامج للتدريب الفعال على أن المعايير المتعلقة ببرامج التدريب التقليدية بمقدار ما تتعلق ببرامج التدريب الفعالة غير واردة هنا؛ وهذه هي المعايير التي تميز برنامج التدريب الفعال عن برنامج التدريب التقليدي، وكلما حقق البرنامج هذه المعايير كان برنامجاً تدريبياً فعالاً.

1- هل يضع البرنامج المشاركين في جدول أعمالهم الخاص بتعلمهم (الملكية الشخصية والمسؤولية الشخصية) خلافاً لبرنامج جهة أخرى (أي، برنامج المدرّب أو برنامج الكتاب المقرر أو برنامج مؤسسة ما)؟

2- هل يساعد البرنامج المشاركين في تحديد وتوضيح الاحتياجات والأهداف والأولويات (المعرفة، الفهم، المواقف، السلوك، المهارات) خلافاً لتقديم جميع الأهداف؟

3- هل يربط البرنامج كلاً من المشاركين على مستوى شخصي ومفيد في الأنشطة التي تركز على التعلم من خلال التجربة والاكتشاف خلافاً للتدريب التقليدي والتعلم من خلال الإصغاء والقراءة والاستذكار؟

4- هل توجد للأنشطة/ المشكلات/ الأعمال صلاحية ظاهرة، أي، هل يمكن إدراكها على الفور بأنها ملائمة وهامة ومفيدة إذا ما أعطيت الدور والمسؤوليات التي يعد المشاركون أنفسهم من أجلها؟

5- إذا لم يسمح انعدام الخبرة لدى المشاركين لهم في أن يروا هذه الملاءمة فهل يواجهون بأوضاع/ تجارب/ مشكلات تساعدهم في رؤيتها؟

10-1 افتراضات يرتكز عليها دور التدريب الفعال

1- لكل فرد قيمة كشخص، ويحق لأي فرد أن يحافظ على احترامه الذاتي وكرامته، ومشاعره هامة وينبغي احترامها؛ ويتميز نقد سلوك فرد ما عن رفضه كشخص.

2- للكائنات البشرية قدرة على التعلم والنمو، وعموماً يعمل الناس ما تعلموا أن يعملوا وهم عادة يتبعون العادات التي أرشدتهم في الماضي؛ وبالتالي فهم يميلون لأن يكونوا متجانسين في أعمالهم؛ على أنهم يقومون أيضاً بتغيير مواقفهم ومعتقداتهم ويطورون طرقاً جديدة في تنفيذ أعمالهم نتيجة للتجارب العاطفية والفكرية الجديدة.

3- يأتي النوع الأكثر فعالية في التعلم، وهو النوع الذي يحتمل أن يؤثر بالمواقف والسلوك، من خلال امتلاك تجارب مرتبطة بالعواطف ومن خلال التفكير بها، يتعلم الأفراد حينما يحثّون على التعلم ويواجهون هذا التحدي؛ وهو يطورون طرقاً للسلوك حينما ينالون استجابات (التغذية الراجعة) من أشخاص آخرين على سلوكهم.

4- يعتبر الجو المتساهل، أي المناخ الجماعي الذي يؤدي إلى النقاش الحر وتجريب مختلف طرق السلوك، شرطاً لازماً للتعلم، ذلك أنه فقط حينما يشعر الفرد بالأمان الكافي للتصرف كما اعتاد أن يتصرف يكون من الممكن التحقق من أنماط السلوك غير المنتجة، أي، تلك الأنماط غير الفعالة مع أشخاص آخرين، كما أن من المحتمل أكثر من ذلك أن يكون المتدرب في جو غير معد لإصدار الأحكام متقبلاً للتغذية الراجعة من الآخرين ويرغب في تجربة طرق مختلفة للتعبير عن نفسه.

5- يحمل دور التدريب مسؤولية مساعدة المتدربين على التعلم من تجاربهم، ويتضمن هذا الأمر تسهيل إيجاد الظروف التي يمكن للمجموعة خلالها أن تكون مساعدة في التوصل إلى التعليم وفي توجيه تجربته؛ كما يتضمن بأن يؤثر المدرب بصفته شخصاً بالأحداث داخل المجموعة وأن سلوكه أيضاً موضوع مشروع للفحص؛ والحقيقة أن

رغبة المدرب في تشجيع التمحيص جيداً في سلوك دوره الخاص هي عامل حاسم في دعم نشوء مناخ يسمح بفحص دور أفراد المجموعة.

6- الطريقة الأكثر إنتاجاً في العمل هي المشاركة في تشخيص المشكلات وفي التخطيط والتقييم المشترك للأنشطة ذلك أن هذه الطريقة تؤدي إلى مشاركة عاطفية أكبر من جانب المشاركين، كما أنها تؤدي إلى التزام أكبر من جانب الأفراد بالقرارات.

7- إن دراسة "العملية الجماعية"، أي، كيفية إنجاز العمل ومزايا التفاعل بين الأشخاص وهم يعملون، تساعد في تحسين كفاءة المجموعة وإنتاجيتها؛ وتكمن العوامل الحاسمة التي تتدخل بالجهد المتعاون في أكثر الأحيان في الطريقة التي يعمل بها الناس معاً أكثر من إتقان المهارات الفنية، وأن المشكلات، أي المشاركة والجهد أو العمل المتعاون والعلاقات القائمة بين الأفراد والمجموعة، كلها مشكلات ذات طبيعة عامة، وأن المكان الأفضل لدراسة هذه المشكلات هو الوقت الحالي، ومن

• هنا نرى أن فحص ما يجري في المجموعة "ما يجري هنا والآن" يقدم المادة الأغنى للتعلم، كما أن كل فرد يستطيع أن يشارك مشاركة معقولة لأنه شاهد وجرب المعلومات والبيانات التي يجري بحثها.

أسئلة الفصل الأول

س1 : ما هو مفهوم التدريب .

س2 : وضح دوافع ومزايا التدريب .

س3 : عدد فوائد ومبادىء التدريب .

س4 : ما هي أنواع التدريب .

س5 : ما الفرق بين التدريب والتنمية .

ضع دائرة حول الاجابة الصحيحة فيما يلي :

س1 : ما هو مفهوم التدريب :

أ- هو النشاط الذي توليه المنظمة اهتماما كبيرا.

ب- و يهدف إلى تنمية قدرات العاملين في العمل.

ج- ويزود الفرد بالمعلومات والمهارات الجديدة المطلوبة لتحقيق استراتيجية المنظمة .

د- جميع ما ذكر صحيح .

س2 : العوامل التي دفعت المؤسسات الحديثة إلى اعتماد التدريب كاستراتيجية محورية في نشاطاتها وبرامجها، وهي:

أ- سرعة التغيّر الحاصل، وحاجة البشر إلى التعلّم المستمر.

ب- تغيير طريقة إنجاز الأعمال والحاجة لمعرفتها.

ج- تغيير المنتجات/ الخدمات المقدمة والحاجة لإنتاج جديد.

د- جميع ما ذكر صحيح .

س3 : يمكن تلخيص أهمية التدريب في الآتي:

أ- إنجاز وظيفي أفضل كماً ونوعاً أي زيادة التكاليف، وبالتالي تخفيض الإنتاجية.

ب- زيادة فرص لإشباع المستفيد أو المستهلك لمنتجات المنظمة من خلال تحسين الخدمات والسلع المقدمة له.

ج- استخدام التكنولوجيا القديمة.

د- جميع ما ذكر صحيح .

س4 :ان الدوافع التدريبية هي :

أ- تقليل الانتاج .

ب- تحسين في نوعية الانتاج .

ج- اقتصاد في النفقات .

د- بعض ما ذكر صحيح .

س5 : إن من مبادئ التدريب هي :

أ- الشرعية .

ب- المنطقية .

ج- الهادفية .

د- جميع ما ذكر صحيح .

س6 : ان التنمية فإنهم يحددونها على اعتبارا أنها :

أ- نشاطات تهدف إلى مساعدة الموظفين للنمو والتطور لاستلام وظائف ومسؤوليات مستقبليه .

ب- تعليم مفاهيم (كالتخطيط ، والتنظيم ......الخ) بدلاً من مهارات فنية.

ج- بعض ما ذكر صحيح .

د- تطوير الاعمال.

س7 : التنظيم الداخلي لوظيفة التدريب والتنمية ويمكن أن يتم ذلك بأكثر من طريقة :

أ- على أساس المهمة أو العملية .

ب- المجموعات التعليمية .

ج- مهارات المشرفين .

د- جميع ما ذكر صحيح .

س8 : أغراض التدريب والتنمية هي :

أ-   ضمان الصحّة والسلامة Health &safety .

ب-   زيادة الانتاجيه Productivity .

ج-   التدريب يسهم في زيادة مستوى الأداء.

د-   جميع ما ذكر صحيح .

س9 : ان مفهوم التطوير هو :

أ-   يوجه للارتقاء بالسلوكيات والمهارات والمعارف من خلال برامج التعليم.

ب-   والإطلاع الشخصي والتوجيه والمراقبة والإرشاد في موقع العمل، وبرامج التدريب.

ج-   بناء القدرات التخطيطية .

د-   جميع ما ذكر صحيح .

س10 : إن عناصر التدريب هي :

أ-   المتدرب.

ب-   المدرب.

ج-   المادة العلمية.

د-   جميع ما ذكر صحيح .

الاجابة الصحيحة

1. د
2. د
3. ب
4. د
5. د
6. ج
7. ا
8. د
9. ج
10. د

مراجع الفصل الأول

1. الهيتي، خالد عبدالرحيم، إدارة الموارد البشرية (مدخل استراتيجي)، ط1، عـمان، دار ومكتبـة الحامد للنشر والتوزيع، 1999م.

2. عبد الجليل، راشد محمد، إدارة الموارد البشرية (مدخل استراتيجي تكاملي)، القاهرة،دار النسر الذهبي للطباعة، 2000م.

3. برنوطي، سعاد نائف، إدارة الموارد البشرية (إدارة الأفراد)، ط، عمان، دار وائل للطباعة والنشر، 2001م.

4. زويلف ، مهدي ، إدارة الأفراد ، دار مجدلاوي ، ط3 ، 1998 ، ص 180 .

5. ماهر ، احمد ، إدارة الموارد البشرية ، مركز التنمية الإدارية ، 1998 ، ص 365 .

6. سليم ، عبد السلام ، التدريب والانتاجية الاداري ، معهد الإدارة العامة ، 1990، مسقط ، العدد 41، ص222،223 .

7. سعيد ، صالح ، ادارة الافراد ، 1994 ، بغداد ، ص 341 .

8. ابراهيم الهيمي ، دراسات في علاقة العمل (القاهرة : مكتبة عين شمس 1958) ص 164 .

9. http://www.amazon.com/Coaching-Improved-Work-Performance-Revised/dp/0071352937/ref=sr_1_18?ie=UTF8&s=books&qid=1226441313&sr=1-18

10. http://www.amazon.com/Employee-Training-Development-Raymond,Andrew/dp/0071259341/ref=sr_1_23?ie=UTF8&s=books&qid=1226441313&sr=1-23

الفصل الثاني

تصميم عملية التدريب

الفصل الثاني
تصميم عملية التدريب

الأهداف التعليمية للفصل :

يهدف هذا الفصل الى تزويد القارىء بالمعلومات التي تمكنه من :

1. لماذا النموذج؟!تصميم عملية التدريب .
2. النظام التدريبي وفق منحى النظم .
3. مراحل العملية التدريبية .
4. فعاليات العملية التدريبية .
5. تخطيط وتحديد الأهداف التطويرية .

المقدمـــة

ليس هناك من تعريف محدد أو شامل يعطي اصطلاح "النموذج" حقه من التعريف أو يحصره ضمن توضيح. فالنموذج أحياناً حالة قياس تنطبق أو تطبيق على فئة من المتدربين ولا تتوافق مع فئة أخرى وفقاً للعوامل والمؤثرات التي تهيء للنموذج أن يكون مناسباً أولاً مثل: "الموارد البشرية، الموارد المادية، البيئة التي يعمل أو يعيش فيها المتدربون، النهج، الآلية التي تعتمدها المؤسسة أي مؤسسة، تأثير ومستوى ودينامية القيادة المسؤولة، ... إلخ" وهي عناصر مهمة في تطبيق "النموذج ومساهمتها في تحقيق الأهداف التي تسعى إليها العملية التدريبية المرتكزة أصلاً على النموذج.

والنموذج أحياناً أخرى هو ترجمة لنظريات "تثبتت مصداقيتها أكاديمياً"، يتم وضع التصور المناسب، التعامل الأفضل لمفرداتها وتجريبها كحالة تدريبية يتم الارتقاء بها لتصبح آلية عمل، أسلوب أداء، يتم بعدها رصد النتائج لعملية التقييم.

وباختصار يمكننا تعريف النموذج أنه تصور ادراكي للخطوات والمراحل التي تتكون منها العملية التدريبية متضمنة جميع العناصر المحققة لأهداف التدريب بكفاءة وفاعلية.

1-2 لماذا النموذج؟!تصميم عملية التدريب

لما كان "النموذج" هو خلاصة فكر إنساني "أكاديمي متخصص" وجهد علمي مستند إلى التجربة والمقارنة، ومعايير إدارية وفنية تدعم التطبيق المحقق لأهداف النموذج فإن النموذج بالتالي:

1. يسعى إلى إدارة الوقت والجهد وتوظيف الموارد بفاعلية وكفاءة عالية.
2. إدراك شمولي لعناصر وخطوات العملية التدريبية.
3. مرتكز على نظريات التعلم والتعليم الفعالية.
4. مخطط شمولي يسعى إلى رفع مستوى الأداء والإنتاج.

نموذج تصميم البرامج التدريبية

1- التبرير.

2- الأهداف التدريبية.

3- التقويم الأولي.

4- اختيار محتوى البرنامج التدريبي وتنظيمه لمحتوى البرنامج.

5- البناء أو التركيب المعرفي التدريبي.

6- الأساليب والطرق والنشاطات التدريبية.

7- التقويم الختامي.

1- التبرير:

الإجابة عن السؤال:

لماذا يتوجب على المتدربين تعلم هذه المادة؟

أ- تلبية الحاجات المهنية للمتدربين.

ب- تلبية الحاجات الاجتماعية للمجتمع.

2- الأهداف التدريبية:

ماذا سيتعلمه المتدربون بعد دراسة المادة التدريبية؟

أ- أن تصاغ بلغة المتدرب.

ب- أن تصاغ بلغة السلوك أو الأداء عند المتدرب.

جـ- أن تحدد الشروط التي سيقوم المتدرب بالسلوك أو الأداء في ظلها.

د- أن تشتمل على معايير كمية وكيفية للسلوك أو الأداء المقبول كحد أدنى للإتقان من جانب المتدرب.

شروط صياغة الأهداف التدريبية:

1- أن تتم صياغة الهدف التدريبي أو المنتوج النهائي للعملية التدريبية بعبارات محددة دقيقة وواضحة.

2- أن يتم تحديد الحد الأدنى المقبول كمعيار للسلوك الملاحظ (تحديد درجة معينة من الإتقان).

3- أن يتم تقرير الموقف أو الشروط التي يتم في إطارها السلوك المطلوب.

3- التقويم الأولي:

أ- تعديل الأهداف التدريبية في ضوء استعداد المتدرب لدراسة المادة التدريبية.

ب- تحديد المتطلبات التي يتوجب على المتدرب استكمالها قبل دراسة المادة التدريبية المراد التدرب عليها.

جـ- تحديد ما إذا كان المتدرب يحتاج إلى دراسة المادة التدريبية بكاملها أو أجزاء معينة منها، أو كان في غنى عن دراستها على الإطلاق.

د- تشخيص نواحي القوة والضعف عند المتدربين.

4- اختيار محتوى البرنامج التدريبي وتنظيمه:

أ- مراعاة قوانين ومبادئ التعلم والتعليم.

ب- الحداثة والعصرية والإرتباط بحاجات المجتمع.

جـ- المرونة وتعدد الاختيارات للمتدربين.

د- تلبية حاجات ودوافع المتدربين.

هـ- الشمولية والتسلسل.

5- البناء أو التركيب المعرفي للمادة التدريبية:

أ- أن يشتمل البناء المعرفي على تعميمات رئيسية تنظم وتلخص المادة التدريبية ذات العلاقة.

ب- أن تكون التعميمات الرئيسية واضحة ومترابطة منطقياً ومتكاملة وتراكمية.

جـ- أن ينطوي تحت كل تعميم رئيسي المركبات (الأفكار) الفرعية المرتبطة به.

د- أن يكون للبناء المعرفي مرتبط بمجموعة معينة.

6- الأساليب والطرق والنشاطات التدريبية:

أ- التنوع والتمايز.

ب- إتاحة الفرص للمتدرب للمشاركة في عملية التدريب.

جـ-   توظيف تكنولوجيا التدريب.

د-   المزج والتكامل بين الجانب النظري والجانب التطبيقي.

هـ-   مراعاة الفروق الفردية عند المتدربين.

7- التقويم:

أ-   قيادة تعلم المتدربين وليس إصدار أحكام عليهم.

ب-   الاستمرارية في عمليات التقويم.

جـ-   توظيف التقويم لتعزيز تعلم المتدربين.

د-   أن يتم التقويم بالإشارة إلى مستويات إتقان مقررة لا بالإشارة على المنحنى المعياري لتحصيل المتدربين.

هـ-   تشجيع المتدربين على ممارسة عمليات التقويم الذاتي.

و-   أن يتم التقويم على أساس معايير مرتبطة بالأهداف التدريبية.

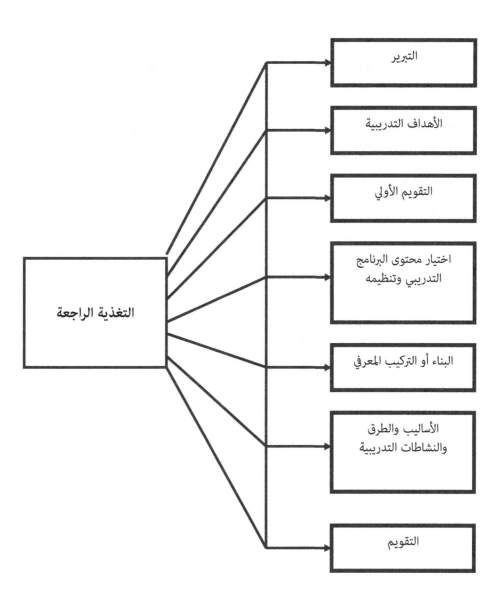

الشكل (2-1) إطار أو نموذج وتصميم البرنامج التدريبي

2-2 النظام التدريبي وفق منحى النظم

تعد مكونات العملية التدريبية وفق منحى النظم , نظاماً متكاملاً لأن منحى النظم , يوفر إطاراً عاماً , يجمع العوامل الداخلية والخارجية المؤثرة في نشاط معين , ويربط بينهما في تكوين متكامل , ويساعد مفهوم النظام على تكوين نظرة شمولية تتيح الفرصة للتفكير في مكونات النظام الأساسي , وتجزئته إلى نظم فرعية يمكن من خلال دراستها التوصل إلى حلول للمشكلات التي تواجه دورة العمل في النظام بصورة أفضل مما لو تمت دراسة أجزاء النظام منفصلة , اشتقت نظرية النظم من علم النفس السلوكي وجذوره هي التي حددت الخصائص للموقف التدريبي القائم على أساس منحى النظم , من حيث النظرة الشمولية للموضوع والترابط بين جميع العناصر , وحصر الإحتياجات التدريبية بدقة مع الإهتمام بالتغذية الراجعة أثناء تنفيذ عملية التدريب .

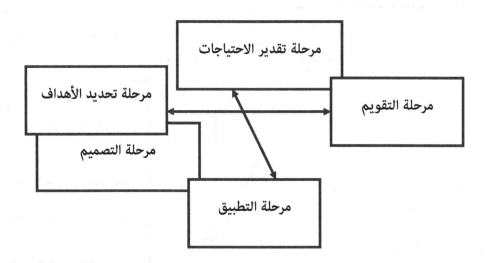

الشكل (2-2) منحنى النظم في التدريب

خصائص الموقف التدريبي القائم على أساس منهجية النظم:

1. تنظيم ما يراد التدرب عليه على أساس عناصر متتالية ومرتبط بعضها ببعض.

2. التحديد الدقيق لما يراد التدرب عليه فيما يتعلق بكل عنصر.

3. تزويد المتدرب بالتغذية الراجعة (Feed Back) في أثناء عملية التدريب.

4. استخدام نماذج Models للكفايات المطلوب التدرب عليها ليقوم المتدرب بتقليدها.

وان الشكل (2-3) يوضح العملية التدريبية من بداية جمع المعلومات وتحديد الاحتياجات التدريبية ومن ثم تصميم البرامج التدريبية بما ينسجم الى حاجة المنظمة لمثل هذه البرامج ، وبعد ذلك تحديد المتدربين وكافة الخصائص المرتبطة بهم ، ومن ثم تحديد المدربين بما يتلائم مع البرنامج التدريبي وان يكونوا على قدرة لتنفيذ هذه البرامج وتجهيز المادة التدريبية المناسبة ، وكذلك تحضير المكان التدريبي والمساعدات التدريبية بما يتلائم مع خطة البرنامج التدريبي وتحقيق اهدافه وبعد تنفيذ البرنامج تتم عملية تقويمه وهل تم تحقيق الاهداف التي يسعى اليها ومعرفة الفجوات والانحرافات ما بين ما تم تخطيطه وما نفذ بالبرنامج التدريبي وتحقيق الاهداف .

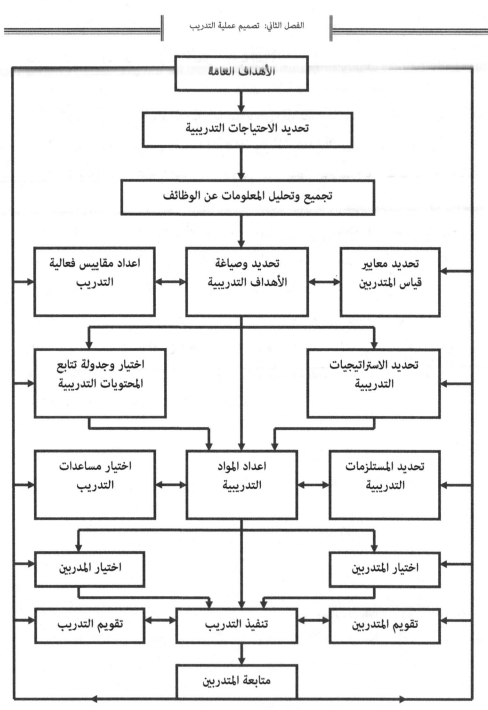

الشكل (3-2) مكونات العملية التدريبية

كما يبين النموذج التالي أن النظام يتكون من ثلاثة عناصر رئيسة هي :-

- المدخلات (Input) .
- العمليات (Processes).
- المخرجات (Out Put) .

المدخلات	العمليات	المخرجات
- القوى البشرية (مدربون , متدربون,إداريون , فنيون ومساعدون) . - المعلومات (المـــواد التدريبية,النظريـــات, البحوث والتجارب) . - التقنيات (الأجهزة , الأدوات , المواد التدريبية , أساليب العمل والمعرفة الفنية) . - التمويل . - التسهيلات التربوية . - **بيئة التدريب .**	- احتياجات تدريبية - أهداف . - إمكانات . - مواقف تدريبية . - خبرات تدريبية . - أساليب ونشاطات	- معارف ومهارات وإتجاهات جديدة . - ارتفاع مستوى الأداء. - إزدياد المردود . - إزدياد إحساس العاملين بمشكلاتهم ومشكلات المنظمة - الإتجاهات الإيجابية نحو العمل .

الشكل (2-4) نموذج يبين النظام التدريبي وفق منحى النظم

فضلاً عن عناصر أخرى مثل البيئة والتغذية الراجعة (Feed back) ويمكن توضيح العملية التدريبية وفق منحى النظم كما في النموذج الآتي :-

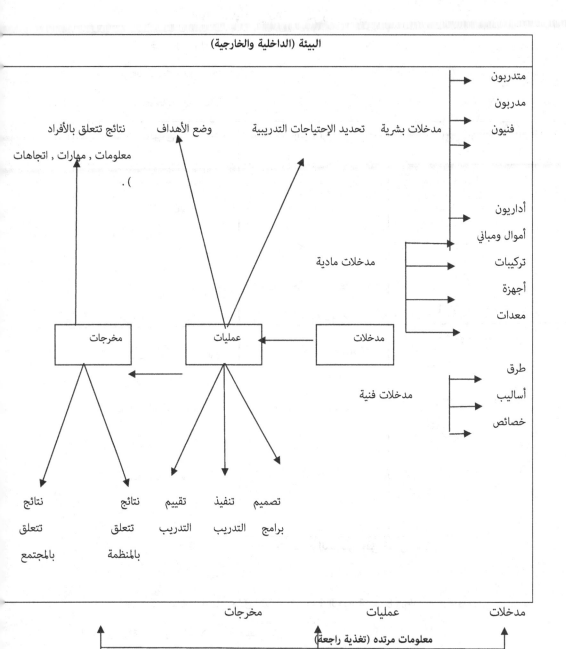

الشكل (2-5) نموذج يبين مكونات العملية التدريبية وفق منحى النظم .

وفيما يأتي عرض لعناصر النظام حسب ما ورد في النموذج السابق :

أولاً : المدخلات (In put) قد تكون المدخلات بشرية أو مادية , أو معلومات أو فنية , وتتمثل المدخلات البشرية في المتدربين الذين يراد اكسابهم معلومات , أو مهارات جديدة , أو اتجاهات , والمدربين الذين يتولون مهمات التدريب , أما المدخلات المادية فتشمل المخصصات المالية التي تنفق على التدريب , والمباني , والقاعات التي تعقد فيها البرامج ،

كما تشمل أيضا الأجهزة والمعدات , وسائر التسهيلات اللازمة للتدريب , ويختص النوع الثالث من المدخلات بالمعلومات , وتشمل البيانات الخاصة بالمتدرب , والمنظمة , أو المنظمات التي ينتمون إليها من حيث نشأتها , وأهدافها , وهيكلها , وحجمها , والية تنظيمها أما المدخلات الفنية فتتعلق بالطرق والأساليب التدريبية وخصائصها وتنوعها وملائمتها للموضوعات التي يتم التدريب عليها .

ثانياً : العمليات (Processes) وتبدأ هذه المرحلة بتحديد الحاجات التدريبية, ثم تليها عملية وضع الأهداف التي يتم في ضوئها تصميم البرامج التدريبية المناسبة , وتتضمن هذه المرحلة فعاليات تنفيذ البرامج ومتابعتها وتقويمها .

ثالثا : المخرجات (Out Put) تتمثل المخرجات في النتائج المتحققة من التدريب أو التي تكون عادة على صورة اكتساب المتدربين معلومات أو مهارات أو اتجاهات وفق رؤية تطويرية معاصرة . مما يؤدي إلى تحسين كفاءة الأداء ورفع مستوياته .

رابعاً : البيئة (Environment) يمكن تقسيم بيئة نظام التدريب إلى بيئة (داخلية) , وبيئة خارجية وتشمل البيئة الداخلية .

- حاجات الأفراد .
- حاجات المنظمة .
- نظريات العلوم السلوكية والتعلم الحديث .
- الموارد المتاحة .
- تصور متخذي القرارات في المنظمة للتدريب ودرجة تحمسهم له .

أما بيئة التدريب الخارجية فتشمل الأبعاد الآتية :

أ) البعد المجتمعي : ويمكن حصره في النظام الإقتصادي والسياسي والقانوني والمستوى الحضاري , ونظام تنمية الموارد البشرية .

ب) البعد التنظيمي : ويتعلق هذا البعد بالمنظمات العديدة القائمة التي تخدم المجتمع كالمؤسسات وغيرها وتقدم هذه المنظمات أدوار مهمة من أبرزها تلبية حاجات الأفراد, ومن الأدوار الأخرى التي تقدمها المنظمات توظيف موارد بشرية متخصصة لتحقيق أهداف المنظمة والبيئة الخارجية .

خامساً : التغذية الراجعة (Feed back) : وهي معلومات عن الأداء الفعلي أو النتاجات التي تحققها الأنشطة المختلفة للنظام , وتقوم بدور الرقابة , وترد إلى المدخلات أو العمليات من المخرجات , ويستخدمها المديرون للحفاظ على مستويات الأداء المخططة في المنظمة من ناحية ومعالجة المشكلات وحلها وتعديل الأنشطة وتكييفها بما يتلاءم مع الظروف المتغيرة من ناحية أخرى .

3-2 مراحل العملية التدريبية

من خلال استعراض مكونات العملية التدريبية يمكن الوصول , إلى أن عملية بناء البرنامج التدريبي التي تتضمن تحديد الحاجات التدريبية, وصياغة أهداف التدريب, وتحديد الموضوعات والمفردات اللازمة له , ووسائل تنفيذه , وطرق تقويمه تعد الجزء الأساسي في مرحلة العمليات .

ويبين النموذج التالي المراحل الأساسية التي يجب أن يتضمنها أي تصميم منظم لبرامج التدريب .

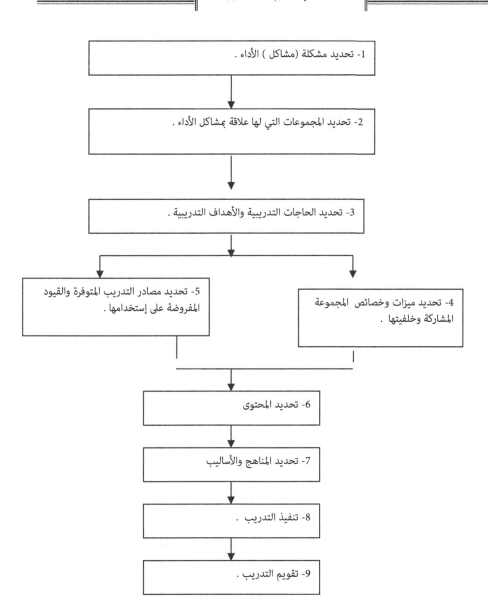

1- تحديد مشكلة (مشاكل) الأداء .
2- تحديد المجموعات التي لها علاقة بمشاكل الأداء .
3- تحديد الحاجات التدريبية والأهداف التدريبية .
4- تحديد ميزات وخصائص المجموعة المشاركة وخلفيتها .
5- تحديد مصادر التدريب المتوفرة والقيود المفروضة على إستخدامها .
6- تحديد المحتوى
7- تحديد المناهج والأساليب
8- تنفيذ التدريب .
9- تقويم التدريب .

الشكل (2-6) نموذج المراحل الأساسية لتصميم منظم لبرامج التدريب

وتتضمن المرحلة الأولى من النموذج السابق تحديد مشاكل الأداء غير أن تحديد المشاكل الخاصة بالمديرين والإداريين يكون من مهام الإدارة العليا المسؤولة عن التخطيط للبرامج التدريبية , ويكلف بذلك مؤسسة تدريبية , بتحديد مشاكل الأداء الخاصة , فإن القرار الأخير يكون من مهام السلطة العليا , وعندما تعلن هذه السلطة قرارها , فإن الأمر يتطلب القيام بالخطوتين الأولى, والثانية (المرحلة الأولى والثانية) وذلك عن طريق تحديد الفئة المستهدفة من التدريب , وتحديد الحاجات التدريبية , واستنباط الأهداف التدريبية من الحاجات التدريبية وفق أسس عملية سليمة , وعندما يتم تنفيذ ذلك , فإنه من الضروري القيام بالخطوات (5,4,3) والتي تعتبر متصلة مع بعضها البعض , وتحتاج إلى تحليل مشترك , بحيث تنتهي إلى تحديد دقيق للأهداف التدريبية تكون في متناول المجموعة المستهدفة , بكل يسر وسهولة , بالإضافة إلى صلتها المباشرة بحاجات التدريب والمصادر المتوفرة له .

وبعد القيام بهذه الخطوات , فإنه من الممكن إتخاذ قرارات تتعلق بالمحتوى المناسب للتدريب (المرحلة رقم 6) , وعندما يتم تنفيذ كافة الخطوات , فإنه من السهل تحديد طرق وأساليب مقترحة لعملية التدريب .

وتعتبر عملية تقدير حاجات التدريب مرنه من الناحية العملية , حيث يتم تحليلها ومن ثم ترتيبها حسب أولويات المنظمة , ويحب أن يتضمن التحليل التأكيد على أهداف ونشاطات تلك المنظمة , وعلاقتها بمعرفة ومهارات الموظفين اللازمة لأداء عملهم بالشكل الصحيح, ونوعية ذلك الأداء , وإذا كان مقياس الأداء هو التنفيذ الفعال لبرامج التطوير, فمن الضروري التركيز على مفاهيم تطوير المعرفة , والمهارات والإتجاهات والمطلوب عند تحديد المناهج الملائمة لتدريب المجموعات .

كما ويوضح النموذج التدريبي الخطوات الأساسية للتخطيط المنظم للتدريب , حيث يعرض وبطريقة سهلة , ومختصرة تلك الخطوات عند تنفيذ العملية التدريبية ,ويتألف النموذج من خمسة مجالات رئيسة هي : المتدربون,الأهداف, الشروط, المصادر, والنتائج , إلا أن التركيز الرئيسي في هذا النموذج , يقع على المتدربين من حيث حاجاتهم , وقدراتهم , ودوافعهم, وإهتماماتهم الخاصة , وأساليب تعلمهم , وفي الحقيقة فإن المتدربين يشكلون مركز الثقل في

كافة القرارات التي يتم إتخاذها في كل مرحلة من عملية التخطيط التدريبي , وهم محور العملية التدريبية .

ويتبين من هذا النموذج , بأن التخطيط يتركز على المتدربين , وحاجاتهم , وقدراتهم ومدى تحقيقهم للأهداف المطلوبة, ويشمل النموذج أربعة أجزاء تتضمن الخطوات المحددة للتخطيط والتي تعد ضرورية وهامة. لذا فإن التخطيط للتدريب هو الدور الأساسي للشخص الذي يقوم بعملية التدريب .

الشكل (2-7) نموذج للتخطيط المنظم للتدريب

أ) الأهداف ما هي الأهداف التي سيتم تحقيقها؟	(ب) الشروط : كيف وتحت أية شروط سيحقق المتدربون الأهداف ؟
– الأهداف . – المعرفة. – الإتجاهات . – المهارات . المحتوى :	الخبرات التدريبية :- مع إهتمام خاص بتقرير التدريب . طرق التعلم والتعليم .
التقويم والتطوير	؟ هيئة التدريب المواد والأجهزة والتسهيلات المادية
د) النتائج : إلى أي مدى تم تحقيق الأهداف ؟ ما هي التغييرات الواجب إحداثها	ج)المصادر . ما هي المصادر الضرورية للخبرات التدريبية.

المتدربون

وتمر العملية التدريبية بخمسة مراحل أساسية هي:

1. مرحلة جمع وتحليل المعلومات.

2. مرحلة تحديد الاحتياجات التدريبية.

3. مرحلة تصميم البرامج التدريبية.

4. مرحلة تنفيذ البرامج التدريبية.

5. تقويم برامج التدريب.

أولاً: مرحلة جمع وتحليل المعلومات:

وهي المرحلة الأولى في العملية التدريبية والتي يتم من خلالها توفير المعلومات عن النظام التدريبي وتحديد العوامل المؤثرة في النظام التدريبي سواء أكانت داخلية تخص المنظمة أو خارجية وعملية جمع المعلومات ليست غاية في حد ذاتها وإنما هي خطوة تليها عملية التحليل والاستنتاج بهدف استخلاص مؤشرات تكون هي أساس في تخطيط وتوجيه النظام التدريبي.

اما أهم المؤشرات التدريبية التي يكشف عنها تحليل المعلومات (علي السلمي1998)

أ-   معلومات عن التنظيم الإداري

وأهم المؤشرات التدريبية هي :

1. استحداث وظائف جديدة .

2. إلغاء وظائف قائمة .

3. تعديل واجبات ومسئوليات وظائف) تغيير وصف الوظيفة ومواصفات شاغلها.

4. تغيير الموقع التنظيمي لبعض الوظائف ..

5. استحداث تقسيمات تنظيمية جديدة..

6. إلغاء تقسيمات تنظيمية قائمة.

7. تعديل اختصاصات تنظيمية في بعضها البعض .

8. تفويض صلاحيات بعض الوظائف العليا إلى وظائف أدنى منها .

9. تركيز بعض الوظائف بدلا من لا مركزيته.

10. استحداث أنشطة جديدة.

11. توقف بعض الأنشطة القائمة.

12. اختلال الهيكل الوظيفي بزيادة الأفراد عن الوظائف.

13. اختلال الهيكل الوظيفي بنقص بعض الأفراد عن الوظائف.

14. استمرار شعور بعض الوظائف التخصصية.

15. عدم فعالية اللجان وطول الوقت المستغرق في بحثها للموضوعات.

16. عدم ممارسة الصلاحيات والسلطات المخولة لبعض شاغلي الوظائف.

17. إصدار قرارات دون أساس من السلطة المفوضة في بعض الحالات.

18. قصور المعلومات المتبادلة بين التقسيمات التنظيمية.

19. تكرار أداء نفس العمليات في مواقع مختلفة من التنظيم لنفس الغرض.

20. بطء عملية اتخاذ القرارات في مواقع معينة.

21. طول خطوط الاتصال وتعقيدها بين قطاعات التنظيم المختلفة.

22. عدم توافق الواجبات الفعلية للوظائف مع الواجبات الرسمية المحددة في بطاقات وصف الوظائف.

23. عدم توافق الاختصاصات المؤداة فعلا في التقسيمات التنظيمية مع الاختصاصات الرسمية الواردة في وثيقة الهيكل التنظيمي.

ب - معلومات عن الأفراد وأهم المؤشرات التدريبية هي :

1. اختلاف مهارات وقدرات العاملين عن متطلبات الوظائف

2. الاحتياج إلى أفراد ذوي مهارات وقدرات جديدة غير متاحة للعاملين.

3. اختلاف أنماط السلوك الفعلي للأفراد عن الأنماط المستهدفة التي ترتضيها الإدارة.

4. اختلال العلاقات بين الرؤساء والمرؤوسين.

5. تزايد معدلات الاستقالة وترك العمل.

6. ازدياد معدلات توقيع الجزاءات على الأفراد من جانب رؤسائهم.

7 .عدم تناسب التأهيل العلمي أو الخبرة العملية لبعض الأفراد مع متطلبات أداء وظائفهم .

8 .جمود الحركة الوظيفية لبعض الأفراد رأسياً أو أفقياً (بقاء الموظف فترة طويلة في ذات الوظيفة والدرجة).

9 .انحراف متوسط الأداء الفعلي للأفراد عن المعدلات المستهدفة مع الإدارة.

ولعل أبرز المعلومات المراد الوصول إليها في هذه المرحلة:

- معلومات عن التنظيم الإداري للمنظمة وأهدافها وسياساتها والنظم والإجراءات المتبعة .
- معلومات عن الأسلوب المتبع في ممارسة الوظيفة الإدارية .
- معلومات عن الأفراد العاملين .
- معلومات عن الإمكانيات المادية والظروف والعوامل المحيطة .

3-2 مرحلة تحديد الاحتياجات التدريبية

يعبر عن احتياجات التدريبية بأنها التغيرات المطلوب إدخالها على السلوك الوظيفي للفرد وأنماط أدائه ودرجة كفاءته عن طريق التدريب.

ويعتبر تحديد الاحتياجات التدريبية أمراً في غاية الأهمية حيث أن التحديد الدقيق لهذه الاحتياجات يجعل النشاط التدريبي نشاطاً هادفاً وواقعياً ويوفر كثيراً من الجهود والنفقات.

ولتوفير الدقة عند تحديد الاحتياجات التدريبية يجب أن نلم بالأبعاد الآتية:

1. تحليل الموقع التنظيمي الذي تبدو فيه الحاجة إلى التدريب أي الإدارة أو القسم من المنظمةالذي يعاني الحاجة إلى التدريب.
2. تحليل الأعمال أو الوظائف وذلك من أجل تحديد ماذا يتضمن التدريب وذلك لدراسة وتحديد ماذا يجب أن يتعلم الفرد حتى يمكن أن يؤدي عمله بأكبر آفاءة ممكنة.
3. تحليل الأفراد وذلك لمعرفة المراد تدريبهم وآذلك تحديد المهارات والمعرفة والاتجاهات المراد تحسينها.

إن الاحتياجات التدريبية تعبر عن الأفراد المطلوب تدريبهم لمواجهة الحالات أو المواقف التالية:

1. المواقف التي يتضح فيها لإدارة الأفراد في المنطقة أن الأداء الفعلي لبعض الأفراد لا يرقى إلى المستوى المرغوب فيه لأسباب تعود إلى نقص في مهاراتهم أو معلوماتهم.
2. المواقف التي تقرر فيها الإدارة تغير أو تعديل محتوى العمل أي تغيير وصف الوظيفة من حيث المسؤوليات أو الواجبات أو الصلاحيات.
3. المواقف التي تقرر فيها الإدارة تغير الظروف والإمكانيات التي يتم فيها أداء العمل أو يتم العمل بواسطتها.
4. المواقف التي تقرر فيها الإدارة إحداث وظائف جديدة أو البدء في أنشطة جديدة لم يسبق لأفراد المنظمة ممارستها من قبل.
5. المواقف التي تقرر فيها الإدارة تعيين أفراد جدد أو نقل أو ترقية أفراد حاليين إلى وظائف مختلفة عن وظائفهم الحالية.

ولمعرفة الاحتياجات التدريبية يتم من خلال:

1. الخطط التوسعية للمنظمة في المستقبل، وما تحتاج إليه من خبرات ومهارات لتنفيذها.
2. نتائج تحليل وتوصيف الوظائف وما توصلت إليه من تحديد لمهام الوظيفة ومتطلبات شغلها ومقارنتها مع الإمكانات المتوفرة حالياً لدى الموظف لمعرفة مدى حاجة الفرد للتدريب.
3. نتائج قياس وتقييم الأداء، إذ تشير تقارير قياس الأداء من قبل الرؤساء إلى نقاط الضعف في أداء مرءوسيهم ونوع التدريب الذي يحتاجون إليه لعلاج نقاط الضعف هذه.
4. أساليب العمل الجديدة المنوي إدخالها للمنظمة إذ يتطلب ذلك تدريب العاملين على هذه الأساليب.
5. الآلات الفنية الجديدة المراد إدخالها للإنتاج، إذ يستدعى إدخالها أيضاً تدريب العاملين على كيفية استخدامها.

6. آراء العاملين أنفسهم وذلك بسؤالهم عن النواحي التي يشعرون أنهم بحاجة إلى تدريب فيها وذلك لزيادة مقدرتهم وكفاءتهم.
7. إجراء اختبارات للعاملين لمعرفة مستوى آرائهم وما إذا :ان بعضهم بحاجة للتدريب.

4-2 مرحلة تخطيط أو تصميم البرامج التدريبية

تأتي مرحلة تصميم البرنامج التدريبي بعد تحديد الاحتياجات التدريبية لكي تفي بهذه الاحتياجات وتتضمن مرحلة تصميم أو تخطيط البرنامج التدريبي ما يلي:

1.تحديد الموضوعات التدريبية أو وضع محتوى خطة التدريب:

ويقصد بها وضع محتوى التدريب الذي يجب أن تشمل عليه البرامج التدريبية ويتم هذا من خلال التعرف على المشاكل التي تحدث في المنظمة ومن ثم تعمل على تحديد ما يجب عمله لتجاوزهذه المشاكل.

2. تحديد تتابع الموضوعات في البرنامج التدريبي:

ويتم هذا التكامل الأثر المطلوب من الوحدات التدريبية المختلفة وتقوم فكرة تتابع الموضوعات على اعتبار البرنامج وحدة متكاملة تقسم إلى وحدات فرعية ترتبط بهدف واحدومحدد وأهم القواعد المتبعة في تتابع الموضوعات ما يلي:

أ - أن يبدأ موضوع التدريب بمدخل عام في طرح الفكرة من التدريب وذلك لإثارة اهتمام المتدربين.

ب -البدء بالجوانب الأكثر تفصيلاً للموضوع التدريبي وتنطبق هذه القاعدة في حالة التدريب لرفع المهارات حيث يبدأ العاملون أولاً على نطاق عام ثم يسير التقدم نحو التفاصيل والجوانب الأكثرتعقيداً وصعوبة.

ج -أن تتوافق الأشكال المختلفة للمادة المتعلقة بذات الموضوع من حيث زمن تقديمها في البرنامج وعمل فواصل بين الموضوعات المختلفة بحيث يتضح للمتدربين انتهاء موضوع معين والابتداء في موضوع جديد.

3. أساليب التدريب:

الأسلوب التدريبي هو الطريق الذي يستخدم لنقل المادة التدريبية من المدرب إلى المتدربين

5-2 مرحلة تنفيذ البرامج التدريبية

وتعني تحديد الإطار العام للإجراءات التنفيذية للبرامج التدريبية أي أنها مرحلة إدارة البرنامج التدريبي وإخراجه إلى حيز الوجود.

1- توقيت البرنامج

ويتضمن هذا الجانب :

أ- موعد بدء وانتهاء البرنامج التدريبي.

ب- توزيع العمل التدريبي خلال فترة البرنامج.

ج-تنسيق التتابع الزمني للموضوعات التدريبية المختلفة.

2-**المرافق والتسهيلات التدريبية (قاعات التدريب)** :ويتضمن هذا الجانب

أ -اختيار المكان وفقاً لمتطلبات البرنامج التدريبي قاعة كبيرة أو صغيرة.

ب - تصميم طريقة جلوس المتدربين على شكل طاولة مستديرة أم صفوف مستقيمة.

ج - تحديد المستلزمات الضرورية في كل برنامج سبورة عادة / مضيئة / ممغنطة.

1-**المتدربين** :ويتضمن الجانب المتعلق بالمدربين ما يلي:

أ -التأكد من وصول دعوات الاشتراك في البرنامج إليهم والتأكد من الموافقة على اشتراكهم.

ب -إعداد قائمة بأسماء هؤلاء المتدربين مع بيان مؤهلاتهم العلمية ووظائفهم.

2-**المدربين** :ويتضمن الجانب المتعلق بالمتدربين ما يلي:

أ -التأكد من الاتصال بهم وتعريفهم بمواعيد البرنامج التدريبي.

ب -توفير كافة المستلزمات والمساعدات التدريبية التي يحتاجها المدرب.

ج - تقديم المدرب للمتدربين أي تقديمه لهم لمعرفته.

د -إذا ما حدث أي خروج عن الأهداف المرسومة للبرنامج يجب على المدرب أن يتدخل بلباقة وبأدب.

ﻫ - دفع المستحقات للمدرب لما بذله من جهد في تنويره لجموع المتدربين.

3-افتتاح البرنامج التدريبي ويعني:

أ -أن يفتتح في الوقت المناسب.

ب - شرح أهداف ومتطلبات البرنامج التدريبي للمتدربين.

ج - التعرف على وجهات نظر المشاركين والاهتمام بوجهات النظر المعقولة والمنطقية.

د -القيام بحملة تعارف ما بين المشاركين في البرنامج التدريبي لمعرفة بعضهم البعض.

الإرشادات الواجب مراعاتها عند سير وتنفيذ البرنامج التدريبي

1. الحرص على أهداف البرنامج التدريبي والعمل بأقصى جهد على تحقيقها.

2. التعرف على المتدربين في البرنامج التدريبي بشكل جيد والعمل على تفاعلهم مع البرنامج التدريبي.

3. أن تكون مناقشات ومحاضرات البرنامج التدريبي تتخذ طابعاً عملياً.

4. العمل والمحافظة على حسن إدارة وقت الجلسات أي البدء والانتهاء في الوقت المحدد.

5. التعرف على وجهات نظر المتدربين والمدربين في سير البرنامج التدريبي وقبول آرائهم والاستفادة منها من خلال قناة المعلومات المرجعة أو التغذية العكسية.

6. مراعاة الفروق الفردية بين المتدربين والتجاوب مع احتياجاتهم الخاصة.

7. أخيراً القيام بإعداد حفل ختامي توزع فيه الشهادات على المتدربين.

مقومات نجاح البرامج التدريبية وفعاليتها:

1. أن يكون المشتركين في البرنامج التدريبي لديهم الرغبة في التغيير أي شعور الأفراد بالحاجة الماسة للتدريب.

2. أن يكون الهدف الأسمى للبرنامج التدريبي هو معالجة المشاكل التي يعاني منها المتدربون ويحبذ هنا أن يشارك المتدربون في وضع وصياغة البرنامج التدريبي.

3. العمل على مساعدة المتدربين في تحليل الأفكار والمعلومات التي يستقبلونها من المدرب وذلك لمعرفة مدى استخدامهم لها في حل المشاكل التي يعانون منها.

4. النظر إلى المشاكل التي يعالجها التدريب من عدة محاور وهذه المحاور تتمثل في إعطاء الحرية للمتدربين في إبداء آرائهم ووجهات نظرهم حيال هذه المشاكل وهذا الأسلوب يساعد المتدربون في فهم خبرات متنوعة ويفتح الباب أمامهم لمجالات جديدة في التفكير والتحليل.
5. أن يكون البرنامج التدريبي مرناً.

6-2 مرحلة تقويم البرامج التدريبية

التقويم :هو تلك الإجراءات التي تقاس بها كفاءة البرامج التدريبية ومدى نجاحها في تحقيق أهدافهاالمرسومة كما تقاس بها كفاءة المتدربين ومدى التغير الذي نجح التدريب في إحداثه فيهم وكذلك تقاس بها كفاءة المدربين الذين قاموا بتنفيذ العمل التدريبي، وبناء على ذلك فإن فاعلية برامج التدريب لا تتحقق فقط بحسن التخطيط والتصميم لها وإنما تعتمد على دقة التنفيذ من جانب القائمين على البرنامج التدريبي ومتابعة هذا البرنامج وتقويم البرامج التدريبية تعد جزء هام في مسيرة العملية التدريبية أي أن التقويم هو بمثابة عملية قياس مستمرة لكفاءة النظام التدريبي وقياس لمدى تحقيق هذا البرنامج للأهداف المحددة مسبقاً.

الأهداف المرجوة من عملية تقويم البرامج التدريبية:

1. معرفة نقاط الضعف التي حدثت خلال مرحلة تنفيذ البرنامج التدريبي من حيث إعداده أو تخطيطه أو تنفيذه ومعرفة أسبابها للعمل على تحاشيها في المستقبل) البرنامج التدريبي.
1. التعرف على مدى نجاح المدربين في تحمل مسئوليتهم الملقاة على عاتقهم في قيامهم لعملية التدريب المدربين.
2. بيان مدى استفادة المتدربين من التدريب.

وسائل التقويم:

ولتقييم الهدف الأول والثاني (البرنامج التدريبي + المتدربين)

هناك عدة وسائل لقياس مدى نجاح هذه الأهداف وهي:

1.الاستبانة:

توزع على المتدربين بعد الانتهاء من عملية التدريب وتتضمن عدة أسئلة أما استفسارات يجيب عنها هؤلاء المتدربون والذين من خلالها يعبرون عن آرائهم بالبرنامج التدريبي سواء من حيث تخطيطه وتصميمه أو تنفيذه وأيضاً عن رأيهم بالمدربين. ومن خلال هذه الاستبانة يمكن التعرف على نقاط الضعف التي واجهت البرنامج التدريبي لتحقيق هدفه.

2. الملاحظة المباشرة:

ويكون هنا تقييم البرنامج التدريبي والمدربون من خلال ردود الفعل التي يبدونها المتدربون تجاه البرنامج التدريبي والمدربون ويكون هذا من خلال الأحاديث التي تدور بين المتدربين أنفسهم أو من خلال الشكاوي التي يوجها المتدربون للمشرفين على البرنامج التدريبي.

3. أسلوب الحفل الختامي:

الهدف الأساسي لهذا الأسلوب هو تقييم البرنامج وكذلك توزيع الشهادات على المتدربين الذين خضعوا للبرنامج التدريبي، ويتم هذا التقييم بسؤال المتدربين عن آرائهم بالبرنامج التدريبي إلا أن هذا الأسلوب غير موضوعي أي أن المتدربون يجاملون المشرفين على التدريب ولا يدلون بآرائهم الصريحة حيال البرنامج التدريبي.

أما تحقيق الهدف الثالث والخاص بالمتدربين هناك عدة معايير يتم بواسطتها الحكم على مدى استفادة المتدربون من البرنامج التدريبي وأهم هذه المعايير:

1. دراسة التطورات والتحسينات التي طرأت على العمل الذي يشغله هؤلاء.
2. مدى التغير في الآراء ويتم هذا من خلال مقارنة النتائج الحالية بقياس النتائج السابقة.
3. الاختبارات والتي من خلالها يمكن معرفة مدى استفادة المتدربين من البرنامج التدريبي.
4. **الترقية** :أي عدد المتدربين الذين نالوا برقيات نتيجة آفائتهم في أداء عملهم وذلك بعد التدريب.

5. **المجموعة الضابطة** :وهو اختيار مجموعة من العاملين لم تتعرض للتدريب إضافة إلى المجموعة الأولى التي تعرضت للبرنامج التدريبي وتدربت ويتم هنا إخضاع هاتان المجموعات لاختبار واحد والفرق بين نتائج المجموعتين يكون ناتجاً عن التدريب.

علما سيتم شرح بالتفصيل هذه المراحل في الفصول القادمة .

7-2 فعاليات العملية التدريبية

تتضمن العملية التدريبية عدداً من الفعاليات , يمكن تصنيفها في ثلاث مجموعات رئيسة هي :

أولاً : فعاليات تخطيطية .

ثانياً : فعاليات تنفيذية .

ثالثاً : فعاليات تقويمية .

أولاً : الفعاليات التخطيطية : تتضمن مرحلة تخطيط التدريب ثلاث فعاليات أساسية هي :

أ) تحديد الحاجات التدريبية : التي سيتم التعرض لها بالتفصيل في الفصول القادمة .

ب) تحويل الحاجات التدريبية إلى أهداف : لقد عرفت الأهداف في التدريب أنها تشكل (الفرق بين ما نمتلك من مهارات فعلاً , وما نريد أو نرغب في أن نمتلكه من مهارات).

فالأهداف عموماً تتعلق بالوصول إلى غايات أو نتائج , لذلك فأن تحويل الحاجات التدريبية إلى أهداف يعد أمراً في غاية الأهمية إذ أن الوصول إلى الغايات , والنتائج يعني تلبية تلك الحاجات وإشباعها , ومن ثم تحقيق الأهداف المتوخاه من التدريب .

وتظهر أهمية تحديد أهداف التدريب في كونها :

1. تساعد في إختيار محتوى التدريب وأساليبه وأدواته .
2. تساعد على معرفة ما إذا كانت الأهداف الموضوعة قد تحققت وإلى أي مدى عن طريق أدوات القياس المعتمدة .
3. تتيح للمتدربين والمدربين الفرصة لتنظيم جهودهم وتنسيقها بإتجاه تحقيق هذه الأهداف .

وقد قسمت الأهداف التدريبية إلى خمسة أنواع هي :

1. أهداف تشغيلية : وهي الأهداف التي تقاس بشكل مخرجات مثل زيادة نسب النجاح وغيرها
2. أهداف أدائية : وهي تتعلق بتطوير أداء الأفراد إلى المستويات المرغوبة .
3. أهداف تعليمية : وتتعلق بحجم المعلومات , والحقائق , والمعارف , والمهارات التي يكسبها المتدربون في نهاية البرنامج التدريبي .
4. أهداف رد الفعل : وتتعلق بالمشاعر الشخصية للمتدربين نحو البرنامج التدريبي.
5. أهداف النمو الذاتي : وهي التي تعكس مستويات النمو الذاتي للمشاركين في البرنامج التدريبي .

ج) تحديد الأولويات والأسبقيات : بعد أن يتم تحديد الحاجات التدريبية , ويتعرف المسئول عن التدريب على الأفراد الذين يحتاجون إلى التدريب , ووظائفهم, ومواقعهم في العمل, ويتحدد بالضبط نوع المعارف, والمهارات, والإتجاهات المطلوبة , ويتم تحويل الحاجات التدريبية إلى أهداف, تأتي مرحلة تحديد الأولويات والأسبقيات لهذه الأهداف, ولتحديد الأولويات فإن عوامل عديدة تؤخذ بعين الأعتبار, ولا سيما طبيعة الحاجات التدريبية وحجمها , ومصادر التدريب المتوافرة , والميزانية المالية , والوقت المتاح ومدى قناعة المسئولين ودعمهم للتدريب والتطوير .

ثانياً : فعاليات تنفيذية .

وهي تتضمن كافة الانشطة المتعلقة بالعماية التدريبية والية تنفيذها والتي سوف يتم توضيحها لاحقاً .

ثالثاًُ : فعاليات تقويمية .

وهي تتضمن كافة الفعاليات المتعلقة يتقويم البرامج التدريبية والية تنفيذها والتي سوف يتم توضيحها لاحقاً .

8-2 تخطيط وتحديد الأهداف التطويرية

لكي يكون تطوير الموارد البشرية ناجحا، لابد أن يكون مبنيا على أساس سليم، وقائما على أسلوب علمي، وأول خطوة في تخطيط هذا النشاط الهام هي تحديد الأهداف.

اولاً :الأهداف التدريبية

نعرف الهدف - بشكل أساسي- على انه نتيجة يراد الوصول إليها بكمية معينة ومواصفات محددة، في زمن معلوم، ويعتبر الهدف على جانب كبير من الأهمية. وهو نقطة البداية لأي نشاط إنساني. ذلك لان الهدف هو الذي يحفزنا ويحرك سلوكنا. وهو الذي يرشدنا إلى البدائل الملائمة لبلوغه كما انه يضمن تكامل الجهود وتنسيقها، ويسهل الاتصال والتعاون بين أعضاء الجماعة التي تعمل على بلوغه. كما انه يرشدنا إلى تحديد المعايير الملائمة لقياس النتائج المحصلة. ثم انه أيضا يسهل مهمة القيادة عندما يتفق الأفراد عليه. كما انه يعتبر من الخواص المميزة لإدارة أو جماعة دون أخرى. فهذا البرنامج التدريبي يهدف إلى تحسين مهارات الاتصال، بينما يهدف برنامج آخر إلى تنمية مهارات تحليل الوظائف ويسعى ثالث إلى إثراء معلومات الأفراد في الاتجاهات الحديثة في القيادة الإدارية.

وتشتق الأهداف التدريبية من الاحتياجات التدريبية. فإذا كانت الأخيرة دقيقة واضحة، محددة بعناية، وتعكس الوضع العملي فعلا، كانت الأهداف التدريبية أيضا واضحة محددة ممكنة التحقيق. فإذا كانت مهارة اتخاذ القرارات عند احد المديرين ناقصة. كان تعوزه القدرة على تحليل المعلومات اللازمة، أو الاستفادة من هذه المعلومات في تحديد البدائل الملائمة للقرار، أو مقارنة هذه البدائل بناء على مزاياهم ومشكلاتها الخ، فان الهدف التدريبي في هذه الحال يصبح صقل مهارة المدير في تحليل المعلومات مثلا، أو تنمية قدرته على التفكير الإبداعي للتوصل إلى البدائل الملائمة للقرار.

ولكي يكون للهدف التدريبي جديته وفعاليته يجب أن يصاغ في صورة نتيجة سلوكية محددة، فيكون الهدف بالنسبة لهذا المدير: انه بعد أن يتم البرنامج التدريبي يكون قادرا على التفكير الإبداعي والتوصل إلى أفكار جديدة. ويقاس هذا التفكير بتمرينات معينة أو حالات عملية ومواقف من واقع عمل المدير، أو من أعمال أخرى مماثلة.

ويجب أن نؤكد هنا ان الهدف يجب أن يكون وثيق الصلة بأهداف الوظيفة التي يشغلها الفرد، وأهداف المنظمة التي يعمل فيها، وكذلك الأهداف الشخصية للموظف نفسه. ويتبين ذلك عندما نعرض فيما بعد لتحليل الوظيفة والفرد والمنظمة عند تحديد الاحتياجات التدريبية. وذلك لأنه إذا كان هناك تناقض - بدرجة أو بأخرى- بين هذه الأهداف وأهداف التدريب، قلت فعالية التدريب بنفس درجة هذا التناقض. ومن ثم يكون التدريب على أحسن الفروض ضياعا للوقت والجهد والمال . وعلى أسوأها مصدر إحباط للمتدرب والمدرب والإدارة جميعا، فمثلا لا يجدي تدريب المدير في التفكير الإبداعي إذا كانت أهدافه الشخصية لا تتضمن إثبات الذات والتنمية والتطوير الذاتي أو إذا كانت الوظيفة التي يشغلها يغلب عليها الطابع البيروقراطي. أو إذا كانت الإدارة العليا بالمنظمة لا تشجع التفكير الإبداعي. والسبب في ضرورة تناسق أهداف الأفراد والأعمال والمنظمات مع أهداف البرنامج التدريبي، هو ان هدف التدريب بعد تحقيقه يصبح وسيلة لبلوغ الأهداف الأخرى- للوظيفة والفرد والمنظمة . فإذا لم تكن هذه جميعا متسقة متفقة متكاملة كانت فعالية التدريب قليلة بالتأكيد.

وتنقسم الأهداف التدريبية إلى أربعة أنواع:

1. **الأهداف اليومية المعتادة للوظيفة:**

والتي تشتق من الواجبات الرئيسية للوظيفة وتحقق القدر المطلوب من كفاءة الأداء، وتحفظ للوظيفة توازنها مع بقية الوظائف.

2. **أهداف حل المشكلات:**

والتي تختص بإيجاد حلول محددة للمشكلات التي تثور في العمل - من فنية وإنسانية وغيرها. وتساعد هذه الأهداف الأفراد والمنظمات على الاستمرار في الإنجاز والتغلب على الصعوبات التي تصادف العمل.

3. **الأهداف الابتكارية:**

والتي تتعلق بالتطوير والاكتشاف والتجديد. ويقوم التدريب هنا بمساعدة المتدربين على الوصول إلى أفكار جديدة في أعمالهم، وحلول مبتكرة لمشكلاتهم، وقرارات أكثر فعالية لتحقيق أهدافهم.

4. **الأهداف الشخصية:**

وهي التي يريد الأفراد تحقيقها لأنفسهم، من تنمية ذاتية وترقية واحترام الآخرين وتأكيد الذات، ويهتم التدريب هنا بمساعدة الشخص على أن يضع لنفسه أهدافا ويكشف الطرق الملائمة لبلوغها ، ويسعى إلى تحقيقها من خلال مصالح العمل أيضا.

وتعمل الأنواع الأربعة من الأهداف في تناسق وتكامل، بحيث يمهد بعضها لبعض، ويكمل بعضها البعض الآخر. فكما نرى في شكل (2-8) توفر الأهداف الوظيفية المعتادة عنصر ـ التوازن للوظائف المؤداة.

وتحقق أهداف حل المشكلات عنصر الاستمرار في الأداء حيث يتم التغلب على الصعاب التي تعترض الطريق. أما الأهداف الابتكارية فهي تسير بالمنظمة في طريق التحديث والتطوير فتفتح أمامها فرصا جديدة وتدخل بها آفاقا جديدة. وتجيء الأهداف الشخصية لتوفير عنصر ـ الولاء والرغبة في العمل من جانب الأفراد، حيث توجد مصالح مشتركة بينهم وبين المنظمات التي يعملون فيها.

ثم ان تحقيق مجموعة من الأهداف يسهم في تحقيق الأخرى بنجاح. فلا شك ان الابتكار ينعكس على حلول المشكلات وتساعد الأخيرة على أداء الوظيفة بدرجة عالية من الكفاءة، وتنمية الأفراد تساعد على مزيد من الابتكار ، وهكذا في حلقة مستمرة تعمل على دفع الكفاءة والفعالية الكلية للمنظمة.

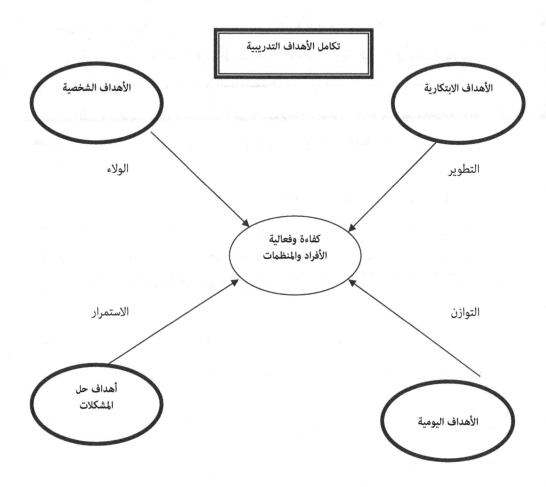

الشكل (2-8) نموذج الاهداف التدريبية

وإذا كانت الإدارة التقليدية توجه اهتمامها بصفة رئيسية لنوع واحد او نـوعين مـن الأهـداف، وهما الأهداف اليومية للعمل ثم أهداف حـل المشـكلات. فكـذلك التـدريب التقليـدي يركز عـلى هـذين النوعين.

أما الاتجاهات الحديثة في الإدارة ومنها الإدارة بالأهداف وتمكين العـاملين وإدارة الـنظم وإعـادة هندسة العمليات الإدارية فتوجه اهتماما مماثلا نحـو الأهـداف الابتكاريـة، وكـذلك الأهـداف الشخصـية للعاملين.

وبنفس المنطق يتضمن تطوير الموارد البشرية أهدافا تدريبية من هذين النوعين، ومـن ثم فـان الاحتياجات التدريبية تمتد لتشمل احتياجات المنظمة للأفكار الجديـدة والطـرق المسـتحدثة واحتياجـات الأفراد للتنمية الذاتية واثبات الذات والتقدم في المسار الوظيفي، إلى غير ذلك مما يطمع الأفراد في تحقيقه في مجال العمل.

الفشل في بعض البرامج التدريبية.

ويرجع هذا الفشل إلى:

1. عدم مساعدة بيئة العمل على تطبيق المعلومات أو المهارات المكتسبة.

2. عدم توافر الدعم الكافي للبرامج التدريبية من قبل الإدارة العليا.

3. عدم تواصل أو عدم تكامل العمليـات التدريبيـة حيـث إمـا أن تكـون متقطعـة أو أنهـا لا تخـدم بعضها البعض.

بعض المفاهيم الخاطئة عن التدريب.

في كثير من الأحيان يعتقد أن التدريب يمكن وهبه للفرد ولكـن في الحقيقـة أن النشـاط التـدريبي هو عملية تعلم تنشأ داخل الفرد أي أن التدريب له دوافع وجذور متعمقة داخل هذا الفرد.

وتتمثل بعض المفاهيم الخاطئة في الآتي:

1. أن البرنامج التدريبية ما هو إلا حيلة / خدعة / مجموعة من المظاهر التي لا تقوم على أساس علمي سليم.

1. بعض الأدوات تنظر للتدريب على أنه نشاط لا يغني ولا يسمن مـن جـوع ويمكـن التغـاضي عنـه لتوفير النفقات بدلاً من النظر إليه على تحقيقه وهو وسيلة لرفع الكفاءة وزيادة الإنتاجية.

2. اتجاه بعض الإدارات لمجاراة ومواكبة لما هو حديث ومتطور في وسائل التـدريب دون التعمـق في البحث في مدى ملائمة هذه الوسائل لاحتياجات المنظمة.

4. بعض الإدارات تسلم بأن البرنامج التدريبي لا ينطوي على أهداف طويلة الأجل أو محدودة.

◻ أمور لا يعالجها التدريب:

1. اضطراب التنظيم.

2. غياب السياسات.

3. غياب أو عدم دقة التخطيط.

4. عدم توافر المقومات الضرورية في الفرد لأداء العمل.

5. ضعف القيادة والإشراف.

6. ضعف الروح المعنوية لدى العاملين.

اسئلة الفصل الثاني

س1 : وضح نموذج تصميم عملية التدريب .

س2 : ما هو النظام التدريبي وفق منحى النظم .

س3 : ما هي مراحل العملية التدريبية .

س4 : ما هي فعاليات العملية التدريبية .

س5 : ما هي الظروف المؤثرة على عقد البرنامج التدريبي .

ضع دائرة حول الاجابة الصحيحة فيما يلي :

س1 : يتضمن نموذج تصميم البرامج التدريبية

أ-   التقويم الأولي.

ب-   اختيار محتوى البرنامج التدريبي وتنظيمه لمحتوى البرنامج.

ج-   البناء أو التركيب المعرفي التدريبي.

د-   جميع ما ذكر صحيح .

س2 : ان شروط صياغة الأهداف التدريبية هي :

أ-   أن تتم صياغة الهدف التدريبي أو المنتوج النهائي للعملية التدريبية بعبارات محددة دقيقة وواضحة.

ب-   أن لا يتم تحديد الحد الأدنى المقبول كمعيار للسلوك الملاحظ (تحديـد درجـة معينـة مـن الإتقان).

ج-   أن لا يتم تقرير الموقف أو الشروط التي يتم في إطارها السلوك المطلوب.

د-   جميع ما ذكر صحيح .

س3 : إن خصائص الموقف التدريبي القائم على أساس منهجية النظم هي:

أ-   تنظيم ما يراد التدرب عليه على أساس عناصر متتالية ومرتبط بعضها ببعض.

ب-   التحديد الدقيق لما يراد التدرب عليه فيما يتعلق بكل عنصر.

ج- تزويد المتدرب بالتغذية الراجعة (Feed Back) في أثناء عملية التدريب.

د- جميع ما ذكر صحيح .

س4 : إن النموذج التدريبي يتكون من ثلاثة عناصر رئيسة هي:

أ- المدخلات (Input) .

ب- العمليات (Processes).

ج- المخرجات (Out Put) .

د- جميع ما ذكر صحيح .

س5 : أما بيئة التدريب الخارجية فتشمل الأبعاد الآتية :

أ- البعد المجتمعي .

ب- البعد التنظيمي .

ج- بعض ما ذكر صحيح .

د- البعد السياسي .

س6 : تمر العملية التدريبية بخمسة مراحل أساسية هي:

أ- مرحلة تحديد الاحتياجات التدريبية.

ب- مرحلة تصميم البرامج التدريبية.

ج- مرحلة تنفيذ البرامج التدريبية.

د- جميع ما ذكر صحيح .

س7 : مرحلة تخطيط أو تصميم البرامج التدريبي هي :

أ- تحديد الموضوعات التدريبية أو وضع محتوى خطة التدريب.

ب- عدم تتابع الموضوعات في البرنامج التدريبي .

ج- تحديد الخطط والمنج التفاوضي .

د- جميع ما ذكر صحيح .

س8 : مرحلة تنفيذ البرامج التدريبية:

أ- توقيت البرنامج

ب- المرافق والتسهيلات التدريبية (قاعات التدريب) .

ج- بعض ما ذكر صحيح .

د- الخطط المستقبلية .

س9 : إن الفعاليات التدريبية تتضمن :

أ- فعاليات تخطيطية .

ب- فعاليات تنفيذية .

ج- فعاليات تقويمية .

د- جميع ما ذكر صحيح .

س10 : تنقسم الأهداف التدريبية إلى:

أ- الأهداف اليومية المعتادة للوظيفة.

ب- أهداف حل المشكلات.

ج- الأهداف الابتكارية.

د- جميع ما ذكر صحيح .

الاجابة الصحيحة

1. د

2. ا

3. د

4. د

5. ج

6. د

7. ا

8. ج

9. د

10. د

مراجع الفصل الثاني

1. السكارنه ، بلال (2004).دورات تدريبية متعددة . المملكة العربية السعودية. الجبيل .
2. برنوطي، سعاد نائف، إدارة الموارد البشرية (إدارة الأفراد)، ط1، عمان، دار وائل للطباعة والنشر، 2001م. منه الفرد إلى مجال العمل، فإن التدريب يأتي ليستكمل ما بدأه التعليم.
3. زويلف ، مهدي ، إدارة الأفراد ، دار مجدلاوي ، ط3 ، 1998 ، ص 180 .
4. ماهر ، احمد ، إدارة الموارد البشرية ، مركز التنمية الإدارية ، 1998 ، ص 365 .
5. سليم ، عبد السلام ، التدريب والانتاجية الاداري ، معهد الإدارة العامة ، 1990 ، مسقط ، العدد 41، ص222،223 .

الفصل الثالث

تحديد الاحتياجات التدريبية

الفصل الثالث
تحديد الاحتياجات التدريبية

الأهداف التعليمية للفصل :

يهدف هذا الفصل الى تزويد القارىء بالمعلومات التي تمكنه من :

1. مفهوم الاحتياجات التدريبية .
2. اهمية الاحتياجات التدريبية .
3. من الذي يحدد الاحتياجات التدريبية.
4. طرق تحديد الاحتياجات التدريبية .
5. طرق جمع البيانات لتحديد الاحتياجات التدريبية .
6. مقاومة فكرة تحديد الاحتياجات التدريبية .
7. نتائج الفشل في تحديد الاحتياجات الى نشاط التدريب .
8. مصادر وطرق تحديد الاحتياجات التدريبية .
9. نموذج تطبيقي لتحديد الاحتياجات التدريبية .

المقدمــة

أي نشاط تقوم به الإدارة لابد أن يكون مخططا ومدروسا وقائما على أساس علمي وعملي. وذلك حتى يحقق الهدف المطلوب منه. وبما ان التدريب احد الأنشطة الهامة التي تؤديها إدارة المـوارد البشريـة وتخصص لها مبالغ مالية كبيرة (أجهزة فنية متخصصة وتنفق فيها كثير من الوقت والجهد)، وبما انه يشمل أعدادا متزايدة من أفراد المنظمات رؤساء ومرؤوسين، فنيين واداريين فان الأمر يسـتدعي ان تخطـط الإدارة جيـدا لبرامجهـا التدريبيـة. وأول خطـوة في هـذا التخطـيط هـي التحديـد الـدقيق الموقـوت للاحتياجـات التدريبيـة التـي توجـد لـدى أفـراد معينـين، يشـغلون وظـائف محـددة ويعملـون في وحـدات أو إدارات معينة.ولهذا يتم تحديد الاحتياجات التدريبية للاسباب التالية :

1. يمثل تحديد الاحتياجات التدريبية أول ما يمثل تقدير لقيمة الإنسان واحتياجاته المتجددة .
2. يمثل تحديد الاحتياجات التدريبية أيضاً ممارسة للديمقراطية والعدالة ويمثل أيضاً ممارسة فعلية لتجنب إصدار أحكام قيمية على الإنسان كالقول أن فلان (فاشل).
3. يهيئ تحديد الاحتياجات التدريبية الأساس السليم لعملية تدريبية ناجحة.
4. ممارسة تحديد الاحتياجات التدريبية مظهر من مظاهر التخطيط السليم ومظهر من مظاهر النماء والتطوير التنظيمي والإداري .
5. تحديــد الاحتياجـــات التدريبيـــة يعنـــي أهـــداف تدريبيـــة دقيقـــة إذا مـــا أحســـن توظيفها .
6. يعين تحديد الاحتياجات التدريبية في التركيز على ما يعرف بالأداء الأفضل .
7. يساعد تحديد الاحتياجات التدريبية على تحديد الفئات المستهدفة التي يستوجب تدريبها .

1-3 مفهوم الاحتياجات التدريبية

تمثل عملية تحديد احتياجات التدريب الاساس في صناعة التدريب، وتقوم عليها جميع دعائم العملية التدريبية وتنمية الموارد البشرية.(الاعرجي والبطاينة،2004).

ويشير توفيق(1994) الى ان عملية تحديد الاحتياجات التدريبية تعتبر الاداة الاساسية التي من خلالها يتم التطوير والتنمية للافراد.

وهذه العملية تساعد على معرفة الاسباب المحتملة للمشكلات التدريبية، الى جانب وضع الحلول المناسبة، وتزويد الادارة بالمعلومات الواقعية التي تساعدهم على تحديد احتياجات الافراد.

ويشير شقبوقة (2001) الى الحالات التي تظهر فيها الحاجة لتدريب العاملين في المنظمات المختلفة و منها:

1- المستخدمون الجدد حيث يتم اعطائهم معلومات عن اسلوب عمل المنظمة و العمل المطلوب منهم.

2- مشاكل الاداء التي تكتشف من خلال المراقبة و المشاهدة.

3- استحداث طرق و اساليب جديدة في العمل.

4- تنويع المهارات خصوصا عند ترقية الموظفين.

5- تحسين و تطوير النظام و تقويته.(شقبوقة،2001).

ويعرف البعض الاحتياجات التدريبية بأنها تحليل مجالات عدم التوازن في الطلب على التدريب من ناحية و الفرص التدريبية من ناحية اخرى، وترجع عملية التحديد الى الحاجة الى معالجة المشكلات في العمل من خلال التدريب (قطامي،2001).

ولتحديد الاحتياجات التدريبية يجب مراعاة الابعاد التالية:

1. تحديد القسم او الادارة التي يحتاج موظفيها للتدريب.
2. تحديد الوظائف او الاعمال المطلوب التدريب على أدائها.
3. تحديد الافراد المطلوب تدريبهم وذلك كنتيجة:

أ- لانخفاض أدائهم.

ب- للتغير الطارىء على وظائفهم و امكانيات العمل.

ج-   لتعيينهم أو نقلهم الى وظائف جديدة.(درة،1980).

ويتعلق مفهوم الاحتياجات التدريبية ببعدين زمنيين الحاضر والمستقبل أو بعبارة أخرى الوضع الحالي، وما يجب ان يكون عليه في فترة زمنية مقبلة عاجلة أو بعيدة المدى. فأما الوضع الحالي فيعبر عن:

أ-   نواحي معرفة أو معلومات، أو اتجاهات، أو مهارات، ناقصة يراد تكملتها.

ب-   ضعف في الأداء أو العلاقات، يراد علاجه أو تفاديه.

ج-   مشكلة محددة (تنظيمية، إنسانية) يراد حلها.

أما فيما يتعلق بما يجب أن تكون عليه الحال في المستقبل، فهو تكملة هذه الجوانب أو تعديلها أو تغييرها. وبهذا المعنى تكون الاحتياجات التدريبية هي الفرق بين المستوى المعرفي أو المهاري المطلوب لأداء عمل معين، وذلك المستوى الواجب توافره عند الفرد الذي يؤدي هذا العمل. وذلك في عنصر واحد أو أكثر من عناصر الأداء الوظيفي، كالاستعداد النفسي، أو القدرات الإبداعية، أو تحمل المسؤولية. كما قد تنصب الجوانب المذكورة من القصور والمشكلات على المستقبل أيضا، فتكون محتملة الوقوع عند نقطة زمنية معينة، ويراد تفاديها أو الإعداد لمواجهتها إذا حدثت.

على أن الاحتياجات التدريبية لا تقتصر فقط على جوانب الخلل أو القصور، ولكنها تمتد أيضا إلى جوانب تطويرية معينة، فهي بذلك تعني معلومات أو مهارات أو اتجاهات يراد تنميتها في شخص أو عدد من الأشخاص أو يراد صقلها أو تغييرها وتعديلها، وذلك استعدادا لترقية شخص أو مواجهة تغيرات متوقعة تنظيمية أو تكنولوجية أو غير ذلك من نواحي التطوير التي تخطط لها المنظمة وتعد العدة لاستقبالها وسلامة تنفيذها.

لذلك فان الاحتياجات التدريبية متجددة ومستمرة، وهي تظهر في أحوال ومراحل كثيرة في حياة المنظمة وعملياتها، مثل هذه الأحوال والمراحل ما يلي:

1.   الإعداد والتمهيد والتقديم للأفراد الجدد عند تعيينهم في وظائف المنظمة.

2.   النقل والترقية والندب والإعارة.

3.   تغيير المسار المهني أو الوظيفي للأفراد، والنقل من عمل لأخر.

4.   إدخال تغييرات تكنولوجية في الآلات والمعدات أو الطرق والأساليب.

5. إدخال تغيرات تنظيمية، لاستحداث وظائف أو تغيير اختصاصات، أو تعديل الأهداف، أو تطوير التوصيف الوظيفي، أو تكوين إدارات جديدة.
6. عند افتتاح فرع جديد للأعمال -مشابه أو مخالف للفروع الأخرى- في منطقة جديدة أو دولة أخرى.
7. عندما تحدث مشكلات خاصة تستلزم التدريب، كانخفاض الإنتاجية أو سوء العلاقات أو ضعف المركز التنافسي.

وهنالك نوعان من مفاهيم الإدراك للاحتياجات التدريبية هي:

أ) الاحتياجات غير المُدْرَكَة:

- مشكلة أداء غير مُدْرَكَة (الشخص يفتقر إلى كل المعارف الخاصة بفجوة الأداء).
- مشكلة أداء مُدْرَكَة ولكن ليس هناك وعي بأن هذه المشكلة بسبب نقص التدريب. (الشخص بحاجة إلى توعيته بدور التدريب في معالجة مشكلات الأداء).

ب) الاحتياجات المُدْرَكَة:

- مشكلة أداء مُدْرَكَة حيث أن هناك وعي بنوع التدريب المطلوب لكن ليس هناك قدرة على تحديد كمية التدريب المطلوبة (الشخص يعي بالمجال الذي يحتاج فيه إلى تدريب لكن لا يمكن الاعتماد عليه في تحديد كمية ومستوى التدريب المطلوب.
- مشكلة أداء مُدْرَكَة معه امتلاك المقدرة على تحديد نوع وكمية التدريب المطلوب (الشخص الذي يعي تماماً احتياجاته التدريبية) وهي الأندر في كل الأحوال.

2-3 أهمية تحديد الاحتياجات التدريبية

تؤدي الاحتياجات التدريبية أهمية كبرى في نجاح أي منظمة من منظمات التدريب في تحقيق أهدافها وتتلخص هذه الأهمية في النقاط الآتية:

1- كونها العامل الحقيقي في رفع كفاءة العاملين في تأدية الأعمال المسندة إليهم.
2- تعد الأساس الذي يقوم عليه أي نشاط تدريبي.
3- تعد العامل المؤشر الذي يوجه التدريب إلى الاتجاهات الصحيحة المناسبة.

4- تعد العامل الأساس في توجيه الإمكانات المتاحة للتدريب إلى الاتجاه السليم الصحيح.

5- عدم التعرف على الاحتياجات التدريبية مسبقاً، يؤدي إلى ضياع الجهد والمال والوقت المبذول في التدريب.

6- معرفة الاحتياجات التدريبية يسبق أي نشاط تدريبي مهني ويأتي قبل تصميم البرامج التدريبية وتنفيذها.(محمد،1970).

اما مجالات الاحتياجات التدريبية

1. احتياجات المؤسسة: الأهداف العامة والفرعية، الإنتاجية ومعدلات الإنتاج، الفاعلية والأداء، تحسين ظروف العمل،.....الخ.
2. احتياجات فرق العمل: تشكيل الفرق، تنظيم عمل الفريق، تحديد حل المشكلات، التواصل الإداري، العلاقات الإنسانية.
3. احتياجات الشخص العامل: التطوير الذاتي، تحسين الأداء الشخصي، زيادة الفاعلية، تحسين بيئة العمل ومناخه.

اذن فالاحتياجات التدريبية هي جملة التغيرات المطلوب احداثها في معارف ومهارات واتجاهات الافراد بقصد تطوير ادائهم و السيطرة على المشكلات التي تعترض الاداء و الانتاج.(عليوة،2001).

اما مصادر التعرف على الاحتياجات التدريبية

لمعرفة الاحتياجات التدريبية مصادر كثيرة من أهمها:

1. مهام الوظيفة وواجباتها ومسئولياتها والمتطلبات الأساسية لشغلها.
2. معدلات الأداء المطلوبة للوظائف، وبمقارنتها بأداء العاملين الذين يشغلونها تعتبر مصدر مهم من مصادر التعرف على الاحتياجات التدريبية.
3. تقارير الأداء الوظيفي التي تحرر من قبل المدير المباشر أو المشرف المسؤول.
4. لمستجدات والتطورات التي طرأت على الوظيفة تعد مؤشراً للاحتياجات التدريبية لمواكبة هذا التطور.
5. آراء الرؤساء المباشرين.

6. أهداف المؤسسة حيث تعطينا مؤشراً عاماً على الاحتياجات التدريبية اللازمة للعاملين لتحقيق هذه الأهداف.

7. العاملون في الحقل نفسه هم أنفسهم أقدر الناس على تحديد احتياجاتهم التدريبية.

8. الدراسات التي طبقت على العاملين لغرض تقدير احتياجاتهم التدريبية تعطينا مؤشراً عاماً على احتياجاتهم التدريبية.

9. وعند ترشيح أحد شاغلي الوظائف لبرنامج تدريبي فهذا يقتضي تحديد احتياجاته التدريبية وفق استمارة خاصة (Patrcia, 1983).

وتبدو أهمية الاحتياجات التدريبية واضحة في أنها دراسة الجدوى المسبقة لمشروع التـدريب، كمـا تبـدو أهمية دراسة الجدوى الاقتصادية في إدارة الأعمال بأنواعها وأشكالها المختلفة .

الشكل (3-1) مسار الاحتياج التدريبي

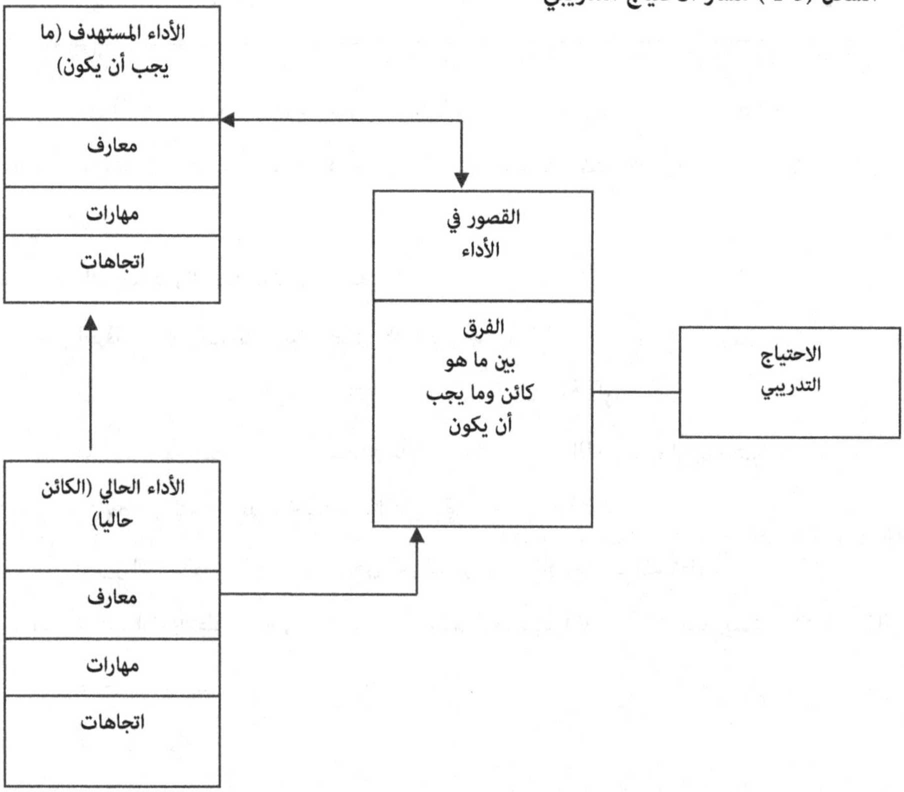

96

3-3 من الذي يحدد الاحتياجات التدريبية؟

قد يتم تحديد الاحتياجات التدريبية على مرحلتين:

1. التحديد المبدئي للاحتياجات التدريبية. وهنا يلمس المدير أو الرئيس المباشر حاجة أو مشكلة تدريبية تستلزم البحث والتحليل. وربما لا يتمكن – بالأساليب والأدوات الموجودة، أو في حدود الوقت المتاح له- من التحديد الدقيق لهذه الحاجة التدريبية. كما قد يقوم بالمبادرة الفرد – الموظف- فينقل لرئيسه المباشر حاجته للتدريب.

2. التحديد المفصل للاحتياجات التدريبية. وهنا يستلم المشكلة التدريبية اختصاص أو مسئول التدريب في المنظمة أو مستشار خارجي – إذا لم تتوفر الخبرة أو الوسائل اللازمة داخل المنظمة- فيقوم بدراسة الموقف وتجميع البيانات اللازمة وتحليلها والوصول إلى تحقيق دقيق للاحتياج التدريبي الموجود.

ومن ثم تعتبر عملية تحديد الاحتياجات التدريبية نتيجة جهود مشتركة وتعاون عدد من الأفراد بيانها كما يلي:

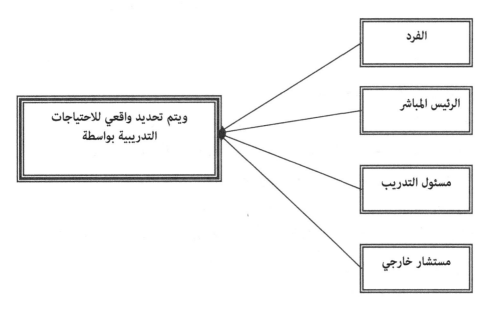

الشكل (3-2) الية تحديد الاحتياجات التدريبية

1. **الموظف الذي يؤدي العمل:** ويعتبر مصدرا أساسيا في تحيد الاحتياجات التدريبية. حيث انه الشخص الذي يعرف تفاصيل العمل وجزيئاته ويواجه مشكلاته اليومية.
2. **المدير أو الرئيس المباشر:** الذي يشرف على الموظف ويعرف طبيعة عمله الأخرى وعلاقته بالأعمال الأخرى، وما يلزم لمرؤوسه من معلومات ومهارات ... الخ، لأداء العمل على الوجه المطلوب.
3. **اختصاصي التدريب بالمنظمة:** وهو شخص متفرغ تقع ضمن مسؤولياته عملية تحديد الاحتياجات التدريبية. لذلك فهو دائم الاتصال بالموظف، يحصل منهما على البيانات اللازمة لتحليلها والخروج منها بتحديد دقيق للاحتياجات التدريبية الحالية والمستقبلية.
4. **مستشار خارجي أو خبير متخصص:** ينتمي إلى هيئة تدريبية أو استشارية مستقلة، تتخصص في هذا النوع من الأنشطة، ويقوم بنفس دور اختصاصي التدريب.
5. ولا تكتمل جهود هؤلاء الأفراد إلا إذا كان هناك تأييد من جانب الإدارة العليا وتسهيل لمهامهم واقتناع بدورهم ووعي بأهمية تحديد الاحتياجات التدريبية، لإقامة التدريب على أساس سليم للوصول إلى الأهداف المرجوة منه.

4-3 طرق تحديد الاحتياجات التدريبية

توجد أمام اختصاص التدريب ثلاث طرق لتحديد الاحتياجات التدريبية . الأولى: هي تحليل التنظيم، وهي تجيب عن سؤال هام هو: أين تقع الحاجة للتدريب (في أية إدارة أو فرع أو قسم). والثاني: هي تحليل العمل. وذلك للإجابة عن سؤال هام اخر هو: ما نوع التدريب المطلوب (مهارات، معلومات، اتجاهات) وما هو العمل أو الجزء من الوظيفة الذي يلزم له التدريب. وإنما الطريقة الثالثة: فهي تحليل الفرد والتي تجيب بدورها عن سؤال هام هو:من الذي يحتاج إلى تدريب ونوضح .هذه الطرق ثلاث في شكل (3-3). ثم نعرض لها الان بشيء من التفصيل.

اولاً : تحليل التنظيم

ويهدف إلى تحديد درجة ملاءمة التنظيم القائم للأهداف المحددة ومتطلبات العمل، وتقويم فعالية التنظيم، وتحديد التعديلات اللازمة لزيادة فعاليته. أي أن مسئول التدريب يقوم هنا بعملية تشخيص للوضع التنظيمي الفعلي. وذلك بدراسة وتحليل العناصر الآتية: أهداف المنظمة، وبنائها التنظيمي، وسياساتها ولوائحها ، وهيكلها الوظيفي، وخصائص القوى العاملة بها، ودرجات الكفاءة (استغلال الموارد المتاحة) والفعالية (تحقيق النتائج المطلوبة)، والمناخ التنظيمي الذي يتضمن بدوره عوامل كثيرة أخرى، كالحوافز والأجور والاتصالات وعلاقات الرؤساء والزملاء والتنافس والثقة والمسؤولية وأخيرا نوع التغيرات التي حدثت على كل من العناصر السابقة.

وان المنظمة في حد ذاتها تتكون من مجموعة من الادارات المركزية والفرعية والتي تشكل معا الهيكل التنظيمي، ومن خلال التحليل التنظيمي يمكن ان نتعرف على اهم الاحتياجات التدريبية الخاصة بالمنظمة وبكل إدارة على حده. وذلك يتم من خلال تحديد الامور التالية:

أ- تحليل اهداف المنظمة: فالفهم الواضح الاهداف المنظمة يمدنا بقاعدة صلبة تحدد بموجبها فاعلية المنظمة ومدى نجاحها في تحقيق اهدافها التي وضعت سابقا، ويحدد مقدار البعد عن هذه الاهداف والاحتياج التدريبي من عدمة.

ب-تحليل الخريطة التنظيمية: وذلك بهدف التعرف على ملائمة الخريطة التنظيمية للاهداف المحددة للمنظمة ودراسة الاقسام والادارات والوحدات التي تتكون منها الخريطة، ومدى توزيع السلطات والمسؤوليات ودرجة التركيز والتفويض في السلطة.

جـ-ومن الامور الاخرى التي تؤخذ بعين الاعتبار تحليل المقومات التنظيمية، ودراسة القوى العاملة، وتحليل معدلات الكفاءة، وتحليل المناخ التنظيمي، وتحليل التغيرات المتوقعة في نشاط المنظمة (درة، مرجع سابق).

ثانياً :تحليل العمل

ويهدف إلى تحديد نوع المهارات والمعلومات والاتجاهات المطلوبة لإتمام العمل والمعايير التي تقاس بها درجة تحصيل الفرد لهذه المتطلبات. ويتم ذلك بدراسة وتحليل مجموعة من العناصر هي: التوصيف الوظيفي المعمول به، ومواصفات شاغل الوظيفة، وأهداف الوظيفة، ومجالات النتائج ومعدلات الأداء، والتغيرات أو التعديلات التي تطرأ على هذه العناصر.

وتتمثل ايضاً بتحديد ما تتطلبه الوظيفة من انماط الاداء وبما يتلائم مع المتغيرات البيئية ويتم ذلك من خلال تحليل الوظائف وتوصيفها من خلال النظر الى النقاط التالية:

1. المستوى التدريبي.
2. المستوى الفعلي لشاغلي الوظيفة.
3. المسؤوليات.
4. الجهد المطلوب بذله.
5. ظروف ومكان العمل.(مرعي،2001).

ثالثاً : تحليل الفرد

ويهدف إلى التعرف على نوع المعلومات ومهارات والاتجاهات التي يلزم شاغل الوظيفة لكي يطور أداءه ويرفع إنتاجيته ويشبع دوافعه الوظيفية والشخصية . ويقوم مسئول التدريب لذلك بدراسة المواصفات الوظيفية للفرد- مؤهله وخبرته ومهاراته- والخصائص الشخصية التي يتمتع بها مثل اتجاهاته ودوافعه واستعداده للتعلم وحاجاته التي يطمع في إشباعها وربما ذكائه، بالإضافة إلى العمر والجنس والصحة العامة. وكذلك الجانب السلوكي للموظف باعتباره عضوا في جماعة عمل، أي علاقاته مع الآخرين ودرجة انسجامه وتفاعله واستعداده للتعاون.

الشكل (3-3) طرق تحديد الاحتياجات التدريبية

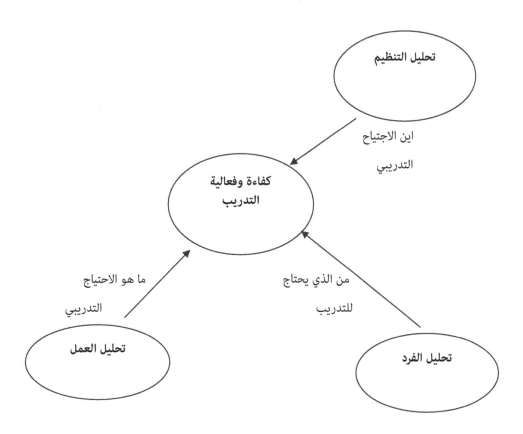

أمـا تحديد الاحتياجـات التدريبيـة فيقـع علـى كاهـل ادارة التـدريب، لكـن ذلـك لا يـتم مـن خلالهـا وحـدها بـل مـن خـلال التعـاون ايضـا مـع خـبراء التنظيم وهـو الـذين يقومـون بتحديـد الاحتياجـات التدريبيـة مـن واقـع تحليـل الاداء الفعـلي للافـراد ومقارنتـه بـالاداء المسـتهدف. ومـن

خلال الرووساء المباشرين انفسهم. ومن خلال الافراد والعاملين باستمزاج ارائهم والتعرف على احتياجاتهم التدريبية.(مرعي،2001).

معرفة مستوى الاحتياج: هناك مشكلة حقيقة تظهر عند قياس فجوة القدرات وذلك بسبب صعوبة تحديد المستوى الحالي للمعارف، المهارات والاتجاهات لشخص ما كلياً أو جزئياً، لتسهيل هذا الأمر فإن هناك (5) مستويات يمكن استخدامها لوصف مستوى شخص ما.

الانعدام	معرفة الشخص بهذا الموضوع معدومة تماماً .
النقص	بعض المعرفة العامة لكنها غير كافية .
الكفاية	قدر مناسب من المعارف والمهارات للقيام بالمهام لكن الأداء غير فعال .
الدقة	المستوى المطلوب لتحقيق دقة وانتظام الأداء .
الإتقان	الجمع بين الدقة والسرعة في الأداء .

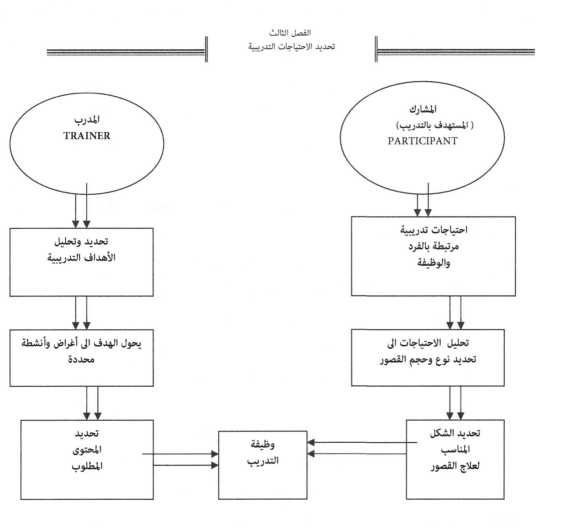

الشكل (3-4)أهمية الاحتياجات التدريبية للمشارك والمدرب

ويمكن تحديد نوع التدريب بناءاً على مستوى الأداء المطلوب على مستويات الأداء على النحو التالي :

(5) **الإتقان**	القدر المثالي من المعارف، المهارات والاتجاهات .
(4) **الدقة**	معارف، مهارات واتجاهات للأداء الدقيق .

(3)**الكفاية**	قدر مناسب من المعارف، المهارات والاتجاهات للقيام بمهام وظيفية محددة .
(2)**النقص**	قدر غير كافٍ من المعارف، المهارات والاتجاهات عن الموضوع.
(1)**الانعدام**	لا يملك أي معلومات عن الموضوع

5-3 طرق جمع البيانات لتحديد الاحتياجات التدريبية

هناك عدة طرق لجمع البيانات حيث تمكن القائم على عملية تحديد الاحتياجات التدريبية من الاستعانة و تستقى البيانات اللازمة للقيام بالتحليل المذكور للتنظيم والوظائف والأفراد، من نوعين من المصادر- أولية وثانوية-. فأما الأولى التي تجمع منها البيانات خصيصا لأغراض التدريب. وأما الثانية فهي التي تتضمن بيانات كثيرة تصلح لأغراض متعددة منها التدريب. وينضوي تحت المصادر الأولية: الاستقصاء، وقوائم الاحتياجات التدريبية، والمقابلة- الفردية والجماعية-، الموجهة وغير الموجهة، والمشاهدة، والتجربة، والمفكرة اليومية للعمل، والاختبارات ، وتحليل المشكلات ، وأراء الخبراء، والاستشارات الخارجية.

كما يندرج تحت المصادر الثانوية بطاقات وصف الوظائف، وجداول تخطيط القوى العاملة ، والدليل التنظيمي ،ودليل الإجراءات ، وتقارير الكفاية، وسجلات العاملين ، ونتائج التدريب السابق، البحوث والدراسات السابقة ، بالإضافة إلى عدد كبير من المؤثرات كالإنتاجية ودورات العمل والطاقة المستغلة والغياب والحوادث وغيرها . وعادة ما يستعين مسئول التدريب بمجموعة من المصادر أو بعبارة أخرى فهو يجمع كافة البيانات التي تعينه في التوصل إلى الاحتياجات التدريبية الفعلية.

اما مصادر جمع البيانات المتعلقة بتحديد الاحتياجات التدريبية فهي:

1- المقابلة الشخصية (Interview): يعتبر أسلوب المقابلة الشخصية من أنجح الوسائل وأكثرها فعالية لجمع البيانات وهي تفاعل بين شخصين وجه بوجه في توجيه الأسئلة وتلقي الأجوبة عليها.

2- الملاحظة (Observing): يعتبر أسلوب الملاحظة من الوسائل الفعالة التي تساعد في عملية تحديد الاحتياجات التدريبية وذلك لأنها تمكن الباحث من مراقبة وملاحظة الوضع القائم وإعطائه معلومات دقيقة عن الحالة.

3- الاختبارات (Test and Examinations):وتعتبر وسيلة جيدة لملاحظة وشرح أداء الأفراد في ظل ظروف مراقبة وذلك بقصد قياس أداء الأفراد في وظائفهم الحالية والتي عن طريقها يمكن التعرف على نواحي القصور التي يحتاجها الأفراد إلى علاجها عن طريق التدريب.

4- الاستبانة (Questionnaires): وهي عبارة عن أسئلة يتم كتابتها على قائمة تستخدم لجمع المعلومات الموضوع المراد بحثه.

5- تحليل المشكلات (Problem Analysis): من أهم وسائل نجاح التدريب تحليل مشكلات العمل ومعرفة السبب الحقيقي للمشكلة، حيث يساهم التدريب في حل وعلاج مثل هذه المشكلات بكفاءة.

6- دراسة السجلات والتقارير (Record and Report Anaysis):تظهر دارسة السجلات والتقارير نقاط الضعف التي تحتاج إلى علاج وتدريب وتمتاز لإظهارها مشاكل الأداء بوضوح تام، وتقدم معلومات واضحة للرؤساء ولمسئولي التدريب وتقديم اقتراحات لحل المشاكل وتحديد التدريب اللازم لها.

7- آراء العاملين (Self-Assessment): يعتبر العامل (الفرد) هو الأقدر على تحديد نوع التدريب الذي يحتاج إليه وأن أخذ رأي العاملين في أنواع التدريب الذي يحتاجونه يجعلهم يقبلون على التدريب الأمر الذي جعل هذه الوظيفة تساعد على رفع معنويات المديرين بدرجة كبيرة.

8- الاستشاريون (Consultants): تلجا المنظمة إلى استشارة جهات خارجية متخصصة تشمل المراكز التدريبية للمساعدة في كشف الاحتياجات التدريبية التي يحتاجها الأفراد.

9- تقويم الأداء:يعطي الأفراد مؤشراً واضحاً على الواجبات التي لم تنجز وأسباب عدم إنجازها، كما تبين نتيجة التقويم مدى الحاجة العاملين إلى التدريب.

ما الذي يؤمنه تحديد الاحتياجات التدريبية ؟

" إذا لم تكن بيئة الرحم سليمة ومهيئة "تحديد الاحتياجات التدريبية " فإن نمو الجنين (البرنامج التدريبي) لا بد وأن يواجه مشكلة من نوع ما , أو على الأقل سنعيش تحت هاجس توقع مشكلة" .ويمكن أن يؤمن تحديد الاحتياجات التدريبية التالي :-

1. معلومات وبيانات لضبط عمليات التدريب .
2. فرصة لتتعلم المنظمة عن ذاتها .
3. المسك بزمام العملية التدريبية بشكل أفضل .
4. يوفر نظام تحذير أولي عن مشاكل الأداء Early Warning System .
5. خنق فرص الترهل الإداري .
6. توقع مشاكل الأداء المرتقبة .
7. نتعرف إلى من الذين يحتاجون إلى الأخذ بيدهم (النظرة الإنسانية).
8. تهيئة النفوس في المنظمة إلى تقبل التغيير التدريجي .
9. يوسع من الخيارات .
10. يجعل القرارات أكثر عقلانية .
11. ولادة طبيعية لبرنامج تدريبي جديد .
12. يجعل توقعاتنا إزاء الآخرين أكثر واقعية .
13. هدر مقصود للموارد " .

3-6 مقاومة فكرة تحديد الاحتياجات التدريبية Resisting the Idea of TNA

من هي الجهات والأشخاص التي يمكن أن تقاوم فكرة تحديد الاحتياجات التدريبية في المنظمة ؟ما هي مجموعة المبررات أو الأسباب التي يمكن أن تقف وراء المقاومة ؟

لماذا تقاوم فكرة الاحتياجات التدريبية في المنظمة ؟

1. التوجه نحو الكسب المادي المباشر.
2. الجهل بأهمية وقيمة التدريب .
3. عدم الجدوى والتطبيق .

4. الجهد المبذول أكثر من المردود .

5. الكلفة المادية .

6. تحديد عمل العامل (الخوف من الوصول إلى معالم وظيفة واضحة) .

7. الاستغلال .

8. مصلحة شخصية (المحافظة على الكرسي) .

9. احتكار المعرفة .

10. تكاليف التدريب الإضافية .

11. عدم القناعة .

12. عدم إستيعاب البعض لمفهوم التدريب كإستثمار .

13. عدم وضوح التوصيف الوظيفي لدى المسؤولين .

14. عامل الوقت .

3-6-1 إدارة مقاومة تحديد الاحتياجات التدريبية

بعض الأفكار المساعدة في إدارة المقاومة .

1. تعرف إلى مصدر المقاومة في المنظمة .

2. حاول أن تتنبأ بالأسباب التي جعلت هذا المصدر مستعداً للمقاومة .

3. حاول الحديث مع هذا المصدر في وقت ملائم .

4. اشرح له الفكرة وقدم حقائق (Facts) عن مشروعك , وأظهر مدى أهميته لحياة المنظمة .

5. شجع الآخرين على طرح الأسئلة , وقدم إجابات واضحة لهم .

6. تجنب إصدار القرارات الخاطئة التي يمكن أن ينتج عنها مزيد من مواقف المعارضة تجاه مشروعك .

7. بين وبوضوح كيف يمكن أن يقلل مشروعك من الإزعاجات والمشكلات إلى أقصى درجة ممكنة .

8. أدرس بعناية الكلفة المادية وحاول ما استطعت أن تقلل من كلفة المشروع فهذا أكثر ما يزعج الإدارات العليا وتجعلها في أغلب الأحيان تتردد وأحياناً ترفض فكرة المشروع .
9. بين كيف أن بإمكان المؤسسة أن تنفذ المشروع بالإعتماد على ذاتها وبين إمكانية مساهمة الآخرين في هذه العملية .
10. قدم خطة واضحة ومعقولة .
11. قدم شواهد وأدلة على مؤسسات شبيهة , وكيف عاد مشروع تحديد الإحتياجات التدريبية بنفع كبير عليها .

7-3 نتائج الفشل في تحديد الاحتياجات الى نشاط التدريب

يتطلب تحديد الاحتياجات سلسلة من التحليلات : ولقد تطور المزيد من التحليلات لضمان أن التدريب سوف يكون وثيق الصلة بالموضوعات والاحتياجات ، وذلك لتجنب المشكلة المزمنة الخاصة بالتكرار والتطويل والإسهاب بدون سبب .وغالباً ما يؤدي الإطالة في التدريب الى تكبد المزيد من التكلفة، ويتم ذلك غالباً في عدة صور منها :

1. **تنظيم المزيد من التدريب** دون أن تكون هناك حاجة فعلية لذلك، ويكون أكثر مما هو ضروري.
2. **برامج التدريب والدورات أطول مما يجب** أن تكون عليه فترة البرنامج.
3. **السعي الى استخدام المزيد من المعدات والمدربين** أكثر من متطلبات التدريب بهدف إبهار المشاركين.
4. **فشل المشاركين في تطبيق ما حصلوا عليه من تدريب في أعمالهم نتيجة** لأن التدريب كان نظرياً أكثر منه عملياً.
5. **استخدام معايير ليست مناسبة لاختيار المشاركين** في البرامج، مما قد ينتج عنه استبعاد المستهدفين المناسبين من البرنامج.
6. **إعداد المشاركين لوظائف** ذات كفاءة أكبر من الوظيفة التي يتم إنجازها بالفعل، وهذا غالباً ما يؤدي الى عدم رضاهم عن وظائفهم.

ويوضح الشكل (3-5) كيف نحدد الطريق الصحيح للبدء في اتخاذ قرار التدريب وذلك حتى يتم تلافي نتائج الفشل في تحديد تحديد الاحتياجات التدريبية .

الشكل (3-5)كيف نحدد الطريق الصحيح للبدء في اتخاذ قرار التدريب

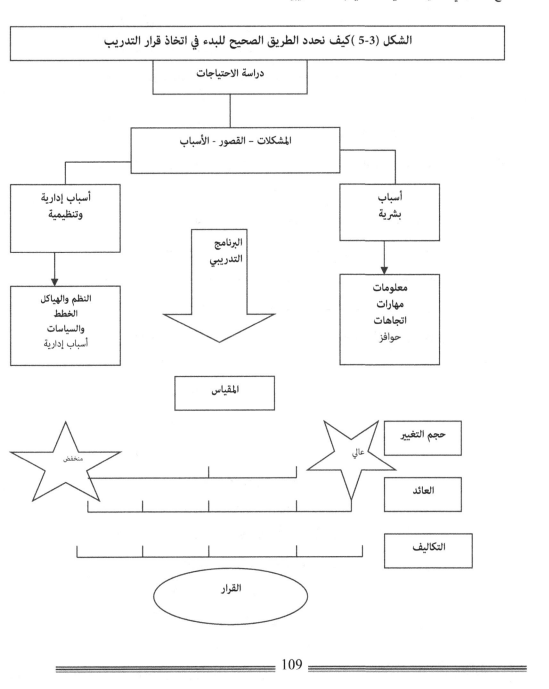

3-8 مصادر وطرق تحديد الاحتياجات التدريبية

هناك مجموعة من المصادر منها :

1. رأي الرئيس .

2. تصنيف الوظائف :عملية تصنيف الوظائف هي البداية الأساسية علـى الاحتياجات التدريبيـة ، فنضع لكل صنف منها المؤهلات والخبرات اللازمة لأدائه على الوجه الصحيح ، وبعد ذلك يتجه التدريب الى :

   أ-   تدريب ذوي المؤهلات الأقل للوصول بهم الى مستوى المؤهلات اللازم توافرها.

   ب-   تـدريب ذوي المـؤهلات الشـاغلين للوظـائف التـي تناسـبهم لإكسـابهم مهـارات إضافية، وخبرات عملية للعمل كذلك لتجديد وتطوير مهاراتهم الحالية .

   ت-   تدريب ذوي المؤهلات المعينة على مهارات أخرى لا تتضمنها مؤهلاتهم، ليتمكنـوا مـن القيام بأعمال أخرى لا تتفق مع مؤهلاتهم (التدريب التحويلي).

   ث-   تدريب العاملين على التعرف وامتلاك فكر جماعي يتفق مـع إسـتراتيجية كليـة تهـدف إلى تعاون الجميع علـى الأداء بعـد أن يلـم كـل فـرد بعملـه الخـاص . ويتعـرف علـى أهميتـه بالنسبة لبقية أعمال المؤسسة أو المنظمة أو المؤسسات المشابهة أو الوطن ككل.

3. التقارير الفنية لمراقبة الأداء

4. الملاحظة أثناء تأدية العمل .

5. رأي الرؤساء والمشرفين على العمل وتوصياتهم .

   ويمكن التعرف على آرائهم من خلال :-

   أ.   المقابلة الشخصية لهم .

   ب.   دراسة تحليلية لتوجيهاتهم وتقاريرهم

   ج.   استقصاء للتعرف على تلك الاحتياجات .

   د.   المقابلة للتعرف منهم على الاحتياجات .

6. رأي الموظفين أنفسهم وتوصياتهم .

7. توصيات المسئولين عن الاختيار والتعيين .

8.   مؤشرات عدم الرضا الوظيفي .

3-9 نموذج لتحليل الاحتياجات التدريبية (حالة دراسية)

أولاً :   عناصر تحليل الاحتياجات :

1.   تحليل المنظمة .

2.   تحليل العمل .

3.   تحليل الفرد .

ثانياً :الخطوات الأولية التطبيقية لتحديد الاحتياجات :

1.   تحديد المسئوليات .

2.   تجزئة المسئوليات الى مهام .

ثالثاً: تحليل المهام والمهارات .

اولاً : عناصر تحليل الاحتياجات التدريبية

يمثل تحليل الاحتياجات التدريبية منظومة فرعية من النظام التدريبي ، وتعمل هـذه المنظومـة على تحليل المدخلات المختلفة التي يمكن أن تساهم في التأثير على النـاتج وهـو الأداء .**وأداء الفـرد يتحـدد** بشكل ذاتي أو اجتهادي ، ولكن يرتبط هذا الأداء ويتأثر بمسئوليات ومهام الوظيفة ومعايير الأداء . ولا شك أن ذلك يحكمه طبيعة ومناخ المنظمة ، ولذلك فإن تحليل الاحتياجات يشمل ثلاثة عناصر هي : -

I . تحليل المنظمة Organization analysis

وهذا التحليل يشمل تحليل ثلاثة جوانب مهمة : -

أ.   **تحليـل المـوارد البشـرية** Human resources analysis ويهـدف الى التعـرف علـى القـوى العاملـة وتوزيعها والبناء العمرى والتعليمي ومعدل دوران العـاملين في المنظمـة Labor turnover بالإضافة الى قدرات المنظمة على استقطاب العاملين .

ب.   **تحليل بيئة العمل** Work environment analysis

والمقصود بذلك النظر الى المنظمـة علـى أنهـا كيـان واحـد ذو أبعـاد متعـددة ، ومـن الضـرورى عند تقدير الاحتياجات بشكل دقيق التعرف على كل أجزاء المنظمة وتحديد

التفاعلات بين هذه الوحدات أو الأجزاء . ويشمل هذا التحليل التعرف على السياسات التي تعبر عن طريقة تفكير المنظمة ، حيث تمثل قواعد لتوجيه الفكر الإداري ، ونظراً لأن هذه السياسات غالباً ما تكون غير واضحة للجميع ، فلا بد من قيام واضعى تلك السياسات بالتفسير والإيضاح .

وأنواع السياسات المطبقة في المنظمة متعددة مثل سياسة شغل الوظائف الشاغرة ، وينعكس ذلك مباشرة على تحديد الاحتياجات التدريبية للعاملين ويشمل تحليل البيئة أيضاً سياسات التطوير والتحديث والجودة والتكنولوجيا المستخدمة والمواد الخام.

ج. المناخ التنظيمي Organization climate

وتهدف دراسة المناخ التنظيمي الى التعرف على الهياكل التنظيمية واللوائح الداخلية والقوانين المنظمة للعمل ونظام الاتصالات، بالإضافة الى دراسة نظم حل المشكلات وغياب العاملين والحوادث التي تفع لهم والصراعات الإدارية والمقترحات التي يقدمها العاملون .

ويعبر المناخ التنظيمي عن مدى وضوح المسئوليات والمهام الخاصة بالعاملين أو وجود توصيف دقيق لوظائف والمعايير المعمول بها المتابعة وتقييم الأداء .

2 . تحليل العمل (الوظيفة) Job analysis

ويساعد تحليل العمل (الوظيفة) المسئولين عن التدريب أو المدرب على التعرف على:

أ. الأداء الوظيفي المطلوب Required performance

وذلك للتعرف على التناقضات في الأداء ، والتى يمكن التغلب عليها من خلال التدريب.

ب. المسئوليات والمهام Responsibilities & tasks

وتهدف عملية تحليل المسئوليات والمهام الى التركيز على المسئوليات المرتبطة بالوظيفة وتجزئتها الى مجموعة مهام ، وبالتالي على مجموعة المهام الرئيسية التي تحقق الأداء الوظيفي المطلوب .

ج. معايير الأداء Performance standards

وتشمل دراسة معايير الاداء تحديد المقاييس والمؤشرات المستخدمة لتحديد مـدى تناسب وجـودة الأداء في ضوء هذه المعايير .

وتحليل الوظيفـة (العمـل) يسـاعد المسئولين عـن التـدريب ، والمـدرب عـلى تحويـل وصـياغة الاحتياجات التدريبية في صورة أهداف تدريبية على مستوى الخطة وأهميتها للبرنـامج . كما أنه يساهم أيضاً في تحديد محتوى (مضمون) البرامج التدريبية والأساليب المستخدمة في التدريب

3. تحليل الفرد Individual analysis

ويبحث تحليل الفرد في الإجابة عن سؤال : من يحتاج التدريب ؟ وماذا يحتاج ؟

ويتم ذلك من خلال التعرف على السيرة الذاتية للفرد (مؤهلات، خبرات، تدريبات ، قدرات) وهذا التحليل موجه نحو تحديد : -

- هل يحتاج الفرد فعلاً للتدريب ؟

- أي نوع من التدريب يكون الفرد في حاجة إليه؟

ويمكن الحصول على المعلومات المختلفة عن حاجة الفرد للتدريب عن طريق:-

- التوجيه أثناء الأداء داخل نطاق العمل .

- تقارير التقييم والتقديرات السنوية .

- سجلات الأداء بالنسبة الى :-

    − أرقام الإنتاج والمبيعات.

    − الشكاوى .

    − الأخطاء والمشكلات .

    − طلب الفرد نفسه للتدريب .

- مقابلات متابعة الأداء الدورية .

استخدام نتائج تحليل الاحتياجات

يجب أن تتذكر دائماً أن الهدف من تحليـل الاحتياجـات التدريبيـة هـو الوصـول إلى قـرار عـلى

مستوى المنظمة أو الوحدة يحدد :-

1- من هم الأفراد المستهدفون بالتدريب ؟

2- ما هي المهام التي يحتاجون لتحسين أو تطوير الأداء فيها ؟

3- ما هو نوع ومحتوى التدريب المطلوب ؟

4- ما هي الأهداف التدريبية المطلوب تحقيقها ؟

على أن يكون ذلك مرتبطاً بوجود معايير محددة ومقبولة من المنظمة لقياس الأداء .

ولا شك أن تحليل المنظمة يمثل الأساس الذي يتم من خلاله التعرف على بيئة العمل والمناخ التنظيمي

والموارد البشرية , وهذا يعني الاستفادة من المؤشرات الناتجة من هذا التحليل في تحليل العمل .

ويعني هذا التعرف على الأداء الوظيفي المطلوب لتحقيق أهداف المنظمة والمعايير التي تحكم هذا الأداء

. ومن المفروض أن يكون ذلك قد تم التعبير عنه في بطاقات وصف الوظائف أو في صورة تحديد دقيق

للمسؤوليات والمهام كما هو متبع حديثاً في العديد من المؤسسات .

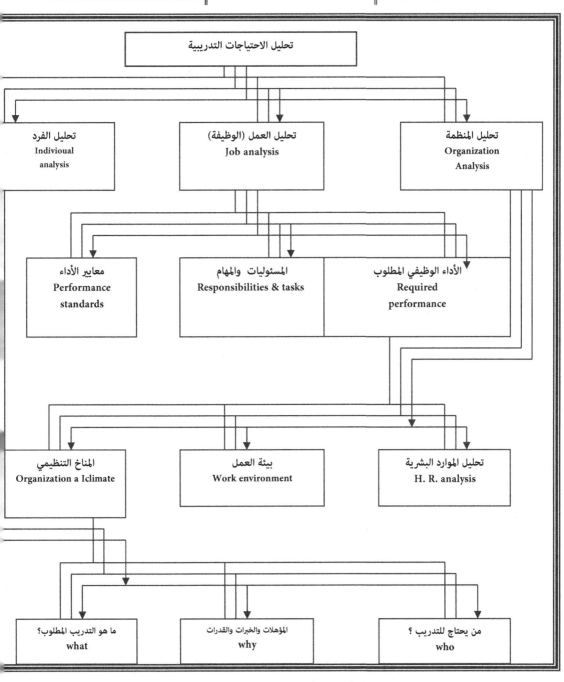

الشكل (3-6) تحليل الاحتياجات التدريبية

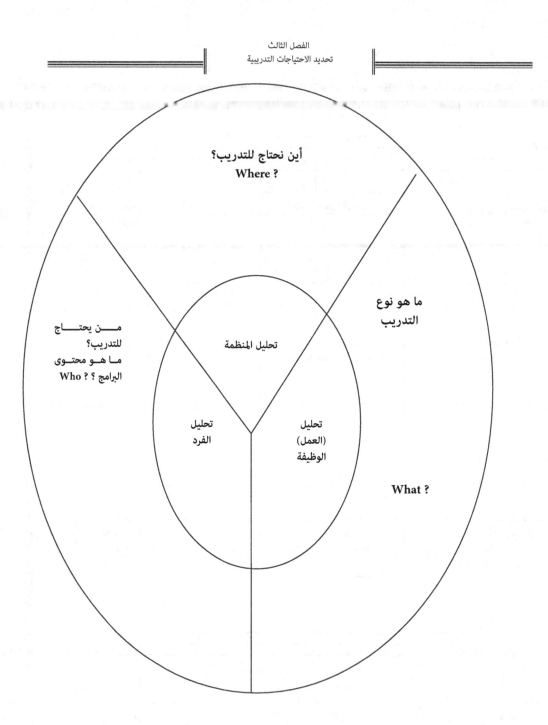

الشكل (3-7) قاعدة الاستفسارات في التدريب

ونظراً لأن التدريب يهدف إلى استكمال القصور في الأداء المطلوب لتحقيق مستوى الأداء المستهدف, فإن نتائج تحليل المنظمة والعمل (الوظيفة) سوف تعمل مع تحليل الفرد والتعرف على ما لديه من مؤهلات وخبرات (معلومات – مهارات – اتجاهات) سابقة على تحديد محتوى التدريب ونوعيته .

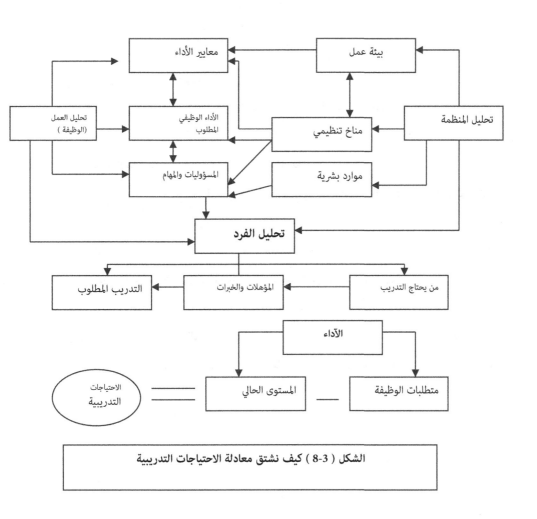

الشكل (3-8) كيف نشتق معادلة الاحتياجات التدريبية

ثانياً :- الخطوات الأولية التطبيقية لتحديد الاحتياجات .

1 . تحديد المسئوليات :-

عند البدء في تصميم برنامج الاحتياجات التدريبية تتم مراجعة بيانات الوظيفة من خلال بطاقات الوصف , ومن خلال المصادر أو الوثائق المتاحة , مع الرجوع أيضاً إلى نتائج تحليل العمل (الوظيفة)

.

ويجب أن نأخذ في الإعتبار العمل المتواجد فعلياً ومستوى أدائه ومستوى الأداء المطلوب للعمل الحالي أو للتطوير المطلوب لهذا العمل .

ومن المشكلات التي تواجه عملية البحث عن وصف العمل أن يكون هذا الوصف قديماً وعتيقاً أو مبهماً وغير واضح , أو أن يكون وصفاً عاماً أو أن يكون مكتوباً بطريقة معقدة وغير صحيحة , ولكن بصفة عامة يمكن أن يكون مدخلاً لفهم طبيعة الوظيفة .

كما يمكن التعرف على الوظيفة من خلال الرجوع إلى مصادرنا الوثائقية مثل إدارات التنظيم أو القيادات الإدارية أو المراجع وكتيبات التشغيل ودليل الإجراءات المصاحبة للآلات , وهكذا. والمسؤولية الوظيفية هي الملخص العام للأنشطة الوظيفية (المهام) ذات الموضوع والتركيز المشترك , وتستخدم دائماً الأفعال ذات المعاني القوية في صياغة هذه المسؤولية .

فالمسؤولية الوظيفية تهتم بما يحققه أو ينجزه الفرد من أهداف , وكما سبق أن ذكرنا أنها تستخرج من بطاقات الوصف أو وصف الوظيفة القائم أو المدون في أية وثائق متاحة , حيث يتم تجميع الدرجات والأعمال المشابهة تحت فئات عامة تمثل المسؤوليات , ولكل وظيفة عدد يتراوح ما بين 4-6 مسؤوليات .

والمثال التالي يوضح كيف يمكن صياغة مسؤولية واحدة

من إحدى بطاقات الوصف لمدير التسويق

1- يراجع ويوافق على الاطار العام لخطة التسويق .

2- يوجه تنفيذ برامج التسويق .

3- يعد تقارير التسويق المطلوبة .

4- يتأكد من أن برامج التسويق تحقق الأهداف .

ويمكن تلخيص هذه الانجازات في مسؤولية واحدة يدير ويطور العمليات التسويقية .

2 . تجزئة المسؤوليات إلى مهام :-

يتم تحويل كل مسؤولية إلى مجموعة من المهام عن طريق تجزئة المسؤولية إلى مجموعة من الأنشطة أو الاجراءات التي تعبر عن المسؤولية .

وهناك عدة وسائل يتم استخدامها لإعداد قائمة المهام وتنقسم هذه الوسائل بشكل عام إلى

ثلاث مجموعات :-

1. الملاحظة الشخصية .

2. الإستبيانات والاستطلاعات .

3. المقابلات الشخصية .

ومن الممكن والمفيد عند إعداد قائمة المهام دمج الوسائل الثلاث السابقة , بحيث يكون البحث عن المعلومات المطلوبة من خلال العاملين ومراقبتهم من بعض ذوي الخبرة في هذا المجال . والهدف الأساسي من هذه المعلومات هو تحليل المهام والمهارات , وذلك عن طريق إجراء مقابلة شخصية مع من يشغل الوظيفة الذي يتم تحديده .

ويجب التأكد من أن المهام التي يتم تحديدها تغطي المسؤولية الوظيفية , حيث أنه من الضروري أن يكون واضحاً أمام القائم بتحليل مسؤوليات كل وظيفة أو عمل , إنها تعبر

عن الناتج النهائي الذي يجب أن يقدمه القائم بالعمل وفي نفس الوقت يكون هناك تقسيم واضح لتحويل تلك المسؤوليات إلى مهام .

وتفيد عملية التعرف على مسؤوليات كل وظيفة والمهام المتفرعة منها في تحديد نوعية ودرجة المعارف والمهارات المطلوبة لكل مهمة , بحيث يمكن حذف بعض المهارات غير المطلوبة أو على الأقل عدم إعطائها درجة عالية من الأهمية , لا تخدم تحقيق المسؤولية أو إضافة بعض المهارات الحديثة التي لا تخص مهمة محددة ولكنها تساعد في الربط بين المهام المختلفة التي تشملها مسؤولية الفرد .

تمرين1

الوظيفة :- محلل بيانات .

المسؤولية :- تحليل البيانات وتحليل المؤشرات .

المهــام :-

1- تصنيف وتبويب البيانات إحصائياً بصورة تسهل التعامل معها عند إدخالها للحاسب الآلي .

2- تكوين البيانات طبقاً لإحدى النظم الإحصائية المعروفة تمهيداً لإدخال البيانات للحاسب .

3- إعداد البرنامج المناسب لتشغيل الحاسب الآلي واستقبال البيانات .

4- الاشراف على إدخال البيانات للحاسب الآلي طبقاً لمتطلبات البرنامج في وقت مناسب .

5- تحليل البيانات وايجاد العلاقات اللازمة لتوضيح المؤشرات الدالة على مدى تحقيق الأهداف .

تمرين2

استبانه للتعرف على الاحتياجات التدريبية (وظائف إشرافية)

المطلوب:

تصميم استبانه ومقياس للتعرف على درجة حاجة مديري المديريات ورؤساء الأقسام في دائرة الخدمات الهندسية في امانة عمان الكبرى، إذا علم ان المهام الرئيسية المنوطة بهذه الفئة من الموظفين تشمل ما يلي:

1 **التخطيط:** (وضع أهداف واضحة ومحددة، وضع خطط عملية، التنبؤ بالظروف المستقبلية، رسم سياسات الوحدة التنظيمية التي يشرف عليها).

2 **التنظيم:** (توزيع العمل، إعداد وصف المهام، إجراءات العمل، تصميم النماذج والسجلات وتحديثها، التنسيق).

3 **القيادة والتوجيه:** (التأثير بالموظفين، بناء القيم والاتجاهات، توفير أجواء عمل مريحة، إدارة الاجتماعات، توجيه وإرشاد الموظفين).

4 **اتخاذ القرارات:** (تحديد المشكلة، جمع البيانات، توليد بدائل، تقييم البدائل، استخدام اطر علمية لاتخاذ القرارات، مشاركة الموظفين في القرارات).

5 **الاتصال:** (المراسلات، كتابة التقارير، اتصالات جيدة بالآخرين، إنصات جيد، قيادة الاجتماعات، اتصالات).

6 **الرقابة وتقييم الأداء:** (وضع معايير الأداء، مكافأة الموظفين، توفير التغذية الراجعة، استخدام تقييم الأداء، متابعة إنجاز الموظفين، وضع نظم للتدقيق).

7 **بناء الفريق:** (وضع أهداف الفريق، تشجيع الموظفين، تطوير الاتصالات والعلاقات، تطوير التعاون، تحسين إنتاجية الفريق، تشجيع الإبداع، تخفيض النزاعات وتشجيع التنافس).

أسئلة الفصل الثالث

س1 : ما هو مفهوم الاحتياجات التدريبية .

س2 : من الذي يحدد الاحتياجات التدريبية.

س3 : ما هي طرق تحديد الاحتياجات التدريبية .

س4 : ما هي طرق جمع البيانات لتحديد الاحتياجات التدريبية .

س5 : صمم نموذج تطبيقي لتحديد الاحتياجات التدريبية .

ضع دائرة حول الاجابة الصحيحة فيما يلي :

س1 :مفهوم الاحتياجات التدريبية هو:

أ-   هذه العملية تساعد على معرفة الاسباب المحتملة للمشكلات التدريبية.

ب-   الى جانب وضع الحلول المناسبة.

ج-   تزويد الادارة بالمعلومات الواقعية التي تساعدهم على تحديد احتياجات الافراد.

د-   جميع ما ذكر صحيح .

س2 :يتم تحديد الاحتياجات التدريبية للاسباب التالية :

أ-   تقدير لقيمة الإنسان واحتياجاته المتجددة .

ب-   ممارسة فعلية لتجنب إصدار أحكام قيمية على الإنسان كالقول أن فلان (فاشل) .

ج-   يهيئ تحديد الاحتياجات التدريبية الأساس السليم لعملية تدريبية ناجحة .

د-   جميع ما ذكر صحيح .

س3 :مفاهيم الادارك المتعلقة بالاحتياجات التدريبية هي :

أ-   الاحتياجات غير المُدْرَكَة .

ب-   الاحتياجات المُدْرَكَة.

ج-   بعض ما ذكر صحيح .

د-   الاحتياجات الاقتصادية.

س4 : من مصادر التعرف على الاحتياجات التدريبية :

أ- مهام الوظيفة وواجباتها ومسئولياتها والمتطلبات الأساسية لشغلها.

ب- معدلات الأداء المطلوبة للوظائف، ومقارنتها بأداء العاملين الذين يشغلونها

ج- تقارير الأداء الوظيفي .

د- جميع ما ذكر صحيح .

س5 : الذي يحدد الاحتياجات التدريبية هو :

أ- الموظف الذي لا يؤدي العمل.

ب- المدير أو الرئيس غير المباشر.

ج- اختصاصي التدريب بالمنظمة.

د- جميع ما ذكر صحيح .

س6 : من طرق تحديد الاحتياجات التدريبية :

أ- تحليل التنظيم.

ب- تحليل العمل.

ج- بعض ما ذكر صحيح .

د- تحليل البيئة .

س7 : مصادر جمع البيانات المتعلقة بتحديد الاحتياجات التدريبية فهي:

أ- المقابلة الشخصية (Interview).

ب- الملاحظة (Observing) .

ج- الاختبارات (Test and Examinations) .

د- جميع ما ذكر صحيح .

س8 : يمكن أن يؤمن تحديد الاحتياجات التدريبية التالي :-

أ- معلومات وبيانات لضبط عمليات التدريب .

ب- فرصة لتتعلم المنظمة عن ذاتها .

ج- المسك بزمام العلمية التدريبية بشكل أفضل .

د- جميع ما ذكر صحيح .

س9 : اسباب الفشل في تحديد الاحتياجات التدريبية :

أ-   تنظيم المزيد من التدريب .

ب-   برامج التدريب والدورات أطول مما يجب أن تكون عليه فترة البرنامج.

ج-   السعي الى استخدام المزيد من المعـدات والمـدربين أكـثر مـن متطلبـات التـدريب بهـدف إبهـار المشاركين.

د-   جميع ما ذكر صحيح .

س10 : الهدف من تحليل الاحتياجات التدريبية هو تحديد :-

أ-   من هم الأفراد المستهدفون بالتدريب ؟

ب-   ما هي المهام التي يحتاجون لتحسين أو تطوير الأداء فيها ؟

ج-   ما هو نوع ومحتوى التدريب المطلوب ؟

د-   جميع ما ذكر صحيح .

الاجابة الصحيحة

1.	د
2.	د
3.	ج
4.	د
5.	ج
6.	ج
7.	د
8.	د
9.	د
10.	د

مراجع الفصل الثالث

1. إبراهيم الهيمي ، **دراسات في علاقة العمل** ، (القاهرة : مكتبة عين شمس 1958)

2- بدوي ، احمد ، **علاقات العمل والخدمة الاجتماعية العمالية** ، 1968 ، دار الجامعات المصرية .

3- زويلف ، مهدي ، **إدارة الأفراد** ، ط1 ، دار مجدلاوي للنشر والتوزيع ، 1994 .

4- سعيد ، صالح ، **إدارة الأفراد** ، 1994 ، بغداد .

5- سليم ، عبد السلام ، **التدريب والانتاجية** ، الاداري ، معهد الإدارة العامة ، 1990، مسقط ، العدد 41 .

6- شوقي حسن ، **سياسات الأفراد** ، دار النهضة العربية ، القاهرة 1978 .

7- عقيلي ، **إدارة القوى العاملة** ، دار زهران للنشر والتوزيع ، 1996 ، الأردن .

8- ماهر ، احمد ، **إدارة الموارد البشرية** ، مركز التنمية الإدارية ، 1998 .

9.   **Tom Holden** (2002)Training Needs Analysis in a Week (In a Week)By Amazon Sales Rank: #225739 in Books

10.   Paul Donovan, John Townsend Amazon(2004) **The Training Needs Analysis Pocketbook (Management**

                                                            Pocketbooks)

       By Sales Rank: #80459 in Books Published on: 2004-09

11.   Roland Bee (1994) Training Needs Analysis and Evaluation (Dev... by Amazon Sales Rank: #403638 in Books Published on: 1994-06-01

الفصل الرابع

أنواع ومستويات التدريب وتصميم البرامج التدريبية

الفصل الرابع
أنواع ومستويات التدريب
وتصميم البرامج التدريبية

الأهداف التعليمية للفصل :

يهدف هذا الفصل الى تزويد القارىء بالمعلومات التي تمكنه من :

1. أنواع التدريب .
2. أنواع التدريب حسب نوع الوظائف .
3. أنواع التدريب حسب مرحلة التوظيف .
4. أنواع التدريب حسب المكان .
5. مستويات التدريب .
6. تصميم البرامج التدريبية .
7. خطوات تصميم البرامج التدريبية .
8. دراسة موارد التدريب المُتاحة بمنطقة العمل.
9. حالة دراسية لتنفيذ برنامج تدريبي.

المقدمـــة

على أي شركة أو منظمة ان تحدد سياستها العامة (أو فلسفتها) في التدريب. ويعني هذا تحديد أنواع التدريب التي تفضلها الشركة وتود التركيز عليها ، ويعني هذا في نفس الوقت ، عدم اهتمامها بالانواع الأخرى من التدريب ، وهناك العديد من أنواع التدريب، وهي تمثل الاختيارات المتاحة امام الشركة ، وحينما تستقر الشركة على مجموعة من الاختيارات (أي الأنواع) ، تكون هذه المجموعة (أو التوليفة) من الأنواع بمثابة فلسفة التدريب الخاصة بالشركة .

وتستطيع الشركة ان تختار من بين أنواع التدريب ما يناسبها ، وذلك بحسب طبيعة النشاط الحالي لها ، وطبيعة النشاط المرتقب ، والتغيرات المتوقعة في تكنولوجيا وتنظيم وعمل الشركة ، كما يجب اخذ طبيعة سوق العمل (ودرجة توافر المهارات فيه) ، وشكل منظمات التدريب ، وطبيعة ممارسات هذه المهنة في سوق العمل .

وتتعدد الاختيارات المتاحة أمام إدارة الموارد البشرية ، بالنسبة لأنواع التدريب ويحاول الجدول (4-1) ان يوضح بعض انواعها .

جدول رقم (4-1) أنواع التدريب

يمكن تقسيم أنواع التدريب حسب :		
مرحلة التوظيف	**نوع الوظائف**	**المكان**
1. توجيه الموظف الجديد	1. التدريب المهني والفني	1. داخل الشركة
2. التدريب اثناء العمل	2. التدريب التخصصي	2. خارج الشركة : أ. في شركات خاصة . ب. في برامج حكومية .
3. التدريب لتجديد المعرفة والمهارة	3. التدريب الاداري	
4. التدريب بغرض الترقية والنقل		
5. التدريب للتهيئة للتقاعد		

1-4 أنواع التدريب حسب مرحلة التوظيف

1. توجيه الموظف الجديد Orientation

يحتاج الموظف الجديد إلى مجموعة من المعلومات التي تقدمه إلى عمله الجديد . وتؤثر المعلومات التي يحصل عليها الموظف الجديد في الايام والاسابيع الأولى من عمله على أداءه واتجاهاته النفسية لسنوات عديدة قادمة .

وتهدف برامج تقديم الموظفين الجدد للعمل إلى العديد من الأهداف ، منها على سبيل المثال : الترحيب بالقادمين الجدد ، وخلق اتجاهات نفسية طيبة عن المشروع ، وتهيئة الموظفين الجدد للعمل ، وتدريبهم على كيفية أداء العمل .

وتختلف المشروعات في طريقة تصميم برامج تقديم الموظف الجديد للعمل ، فالبعض يعتمد على أسلوب المحاضرات والبعض يعتمد على مقابلات المشرفين المباشرين لهؤلاء الموظفين ، والبعض الآخر يعتمد على كتيبات مطبوعة بها كل المعلومات الهامة ، وغيرها من الطرق . واهم البيانات والمعلومات التي تجمع هذه الطرق على توفيرها للموظف الجديد هي كالآتي :

1. معلومات عامة عن المشروع مثل تاريخه ، أنواع المنتجات ، التنظيم الاداري للمشروع، والخريطة التنظيمية لها .
2. ساعات العمل ونظام الحضور والانصراف .
3. ملابس العمل .
4. طريقة استخدام ممتلكات المشروع مثل التليفون وآلات التصوير .
5. الاجور والاستحقاقات والعلاوات والاستقطاعات .
6. الاجازات العادية والمرضية والطارئة واجراءاتها .
7. السلوك في العمل وقواعد التدرخين والاكل والمشروبات .
8. قواعد الأمن الصناعي السلامة .
9. موقع المشروع والادارات الاقسام .
10. التأمينات الاجتماعية والمعاشات وانظمة العلاج .
11. الاجازات والاعياد .

12. الترقيات والحوافز .

13. اسماء المشرفين والزملاء والمرؤوسين .

2. التدريب اثناء العمل On the Job Training :

ترغب المنظمات احيانا في تقديم التدريب في موقع العمل وليس في مكان أخر حتى تضمن كفاءة أعلى للتدريب . حينئذ تشجع وتسعى المنظمات إلى ان يقوم المشرفون المباشرون فيها بتقديم المعلومات والتدريب على مستوى فردي للمتدربين . ومما يزيد من أهمية هذا التدريب ان كثيرا من الات اليوم تتميز بالتعقيد ، الأمر الذي لا يكفي معه استعداد العامل أو خبرته الماضية ، وإنما عليه ان يتلقى تدريبا مباشرا على الالة نفسها ومن المشرف عليها . ويعاب على هذا النوع من التدريب هنا انه ليس هناك ضمان ان التدريب سيتم بكفاءة ما لم يكن هذا المشرف مدربا ماهرا ونموذجا يحتذى به .

3. التدريب بغرض تجديد المعرفة والمهارة Skill Renewal Training :

حينما تتقادم معارف ومهارات الأفراد ، على الاخص حينما يكون هناك أساليب عمل وتكنولوجيا وانظمة جديدة ، يلزم الأمر تقديم التدريب المناسب لذلك . وعلى سبيل المثال حينما تتدخل نظم المعلومات الحديثة وانظمة الكمبيوتر في أعمال المشتريات والحسابات والاجور والمبيعات وحفظ المستندات ، يحتاج شاغلوا هذه الأعمال إلى معارف ومهارات جديدة تمكنهم من أداء العمل باستخدام الانظمة الحديثة .

4. التدريب بغرض الترقية والنقل Promotion Transfer Training :

تعني الترقية والنقل ان يكون هناك احتمال كبير لاختلاف المهارات والمعارف الحالية للفرد ، وذلك عن المهارات والمعارف المطلوبة في الوظيفة التي سيرقى أو سينقل إليها . وهذا الاختلاف أو الفرق مطلوب التدريب عليه لسد هذه الثغرة في المهارات والمعارف . ويمكن تصور نفس الأمر حينما تكون هناك رغبة للشركة في ترقية احد عمال الإنتاج إلى وظيفة مشرف ، أي ترقية العامل من وظيفة فنية إلى وظيفة ادارية ، وهذا الفرق يبرر التحاق العامل ببرنامج تدريبي عن المعارف والمهارات الإدارية الاشرافية .

5. التدريب تهيئة للتقاعد Retirement Training :

في المنظمات الراقية ، يتم تهيئة العاملين من كبار السن ، إلى الخروج على للتقاعد. وبدلا من ان يشعر الفرد فجأة انه تم ركنه على الرف بالخروج على التقاعد يتم تدريبه على البحث عن طرق جديدة للعمل ، أو طرق للاستمتاع بالحياة ، والبحث عن اهتمامات أخرى غير الوظيفة والسيطرة على الضغوط والتوترات بالخروج على التقاعد .

2-4 أنواع التدريب حسب نوع الوظائف

1. التدريب المهني والفني Technical and Vocational Training :

يهتم هذا النوع بالمهارات اليدوية والميكانيكية ، في الأعمال الفنية والمهنية ومن امثلتها أعمال الكهرباء ، والنجارة ، والميكانيكا ، والصيانة ، والتشغيل ، واللحام والسمكرة،وغيرها

وتمثل التلمذة الصناعية Apprenticeship نوعا من التدريب المهني والفني ، وفيه تقوم بعض الشركات أو نقابات العمال بإنشاء مدارس يتعلم بها العمال (عادة صغار السن) ويحصلون غالبا على شهادة فنية (قد تعادل الإعدادية ا والثانوية) وغالبا ما تتعهد الشركة بتوظيفهم حال نجاحهم .

2. التدريب التخصصي Professional Training :

ويتضمن هذا التدريب معارف ومهارات على وظائف أعلى من الوظائف الفنية والمهنية وتشمل عادة الأعمال المحاسبية ، والمشتريات ، والمبيعات ، وهندسة الإنتاج ، وهندسة الصيانة ، والمعارف والمهارات هنا لا تركز كثيرا على الإجراءات الروتينية ، وإنما تركز على حل المشاكل المختصة ، وتصميم الانظمة ، والتخطيط لها ومتابعتها واتخاذ القرار فيها.

3. التدريب الاداري Managerial Training :

ويتضمن هذا التدريب المعارف والمهارات الإدارية والاشرافية اللازمة لتقلد المناصب الإدارية الدنيا (أي الاشرافية) أو الوسطى أو العليا . وهي معارف تشمل العمليات الإدارية من تخطيط وتنظيم ورقابة واتخاذ قرارات وتوجيه وقيادة وتحفيز وإدارة جماعات العمل والتنسيق والاتصال

4- 3 انواع التدريب حسب مكانها

1. التدريب داخل الشركة Internal Training :

قد ترغب الشركة في عقد برامجها داخل الشركة ، سواء من داخل أو خارج الشركة وبالتالي يكون على الشركة تصميم البرامج أو دعوة مدربين للمساهمة في تصميم البرامج ، ثم الاشراف على تنفيذها .

وهناك نوع أخر من التدريب الداخلي هو ما يسمى بالتدريب في موقع العمل On the job Training وفي هذا النوع من التدريب يقوم الرؤساء المباشرون للعاملين بتزويدهم بالمعارف والمهارات اللازمة لأداء العمل ، أو الاشراف على قيام بعض العاملين القدامى ذوي الخبرة بهذه المهمة ، وفي هذا الأسلوب يتاح للمتدرب ان يقلد مدربه وان يلتقط المهارات اللازمة لأداء العمل منه . ويمتاز هذا النوع بتماثل وتشابه ظروف التدريب مع ظروف أداء العمل، وبالتالي سهولة نقل ما يمكن تعلمه إلى حيز الواقع والعمل .

2. التدريب خارج الشركة External Training :

تفضل بعض الشركات ان تنقل كل أو جزءا من نشاطها التدريبي خارج الشركة ذاتها، وذلك إذا كانت الخبرة التدريبية وادوات التدريب متاحة بشكل افضل خارج الشركة. ويمكن الاستعانة في التدريب الخارجي أما بشركات خاصة ، أو الالتحاق بالبرامج الحكومية .

أ. **شركات التدريب الخاصة :** على أي شركة تسعى إلى التدريب الخارجي بواسطة مكاتب أو شركات تدريب خاصة ان تطمئن على جدية التدريب فيها ، وان تفحص سوق التدريب، وان تقوم بتقييم مثل هذه المكاتب والشركات الخاصة .

ب. **البرامج الحكومية :** تقوم الدولة احيانا بدعم برامج التدريب ، وذلك من خلال منظمات الخدمة المدنية في الدولة (مثل معهد الادارة العامة سابقاً) . أو من خلال الغرف الصناعية والتجارية ، وهي عادة برامج تركز على رفع المهارات والمعارف في مجالات تهتم بها الدولة .

4-4   تصنيفات اخرى لأنواع التدريب

وتتعدد أنواع التدريب وتصنيفاتها باختلاف الأساس الذي تم عملية التصنيف بالاستناد إليه، أنه

يمكن الإشارة إلى الأسس التالية:

أولاً: التدريب بحسب عدد الأفراد المتدربين المشتركين فيه.

ويقسم التدريب إلى نوعين هما:

1-   التدريب الفردي (Individual Training):

ويكون ذلك عندما تتركز العملية التدريبية على أفراد معينين، بحيث يتم تناول كل فرد على حـدة
وقد يتم ذلك بعد التعيين مباشرة، وذلك لتـوطين وتكييـف الفـرد مـع المنـاخ العـام للمنظمـة،
ولتصريفه بمهام وظيفته وبغير ذلك من الأساسيات، وقد يـتم أثنـاء العمـل إذا مـا أريـد تطـوير
المعارف ومهارات أحد الموظفين على أداة جديدة أو أساليب جديدة، وقد يحدث ذلك عندما يتم
ابتعاث بعض الموظفين في صورة فردية إلى المشاركة في دورات أو برامج خارج المنظمة سواء كانت
داخل الدولة المعنية أو خارجها.

2-   التدريب الجماعي (Group Training):

ويكون هذا بالنسبة لمجموعات العمل التي تشترك معاً في إنجاز مهـام محـددة، ويكـون مطلـوب
تدريب أفرادها على هذا المهام، أما بالنسبة للعاملين الذين تبـين دراسـات الاحتياجـات التدريبيـة
أفرادها وجود قواسم مشتركة بينهم من هذه الناحية فتعمل إدارات التدريب، على تجميع هؤلاء
في جماعات تدريبية، وإخضاعهم معاً لبرامج تنسجم مع هذه الاحتياجات.

ثانياً: التدريب بحسب المكان الذي يتم فيه التدريب: ويشمل نوعان:

1-   التدريب في مواقع العمل (On-The- Job- Training):

يتم القيام بهذا التـدريب في إدارة أو مركز التـدريب التـام للمؤسسـة أو المنظمـة، أو في مواقـع
العمل مباشرة وضمن بيئة العمل العادية، وقد يخضع لـه موظفـو المنظمـة نفسـها، وقد يخضـع
لذلك متدربون آخرون ينتمون لجهات أخرى.

2-   التدريب خارج مواقع العمل (off-The- Job- Training):

يأخذ هذا التدريب عادة عدة أشكال أهمها:

أ-   التدرب خارج العمل في ظروف مماثلة لظروف العمل التي سيعمل فيها المتدربون، حيث قد يقتضي بعض الأعمال مستويات عالية من المهارة التي لا تسمح الظروف والإمكانات المتاحة أثناء العمل بتوفيرها، وهنا تلجأ أجهزة التدريب من المؤسسات إلى تهيئة ظروف خارج موقع العمل تكون مماثلة لظروف العمل في داخله لإكساب المتدرب المهارة المطلوبة في افضل طريقة، وأقل كلفة، وأقل درجة من الخطورة على سلامة المتدربين والعملية الإنتاجية، "مثل رواد الفضاء"، الطيارين، المقاتلين.

ب-   التدريب خارج العمل ضمن برامج خاصة تقوم جهات خارجية بإطارها حسب اتفاق مبرم مع المنظمة المعنية، ويتم عقدها لحساب هذه المنظمة فقد يتم تنفيذها في مراكز التدريب الخاصة بتلك الجهات، أو يتم تنفيذها في أماكن مناسبة أخرى كالفنادق أو قاعات مجهزة لهذا الغرض.

ج-   التدريب خارج العمل ضمن برامج مخصصة تعقدها إدارة التدريب في المنظمة (إذا وجدت) داخل المنظمة وخارجها، ولكن خارج مكان العمل، وتدعو لها بعض موظفيها، المحتاجين لهذا التدريب، وقد تنفذها بالاستناد إلى كوادرها الخاصة، وقد تستعين بكوادر تدريبية من السوق، وذلك حسب ظروف كل برنامج.

د-   التدريب خارج العمل لبعض الموظفين الذين تنتدبهم إدارات المنظمة المتخصصة للتدريب في برامج عامة تعقدها جهات محلية أو خارجية وتدعو لها أي جهات محلية أو خارجية للاستفادة منها.

ثالثاً: التدريب بحسب وقت تنفيذه وينقسم إلى ثلاثة أنواع هي:

1-   التدريب قبل الخدمة.

2-   التدريب بعد الخدمة مباشرة.

3-   التدريب أثناء الخدمة في العمل.

أولا: التدريب قبل الخدمة أو التعيين (Training before Service)(التدريب الإعدادي أو التأهيلي):

ويشمل كل أنواع التدريب التي يحضرها الفرد وقبل استلامه الفعلي للعمل الذي سيقوم به، والغرض من هذا النوع من التدريب هو إعداد وتجهيز الفرد وتهيئة لتقبل ظروف العمل والانطلاق في تنفيذه، وتقوم بمثل هذا التدريب معاهد خاصة وعامة للتدريب، وكليات المجتمع، ومعاهد الخدمة الاجتماعية... الخ.

ثانيا: التدريب بعد التعيين مباشرة (Training after Service):

ويشمل كل أنواع التدريب التي تتم بعد التعيين في الخدمة مباشرة، بدءاً من التدريب أثناء فترة التجريب أو بعدها بقليل.

ويهدف هذا النوع من التدريب إلى التعريف بالمؤسسة وبالأعمال التي يجب مزاولتها ويمكن أن يوصف بأنه عملية التلاؤم بين الفرد من جهة وبين المهنة أو الوظيفة من جهة أخرى، ويتخذ هذا النوع عدة أشكال أهمها:

1- التدريب لتوجيه الموظفين الجدد (Orientation Program):

وفيه يعطى الموظفون الجدد معلومات عن نظام المؤسسة، وواجبات وحقوق الموظف، والسلوك الوظيفي، ومعلومات عن الأنظمة والقوانين، التي تحكم العمل في المؤسسات المعنية.

2- التدريب الأساسي (Basic Training):

وفيه يعطي العامل الجديد معارف ضرورية، ومعلومات ومهارات أساسية تتصل بطبيعة العمل الذي يشغل، وقد يتم هذا النوع قبل التدريب قبل الانخراط في العملية الإنتاجية.

3- التدريب المهني (Vestibule Training):

وهو الذي يتم في ورش تدريبية خاصة أو في مدرسة المصنع أو غير ذلك من الأماكن التي تجهز لهذا الغرض، وهذا النوع لا يحدث أثناء العمل بل خارجه فتتم الممارسة دون أن يرضخ المتدرب أي متطلبات أو ضغوطات كالتي يخضع لها أثناء الممارسة الفعلية لعملية الإنتاج.

4- التدريب أثناء العمل (In Service Training):

ويشمل كل أشكال التدريب التي يخضع لها الأفراد بعد تثبيتهم في الخدمة، وحتى انتهاء خدماتهم لأي سبب من الأسباب.

ويهدف هذا التدريب إلى تنمية العاملين وتطويرهم بما يتفق مع المتغيرات التي تحدث في طبيعة الوظائف أو أدواتها وبما يتفق مع خطة المسار التوظيف لهم.

بالإضافة إلى ذلك فإن في الآونة الأخيرة يتم التدريب عن طريق الإنترنت حيث تتبنى بعض الشركات العالمية بعض البرامج الكمبيوتر لغرض التدريب على الشبكة مثل برنامج Red Hat. ولمواجهة الاحتياجات التدريبية (Saba Learning) الذي تعرضه شركة سبأ(العالمية ذلك عن طريق الاشتراك في موقعها الإليكتروني حيث تتم عملية التدريب عبر الإنترنت بدلاً من الحضور إلى القاعات التدريبية، حيث بلغ عدد المشتركين في 2000/5/31، أكثر من 2.800.000 مشترك من جميع أنحاء العالم وذلك للتعلم والتدرب على الأنظمة الإدارية وغيرها في منظمات الأعمال والخدمات المتعلقة بها.

4-5 مستويات التدريب

بعد تحديد فجوة الاحتياج التدريبي تأتي مرحلة المعالجة وهي تحديد مستوى التدريب المطلوب للفرد لردم تلك الفجوة... وهناك ثلاثة مستويات للتدريب:

اولاً :التدريب التنويري

المستوى الأول الذي يتم توفيره من التدريب والغرض منه رفع الوعي لدى المستهدفين فيما يتعلق بأهمية موضوع أو آمر ما. وهذا النوع من التدريب يهدف في المقام الأول إلى ردم الفجوة بين المستوى الأول والثاني من الاحتياجات التدريبية.

ثانياً :التدريب التشغيلي

هذا النوع من التدريب يشمل نوعين من المتدربين:

النوع الأول: هم المتدربين الذين لا يملكون قدراً كافياً من المعارف والمهارات والاتجاهات حول موضوع ما.

النوع الثاني: هم الذين يملكون قدر مناسب من المعارف والاتجاهات اللازمة للقيام بمهام وظيفة محددة وهذا النوع من التدريب يهدف إلى رفع مستوى أداء الذين في المستوى الأول والثاني إلى المستوى الثالث.

ثالثاً :التدريب التطبيقي

هو التدريب المتخصص في مجال عمل المتدرب وربما يفيد هذا النوع في متابعة التدريب التشغيلي وهو يهدف إلى تحسين القدرات الأدائية للمتدرب في بيئة تشابه الظروف التي تتطلبها مسؤولياته الوظيفية. وهذا النوع من التدريب يهدف إلى رفع مستوى الأداء من المستوى الثالث إلى المستوى الرابع.

6-4 تصميم البرامج التدريبية

يعتبر تصميم البرامج التدريبية عملية متكاملة تبدأ من تحديد الاحتياجات التدريبية والأهداف التطويرية. كما يتبين من الاتي :

ولكننا هنا نركز فقط على محتوى البرنامج التطويري. هذا المحتوى الذي يوضع بناء على تحديد الاحتياجات التدريبية، وما إذا كانت معارف ومعلومات، أو مهارات أو اتجاهات السلوك الوظيفي، أو العلاقات .لذلك كان محتوى البرامج التدريبية يختلف من موقف إلى آخر. ولكن هناك بعض المبادئ الأساسية التي يجب مراعاتها عند تصميم المادة التدريبية.

1. التركيز على المتدرب، ومراعاة الفروق الفردية بين المتدربين.
2. التكامل بين الجانب النظري والتطبيقي.
3. الاهتمام بدرجة أكبر بالجوانب العملية التطبيقية.
4. استقاء المادة التدريبية من واقع أعمال ومشكلات المشاركين كلما كان ذلك ممكنا.
5. الصياغة السليمة والدقة والعرض الجيد.
6. حداثه المادة التدريبية ومواكبتها لأحدث النظريات والممارسات والاتجاهات السائدة .
7. ملائمة المادة التدريبية لمستوى المشاركين في البرنامج التدريبي.
8. ملاءمة المادة التدريبية لزمن البرنامج التدريبي وطبيعته، هل يجري لمدة أسبوع أو أيام قليلة ، هل هو ورشة عمل أو ندوة .

9. مراعاة تسلسل المادة التدريبية وتكامل أجزائها.
10. الالتزام بفلسفة وأهداف البرنامج التدريبي وتوجهاته.

ويجب أن يتأكد مسئول التدريب والمدرب من ملائمة موضوع التدريب وذلك بإثارة الأسئلة الآتية:

1. ما هو الموضوع الأساسي للتدريب؟
2. ما هي الموضوعات الفرعية؟
3. ما هي المواد التدريبية المتوافرة في هذا الموضوع؟

- كتب - نشرات
- بحوث - تقارير
- نماذج - استشارات

4. ما هي الجوانب النظرية للموضوع؟ ودرجة أهميتها للتدريب؟
5. ما هي الجوانب العملية التطبيقية للموضوع؟ وعلاقتها بعمل المتدربين؟
6. ما هي علاقة الموضوع بأهداف التدريب؟ والاحتياجات التدريبية للمتدربين؟
7. هل سبق تقديم نفس الموضوع في برامج تدريبية سابقة؟
8. ماذا كانت نتائج التدريب السابق في نفس الموضوع؟

-من حيث تعلم المتدربين.
-من حيث تغيير سلوكياتهم.
-من حيث تحسين أدائهم.

9. هل هناك خبراء في الموضوع التدريبي يمكن الرجوع إليهم؟ هل من المستحسن الرجوع إلى بعض الرؤساء المباشرين للمتدربين المرتقبين؟
10. إذا كان الموضوع جديدا، أو يقدم لأول مرة في برنامج تدريبي، ما هي الاحتياجات التدريبية للمتدربين؟ هل مهم رأي أو توقعات معينة بالنسبة لبنود الموضوع، وترتيب هذه البنود، درجة الاختصار أو التفصيل الملائمة.

وكذلك يجب أن يتأكد مسئول التدريب والمدرب من البنود التالية

1. ما هي انسب طريقة/ أسلوب تدريبي يستخدم في البرنامج التدريبي؟

2. ما هي البنود التي يجب استخدام الأساليب الآتية فيها:

المحاضرات، الحالات العملية، المناقشات، تمثيل الأدوار، المباريات، المحاكاة، المناظرات، فرق العمل .

3. ما هي الأهداف التدريبية لكل يوم تدريبي/ جلسة تدريبية؟ حتى يمكن اختيار الأسلوب الملائم لتحقيق هذه الأهداف؟

4. ما هو الوقت المتاح للتدريب؟ هل هو كاف للأسلوب التدريبي المختار؟

5. هل يتلائم الأسلوب التدريبي مع المتدربين (شخصياتهم، خلفياتهم، مراكزهم)

6. ما هي درجة إلمام المتدربين بالموضوع المطروح؟ مثلا تفيد المحاضرات إذا لم يكن لـدى المتـدربين خلفية ملائمة عن الموضوع؟

7. ما هي درجة فعالية الأسلوب التدريبي في:

-توضيح الموضوع واستفادة المتدربين.

-جذب انتباه المتدربين واستثارة رغبتهم في التعلم.

خطة العرض:

1. تحديد أهداف البرنامج التدريبي.

2. وضع مقدمة للموضوع، بنوده، للجلسات التدريبية .

3. اختيار الأسلوب التدريبي.

4. تحديد الأنشطة التدريبية اللازمة (فرق العمل، المناظرات، المناقشات) .

5. تحديد الفترات الزمنية الملائمة للأنشطة التدريبية.

6. تحديد معايير فعالية الأسلوب التدريبي (الاختبارات، الاستقصاءات) .

المكان والتسهيلات:

1. أين يقع التدريب؟

2. هل هناك غرف كافية للتدريب، للأنشطة المختلفة، للترفيه وفترات الراحة؟

3. هل الغرف، أو الغرف الرئيسية للتدريب، مجهزة بالوسائل الإيضاحية اللازمة؟

4. هل تتناسب مساحة الغرف مع:

- أعداد المتدربين.
- طريقة جلوسهم (الصفوف، الدائرة، حول طاولة الاجتماعات)
- ترتيب الأجهزة السمعية والبصرية.
- التحرك من والى الغرفة.
- موقع المدرب (المواجهة، التجول، مشاركة المتدربين في فرق العمل)

7-4 خطوات تصميم البرامج التدريبية

يتضمن تصميم البرامج التدريبية الخطوات التالية :

1. تحديد الاحتياجات التدريبية الضرورية على المستويات الثلاثة المنظمة والوظيفة والفرد.
2. تحديد الأهداف المطلوبة من البرنامج التدريبي (معلوماتية،مهارات،اتجاهات)
3. وضع محتوى البرنامج التدريبي وإعداد المواد التدريبية .
4. اختيار الأساليب التدريبية والتقنيات السمعية والبصرية والوسائط المتعددة .
5. تهيئة التسهيلات التدريبية الأخرى (القاعة، الأجهزة والمعدات، وسائل النقل والمواصلات،الخدمات المساعدة :الأكل والمرطبات و..)
6. إستقطاب المدربين الأكفاء
7. إستقطاب المشاركين
8. إعداد الميزانية اللازمة للبرنامج التدريبي.
9. إعداد الجدول الزمني للبرنامج التدريبي.

أولاً. تحديد الاحتياجات التدريبية الضرورية على المستويات الثلاثة المنظمة والوظيفة والفرد.

تعريف الاحتياجات التدريبية : هي مجموعة التغيرات المطلوب إحداثها في معلومات وخبرات العاملين لتجعلهم قادرين على أداء أعمالهم على الوجه الأكمل متمثلاً في معلومات المتدربين

ومعارفهم ،وطرق العمل التي يستخدمونها ،ومعدلات الأداء ، ومهاراتهم في الأداء ، وسلوكهم ، واتجاهاتهم .

وبعبارة أخرى فإن الحاجة التدريبية تعني تناقص أو إختلاف حالي أو مستقبلي بين الوضع القائم والوضع المرغوب فيه في أداء منظمة أو وظيفة أو أفراد في أي من المعارف أو المهارات أو الاتجاهات أو في هذه النواحي جميعها.

ويمثل تحديد الاحتياجات التدريبية العنصر الرئيس والهيكلي في صناعة التدريب وتعد الاحتياجات التدريبية من أهم الأمور التي تدفع النشاط التدريبي إلى تحقيق هدفه ، فكلما أمكن التعرف عليها وتحديدها بمنهجية علمية كلما أمكن تلبيتها ورفع كفاءة العاملين عن طريق التدريب .علما بانه تم توضيحها بشكل تفصيلي في الفصل الثالث .

ثانيا.تحديد الأهداف المطلوبة من البرنامج التدريبي (معلوماتية،مهارات،اتجاهات)

أن يراعى توفر الصفات المهمة في الهدف(واقعية،قابلة للقياس،تنسجم مع سياسة المنظمة، تعلمية، سلوكية).

أفعال الأهداف المتعلقة بالمعارف:

يحلل- ينصف- يوضح- يقارن- يحدد- يصف- يفرق- يميز- يقيم- يشرح- يعبر- يسمي- ينظم- يدرج- يسجل- يكتب- يعرف.

أفعال الأهداف المتعلقة بالمهارات:

يجمع- يعتمد- يوصل- يبني- يتحكم- يصمم- يناقش- يرسم- ينفذ- يصلح- يركب- يصيغ- يقيس- يعالج (بيانات)- يظهر- يطبق.

أفعال الأهداف المتعلقة بالاتجاهات:

ينقل- يوافق- يسمح- يختار- يتعاون- يتقد- يدافع- يشجع- يساعد- يوصي- يشارك- ينصح.

ومن الأمثلة على الأهداف السلوكية لبرنامج تدريب المدربين

1 -**المعلومات:**

أ- أن يذكر المتدرب اسم واضع نظرية تسلسل الحاجات .

ب- أن يعدد الحاجات الخمس فيها .

ج-   أن يطلع على أساليب التدريب ومزاياها وعيوبها واستخداماتها .

2   -المهارات :

أ-   أن يصمم استبيان لتقدير الاحتياجات التدريبية في مؤسسته .

ب-   أن يصمم جدولا زمنياً لبرنامج تدريبي .

ج-   أن يتقن مهارة استخدام العرض التقديمي في التدريب .

3   _الاتجاهات :

أ-   أن يكتسب المشترك اتجاهاً ايجابيا نحو العمل في مجموعات أو في فريق العمل .

ب-   أن يطور اتجاها ايجابيا عن المشاركة في اتخاذ القرارات .

ج-   أن يطور اتجاها ايجابيا عن الخدمة العامة .

ثالثاً : وضع محتوى البرنامج التدريبي وإعداد المواد التدريبية

سنقوم في هذا الجزء بتقديم صيغة مكتوبة لبرنامج التدريب تضم في ثناياها أهم العناصر التي تعد ضرورية لأي برنامج تدريبي مع إعطاء مثال إجرائي على كل خطوة من واقع برنامج تدريبي تم تصميمه بعنوان (تطوير مهارات المدربين) ومن الجدير ذكره أن هذه الخطوات قابلة للتعديل من المصمم / مختص التدريب من حيث محتواها وتسلسلها حسب طبيعة ومتطلبات الموقف التدريبي .

أولاً : كتابة عنوان البرنامج ومعلوماته الأولية :

يتم اختيار البرنامج وتحديد عنوانه من خلال المرور بعمليات عدة :

1- دراسة وتحليل الوضع الراهن وذلك من خلال دراسة الاحتياجات التدريبية والتحليل الوصفي للوائح والأنظمة ، وكذلك بوساطة الحصول على استجابة المتدربين عن أسئلة الاستبانة التي يمكن أن تعد لهذا الغرض .

2- دراسة وتحليل الإمكانات المادية والبشرية و تحديد حجم الاحتياجات التدريبية .

والآن يمكن كتابة عنوان البرنامج على صفحة الغلاف وتاريخ النشر ثم المدة التدريبية العامة التي سيتم خلالها ، ويكتب على صفحة الغلاف الجهة المشرفة على

البرنامج وفي الصفحة الآتية يكتب فهرس المحتويات ومن ثم قائمة الأشكال والجداول.

ثانياً : كتابة مقدمة البرنامج :

تهدف المقدمة عادة إلى تقديم الموضوع أو التمهيد النفسي لقبوله من القارئين ومـن هنـا وضع

الكثيرون مواصفات للمقدمة منها :

1. أن تكون مقنعة في عرضها .

2. معقولة في طولها بحيث تتراوح ما بين صفحة واحدة إلى ثلاث صفحات تقريباً

3. مفيدة وشاملة ومتكاملة في عرضها لموضوع التدريب ، كأن يتناول المصمم نقاط تمهيدية تهم البرنامج

مثل : خلفية البرنامج ، الحاجات التي دعت إلى تطويره ، أنواع الموظفين المتـدربين وإعدادهم .

وعلاقة البرنامج بالبرامج السابقة واللاحقة ...

4. التدريب الزمني لمحتوى المقدمة : أي تمثل المقدمـة بلغـة مترابطـة ثلاث حلقـات زمنية لبرنامج

التدريب : الماضي والحاضر والمستقبل .

ثالثاً : مسوغات البرنامج

لكل برنامج مقصود بذاته مسوغاته ، وهي الأسباب التي أدت إلى القيام به ودواعـي تنفيـذه أو

اختياره بمواصفات معينة ، دون غيره من البرامج .

وإبراز مسوغات البرنامج يدل على وضوح الهدف أو الأهداف المقصودة في ذهن المسـؤول عنـه ، وتبـين

ارتباط هذا البرنامج بما سبق من إجراءات أو بـرامج وبما يليه ، وبالإضافة إلى ذلك- وقد يكون الأهـم

إنسانياً – تؤمن إقناع الآخرين بالحاجة إلى البرنامج وجدواه ، سـواء أصحاب القـرار في الموافقـة عليـه أو

المستهدفين به .، ويمكن وضع السؤال الآتي والإجابة عنه تكون بمثابة مسوغات البرنامج التدريبي .

ما الأسباب التي دعتك إلى اختيار أو تصميم هذا البرنامج ؟

وألان لنعد إلى برنامج تطوير مهارات المدربين لنضع بعض المسوغات له :

1- تدل معظم نتائج البحوث والدراسات أن التدريب يسير بأسلوب تقليدي وأنه بعيد عن الأساليب العلمية الحديثة .

2- ....

3- ....

رابعاً : كتابة المحتوى التدريبي .

المحتوى التدريبي : هو السرد الموضوعي للمعارف والحقائق والمفاهيم التي تساعد على اكتساب المهارات والاتجاهات وبناء ذلك على أسس تربوية فلسفية ، ومن مقومات المحتوى الجيد أن يسهم في قدرات المتدرب على انتقال أثر التدريب الذي يعد امتداداً للمقدرة على القيام بعملية التطبيق الفعلي للمواد التي اكتسبها أثناء التدريب وعندما نقول أن من مقومات المحتوى الجيد إسهامه في انتقال أثر التدريب ، فيجب التوكيد على أمور عدة أهمها :

1- تحديد الأهداف التدريبية .

2- وضوح الفكرة .

3- توظيف آداءات التعلم .

فالمحتوى التدريبي هو المادة العلمية التي تحدد طبيعة المعرفة وتطورها من وقت لأخر وكذلك توضيح طبيعة التعلم وترجمة ذلك كله إلى ممارسات عملية تطبق من خلال المحتويات عملياً.

وعملية تحديد المحتوى التدريبي يجب أن تتناسب وطبيعة المتدربين من حيث مستواهم ونوعية التدريب ، فإن كان المتدربون لهم خبرة طويلة فإن المادة العلمية ستكون مختصرة ، ويكون التركيز على التطبيقات والحالات الدراسية ، أما إذا كان المتدربون من ذوي الخبرات القليلة فإن المادة العلمية سوف تكون مكثفة وفي المثال الذي طرحناه فإن موضوعات التدريب يمكن أن تشمل بنوداً رئيسة مثل :

• تحديد الاحتياجات التدريبية

• الأساليب التدريبية .

• تصميم البرامج التدريبية

خامساً : كتابة مقررات التدريب :

وهنا يتم تجزئه المحتوى التدريبي إلى دروس ومقررات تدريبية ويراعى في ذلك ما يلي:

- تجزئة المادة التدريبية إلى نقاط ومفاهيم ومهارات متجانسة محدودة ، للمساعدة على تعلمها وتحصيلها دون جهد أو معاناة .

- تزويد المقررات بالتوضيحات والرسوم والجداول والصور المناسبة المساعدة في تقريبها لإدراك المتدربين .

- تقسيم المقررات إلى قطاعات مميزة ، وتسمية كل منها بعنوان مناسب ، مع تقسيم كل قطاع إلى فقرات رئيسة فرعية في متناول فهم المتدربين .

ومهما يكن ، فإنه لابد أن يتناول المصمم عند كتابة المقررات التدريبية العناصر الآتية :

1. رقم المقرر وعنوانه ضمن البرنامج التدريبي من مثل : الدرس الأول ، الثاني ...الخ
2. يوم وتاريخ تنفيذه مع المتدربين .
3. المدة الزمنية اللازمة لتنفيذه بالساعات والدقائق .
4. المتطلبات السابقة للمتدربين .
5. الهدف العام والأهداف الخاصة .
6. المعارف المطلوبة بالأهداف أو السلوكيات الوظيفية التي سيجري التدريب عليها
7. النشاطات والتمارين التي تحقق تنفيذ الدرس .
8. الوسائل التدريبية التي يمكن أن تحقق الهدف وتشمل الخدمات البشرية ، وطرق التدريب والتقنيات الأساسية .

سادسا:اختيار المشاركين

إن نجاح التدريب يعتمد إلى حد كبير على وجود متدرب مقتنع بأهمية التدريب وبحاجته إليه.

وبوجود متدربين يشتركون في نفس الأهداف والخبرات والمستويات الوظيفية، لذلك يمكن أن يضع المصمم شروطاً تتعلق باختيار المتدربين من أهمها:

1. المستوى التعليمي.
2. الخبرة العملية.
3. العمل الفعلي عند الالتحاق بالتدريب.

4. العمر

5. كيفية الترشيح للبرنامج.

6. حوافز المتدرب

7. القدرات والمهارات المتوفرة لدى المتدرب.

وهنا يقال: يجب أن يتوافر في المرشح الآتي: وتذكر الشروط المطلوبة كما هو مبين أعلاه وفي الفئة المستهدفة تذكر الوظائف التي يستهدفها البرنامج: من مثل: مدير عام، مشرف تربوي، معلم، وكيل مدرسة، أمين مختبر...الخ.

سابعاً : اختيار المدربين :

يجب اختيار المدربين بعناية فالمدرب هو المسئول عن نجاح وتحقيق أهداف البرنامج التدريبي

ويمكن وضع المعايير الآتية عند اختيار المدربين :

1. الخبرة العلمية والعملية حول المهمة التي سيقوم بها .

2. أن تتوفر لديه الرغبة في التدريب .

3. المقدرة على الاتصال والتواصل وإيجاد علاقات إنسانية مع المتدربين .

4. الذكاء .

5. المقدرة على طرح الأفكار الإبداعية .

6. المقدرة على التحليل ....الخ .

ثامناً : مدة البرنامج :

عند تحديد مدة التدريب يؤخذ في الاعتبار العوامل الآتية :

1. الأهداف المرجو تحقيقها .

2. نوع البرنامج : تفرغ أو عدم تفرغ ، طويل الأجل ، قصير الأجل ، صباحي ، مسائي

3. مكان التنفيذ : مراكز التدريب ، معهد الإدارة ، في منطقة تعليمية أخرى ، خارج الدولة ....الخ .

4. عدد الساعات التدريبية المخصصة لتنفيذ البرنامج .

5. حجم الأماكن التدريبية وعدد المتدربين .

تاسعاً : آلية التنفيذ .

هنا يمكن مراعاة الجوانب الآتية :

1. مراجعة البرنامج التدريبي وإعداد وصف محدد لكل مادة تدريبية .

2. إعداد الحقائب التدريبية .

3. اختيار فريق العمل .

4. عقد اجتماع لفريق العمل لشرح خطوات التنفيذ والانطلاق للعمل .

5. وصف مراحل عملية التنفيذ (الجدولة الزمنية) وهنا يمكن الإجابة عن التساؤلات الآتية:

   ▪ هل البرنامج عام لجميع المناطق أم خاص لمنطقة تعليمية ، فئة محددة ؟

   ▪ هل سيتم تجريب البرنامج أم سيتم تعميمه ؟

   ▪ ما الجدول الزمني لتنفيذ كل مرحلة من مراحله .؟

أساسيات التنفيذ تحقيق المبادئ التالية:

1. إدماج أفضل الممارسات داخل التدريب .

2. التأكد من أن السياسات والممارسات التدريبية والإدارية تدعم تنفيذ البرنامج الحالي

3. تحديد العوامل الأساسية للتنفيذ الناجح للبرنامج .

4. تحديد عمليات مستمرة لضمان التنفيذ بكفاءة وحل المشكلات .

5. ضمان وتأمين مصادر تظل صالحة لتنظيم وتنفيذ البرنامج

6. تحديد فرص لجعل التدريب جزء من الحياة اليومية في العمل ، ويتم مراجعته دورياً لتطويره .

ويمكن تحقيق ذلك من خلال عدة إجراءات كما يلي:

1. توزيع معلومات وافية عن البرنامج كالأدلة والنشرات ووضع المعلومـات والجـداول والتعلـيمات بأماكن واضحة حتى يسهل تناولها من قبل الجميع .

2. عقد اجتماع مع المتدربين لتعريفهم بالبرنامج وتسهيلاته وهيئتـه التدريبيـة ، ومـن ثـم القيـام بجولة سريعة في مواقع التدريب للتعرف على التسهيلات المتاحة .

3. التأكد من استعداد الجهات المشاركة، والتأكد من صلاحية التجهيزات والمعدات والأجهزة ، وقاعات التدريب ... الخ .
4. توزيع المتدربين إلى مجموعات وتعريفهم بأماكن تدريبيهم .
5. توزيع البرنامج اليومي على المتدربين ، وكذلك توزيع أعضاء هيئة التدريب لخططهم الخاصة بتدريب المواد التدريبية على المتدربين .
6. تحديد أساليب التدريب العملي ، ومدى ملاءمته لتنمية مهارات المتدربين
7. الاهتمام باليوم الأول من التدريب بخاصة الجوانب الإدارية (التسجيل ، قاعات التدريب ...)
8. تعريف المتدربين بوسائل التقويم والتطبيق .

8-4 حالات دراسية (دورة إعداد المدربين)

محتوى الدورة :

تهدف هذه الدورة إلى إكساب المشاركين بها بالمهارات والعلوم والمعارف الحديثة التي تمكنهم من القدرة على كيفية إلقاء المحاضرات والتدريب بصورة علمية .

أهـداف الدورة :-

تهدف هذه الدورة إلى تنمية المشاركين بها ليكونوا قادرين على :

-1 كيفية تحديد الاحتياجات التدريبية .
-2 كيفية تصميم البرامج التدريبية .
-3 كيفية تنفيذ البرامج التدريبية .
-4 كيفية تقييم البرامج التدريبية .
-5 كيفية استخدام الأساليب التدريبية .

المكونات الرئيسية :

-1 الفرق ما بين التعليم والتدريب .
-2 المفاهيم السليمة عن التدريب .
-3 مبادئ التدريب .

4- مجالات التدريب .

5- تحديد الاحتياجات التدريبية .

6- مصادر تحديد الاحتياجات التدريبية .

7- وسائل وطرق جمع المعلومات لتحديد الاحتياجات التدريبية .

8- من سيقوم بتحديد الاحتياجات التدريبية .

9- تصميم البرامج التدريبية .

10- تحديد الموضوعات التدريبية .

11- تحديد أساليب التدريب .

12- تجهيز المعدات والمستلزمات التدريبية .

13- إعداد المدربين .

14- تنفيذ البرامج التدريبية .

15- الظروف المؤثرة على عقد البرنامج التدريبي .

16- تنظيم هيئة التدريب .

17- تقييم ومتابعة المدربين .

المشاركون :

ســوف تكون هذه الدورة موجه للعاملين في مجال التدريب او من يتوقع ان يعملوا في هذا المجال .

أساليب التدريب :

ســوف يتم في هذه الدورة استخدام أسلوب المحاضرات العلمية وكذلك العرض بواسطة الشرائح ، وتطبيق التمارين العملية .

المدة الزمنية

يتكون البرنامج من 25 ساعة تدريبية بواقع خمسة ساعات في اليوم .

برنامج تدريبي بعنوان (إدارة الموارد البشرية)

التبرير:

لقد اختل موضوع إدارة الموارد البشرية في المنظمات الحديثة مركزاً محورياً، وذلك نظراً للدور الذي تضطلع به الإدارة في توجيه وقيادة الأفراد العاملين باعتبارهم عناصر أساسية في العملية الإنتاجية، فضلاً عن كونهم ثروة لا يمكن التفريط بها سواء من النواحي المادية أو المعنوية.

ويمكننا تعريف إدارة الأفراد بأنها "ذلك النشاط الإداري المتعلق بتحديد احتياجات المنظمة من القوى العاملة وتوفيرها بالأعداد والكفاءات المطلوبة وتنسيق الاستفادة من هذه الثروة البشرية بأعلى كفاءة ممكنة.

كما يمكننا تعريف التنمية البشرية بأنها عملية توسيع قاعدة الخيارات المتاحة لبني البشر. ففي كل يوم يواجه الأفراد خيارات كثيرة، بعضها يتعلق بالمجالات الاقتصادية، وبعضها بالمجالات السياسية، وبعضها الآخر يرتبط بمجالات اجتماعية وثقافية. فخيار العيش طويلاً وبصحة جيدة، وخيار امتلاك المعرفة والمهارة، وخيار الحياة بمستوى كريم، جميعها خيارات أساسية للبشر. وهذا لا يعني أن الخيارات الأخرى في الحياة أقل أهمية. فالخيارات المتعلقة بالمشاركة السياسية والتنوع الثقافي وحقوق الإنسان والعدالة والمساواة والحرية هي أيضاً جوانب على قدر كبير من الأهمية للحياة البشرية. إلا أن الخيارات الإنسانية الأساسية تعتبر خيارات حاسمة جداً، لأنها عند تلبيتها، تمهد الطريق أمام خيارات أخرى.

وينطوي مفهوم التنمية البشرية أساساً على تنمية البشر ومن أجلهم. وتعني تنمية البشر تعزيز قدرات الإنسان من خلال التعليم والتدريب، وتوفير مستويات أفضل من الرعاية الصحية والمأوى أو المسكن والتغذية والرفاهية. فالتنمية من أجل البشر تعني أن التنمية لا تتم من أجل التنمية ذاتها، بل من أجل ترجمة ثمار النمو الاقتصادي والتنمية إلى تحسينات وخيارات موسعة في حياة البشر.

ولا تتم عملية التنمية بشكل تلقائي، فهي بحاجة إلى إدارة دقيقة للسياسات والإجراءات والممارسات المتعلقة بعملية التنمية البشرية. أما معنى أن يقوم البشر أنفسهم بالتنمية، فهو أن البشر ليسوا فقط مستفيدين من التنمية، بل أنهم يشاركون فيها بفاعلية، من خلال مشاركتهم في اتخاذ القرارات التي تؤثر على حياتهم.

فالتنمية البشرية إذاً هي مفهوم أكثر شمولية للتنمية. وتتكون معادلة التنمية البشرية من طرفين: أولهما يتعلق بمسألة القدرات والثاني يتعلق بمسألة الفرص. وتتطلب التنمية البشرية توازناً ما بين طرفي المعادلة. فلو تم تعزيز القدرات البشرية من خلال تنمية الموارد البشرية، ولم تتوافر الفرص المناسبة لهذه القدرات، أو إذا توافرت الفرص لكن بدون تطوير القدرات لاستغلالها، فإن التنمية البشرية ستتأثر سلباً. وعليه، فإن أي اختلال في التوازن بين القدرات والفرص سيكون أمراً غير مرغوب فيه. ويمكننا اعتبار موضوع إدارة الأفراد على أساس أنه نظام يشمل على عدد من الوظائف والعمليات والأنشطة والفعاليات الداخلية المترابطة والمتكاملة والتي تؤثر وتتأثر ببعضها البعض. وفيما يلي شكل يوضح الأجزاء الفرعية لنظام إدارة الأفراد:

التشريعات والقوانين والأنظمة والتعليمات	السياسات والاستراتيجيات والمبادئ والأهداف	نظام الأجور والرواتب والحوافز والجوائز
نظام التدريب والتعليم المستمر	إدارة الموارد البشرية	نظام الاستقطاب والتعيين والترقية والإجازات
نظام التأمين الصحي والضمان الاجتماعي ومكافأة نهاية الخدمة	نظام إنهاء خدمات الموظفين والاستيداع والتقاعد	نظام الرقابة على الأداء والتقويم والتغذية الراجعة

الأهداف:

يهدف هذا البرنامج التدريبي إلى تحقيق ما يلي:

1-   إكساب المشاركين بعض المبادئ والمفاهيم والأسس المتعلقة بسياسات وأهداف وتخطيط الموارد البشرية.

2-   إكساب المشاركين بعض المبادئ والمفاهيم والمهارات المتعلقة بتحليل الأعمال والوظائف وإعداد وتأهيل وتدريب العاملين والتطوير الإداري للقوى العاملة.

3-   إكساب المشاركين بعض المبادئ والمفاهيم لأسس المعايير والأنظمة المتعلقة باختيار وتعيين القوى العاملة ونظام الأجور والتعويضات والمكافئات والدوافع والحوافز والترقية والرضا عن العمل لدى القوى العاملة.

4-   إكساب المشاركين بعض المبادئ والمفاهيم والأنظمة المتعلقة بالأمان والسلامة والصحة للافراد العاملين.

5-   إكساب المشاركين بعض المهارات المتعلقة بتقويم أداء الأفراد العاملين.

محتوى البرنامج التدريبي:

1.   إدارة الأفراد: الأهداف والسياسات.

2.   تخطيط الموارد البشرية.

3.   تحليل الأعمال والوظائف.

4.   إعداد وتأهيل وتدريب العاملين.

5.   التطوير الإداري للعاملين.

6.   اختيار وتعيين القوى العاملة.

7.   الأجور والتعويضات والمكافئات للقوى العاملة.

8.   الدوافع والحوافز والرضا عن العمل.

9.   نظام الترقية للقوى العاملة.

10.   الأمان و السلامة والتأمين الصحي للأفراد العاملين.

11.   تقويم أداء الأفراد العاملين.

المستوى الوظيفي للمشاركين في البرنامج:

1-   مدراء التدريب في المؤسسات الحكومية والقطاع الخاص.

2-   مدراء التطوير الإداري في المؤسسات الحكومية والقطاع الخاص.

3- مدراء شؤون العاملين في المؤسسات الحكومية والقطاع الخاص.

4- مدراء الشؤون الإدارية والمالية في المؤسسات الحكومية والقطاع الخاص.

5- مدراء تنمية الموارد البشرية.

6- مدراء التخطيط.

7- رؤساء الأقسام والفروع بالإدارات السابقة.

9-4 دراسة موارد التدريب المُتاحة بمنطقة العمل

قبل الشروع في إعداد مقترحات و خطط التدريب لا بـد مـن أن يكـون مسـئول التـدريب ملـماً بموارد التدريب المتاحة بمنطقة العمل حتى يتسنى له إعداد المقترحات و إعداد الخطـط بنـاءاً عـلى ذلـك. دراسة موارد التدريب المتاحة تشمل الآتي:

1. التعرف على الجهات التي تقوم بالتدريب (مراكز/مؤسسات/أفراد) الموجودة في المنطقـة، والتـي تقدم التدريب التنموي والمهني.

2. معرفة آلية عمل هذه المؤسسات وعناوينها و أرقام هواتفها.

3. التعرف على الجهات التي يوجد بها قاعـات خاصـة بالتـدريب تتـوفر فيهـا كـل متطلبـان إقامـة الأنشـطة التدريبيـة، وكـذلك معرفـة الـبرامج التدريبيـة التـي تقـدمها هـذه الجهـات، وتكلفتهـا وإطارها الزمني.

4. التعرف على الجهات التي تدعم الأنشـطة التدريبيـة (التنمويـة والمهنيـة)، ومعرفـة آليـة عملهـا وعناوينها وأرقام هواتفها والأشخاص المسئولين عن دعم التدريب بها.

5. التعرف على الجهـات التـي تقـدم الخـدمات المسـاعدة (السـكن، الإعاشـة، الترحيـل، .... إلـخ) ومعرفة الأسعار والشروط المتعلقة بتقديم هذه الخدمات.

6. يتم رصد هذه البيانات وتوثيقها وحفظها بالكيفية التـي تمكـن مـن اسـترجاعها و الإطـلاع عليهـا بسهولة بواسطة مسئول التدريب/المـدرب. كـما يراعـى أن يـتم تحـديث هـذه البيانـات بشـكل دوري حتى لا يتم التخطيط بناءاً على بيانات غير مطابقة للواقع.

العوامل التي تحدد أسلوب التدريب:

1. المتدربين: يجب مراعاة أعمار وجنس والمستوى التعليمي وخبرات المتدربين.
2. ظروف التدريب: زمن التدريب، مكان التدريب، التسهيلات والمواد المتاحة، عدد المتدربين.
3. موضوع التدريب.
4. الميزات النسبية للمدرب.

وتنقسم أساليب التدريب إلى ثلاثة أنواع:

1. **أساليب العرض:** المحاضرة، التطبيق العلمي/ الإيضاحي.
2. **أساليب المشاركة:** المناقشات، دراسة الحالة، لعب الأدوار، العصف الذهني، مجموعات المناقشة، الدراما الاجتماعية، الألعاب والقصة غير الكاملة.المؤتمرات،سلة القرارات،المباريات،تمثيل الأدوار،تحليل المعاملات .
3. **الأنشطة خارج قاعة التدريب:** التكليفات، المشروعات، الزيارات الميدانية/ الرحلات

10-4 خطة الية تنفيذ البرنامج التدريبي(تمرين عملي)

يتضمن البرنامج التالي الية تنفيذ ومكونات البرنامج التدريبي لدورة **(ادارة الازمات)**

الجلسة (1)

الأهداف:-

1- تعريف المشارك.

تسلسل	المحتوى	الطرق التدريبية	المدة (بالدقائق)	الوسائل المساندة
-1	**الافتتاح والتعارف**	**يقدم كل مشارك بالتعريف على نفسه وطبيعة عمله**	**15**	---
-2	**رصد التوقعات**	**يقوم كل مشارك بوضع (3) توقعات على قصاصة ورق**	**15**	**قصاصات ورق - لوح**
-3	**عرض البرنامج وقواعد العمل**	**عرض نظري**	**15**	POWER Point
-4	**نظرة عامة عن**	**محاضرة**		POWER Point

الجلسة (2)

الأهداف:-

1. تمكين المشارك من معرفة مفهوم ادارة الازمات
2. تمكين المشارك من معرفة أسباب الازمات ووسائل التنبؤ بها.
3. تمكين المشارك من معرفة مفهوم ادارة الازمات .

تسلسل	المحتوى	الطرق التدريبية	المدة (بالدقائق)	الوسائل المساندة
-1		**محاضرة** / مفهوم ادارة الازمات **وخصائصها**	**40**	POWER Point
-2		**محاضرة/** أسباب الازمات ووسائل التنبؤ بها	**40**	POWER Point
-3		**محاضرة/** تشخيص وتحليل الازمة	**40**	POWER Point

** **مدة الاستراحة بين الجلستين (15) دقيقة .**

الجلسة (3)

الأهداف:-

1. تمكين المشارك من معرفة مواجهة الازمات..
2. تمكين المشارك من معرفة عمليات إدارة الازمات .
3. تمكين المشارك من معرفة أنواع الأزمات والكوارث .

الوسائل المساندة	المدة (بالدقائق)	الطرق التدريبية	المحتوى	تسلسل
POWER POINT	30	1- محاضرة/ مواجهة الازمات.		1-
POWER POINT	30	محاضرة/ عصف ذهني		2-
POWER POINT	30	2- محاضرة/ عمليات إدارة الازمات .		3-
POWER POINT	30	محاضرة/ أنواع الأزمات والكوارث		4-

الجلسة (4)

الأهداف:-

1- تمكين المشارك من معرفة أساليب مواجهة الازمات.
2- إحاطة المشارك بطبيعة التخطيط الاستراتيجي لمواجهة الازمات.

الوسائل المساندة	المدة (بالدقائق)	الطرق التدريبية	المحتوى	تسلسل
POWER POINT	40	محاضرة / أساليب مواجهة الازمات		1-
POWER POINT	40	مجموعات عمل ، عصف ذهني		2-
POWER POINT	40	محاضرة /التخطيط الاستراتيجي لمواجهة الازمات		

** مدة الاستراحة بين الجلستين (15) دقيقة

الجلسة (5)

الأهداف:-

1- تمكين المشارك من معرفة التعامل مع الازمات.

2- إحاطة المشارك بطبيعة درجات خطورة المواجهة.

الوسائل المساندة	المدة (بالدقائق)	الطرق التدريبية	المحتوى	تسلسل
POWER POINT	40	محاضرة / التعامل مع الازمات		1-
نماذج	40	مجموعات عمل ، عصف ذهني		2-
POWER POINT	40	محاضرة / درجات خطورة المواجهة		

** مدة الاستراحة بين الجلستين (15) دقائق .

الجلسة (6)

الأهداف:-

1- تمكين المشارك من معرفة خطط الطوارئ والاخلاء.

2- إحاطة المشارك بطبيعة الاخلاء.

الوسائل المساندة	المـــدة (بالدقائق)	الطرق التدريبية	المحتوى	تسلسل
POWER PON	40	محاضرة / خطط الطوارى والاخلاء		1-
Power point	40	مجموعات عمل ، عصف ذهني		2-
POWER PooinO	40	عرض فيلم		

** مدة الاستراحة بين الجلستين (15) دقائق .

الجلسة (7)

الأهداف:-

1-   تمكين المشارك من معرفة استمرارية العمل.

2-   إحاطة المشارك بطبيعة ادارة غرفة العمليات والاتصالات.

الوسائل المساندة	المدة (بالدقائق)	الطرق التدريبية	المحتوى	تسلسل
POWER POINT	40	محاضرة / استمرارية العمل		1-
POWER POINT	40	مجموعات عمل ، عصف ذهني		2-
POWER POINT	40	ادارة غرفة العمليات والاتصالات		

**   مدة الاستراحة بين الجلستين (15) دقائق .

الجلسة (8)

الأهداف:-

1-   تمكين المشارك من معرفة نظام العمل بغرف العمليات.

2-   إحاطة المشارك بطبيعة توزيع الأدوار والتنسيق بين العاملين.

الوسائل المساندة	المــدة (بالدقائق)	الطرق التدريبية	المحتوى	تسلسل
POWER POINT	40	محاضرة / نظام العمل بغرفة العمليات		1-
POWER POINT	40	مجموعات عمل ، عصف ذهني		2-
POWER POINT	40	محـاضرة / توزيـع الأدوار والتنسـيق بـين العاملين		

**   مدة الاستراحة بين الجلستين (15) دقائق .

الجلسة (9)

الأهداف:-

1- **تمكين المشارك من معرفة** التنسيق مع الجهات المختصة .

2- **إحاطة المشارك بطبيعة** التنسيق مع وسائل الإتصال والإعلام.

تسلسل	المحتوى	الطرق التدريبية	المـــــدة (بالدقائق)	الوسائل المساندة
1-		**محاضرة** / التنسيق مع الجهات المختصة	**40**	POWER POINT
2-		**مجموعات عمل ، عصف ذهني**	**40**	POWER POINT
		التنسيق مع وسائل الإتصال والإعلام.	**40**	POWER POINT

** **مدة الاستراحة بين الجلستين (15) دقائق .**

الجلسة (10)

الأهداف:-

1- **تمكين المشارك من معرفة** مراجعة وتقيمه الآثار السلبية للازمات.

2- **إحاطة المشارك بطبيعة.**

تسلسل	المحتوى	الطرق التدريبية	المـــــدة (بالدقائق)	الوسائل المساندة
1-		**محاضرة** / مراجعة وتقيمه الأثار السلبية للازمات	**40**	POWER POINT
2-		**مجموعات عمل ، عصف ذهني**	**30**	POWER POINT
		تطبيقات ودراسة حالات	**50**	POWER POINT

أسئلة الفصل الرابع

س1 : ما هي أنواع التدريب حسب نوع الوظائف .

س2 : ما هي أنواع التدريب حسب مرحلة التوظيف .

س3 : ما هي أنواع التدريب حسب المكان .

س4 : ما هي مستويات التدريب .

س5 : ما آلية تصميم البرامج التدريبية .

ضع دائرة حول الاجابة الصحيحة فيما يلي :

س1 :من أنواع التدريب حسب مرحلة التوظيف :

أ-   توجيه الموظف الجديد .

ب-   التدريب اثناء العمل .

ج-   التدريب لتجديد المعرفة والمهارة .

د-   جميع ما ذكر صحيح .

س2 : من أنواع التدريب حسب نوع الوظائف:

أ-   التدريب المهني والفني .

ب-   التدريب التخصصي .

ج-   التدريب الاداري .

د-   جميع ما ذكر صحيح .

س3 : من انواع التدريب خارج الشركة External Training :

أ-   شركات التدريب الخاصة.

ب-   البرامج الحكومية .

ج-   بعض ما ذكر صحيح .

د-   البرامج اللغوية.

س4 : من انواع التدريب بحسب وقت تنفيذه:

أ-   التدريب قبل الخدمة.

ب-   التدريب بعد الخدمة مباشرة.

ج-   التدريب أثناء الخدمة في العمل.

د-   جميع ما ذكر صحيح .

س5 : من مستويات التدريب :

أ-   التدريب التنويري .

ب-   التدريب التخطيطي .

ج-   التدريب التنظيمي .

د-   جميع ما ذكر صحيح .

س6 : من المبادئ الأساسية التي يجب مراعاتها عند تصميم المادة التدريبية.

أ-   التركيز على المتدرب، ومراعاة الفروق الفردية بين المتدربين.

ب-   التكامل بين الجانب النظري والتطبيقي.

ج-   الاهتمام بدرجة أكبر بالجوانب العملية التطبيقية.

د-   جميع ما ذكر صحيح .

س7 : من خطوات تصميم البرامج التدريبية :

أ-   تحديد الاحتياجات التدريبية الضرورية على المستويات الثلاثة المنظمة والوظيفة والفرد.

ب-   تحديد الأهداف المطلوبة من البرنامج التدريبي (معلوماتية،مهارات،اتجاهات)

ج-   وضع محتوى البرنامج التدريبي وإعداد المواد التدريبية .

د-   جميع ما ذكر صحيح .

س8 : لابد أن يتناول المصمم عند كتابة المقررات التدريبية العناصر الآتية :

أ-   رقم المقرر وعنوانه ضمن البرنامج التدريبي من مثل : الدرس الأول ، الثاني ...الخ

ب- يوم وتاريخ الغاء البرنامج مع المتدربين .

ج- المدة الزمنية اللازمة لالغاء بالساعات والدقائق .

د- جميع ما ذكر صحيح .

س9 : من الامور التي يجب مراعاتها عند تحديد مدة البرنامج :

أ- الأهداف غير مرجو تحقيقها .

ب- نوع البرنامج .

ج- نمط البرنامج .

د- جميع ما ذكر صحيح .

س10 : من الأمور التي يجب مراعاتها عند تنفيذ البرنامج .

أ- مراجعة البرنامج التدريبي وإعداد وصف محدد لكل مادة تدريبية

ب- إعداد الحقائب التدريبية .

ج- اختيار فريق العمل .

د- جميع ما ذكر صحيح .

الاجابة الصحيحة

1. د
2. د
3. ج
4. د
5. أ
6. د
7. د
8. أ
9. ب
10. **د**

مراجع الفصل الرابع

1. السكارنه . بلال 2008 . دورات تدريبية متعددة . مركز تدريب الكفاءة . سلطنة عمان .مسـقط
.

2. عقيلي ، **إدارة القوى العاملة** ، دار زهران للنشر والتوزيع ، 1996 ، الأردن .

3. ماهر ، احمد ، **إدارة الموارد البشرية** ، مركز التنمية الإدارية ، 1998 .

4. Cary .Gorge .2008 .How to Design a Training Program For Your
    Company**.** http://www.googobits.com/articles/p6-2525-how-to-design-a-training-program-
    for-your-company.html

الفصل الخامس

الأساليب التدريبية

الفصل الخامس
الأساليب التدريبية

الأهداف التعليمية للفصل :

يهدف هذا الفصل الى تزويد القارىء بالمعلومات التي تمكنه من :

1. مفهوم الاساليب التدريبية .
2. العوامل التي تؤثر في اختيار اساليب التدريب .
3. معايير اختيار واستخدام أساليب التدريب .
4. تصنيف اساليب التدريب .
5. انواع اساليب التدريب .
6. أساليب العرض: المحاضرة، التطبيق العلمي/ الإيضاحي.
7. أساليب المشاركة في التدريب داخل القاعة .
8. الأنشطة خارج قاعة التدريب: التكليفات، المشروعات، الزيارات الميدانية/ الرحلات.

المقدمــة

تعتبر الأساليب التدريبية المستخدمة في البرامج التدريبية ذات مساهمه ايجابية في تحقيق الأهداف المخططة للنشاط التدريبي. و يرمي هذا الفصل إلى عدد من الأهداف, وبالرغم من أهمية بعض المتغيرات على اختيار أساليب التدريب , مثل أهداف التدريب ومحتوى المادة التدريبية , وبيان بعض المعوقات التي تحد من فعالية أساليب التدريب, وقدرات المدربين العلمية و دورهم في إيصال المادة التدريبية إلى المتدربين. والأساليب التدريبية , وهي المحاضرات والمناقشات والمؤتمرات و الندوة والحالة الدراسية وطريقة الحادثة وتمثيل الأدوار والمباريات الإدارية و سلة القرارات والتعليم المبرمج وتدريب الحساسية و توليد الأفكار و الضيف المتحدث و الزيارات الميدانية والتمارين والأبحاث والمشروعات العملية و الورشة التدريبية والتدريب باستخدام مزيج من الأساليب والطرق والتي سيتم مناقشتها في هذا الفصل.

وان الأساليب التدريبية تساهم في تحقيق أهداف منظمات االاعمال.والتي قد تساعد عند تطبيقها في دعم و تطوير أساليب و وسائل التدريب. وان التركيز على أساليب التدريب التي تنمي في المتدربين اكتساب المهارات , والإبداع و تطوير الذات , وزيادة وعي المتدربين ببعض الأساليب , التي يعتبرونها و كأنها نوع من تضييع الأوقات مثل تمثيل الأدوار , كذلك مراعاة بعض الاعتبارات الخاصة بالمتدربين عند اختيار الأسلوب التدريبي , مثل السن, والمستوى الوظيفي و التعليمي و الاتجاهات , كذلك الاهتمام بتطوير المدربين والاهتمام بالناحية العلمية و خصوصا في مجال العلوم السلوكية: (علم الإنسان , علم النفس, علم الاجتماع), وحتمية أن يكون عنصر الأساليب التدريبية كأهم عنصر لتقييم المدرب , كذلك أن الاهتمام بتقنيات التدريب الحديثة و التسهيلات التدريبية . وإنشاء مركز لأساليب و طرق التدريب على غرار مراكز الوسائل التعليمية و التدريبية .

1-5 مفهوم الأساليب التدريبية

هي تلك الوسائل والطرق التي يتم استخدامها من اجل إيصال وتوضيح المفاهيم والافكار والمهارات للمشاركين بالدورات والبرامج التدريبية وفق منهجية علمية سليمة. (السكارنه . 2008) .

وتعرف الوسائل التدريبية بأنها كل ما يساعد على انتقال المعرفة والمعلومات والمهارات المختلفة من المدرب إلى المتدرب و تعزز من قدرة المتدرب على اكتساب تلك المعرفة والمهارات وذلك بمخاطبة أكبر عدد من الحواس لديه (القريوتي . 2000) .

معايير الواجب مراعاتها عند اختيار أسلوب التدريب المناسب:

1. الهدف الذي يسعى التدريب إلى تحقيقه:البرامج التدريبية الهادفة إلى زيادة المهارات تختلف أساليبها عن تلك البرامج التي تهدف إلى تنمية وتطوير الاتجاهات.
2. طبيعة العمل أو الوظيفة محل التدريب :الأساليب المستخدمة للتدريب على أعمال السكرتارية مختلفة عن الأساليب المستخدمة لتدريب المشرفين.
3. المستوى الوظيفي :الأساليب المستخدمة في تدريب المديرين في الإدارة الدنيا ليس بالضرورة أن تلائم تدريب المديرين بالإدارة الوسطى / العليا.
4. المادة التدريبية:الأسلوب التدريبي على اتخاذ القرارات يختلف عن الأسلوب في التدريب على تكوين العلاقات العامة.
5. فترة التدريب :آلأسلوب يناسب فترة معينة، ففترة التدريب القصيرة يلائمها أسلوب المحاضرة أما فترة التدريب الطويلة يناسبها أسلوب المباريات الإدارية.
6. التكلفة وعدد المتدربين.
7. مستوى العمق والشمول في عرض الموضوعات.
8. الخلفية السابقة للمتدربين :فمثلاً أسلوب المؤتمرات يتطلب أن تكون لدى الفرد دراية عن الموضوع بعكس المحاضرة.
9. المدربون المتاحون: ويتم ذلك من خلال مهاراتهم وخبراتهم .

2-5 انواع الأساليب التدريبية

وتنقسم أساليب التدريب إلى ثلاثة أنواع:

أ- **أساليب العرض:** المحاضرة، التطبيق العلمي/ الإيضاحي.

ب- **أساليب المشاركة:** المناقشات، دراسة الحالة، لعب الأدوار، العصف الذهني، مجموعات المناقشة، الدراما الاجتماعية، الألعاب والقصة غير الكاملة.المؤتمرات،سلة القرارات،المباريات، تمثيل الأدوار، تحليل المعاملات

ج- **الأنشطة خارج قاعة التدريب:** التكليفات، المشروعات، الزيارات الميدانية/ الرحلات.

وفيما يلي عرضاًً للأنواع الثلاثة:

أولاً: أساليب العرض:

من الأساليب الشائعة في كل الدورات التدريبية والتي يتم من خلالها نقل المعارف والمعلومات للمتدربين، تقديم أهداف الدورة وبرنامجها هو أحد الأمثلة العامة لذلك، تدريس كيفية اختيار العينات البحثية هو نمط آخر. أساليب العرض هي موعظة في معظم أجزائها وهي وسيلة اتصال في اتجاه واحد بين المدرب والمتدرب. وهي اقتصادية من حيث المساحة والوقت باعتبار قدرتها على تقديم قدر كبير من المحتوى المعرفي إلى عدد كبير من الحضور في فترة زمنية قصيرة. وعيوب أساليب العرض يتمثل في طبيعة أسلوبها السلبي ومحدودية نجاحها في جذب انتباه المتدربين واستمرار تركيزهم لتحقيق معدل مرضي من التذكر والاسترجاع. ومن هذه الاساليب :

اولاً: المحاضرة.

هي أحد أكثر الأساليب شيوعاً في عرض المعلومات في المجموعات الكبيرة. الاتصال غالباً يكون في اتجاه واحد: عند تقديم المحاضرة ينصت الحضور ويسجلون النقاط وعادة ما يتم طرح الأسئلة بعد نهاية المحاضرة.

وهذا يوضح ملاءمة المحاضرة للأوضاع التي يكون فيها الوقت محدوداً. ويمكن زيادة وتحسين فعالية المحاضرة من خلال استخدام المعينات البصرية المناسبة من أدبيات تساعد المتلقي في تكوين صورة ذهنية حول الموضوع المقدم وتجعله أكثر تركيزاً.

صورة لمحاضرة في دورة تدريبية / سلطنة عمان /2008

ما يراعى عند استخدام أسلوب المحاضرة:

مستوى جودة المحاضرة يمكن التحكم فيه عبر مستوى جودة الكلمات المنطوقة ومنها:

أ- اجعل صوتك مسموعاً للكل.

ب- تجنب الكلمات الغامضة.

ج- تجنب النغمات الصوتية غير المألوفة.

د- تجنب الحديث السريع أو البطيء على حد سواء.

هـ- استخدام قائمة في تقديم المحاضرة يساعد على ترتيب الأفكار.

و- الكلمة الملفوظة تتطلب اتصالاً غير لفظي مناسب:

1. تأكد من أن الكل يراك بوضوح.

2. تجنب الحركات والعادات التي تشوش على الحضور.

3. لا تكرر نفس الألفاظ الكلامية.

ل- تجنب التطويل والاختصار الشديد:

أ- الاختصار الشديد قد يخل بالمحاضرة.

ب- التطويل يقلل الفاعلية.

ج- اختيار المعينات التدريبية المناسبة.

د- حدد متى سيتم طرح الأسئلة (يفضل طرح الأسئلة عند انتهاء المحاضرة إلا إذا كان هناك ضرورة لذلك).

هـ- استخدم أساليب تدريب أخرى خلال المحاضرة (العصف الذهني أو مجموعات المناقشة) لتزيد من فاعلية المحاضرة .

مميزات المحاضرة:

1. تختصر الكثير من الوقت.

2. تناسب مختلف أحجام المجموعات.

3. لا تحتاج إلى الكثير من المعدات.

4. يمكن تعديلها لتناسب احتياج المتدربين.

محددات المحاضرة:

1. الاتصال في اتجاه واحد يقلل من التغذية الراجعة والمداخلات.

2. الانتباه يقل كلما طالت المحاضرة.

3. معدل التذكُّر والاستعادة يكون منخفضاً.

4. غير مناسبة للتدريب على المهارات.

ثانياً: العرض الإيضاحي: العرض الإيضاحي هو أسلوب يتم استخدامه لتقديم طريقة أو مهارة معينة تحت ظروف حقيقية مماثلة للواقع. والعرض الإيضاحي شأنه شأن المحاضرة يهدف إلى تزويد المتدربين بمعارف ومهارات معينة، لكن في حالة العرض الإيضاحي فإن المتدربين تتاح لهم الفرصة لرؤية النتائج المباشرة للمهارة المحددة.

العرض الإيضاحي يمكن أن يكون حياً بأن يقوم المدرب بأداء المهمة المطلوبة أمام المتدربين أو يمكن أن يتم باستخدام معينات بصرية (شرائح مصورة- فيديو- فيلم... إلخ). توضح كيفية القيام بالمهمة المعينة تحت ظروف محددة.

أحد أهم نقاط القوة في العرض الإيضاحي هي أنّه يوضح كيفية القيام بمهمة ما بشكل حقيقي، وهو بذلك يكون أكثر إقناعاً إذ يرفع من درجة ثقة المتدرب في قدرات المدرب علاوة على إضفاء البعد التطبيقي العملي على التدريب، لذلك فهو يمتاز عن المحاضرة في التمكين من التطبيق وارتفاع معدل الاسترجاع والتذكر.

مميزات العرض الإيضاحي:

1. يرفع من مستوى تركيز وانتباه المتدرب.
2. دعم عملي تطبيقي للمحاضرات والنظريات.
3. المشاهدة المباشرة ترفع من درجة المصداقية والثقة.
4. التغذية الراجحة المباشرة والفورية.

محددات العرض الإيضاحي:

1. التكاليف والفترة الزمنية اللازمة للتحضير قد تكون كبيرة.
2. قد يؤدي إلى فقدان الثقة إذا لم يَؤَدَّ بالمستوى المطلوب.
3. يفضل للمجموعات الصغيرة.
4. يحتاج إلى مواصلة التطبيق والتدريب للحصول على أفضل النتائج.

5- 3   أساليب المشاركة

ومن أساليب المشاركة :(المناقشة، دراسة الحالة، لعب الأدوار، العصف الذهني).

والهـدف منها أن يكون المتدرب بنهاية الجلسة قادراً على التعرف على بعض أساليب التـدريب بالمشاركة وإجراء تطبيقات عليها.

أساليب التدريب بالمشاركة تؤمن مشاركة المتدربين في عمليـة الـتعلم وتمكـنهم مـن التعبير عـن وجهـات نظرهم وتشجعهم على الاستفادة من خبراتهم في فعاليات التـدريب. هـذا بالإضافة إلى أنه بينما تقتصرـ أساليب العرض على مشاركة المتدرب بالسماع كما هو في المحاضرة أو بالرؤية كما هو بالعرض الإيضاحي، فإن أساليب المشاركة تؤدي إلى اشتراك المتدربين بشكل نشط في عملية التعليم.

العيوب المحتملة لأساليب المشاركة في أنها تتطلب الكثير مـن الوقت وضـعف إمكانيـة تحكم المـدرب في عملية تنفيذ الأنشطة.

1. المنـــاقشات:

هو أسلوب تدريبي حيث يتم فيه طرح موضوع ما من قبـل المـدرب، وتـتم مناقشـته بشكل تشاركي مـع المشاركين والوصول إلى استنتاجات ومقترحات تغني هذا الموضوع.

عند إجراء المناقشات يتم استخدام نوعين من الأسئلة:

الأسئلة المفتوحة:

وهي الأسئلة التي يمكن استخدامها في تشجيع العفوية والتلقائية، وهي تسمح للمتدربين باستخدام لغتهم وتعبيراتهم الخاصة، عند الاستجابة للأسئلة، وبذلك يعتبر هذا أسلوباًَ ناجحاً في استمرار النقاش والاهتمام والتشجيع على المشاركة.

الأسئلة المغلقة:

وهي الأكثر جدوى في قيادة النقاش وتركيزه في نقاط محددة، حيث أنها تتطلب إجابات محددة لأسئلة محددة وهي بالتالي تذكر المتدربين بالنقاط الرئيسة في المناقشة.

تلميحات عند استخدام المناقشات:

1. المناقشات غير ذات جدوى في المجموعات التي تفوق 25 مشاركاً. وكلما زاد العدد داخل هذه المجموعة كلما تطلب الأمر مهارات وقدرات أكبر من المدرب إدارة المناقشة.
2. في حالة زيادة العدد عن هذا القدر يفضل تقسيم المتدربين إلى مجموعات صغيرة.
3. لا بد من إعطاء توجيهات واضحة للمجموعات المشاركة في النقاش تحدد المهمة المطلوب منهم القيام بها.
4. عندما تبدأ المجموعة في المناقشة يجب على المدرب متابعة الموقف للتأكد من وضوح الرؤية لدى المتدربين حول المهمة الموكلة إليهم.
5. بعد عرض ومناقشة نتائج المجموعات يجب أن يقوم المدرب بتعزيز عملية التعلم باستعراض وتلخيص النتائج وإعطاء ملاحظات نهائية.

المناقشات غير الرسمية:

أحياناً يكون من المفيد عقد مناقشات غير رسمية تسمح للمتدربين بالتعبير عن آرائهم في طلب المساعدة والنصح في بعض الأمور التي تهمهم. وهذه تختلف عن المناقشات الرسمية في كونها ليست متضمنة في أجندة التدريب ولا تتطلب أي نوع من التحضير المسبق.

القيمة الحقيقية للمناقشات غير الرسمية هي أنها:

- توفر تغذية راجعة مفيدة حول رؤى وأحاسيس المتدربين.
- تُمكّن من متابعة التقدم الذي يتحقق.
- تشجع المتدربين على المشاركة.

مميزات المناقشات:

1. تشجع المتدربين على تطوير مهارات الاتصال.

2. تُمَكِّن من التوضيح والسؤال حول الافتراضات.

3. توفر تغذية راجعة فورية وتولد نوع من التعاون.

4. تُمَكِّن من تبادل الآراء والخبرات.

5. يمكن أن تكون مفيدة في إكمال أو تلخيص أنشطة تدريبية أخرى.

6. التعلم عن طريقها يرسخ في الأذهان.

7. على المدرب القائد أن يوضح الإختلاف في الآراء دون تحيز.

8. على المدرب القيام بتلخيص النتائج.

محددات المناقشات:

- قد تستهلك الكثير من الوقت.
- النجاح يعتمد على التفاعل بين أعضاء المجموعة.
- قد يسيطر عليها بعض الذين يجيدون النقاش (الجدال).
- لا بد من امتلاك المدرب مستوى عالٍ من المهارات في إدارة الوقت وتوجيه النقاش.

صورة لندوة الجريمة والمجتمع / الامارت العربية المتحدة / 2008

أشكال أسلوب النقاش

- الندوة أو الحلقة الدراسية seminar

- المؤتمرات والندوات conferences

- المناقشة الجماعية .

- الحوار المفتوح .

- المناظرة Panel .

صورة لمؤتمر كلية العلوم الادارية والمالية جامعة الاسراء /2007

2. دراسة الحالة/ الحالة الدراسية:

دراسة الحالة تتضمن اختباراً تفصيلياً لوضع محدد، هذا الوضع قد يكون حقيقياً أو افتراضياً لكن بالضرورة أن يتم اختياره بعناية ليتضح ويرتبط بشكل مباشر بالإطار العام للبرنامج التدريبي. في دراسة الحالة ينمي المتدربون مهاراتهم في التفكير والتحليل والاستنتاج حول المبادئ النظرية والتطبيقية.

وتتمثل نقاط القوة في أسلوب دراسة الحالة في أنه يمزج بين المناهج العملية لحل المشكلات مع التحليل العميق لحالات محدودة. من خلال إدخال الواقعية إلى قاعة التدريب، فإنه من الأفضل استخدام دراسة الحالة كتكملة لأساليب التدريب الأخرى، بينما تكون المحاضرة أكثر فاعلية في توصيل المعلومات الأساسية لموضوع ما، فإن دراسة الحالة تكون الأفضل عند استخدامها لتطبيق تلك المعارف حول الموضوع.

مميزات دراسة الحالة:

1. تحسن مهارات حل المشكلات وتطبيق المفاهيم والأساليب.

2. تُضفي لمسة من الواقعية على المناقشات النظرية.الحكم الموضوعي المبني على الحقائق.

3. نشاط يركز على المتدرب.

4. تُمكِّن من التفاعل والتعلم الجماعي.

5. تُمكِّن من البناء التحليلي.

6. تركز على أنه ليس هناك طريقة واحدة صحيحة لحل المشكلات وإنما هناك أكثر من حل.

محددات دراسة الحالة:

1. قد تستهلك الكثير من الوقت.

2. صعوبات الاختيار مع المواد الجاهزة المتاحة.

3. إعداد حالات دراسية جديدة يحتاج إلى وقت.

4. خطورة التعامل معها كلعبة أو تمرين خاصةً عند اعتمادها على تصور افتراضي.

5. توقع أن تكون هناك إجابة صحيحة أو خطأ.

6. تحد من إمكانية التعميم.

3. لعب الأدوار:

لعب الأدوار هو أسلوب تدريبي يقوم المتدربون بأداء وضع افتراضي أو حقيقي أمام الحضور ويتم إعطاء المتدربين الخلفية الضرورية وبعض الأفكار حول كيفية تنظيم أدوارهم ولكن ليس هناك حواراً أو نصاً محدداً بل يتم توليد ذلك أثناء لعب الأدوار. بعد نهاية العرض يقوم المشاهدون والمشاركون معاً بمناقشة الأمر لموضوع لعب الأدوار. معظم الناس معتادين على فكرة لعب الأدوار من موقع سلبي (مشاهدة العروض على التلفزيون) ومن ثم فإن مشاركتهم في لعب الأدوار خلال التدريب يستقرئ اهتماماتهم، ويحث مشاركتهم الوجدانية وكذلك يطور تلقائيتهم ومهاراتهم لحل المشكلات، وبوجه خاص يمكن استخدام لعب الأدوار في:

1. تغيير وتطوير الاتجاهات.

2. تطوير مهارات التفاوض.

3. استكشاف العلاقات الإنسانية الضعيفة.

4. إظهار الجوانب الاجتماعية والسياسية للأوضاع.

5. تعزيز التعلم من خلال العمل وارتكاب الأخطاء.

خطوات عملية لعب الأدوار:

1. تحديد المشكلة وتهيئة الوضع.

2. تحديد الأدوار التي يتم القيام بها.

3. تحديد مواصفات وطبيعة كل دور.

4. إعطاء خلفية للمشاركين حول الموضوع.

5. أداء المشهد، المناقشة والتحليل.

مميزات لعب الأدوار:

1. عرض الموضوعات بشكل درامي يساعد على ملء الفراغات في نظام التدريب التقليدي.

2. يزيد من علاقة التدريب بالأوضاع المحددة.

3. يبني التلقائية ومهارات حل المشكلات.

4. يشجع على المشاركة.

5. مفيد في التعامل مع الاتجاهات والسلوك.

6. يمكن أن يساعد في بناء مهارات الاتصال الشخصي وبناء الثقة بالنفس.

7. التعلم من خلال العمل.

محددات لعب الأدوار:

- النجاح يعتمد على قدرات الأفراد وديناميكية المجموعة.

- قد يحتاج للكثير من الموارد.

- ليس كل المشاركين حريصين وجادين في لعب الأدوار (خاصة في المواقع القيادية).

- قد ينجرف المشاركون إلى اتجاهات أخرى بعيدة عن الهدف التدريبي.

- غير مناسب للمجموعات الكبيرة.

- قد يؤذي الأشخاص الحسّاسين.

4. العصف الذهني:

هذا الأسلوب يستخدم بكثرة في توليد الأفكار والتشجيع على الابتكار حيث يتم تقـديم موضـوع أو مشكلة للمتدربين ويطلب منهم حلها، ويتم تشجيعهم على طرح أفكارهم بكل حرية للوصول إلى أفكار أو حلول مناسبة.

المبدأ الأساسي للعصف الذهني هو تشجيع تقديم أفكار جديدة لذلك فإن التقييم والحكم على الأفكـار لا يتم إلا بعد الحصول على قدر جيد منها لذلك لا بد من تسجيل كل الأفكار المقدمة وإعدادها للنقاش فيما بعد.

والمبدأ الثاني هو تشجيع الكل على المشاركة دون تحديد أو تمييز.

مميزات العصف الذهني:

- مستوى عالي من المشاركة.

- ليس فيه تقييم أو مناقشة.

- جو ابتكاري.

- تعاوني.

محددات العصف الذهني:

1. يناسب المجموعات متوسطة الحجم.

2. يتطلب مهارات عالية من المدرب.

3. قد لا يكون من السهولة قياس التقدم والنتائج.

4. النجاح يعتمد على فاعلية المجموعات.

ومن أساليب المشاركة : (مجموعة المناقشة، الدراما الاجتماعية، الألعاب والتمارين، القصة غير الكاملة) والهـدف منها أن يكون المتدرب بنهاية الجلسة قادراً على التعرف على بعض أساليب التـدريب بالمشاركة وإجراء تطبيقات عليها.

1. مجموعة المناقشة:

هذا الأسلوب تم تحويره من أسـلوب العصف الـذهني وهـو يهـدف إلى توليـد نقاشـات تقـود إلى أفكار جديدة وحلول على أساس نقاشات مجموعات صغيرة. مجموعات المناقشة تضم في العادة (5-6) أشـخاص وقد يطلب من المجموعة إنتاج أفكار حول موضوع محدد أو مفتوح باختيار شـخص منها ليقـوم بعـرض نتائج عملها على الآخرين.

صورة لاحدى الدورات التدريبية توضح مجموعات المناقشة

مميزات مجموعات المناقشة:

● مستوى عالي من المشاركة.

● نقاش مركز على الأهداف والأفكار.

● ابتكاري.

● يعطي الأفراد فرصة لقول أشياء دون مواجهة كل المجموعة.

محددات المناقشة:

1. مناسب فقط للمجموعات الصغيرة.

2. قد لا يكون التفاعل جيداً داخل المجموعة.

3. يحتاج إلى مهارات عالية من المدرب.

2. الدراما الاجتماعية:

الدراما الاجتماعية هي أحد الأساليب ذات الأهمية الكبيرة في التدريب في مجـال **الاتجاهـات والسـلوك**، إلا أن هذا الأسلوب يحتاج إلى الكثير من العمـل والإعـداد المسبق، ولاستخدام هـذا الأسـلوب يتطلـب الأمر القيام بالآتي:

1. تحديد الهدف.

2. إعداد النص المناسب لتحقيق الهدف والذي يتلاءم مع المستهدفين مـع إضافة بعـض اللمسـات الفنية اللازمة.

3. إجراء عروض تجريبية (بروفات) لإتقان الأداء والتأكد من وضوح الفكرة وملاءمة المعالجة.

4. قد يكون من الأفضل توزيع قائمة ضبط للمشاهدة.

5. إجراء العرض الدرامي بحيـث يركز المتدربون على الجوانب المطلوبة.

6. المناقشة بعد نهاية العرض.

مميزات الدراما الاجتماعية:

• عرض حي مباشر أمام المتدربين.

• التشويق والإثارة.

• إمكانية تقديم معالجة للاتجاهات والسلوك.

• يناسب كل الفئات.

محددات الدراما الاجتماعية:

1. تحتاج إلى إعداد جيد.

2. يتطلب مهارات خاصة في التمثيل.

3. قد يتم التعامل معها كنشاط ترفيهي أكثر منها نشاطاً تدريبياً.

3. الألعاب والتمارين:

الألعاب واحدة من الأساليب ذات السـمات الخاصـة في التـدريب حيـث أنهـا تختلـف عـن كـل الأساليب الأخرى من حيث أنها لا تتطلب الكثير من الموارد، إضافة إلى خلق أو إيداع فكرة من خلال اللعبة، إلا أنها تتطلب بعض العناصر الهامة والتي يجب مراعاتها:

• يجب أن لا تستخدم الألعاب فقط للمرح وملء الفراغات.

• لزيادة المصداقية، يحتاج المدرب للإعداد الجيد من حيث:

1.التوجيهات والتعليمات المطلوبة.

2.ما هي المشكلات التي يحتمل حدوثها.

3.ما هو مقدار الزمن المطلوب.

o الإعداد لألعاب وتمارين جديدة يجب أن يؤخذ من:

- التجربة المباشرة.

- الإطلاع.

- الملاحظة أثناء التدريب.

o وضوح إطار اللعبة أو التمرين:

- أهداف اللعبة أو التمرين.

- الخطوات الإجرائية.

- الأدوار.

- التأكيد على أنه بالرغم من أن اللعبة لا تمثل وضعاً حقيقياً إلا أنها تساعد المشاركين في التركيز على مواضيع حقيقية.

- إعطاء قدر كافٍ من الوقت بعد اللعبة لمناقشة النتائج.

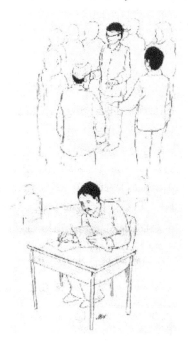

مميزات الألعاب والتمارين:

1. المناقشة تساعد على خلق الواقعية والاهتمام من قبل المتدربين.

2. سهولة توصيل المفهوم أو المهارة من خلال اللعبة.

3. قوة الاسترجاع والتذكر.

4. أسلوب تدريبي ترفيهي غير ممل.

5. تصلح للتعامل مع الاتجاهات.

محددات الألعاب والتمارين:

1. تستهلك الكثير من الوقت وتطويرها قد يكون مكلفاً.

2. تَحَكُّم أقل من قبل المدرب على العملية.

3. عامل المنافسة قد يقلل من التركيز على الهدف التدريبي.

4. يمكن التعامل معها على أنها ألعاب فقط.

5. الألعاب والتمارين المعقدة قد تؤدي إلى اللبس والبسيطة قد تكون مضجرة وغير مفيدة.

صورة لاحدى الدورات التدريبية

4. القصة غير الكاملة:

نقوم بسرد قصة غير مكتملة ونترك المتدربين يتصورون الحـل، وهـي مـن الأسـاليب المحببـة في التدريب، وترسخ المفاهيم والأفكار بشكل قوي في أذهان المتدرب وتقوي ملكة الابتكار والخيـال لديـه، إلا أنها تتطلب إعداداً جيداً وإلا صار هناك لبس وعدم فهم للمغزى الحقيقي منها.

مميزات القصة غير الكاملة:

☒ استنتاج الحلول من قبل المتدرب.

☒ اكتشاف القدرات.

☒ توضيح تعدد الأفكار.

☒ الحصول على العديد من البدائل.

الشروط الواجب توفرها في أسلوب القصة غير الكاملة:

1. أن تكون قصيرة وتحمل فكرة واحدة.
2. أن تكون هادفة وواضحة.
3. أن تكون نابعة من البيئة المحلية وواقعية.
4. أن تراعي تقاليد وثقافات المجتمع المحلي.
5. أن تناسب قطاع كبير من الفئات المستهدفة.
6. أن تحتوي على عنصر التشويق والإثارة.

4-5   أساليب التدريب خارج قاعة التدريب

ومن أساليب التدريب خارج قاعة التدريب : (التكليفات+ المشروعات+ الزيارات الميدانية)

والهــدف منها أن يكون المتدرب بنهاية الجلسة قادراًالتعرف على الأنشطة خارج قاعة التدريب.

1. التكليفات:

هي النموذج الأكثر شيوعاً من الأنشطة خارج قاعة التدريب وتستخدم التكليفات لتحقيق الآتي:

- تعزيز التعلم الفردي.
- لإثراء وتمديد التعلم إلى خارج إطار قاعة التدريب.

وقد تأخذ التكليفات أياً من الأشكال التالية: (القراءة- الكتابة- التمارين).

مميزات التكليفات:

1. تحسين الأداء المهارة لدى المتدرب.
2. تعزيز التعلم الفردي.
3. تتيح زمناً إضافياً للتدريب.
4. لا تتطلب الكثير من التحضير من قبل المدرب.
5. يمكن أن تعمل كتعزيز معنوي.

2. المشروع:

يضم المشروع كل الفوائد الصغيرة التي تحققها التكليفات وذلك بتوفير فرصة للمتدرب لبذل مجهول تدريبي بطول البرنامج التدريبي.

هناك أربع مجموعات رئيسة من المشروعات:

1. المشروعات البحثية.
2. مشروعات استعراض المعارف والوثائق.
3. بحوث المعلومات.
4. تصميم المشروعات.

مميزات المشروعات:

1. التركيز على أداء العمل بواسطة المتدرب.
2. يطور إحساس المتدرب بالمسئولية، التخطيط والمبادرة.
3. الأفضل في احتواء عملية التعلم الذاتي.
4. يوسع مدى التدريب ليشمل مجالات اهتمام المتدرب وخبراته.
5. يُمكِّن من الدراسة التفصيلية للموضوعات والمشاكل.
6. يُمكِن أن ينتج عنه حالات دراسية ناجحة.

3. الرحلات/ الزيارات الميدانية:

الرحلات/ الزيارات الميدانية تمكّن المتدربين من رؤية أو تجربة بعض الأشياء التي تدربوا عليها في الـدورات التدريبية، لتحقيق الفاعلية والنجاح فإن الزيارات الميدانية التـي نرغـب في تضـمينها في البرنـامج التـدريبي يجب أن يكون هدفها واضحاً ومحدداً وهذا يتطلب الآتي:

- توضيح الأهداف وإبلاغها للمشاركين بشكل مسبق.
- وضع خطة للزيارة بشكل فاعل.
- توفير قدر مناسب من الفرص للمناقشة والحوار أثناء وبعد الزيارة.

في الكثير من الأحيـان تتحـول الزيـارات إلى أحـداث اجتماعيـة ولا تحقـق الفائـدة المطلوبـة منهـا كنشـاط تدريبي. والزيارات الميدانية تأخذ أحد شكلين:

الزيارات:

الغرض الأساسي منها إعطاء المتدربين الفرصة للمشاهدة، وعلى الرغم من طبيعتها السـلبية، فإنهـا تسـاعد على رؤية الأنشطة على الطبيعة وفي بيئتها الحقيقية، وتأخذ الزيارات الأشكال التالية:

- الاجتماعات (اجتماعات في المناطق- مجموعات مناقشة).
- المعارض.
- مواقع تنفيذ المشروع.

الجولات الدراسية:

يمكن تحويل الزيارات الميدانية إلى خبرة تعليمية نشطة وذلك بـأن تتضمن القيام بـبعض المهـام وليسـت الملاحظة فقط. فقد يكون من المفيد إجـراء تطبيـق عملـي لأسـاليب المسـح عنـد تنفيـذ دورة تدريبيـة في أساليب البحث. وفي كلا النوعين من الزيارات الميدانية يتطلب الأمر إعداداً جيداً من المـدرب للزيارة مـن حيث:

1. اختيار الموقع المناسب للزيارة.

2. توفير مواد تحتوي معلومات أولية عن الموقع المزمع زيارته.

3. توفير مواد تحتوي توجيهات خاصة بالزيارة.

4. التجهيزات الإدارية اللازمة.

5. من الأفضل مناقشة التفاصيل مع المتدربين قبل تنفيذ الزيارة.

6. أن يعقب الزيارة مباشرة مناقشة حول نتائجها.

مميزات الزيارات:

- المشاهدة والممارسة أكثر إقناعاً ومعدل التذكر يكون عالياً.

- ثقة أكبر في ربط النظرية بالتطبيق.

- التوسع في عملية التعلم إلى خارج قاعة التدريب.

محددات الزيارات:

- مبدأ الترفيه قد يسيطر على المتدربين ويفقد الزيارة قيمتها التدريبية.
- الزمن قد يكون معوقاً خاصاً في الدورات القصيرة.
- الإعداد المسبق يتطلب الكثير من الجهد.

5-5 الاساليب التدريبية عبر الاقمار الصناعية

تزداد درجة نجاح البرنامج التدريبي عبر الاقمار الصناعية عندما يحظى باعداد كبيرة من المشاهدين من أماكن بعيدة.

اذا لم تكن هناك ضرورة للتفاعل مع المدرب او بين المتدربين انفسهم، قد يكون من المفيد استخدام أساليب اخرى وادوات اخرى مختلفة عبر الاقمار الصناعية التي تتطلب التفاعل المباشر مع المدرب من خلال مفاتيح التحكم والميكروفونات بحيث يمكن لاحد المتدربين توجيه اسئلة وبثها مباشرة، مع الاجابة عليها الى باقي المتدربين في البرنامج.

يتميز التدريب عبر الاقمار الصناعية بامكانيات تقديم البرامج القوية والثرية عن طريق الخبراء المتخصصين في الموضع التدريبي المطروح، فعلى سبيل المثال يمكن استضافة احد الخبراء البارزين لعقد ندوة عبر الاقمار الصناعية، يشاهدها جميع العاملين بمختلف مستوياتهم في كافة انحاء العالم، ويمكن ايضاً توجيه التعليمات والرسائل مباشرة الى جميع شاغلي المستويات الادارية بدون الحاجة الى استدعائهم للحضور الى المقر الرئيسي وتركهم لاماكن عملهم.

وان الاساليب التدريبية المستخدمة في المستشفيات المتطورة وكذلك الجامعات الطبية تعتمد كثيراً مثل هذا لاسلوب التدريبي والذي يساعد في الاستفادة من التقنيات الحديثة في نقل المعرفة واثراء المعلومات لدى المشاركين بهذ الدورات او الندوات او المؤتمرات كتلك التي يتم من خلالها نقل عملية جراحية والالية التي تتم بها عبر الاقمار الصناعية .

صورة لاحدى الدورات باستخدام الاقمار الصناعية

أسئلة الفصل الخامس

س1 : ما هو مفهوم الاساليب التدريبية .

س2: ما هي العوامل التي تؤثر في اختيار اساليب التدريب .

س3 : ما هي معايير اختيار أساليب التدريب .

س4 : ما هي انواع اساليب التدريب .

س5 : وضح الأسلوب التدريبي دراسة الحالة .

ضع دائرة حول الاجابة الصحيحة فيما يلي :

س1 : ما هو مفهوم الأساليب التدريبية .

أ- الوسائل والطرق التي يتم استخدامها من اجل إيصال وتوضيح المفاهيم

ب- والافكار والمهارات للمشاركين بالدورات والبرامج التدريبية

ج- وفق منهجية علمية سليمة .

د- جميع ما ذكر صحيح .

س2: ما هي معايير الواجب مراعاتها عند اختيار أسلوب التدريب المناسب:

أ- الهدف الذي يسعى التدريب إلى تحقيقه.

ب- طبيعة العمل أو الوظيفة محل التدريب.

ج- المستوى الوظيفي .

د- جميع ما ذكر صحيح .

س3 : من أساليب التدريبية (المشاركة):

أ- المناقشات.

ب- دراسة الحالة.

ج- لعب الأدوار.

د- جميع ما ذكر صحيح .

س4: من مميزات العرض الإيضاحي:

أ- يرفع من مستوى تركيز وانتباه المتدرب.

ب- دعم عملي تطبيقي للمحاضرات والنظريات.

ج- المشاهدة المباشرة ترفع من درجة المصداقية والثقة.

د- جميع ما ذكر صحيح .

س5 : ما هو مفهوم المنـــاقشات.

أ- هو أسلوب تدريبي حيث يتم فيه طرح موضوع ما من قبل المدرب .

ب- ولاتتم مناقشته بشكل تشاركي مع المشاركين .

ج- ولا يتم الوصول إلى استنتاجات ومقترحات تغني هذا الموضوع.

د- جميع ما ذكر صحيح .

س6 : من أشكال أسلوب النقاش .

أ- الندوة أو الحلقة الدراسية seminar

ب- المؤتمرات والندوات conferences

ج- المناقشة الجماعية .

د- جميع ما ذكر صحيح .

س7 : من أساليب التدريب خارج قاعة التدريب .

أ- التكليفات

ب- المشروعات

ج- الزيارات الميدانية

د- جميع ما ذكر صحيح .

س8 : من مميزات المحاضرة.

أ- تختصر الكثير من الوقت.

ب- تناسب مختلف أحجام المجموعات.

ج- لا تحتاج إلى الكثير من المعدات.

د- جميع ما ذكر صحيح .

س9 : يمكن استخدام لعب الأدوار في:

أ- تغيير وتطوير الاتجاهات.

ب- تطوير مهارات التفاوض.

ج- استكشاف العلاقات الإنسانية الضعيفة.

د- جميع ما ذكر صحيح .

س10 :من مميزات الألعاب والتمارين:

أ- المناقشة تساعد على خلق الواقعية والاهتمام من قبل المتدربين.

ب- سهولة توصيل المفهوم أو المهارة من خلال اللعبة.

ج- قوة الاسترجاع والتذكر.

د- جميع ما ذكر صحيح .

الاجابة الصحيحة

1.	د
2.	د
3.	د
4.	د
5.	ا
6.	د
7.	د
8.	د
9.	د
10.	د

مراجع الفصل الخامس

1. السكارنه ، بلال . 2007 . دورات تدريبية متعددة . سلطنة عمان والاردن .

2. باشات ، أحمد ابراهيم .أسس التدريب / أحمد ابراهيم باشات .- القاهرة : دار النهضة العربية ، 1976 .

3. توفيق ، عبد الرحمن .التدريب : الاصول والمبادئ العلمية / عبد الرحمن توفيق .- القاهرة : مركز الخبرات المهنية للادارة (بميك) ، 1994 . (موسوعة التدريب والتنمية البشرية 1) .

4. حسنين ، حسين محمد .طرق التدريب : دليل مكرس للمدربين يشتمل على اول 100 طريقة تدريبية وطرائق تشكيلية / حسين محمد حسنين .- عمان (الاردن).

5. سعد الله ، مصطفى السيد .المؤتمرات : تخطيط ، وتنفيذ وتقييم / مصطفى السيد سعد الله .- القاهرة : دار النشر للجامعات المصرية ، 1995 .

6. العبد ، جعفر .اساليب التدريب / جعفر العبد .- القاهرة : ابروماك ، 1983 . (كتيبات دليل الخبرة 1) .

7. عثمان ، سوسن عبد اللطيف .سجل التدريب العملى / سوسن عبد اللطيف عثمان ، ونعمات الدمرداش وعبد الحفيظ البحيرى .- القاهرة : المعهد العالى للخدمة الاجتماعية ، 1991 .

الفصل السادس

الوسائل والمساعدات التدريبية

الفصل السادس
الوسائل والمساعدات التدريبية

الأهداف التعليمية للفصل :

يهدف هذا الفصل الى تزويد القارىء بالمعلومات التي تمكنه من :

1. مفهوم الوسائل والمساعدات التدريبية .
2. العوامل التي توضع في الاعتبار عند اختيار الوسائل والمساعدات التدريبية .
3. معايير اختيار واستخدام الأساليب التدريبية .
4. تصنيف أساليب التدريب .
5. انواع التقنيات الحديثة في التدريب .
6. انواع الوسائل والمساعدات التدريبية .
7. الوسائل والمساعدات المطبوعة .
8. الوسائل والمساعدات المعروضة .
9. أجهزة العرض.

المقدمـــة

في السنوات الأخيرة شهدت تقنيات التدريب نمواً وتطوراً مطرداً ، واتضح ذلك في مجالات ونماذج عديدة ساهمت وتسهم في رقي العملية التدريبية وإيصالها بالطريقة المثلى للمتدرب ، وتحقق هـذه التقنيات وتلك الوسائل مجموعة من التسهيلات للمدرب مما يساعد في تحقيق الأهداف التدريبية المرجوة ، ولذلك فان المساعدات التدريبية تلعب دوراً اساسياً وفاعلاً في نجاح العملية التدريبية وكيفية نقل المعرفة والمعلومة للمشاركين بالبرامج التدريبية.

ولهذا نرى التقدم المستمر في تطوير وتحديث التقنيات المتعلقة في التدريب والعمل على اعادة بناءها بما ينسجم مع التطور التكنولوجي الحديث والمساعدة على تحسين جودة وفاعلية العملية التدريبية حتى اصبح التدريب في ظل العولمة ايضاً في قرية صغيرة وترى المدرب في الولايات المتحدة الامريكية بينما المشاركين يتلقون تدريبهم في الاردن وفي نفس الوقت ، ولذا ففي هذا الفصل سيتم التركيز على كافة الجوانب المتعلقة بالتقنيات الحديثة في استخدام الوسائل التدريبية بالاضافة الى التدريب عـن بعد .

1-6 مفهوم الوسائل والمساعدات التدريبية

الوسائل والمساعدات التدريبية: هي مجموعـة مـن الوسـائل والمعدات التي تستخدم لتسهيل عملية التدريب وذلك بتدعيمها للكلمات المنطوقة، بالإضافة إلى ذلك فهي تزيد الاهتمام والتنوع علاوة على أنها تظهر كيف تبدو الأشياء في الواقع.

1- الأوضاع التي تتطلب الوسائل والمساعدات تدريبية:

بصورة عامة هناك (5) أوضاع تتطلب استخدام الوسائل والمساعدات التدريب هي:

1   عندما تكون المعلومات معقدة جداً.

2   عندما يتطلب الأمر تذكر المعلومات.

3   عندما تعطي الكلمات معاني مختلفة للأشخاص المختلفين.

4   لشدّ انتباه المتدرب.

5   لتلخيص عدد من النقاط.

وتحقق هذه التقنيات وتلك الوسائل مجموعة من التسهيلات للمدرب مما يساعد في تحقيق الأهداف التدريبية المرجوة ومن أبرزها :

1.   تعمل وسائل ومساعدات التدريب على جلب انتباه المشاركين وزيادة اهتمامهم بموضوع التدريب .

2.   تزيد وسائل ومساعدات التدريب من الاستعداد للتدريب عندما يشاهد المشاركين هذه الوسائل موجودة أمامهم.

3.   توفر وسائل ومساعدات التدريب الخبرات الحسية التي تعطي معنى ومدلولاً للعبارات التي تصدر من المدرب، بمعنى أنها تسهل إدراك المعاني من خلال تجسيد الأفكار بوسائل ومساعدات تدريب محسوسة، فتساعد على تكوين صور مرئية في الأذهان .

4.   تؤدي وسائل ومساعدات التدريب إلى زيادة مشاركة المشاركين بصورة نشطة وإيجابية في التدريب .

5.   تجعل وسائل ومساعدات التدريب التعلم أكثر أثراً وأقل نسياناً حيث تؤدي إلى ترسيخ ما يتعلمه المتدرب بعكس التعلم اللفظي فقط دون استخدام مساعدات التدريب.

6.   تعمل وسائل ومساعدات التدريب على تيسير تدريب موضوعات معينة قد يصعب بدونها تدريبها بذات الكفاءة والفاعلية.

7.   تساعد الوسائل التدريبية على تنويع أساليب التدريب الموجه لمواجهة الفروق الفردية بين الطلاب، فمن المعروف أن المتدربين يختلفون في قدراتهم واستعداداتهم العقلية، فمنهم من يحقق مستوى عالياً من الاستماع للشرح النظري للمدرب، ومنهم من يزداد تعلمه عن طريق الخبرات البصرية، مثل مشاهدة (الأفلام والشرائح) ومنهم من يحتاج إلى تنوع الوسائل لتكوين المفاهيم الصحيحة لديه .

8. تسهم وسائل ومساعدات التدريب في تنمية مهارات المتدرب وتنويع مصادر المعرفة لديه .

2- العوامل التي توضع في الاعتبار عند اختيار الوسائل والمساعدات التدريبية:

1. من هم المتدربون؟

2. مكان تنفيذ التدريب.

3. عدد مرات تقديم المادة.

4. المادة المراد تقديمها.

5. المقدرة على استخدام الأجهزة والمعدات التدريبية.

6. إمكانية إعداد الوسائل والمساعدات التدريبية.

7. أسلوب التدريب المستخدم.

8. التكلفة.

مبادئ اختيار الوسائل والمساعدات التدريبية:

1. تناسبها مع الموضوع.

2. ملاءمتها للوضع العام.

3. الحاجة إليها.

4. توفرها وتكلفتها.

5. سهولة إعدادها واستخدامها.

تذكر الآتي::!!

● أفضل الوسائل والمساعدات التدريبية هي الأشياء الحقيقية.

● لا تستخدم الوسائل والمساعدات التدريبية فقط لأنها موجودة.

● الوسائل والمساعدات الأكثر تعقيداً ليست بالضرورة هي الأحسن في توصيل المادة.

2-6 أهمية الاساليب التدريبية

تعود أهمية الوسائل التدريبية بالفوائد التي يجنيها كل من المدرب والمتدرب فى العملية التدريبية كما ياتي:

أولاً :المدرب : يؤدي استخدام الوسائل التدريبية من قبل المدرب إلى تحقيق الفوائد الآتية :

أ- تحسين مقدرة المدرب في نقل المعلومات والمهارات إلى المتدربين.

ب- مساعدة المدرب على استغلال الوقت بفاعلية أكبر.

ج- المساعدة في تقليل الوقت والجهد اللذين يبذلهما المدرب في التحضير والاعداد للتدريب والتعليم.

د- مساعدة المدرب في زيادة فاعلية التدريب والتعليم .

ثانياً :المتدربون : تتحقق فوائد عديدة لدى المتدربين عند استخدام المدرب الوسائل المعينة فى التدريب منها:

أ- توفير خبرات حسية للمتدربين تساعدهم على تكوين مدركات صحيحة .

ب- جذب وتركيز انتباههم وزيادة تشويقهم للتعليم .

ج- تسهيل وتسريع عملية التعليم .

د- اكتساب خبرات تعليمية اعمق وابقى أثرا.

هـ- تتخطى بعض الوسائل التدريبية بالمتدربين حدود المكان والزمان والامكانيات المادية.

3-6 معايير اختيار واستخدام الأساليب التدريبية

من أهم أسس اختيار الوسائل التدريبية ما يأتي:

1. أن تعبر عن الرسالة المراد نقلها وصلة محتواها بالموضوع .
2. ان ترتبط بالهدف أو بالأهداف المحددة المطلوب تحقيقها من خلال استخدام تلك الوسيلة.
3. أن تلائم قدرات وخبرات المتدربين .
4. ان تكون معلوماتها صحيحة ودقيقة وحديثة .

5. أن تكون الوسيلة التدريبية بسيطة وواضحة وخالية من المؤثرات التشويشية .

6. ان تكون في حالة جيدة

7. أن تعمل على جذب انتباه المتدربين وتثير اهتمامهم .

8. أن تتناسب قيمتها مع الجهد والمال الذي يصرف للحصول عليها.

9. ان تتوفر الظروف المطلوبة لاستخدامها .

10. أن تضيف شيئا جديدا إلى ما ورد في المادة التعليمية .

11. أن تتناسب ومهارات واتجاهات المدرب .

12. أن تتوفر فيها النواحى الفنية والجمالية .

13. ان يتوافر فيها عنصر الأمن والسلامة.

6-3-1   أسس استخدام الوسائل التدريبية

هناك أسس عامة عند التخطيط لاستخدام الوسائل المعينة يجب مراعاتها وهى كما يلى :

أولاً : مرحلة التحضير قبل الاستخدام :بعد اختيار الوسيلة المعينة المناسبة يقوم المدرب بما يلي:

أ-   تجريب الوسيلة التدريبية .

ب-   اختيار المكان المناسب لاستخدام وعرض الوسيلة .

ج-   توفير الوسائل التدريبية في مكان التدريب قبل البدء بالتدريب .

د-   تخطيط النشاطات والخبرات التي سينظمها المدرب للمتدربين عند استخدام الوسيلة .

هـ-   تحديد متى؟ وأين؟ وكيف سيعرض الوسيلة والعمل على تهيئة أذهان المتدربين .

ثانياً : مرحلة الاستخدام :على المدرب في هذه المرحلة القيام بما يأتى :

أ-   استخدام الوسيلة كما خطط لعرضها بالتوقيت والكيفية .

ب-   ضمان مشاركة ايجابية من المتدربين عند عرض الوسيلة واستخدامها.

ج-   التأكد من انتباه المتدربين ومتابعتهم لفعاليات الوسيلة المستخدمة .

د-   مراعاة الانضباط الصفي أثناء استخدام الوسيلة التدريبية .

هـ-   التأكد من فاعلية الوسيلة وأثر استخدامها فى التدريب .

ثالثاً : مرحله ما بعد الاستخدام : على المدرب بعد الانتهاء من استخدام الوسيلة التدريبية القيام بما يلى :

أ-   دراسة ملاحظاته وملاحظات المتدربين على الوسيلة التدريبية أثناء عرضها.

ب-   تقييم فاعلية الوسيلة التدريبية في تحقيق الأهداف من استخدامها وخطة استخدامها.

ج-   معالجة الوسيلة التدريبية وخطة استخدامها بحسب نتائج تقيمها.

4-6 تصنيف أساليب التدريب

1. **تصنيف الوسائل على أساس الحواس التي تخاطبها:** يقسم هذا التصنيف الوسائل التدريبية إلى:

أ-   الوسائل البصرية : وتشمل جميع الوسائل التى تعتمد فى استقبالها على حاسة البصر- وحده,مثل الصور والنماذج والعينات والرسوم والأفلام الصامتة المتحركة منها والثابتة .

ب-   الوسائل السمعية : وتشمل جميع الوسائل التى تعتمد في استقبالها على حاسة السمع ومنها اللغة اللفظية المسموعة, التسجيلات الصوتية.

ج-   الوسائل السمعية والبصرية : وتشمل جميع الوسائل التى تعتمد فى استقبالها على حاستى السمع والبصر مثل التلفاز التعليمي والأفلام المعينة الناطقة والمتحركة و الشرائح عندما تستخدم بمصاحبة التسجيلات الصوتية للشرح والتفسير.

2. **تصنيف الوسائل المعينة على اساس طريقة الحصول عليها وتقسم إلى قسمين :**

   1. وسائل تعليمية جاهزة الصنع .
   2. وسائل تعليمية ينتجها المدرب .

3. **تصنيف الوسائل التدريبية على أساس طريقة عرضها وتقسم إلى قسمين :**

1. وسائل تعليمية تعرض ضوئيا على الشاشة مثل الشرائح و الأفلام والشفافيات وبرمجيات الحاسوب .
2. وسائل لا تعرض ضوئيا على الشاشة مثل المجسمات و الرسوم و الألعاب التعليمية .

4 **.تصنيف الوسائل التدريبية على أساس الخبرات التى تهيئها:**

أ- الرموز اللفظية المسموعة.

ب- الرموز المرئية .

ج- التسجيلات الصوتية (الراديو,والصورالثابتة).

د- أفلام الصور المتحركة .

هـ- التلفزيون التعليمى .

و- الزيارات الميدانية.

ز- الشرح العملي .

ح- الألعاب التربوبة,العرض, لعب الأدوار والتمثيل.

ط- العينات والنماذج .

ي- الخبرة الواقعية المباشرة.

5. **تصنيف الوسائل التدريبية على أساس فاعليتها وتقسم إلى:**

أ- الوسائل غير النشطة : وهى وسائل لا تتطلب استجابة نشطة من المتدرب مثل المذياع والأشرطة الصوتية .

ب- الوسائل النشطة : وهى وسائل يكون المتدرب فيها نشطا في استجاباته مثل التعليم المبرمج والتعليم بمساعدة الحاسوب .

6. **تصنيف الوسائل التدريبية من حيث وظيفتها إلى:**

أ- وسائل العرض مثل الصور والشفافيات والأفلام .

ب- وسائل حقيقية أو مجسمات مثل الأجسام الحية والمقاطع والعينات والنماذج.

ج- وسائل تفاعلية مثل التعليم المبرمج ومختبرات اللغة والألعاب التربوية .

6-5 أنواع التقنيات الحديثة في التدريب

إن أبرز التقنيات الحديثة في تدريب المشاركين بالدورات التدريبية ما يلي :

أولاً : تقنية التدريب باستخدام الحاسب الآلي

الحاسب الآلي من التقنيات التي باتت اليوم تمثل أنموذجاً رائعاً للتعلم والتدريب ، بما تملكه هـذه التقنيـة من أساليب وطرق متعددة ومتنوعة وجذابة لإيصال المعلومة ،وقد ذكرت مجموعة من الدراسات العلمية أن استخدام الحاسوب مع مجموعة كبيرة من المشاركين مع وجود المدرب ساهم في إنمـاء هـؤلاء المشـاركين نحوه ، وأن ذلك يسهم في تنمية المهارات لدى المتـدرب وتحقيق الأهـداف التعليميـة والتدريبيـة بسرـعة ومهارة عالية.

وقد ظهرت إحدى التقنيات المعتمدة على الحاسب الآلي قريباً اطلعت عليهـا ووجـدتها تحقـق أهـدافاً في العملية التدريبية لم يكن يمكن الحصول عليها بهذه السرعة مع فقد مثل هذه التقنيات و هي   ما يسـمى بـ (السبورة الذكية) وهي: عبارة عن سبورة بيضـاء نشـطة مـع شاشـة تعمـل باللمس. وببسـاطة يقوم المدرب بلمس السبورة ليتحكم في جميع تطبيقـات الحاسوب، مثـال لـذلك الـربط مـع صـفحة أخـرى في الإنترنت، كما يمكنه تدوين الملاحظات، رسم الأشكال، توضيح الأفكار وإظهار المعلومات المفتاحية بواسـطة الأحبار الإلكترونية إلى جانب حفظ وطباعة البريد الإلكتروني.

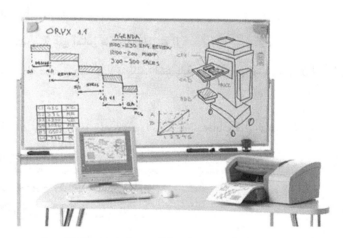

صورة لاحدى السبورات الالكترونية

ثانياً : تقنية الألعاب التدريبية

يقصد بالألعاب التدريبية أية لعبة مسلية أو طريفة أو مثيرة لها علاقـة بموضـوع مـا أو فكـرة

محددة ، يستخدمها المدرب لغرس مفهوم أو مهارة معينة في المتدرب

ويمكن من خلال هذه الألعاب التدريبية مساعدة المدرب على التالي :

1. تأصيل المفاهيم التي يريد المدرب إيصالها للمتدرب .

2. إثارة نشاط المتدرب ، وتساهم مباشرة في طرد الملل الذي قد يعتري العملية التدريبية .

3. تعتبر الألعاب التدريبية طريقة علمية صحيحة في التعلم تستند على مجموعة من الأبحاث والدراسات

المعتمدة دولياً .

وتتنوع هذه الألعاب فمنها الفردي ومنها الجماعي ومنها مـا يعتمـد عـلى القـدرات العقليـة أو القـدرات

العضلية والحركية ، وقد يحتاج بعضها إلى مواد وأدوات مساندة وبعضها لا يحتاج إلى شيء من ذلك .

إن الألعاب التدريبية المتاحة للاستخدام في السوق العربي قليلة بالنسبة للألعاب المتوفرة في السوق الـدولي

لكن يمكن تصنيع كثير من الألعاب محلياً ، كما يمكن الاسـتفادة مـن الفكـرة وتحويلها إلى لعبـة تدريبيـة

مبتكرة .

صورة لاحدى الدورات باستخدام الحاسوب

ثالثاً : تقنية الأفلام التدريبية

والمقصود بالأفلام التدريبية : مجموع عروض تدريبية وتربوية مسجلة تعـرض مـن خـلال أجهـزة خاصـة ويستخدم لعرض الأفلام التعليمية :

1. التلفاز .

2. شاشة العرض .

3. الحاسب الآلي .

4. جهاز الفيديو بأنواعه (شريط - DVD - CD)

5. جهاز برجكتور .

6. كاميرا فيديو .

وينبغي للمدرب مشاهدة الفلم كاملاً قبل عرضه على المشاركين لمعرفة مدى مناسبته للمتدرب وخلوه من المخالفات.

رابعاً : تقنية التدريب عن بعد

وهذا النوع يستخدم نوعاً مـن التقنيـة ، بـل قـد يسـتخدم مجموعـة مـن التقنيـات والتـي توصـل المـادة التدريبية في مكان آخر غير المكان الذي يقدم فيه المدرب مادتـه التدريبيـة ، ويـتم نقـل ذلـك عـن طريـق الأقمار الصناعية أو عن طريق الانترنت .

صورة للتدريب عن بعد

وهو عبارة عن عـدد مـن الـدورات التدريبيـة التـي تنطلـق مـن مركز البـث المبـاشر إلى جميع القاعـات التدريبية بجميع المناطق التعليمية المختلفة وكذلك المنازل في جميع أنحاء المملكة والخليج والوطن العربي. ووفق اللائحة التنظيمية للبرنامج فإن أهداف البرنامج هي :

1. الاستفادة من تقنية البث الفضائي في النقل الحي للبرامج التدريبية لتغطية أكبر عـدد مـن المشـاركين في الدورات التدريبية على مستوى المملكة .

2. تنمية شخصية المتدرب وصقل مهاراته وإثراء خبراته ليكون قادراً على النجاح في الحياة الحديثة .

3. تدريب المتدرب على التعامل الصحيح والايجابي مع الآخرين ومع المجتمع بمؤسساته المختلفة .

4. تنمية روح حب العمل لدى المتدرب وتعليمـه الاعتمـاد عـلى الـنفس وتوجيهـه إلى الأسـس السـليمة للاستثمار في المشروعات الصغيرة .

5. تطوير ملكة الإبداع والاختراع وتفعيل إنتاجيته وإرشاده إلى الطريقة الأفضل لتحقيق طموحاته .

6-6   أنواع الوسائل والمساعدات التدريبية

هنالك أنواع متعددة من الوسائل والمساعدات التدريبية يتم استخدامها من قبـل المؤسسـات ومراكـز التدريب وهي على النحو التالي :

1. المطبوعة ومنها: الكتب، الأدبيات، الصور الفوتوغرافية، والملصقات وغيرها.

2. السبورات ومنها: الطباشيرية، البيضاء، الورقية، الوبرية، اللاصقة وغيرها.

3. المعروضة ومنها: الشرائح والأشرطة الفيلميـة، شرائط الفيديو، الشـفافيات وأجهـزة الكمبيـوتر وجهاز عرض المعلومات وغيرها.

وفيما يلي استعراض لهذه الأنواع الثلاثة:

أولاً: الوسائل والمساعدات المطبوعة:

وحيث أن الكتب والأدبيات والصور الفوتوغرافية معروفة لدى المتدرب، لذا سـوف يـتم التركيـز على الملصقات.

الملصق:

هو عبارة عن تصميم إيضاحي (وسيلة إيضاحية) لتوصيل فكرة محددة أو مفهوم معين باستخدام وسائط عديدة منها:

- الصورة.

- الكتابة.

- الرسوم.

وهناك نوعان من الملصقات:

أ) الملصق الداخلي: يستعمل عادةً داخل المباني أو القاعات أو داخل الفصول الدراسية وهو يحتوي على عدد كبير من المعلومات المكتوبة وقليل من الصور مثل (جدول وملصقات تحصين الأطفال، مكافحة الملاريا، دورة حياة البلهارسيا... إلخ).

ب) الملصق الخارجي: وهو على النقيض من الملصق الداخلي حيث يعتمد بشكل رئيسي على الصورة ويستعمل خارج المباني وعلى الطرقات، ويشترط فيه الوضوح والبساطة واستعمال الأحرف الكبيرة. مثال ذلك الملصقات الإعلانية.

وهناك عدد من العوامل التي توضع في الاعتبار عند تصميم الملصق:

1. الألوان، تأثير الألوان، فصائل الألوان، توظيف اللون حسب الموضوع.

2. توزيع وتناسق المساحات.

3. استعمال الصور والرسوم.

4. الفئة أو الجماعة المستهدفة بالرسالة. وهذه من النقاط الهامة التي تراعى عند تصميم الملصق، حيث يوضع في الاعتبار الجماعة أو الفئة التي توجه لها الرسالة المعينة المنقولة عبر الملصق.

خطوات التنفيذ:

يتم تنفيذ الملصق على أربع خطوات هي:

1. النقاش العام.

2. الرسوم المبدئية.

3. التنفيذ شبه النهائي.

4. التنفيذ النهائي.

الاستفادة من الموارد والرسومات الجاهزة:

● استخدامها كما هي.

● عمل معالجة لها (إضافة- حذف- تلوين).

● استخدامها بحجم أكبر (استخدام طريقة المربعات).

الأخطاء الشائعة في عمل الملصقات:

1. كثرة التفاصيل تؤدي إلى عدم وضوح الرسالة.

2. مراعاة الأحجام النسبية للأشياء.

3. زاوية الصورة أو الرسمية غير المألوفة.

4. مظهر وملامح وتقاطيع الأشخاص في الصورة.

5. تعدد الألوان ودرجاتها.

6. تعارض بعض المعطيات في الصورة.

7. عدم مطابقة محتويات الصورة مع البيئة المحلية.

8. تعارض محتويات الصورة مع ثقافة و عادات و تقاليد البلد

9. تضمن الصورة أي شكل من أشكال التحيز لمبدأ أو مجموعة معينة.

ثانياً: السبورات والوسائل والمساعدات المعروضة

أنواع السبورات:

(1) السبورات:

وهي من الوسائل التقليدية للتعلم وتتوفر في معظم أماكن التدريب، والسبورات مفيدة فقط لأنها كبيرة ولكنها قد تتسم بالفوضى وعدم النظافة. أما السبورة البيضاء فإنها قد تكون أنظف لكن الأقلام الخاصة بها تشتهر بأنها قد تجف عندما نكون محتاجين إليها.

ما يراعى عند استخدام السبورات:

1. خطّط لرسم أو كتابة أي شيء أثناء الجلسة.

2. اكتب وارسم بالحجم الذي يمكّن أي شخص من الحاضرين من الرؤية بوضوح.

3. لا تملأ السبورة بالرسومات والكتابة (أترك أكبر مساحة فارغة ما أمكن).

4. قف على أحد جانبي السبورة والتفت لتتحدث مع المتدربين.

مميزات السبورات:

1. كليهما سهلة الاستعمال.

2. عرض حي وبناء تدريجي للموضوعات.

3. يمكّن من المتابعة وتسجيل النقاط.

4. سهولة تصحيح الأخطاء

5. أرخص الوسائل والمساعدات بصرية متاحة.

محددات السبورات:

● السبورة الطباشيرية تسبب الاتساخ.

● لا يمكن استعادة ما كتب عليها والاستفادة منه مرة أخرى.

● لا خيار للمدرب إلا أن يعطي ظهره للمتدربين.

● محدودية الاستخدام خاصة في الغرف الكبيرة والقاعات.

(2) السبورة الورقية:

بينما تعيد السبورة الطباشيرية الذاكرة لأيام الدراسة، فإن السبورة الورقية تؤمّن صورة مميزة، وهـي تُمكّن العدد المحدود من المتابعة لشكلها غير الرسمي الذي يشجع علـى المـداخلات مـن المشـاركين والحـوار مـع المدرب.

استخدام السبورة الورقية:

1. تأكد من أن الكل يتمكن من الرؤية.
2. اكتب عنواناً واضحاً لكل ورقة.
3. سجّل باختصار 5 – 7 جمل على الورقة.
4. كن متقناً وخَطُّك مقروءاً.
5. إذا كنت ستعيد استخدامها رقم الأوراق.

صورة لقاعة تدريبية توضح السبورة البيضاء والورقية

مميزات السبورة الورقية:

تخدم نفس أغراض السبورة الطباشيرية بالإضافة إلى:

1. توفر الوقت إذا تم إعداد المحتوى مسبقاً.
2. سهلة الحمل والتنقل.

3. مفيدة في تلخيص النقاط.
4. جذابة في الأنشطة الجماعية.
5. يمكن الاحتفاظ بها وإعادة عرضها.
6. مفيدة في توثيق أنشطة التدريب فيما بعد.

محددات السبورة الورقية:

- تكلفتها أكبر مقارنة بالسبورة الطباشيرية.
- المساحة محدودة في كل ورقة.
- لا تعيش طويلاً.

علما بانه اصبح يستخدم ايضاً بعض السبورات ذات تقنية متقدمة كما في الصورة التالية حيث توجد طابعة مرافقة لها وبعد ان يتم توثيق اي فكرة على هذه السبورة يجري طباعتها مباشرة وتسليمها لمتدربين .

صورة سبورة مرفقة بها طابعة

7-6 الوسائل والمساعدات المعروضة

1. الشفافيات:

إرشادات هامة لاستخدام الشفافيات:

1. تأكد من أن القاعة مظلمة بشكل يمكن رؤية ما يعرض بوضوح.
2. اختبر تشغيل الجهاز قبل بدء العرض.
3. تأكد من أن كل فرد يرى ما يعرض بسهولة.
4. استخدم قلماً عندما تريد أن تشير على الشفافية (لا تستخدم إصبعك).
5. استخدم عصا إشارة إن كنت تشير إلى الشاشة.
6. ضع الشفافة الأولى على الجهاز قبل إضاءته.
7. لا تدع الجهاز مضاءً إلا في حالة مناقشة النقاط المعروضة على الشفافية.
8. ضع ورقة على المعلومات التي لا تريد أن يراها المشاركون.
9. قف لحظة عندما تبدل الشفافيات.
10. تحدث إلى المشاركين وليس إلى الشاشة.

إعداد الشفافيات:

1. تقتصر كل شفافية على فكرة واحدة [يفضل (7) أسطر على الورقة وأيضاً من (4-6) كلمات للسطر الواحد].
2. بساطة المحتوى.
3. كن ذو خيال خصب.
4. لا تستخدم الخطوط المعقدة.
5. لا تستخدم أكثر من نوعين من الخطوط في الشفافية الواحدة.
6. لا تستخدم أكثر من ثلاثة ألوان في الشفافية الواحدة.
7. استخدم كلمات فعالة في عبارات قصيرة (الأول في العالم).
8. تجنب الكتابة رأسياً.
9. استخدم العلامات في حالة النقاط غير المتسلسلة.
10. استخدم حروف بأحجام متناسقة ومناسبة.

2. الشرائح المصورة:

واحدة من الأساليب التي ازداد استخدامها في الوقت الراهن في كثير من المجالات وللعديد من الأغراض واستخدام الشرائح المصورة يكون أكثر فاعلية في توصيل الرسالة عندما تستخدم صور من الواقع مثل (مظاهر الفقر- الأعراض المرضية- آثار الإصابة على المحصول).

استخدام الشرائح المصورة:

1. تأكد من أن الشرائح المصورة تمّ وضعها بشكل سليم داخل جهاز عرض الشرائح، خاصة فيما يتعلق بالترتيب والوضع المعتدل، ومن الأفضل ترقيم الشرائح حسب ترتيب عرضها.
2. اختبر الجهاز مسبقاً وبالتحديد في وضوح الصورة وحجمها. إذا كان الجهاز يعمل بنظام التحكم عن بعد اختبر جهاز التحكم وعرف كيفية نظام تشغيله.
3. قم بعمل تشغيل تجريبي للعرض قبل بداية التدريب لأنّ ذلك يحقق النقطتين السابقتين بالإضافة إلى أنه يساعد في بناء الثقة للمدرب.
4. للحصول على نتائج جيدة يجب أن يتم عرض الشرائح المصورة في غرفة مظلمة ولكن ذلك يؤدي إلى تبعات أخرى غير مرغوبة مثل فقدان اتصال النظر بين المدرب والمتدربين.
5. للحيلولة دون حدوث تشويش يتم استخدام الشرائح المصورة دفعة واحدة.
6. من الصعوبة تحديد بعض الأجزاء على شاشة العرض كما هو الحال مع الشفافيات.
7. تشغيل الجهاز في الظلام قد يكون صعباً أحياناً.
8. أبدأ بعرض الشرائح المصورة.
9. أدع المشاركين إلى التركيز على ملاحظة بعض الأشياء حتى يتم إثراء المناقشة التي تلي العرض.
10. إذا استدعت الضرورة يمكن الإعداد للعودة إلى بعض الشرائح السابقة أثناء النقاش الذي يلي العرض.

11. لا بد من التفكير جيداً في طول فترة عرض الشرائح المصورة قبل العرض، والقاعـدة هـي اختصـار العروض لأقل عدد ممكن من الشرائح المصورة التي تعطي المعلومـات الضـرورية التـي يحتـاج المشاركون إلى معرفتها.

صورة توضح جهاز عرض الشرائح المصورة

مميزات الشرائح المصورة:

● تشجيع المشاركين للمناقشة.

● تعطي إحساساً بالاحتراف.

● الشرائح المصورة سهلة الحمل والتجديد والنسخ.

محددات الشرائح المصورة:

1. تتطلب غرفة مظلمة.

2. لا تستطيع تسجيل الملاحظات أثناء المشاهدة.

3. لا يمكن إعادة ترتيب الشرائح أثناء العض.

4. أكثر رسمية وأقل مداخلات ومشاركة.

5. يمكن تلف أو عدم إمكانية تشغيل الجهاز.

6. غير مناسب للمجموعات الصغيرة.

3. أشرطة الفيديو:

في السنوات الأخيرة زادت عملية استخدام الفيديو كوسيلة لتوفير الوسائل والمساعدات بصيرة في التدريب، والفيديو سهل الإيقاف وإعادة التشغيل، كما أنه الأسهل والأنسب في الاستخدام المتواصل.

أهمية استخدام أشرطة الفيديو:

1. يدخل عنصر التنوع في التدريب ويوفر فترة راحة من المحاضرات الطويلة المتعبة.

2. يوفر مواد تدريب قياسية للمدربين والمتدربين في عدة أماكن مما يجعلها أحد الوسائل الهامـة في التعلم عن بعد.

3. تعرض المعلومات بسرعة ووضوح وتشويق.

4. تساعد بشكل خاص في التدريب الفني.

5. توضح المشكلات وأوضاع العمل بتحويلها إلى دراما.

6. تمكن المتدربين من الوصول بالرؤية إلى أماكن بعيدة وصعبة بل وخطرة أحياناً مما يساعد عـلى خفض التكلفة.

أفلام الفيديو لأغراض التدريب:

هناك الكثير من المؤسسات التي توفر أفلام فيديو لأغراض التـدريب، بالإضـافة إلى ذلك فإنـه يمكـن لأي مؤسسة إنتاج أفلامها التدريبية ذاتياً.

خطوات العرض:

1. أعط المتدرب خلفية عن الشريط قبل بداية العرض مع التوجيه إلى التركيز على النقاط الهامة.

2. يجب أن يتم تهيئة المشاركين بمحتوى مادة العرض مما يسـاعدهم عـلى التركيز لتحقيـق ذلك الغرض.

3. تجنب التشويش (التلفونات والأماكن المزعجة)، والحجرات المغلقة تساعد على المشاهدة لكن يجب التوفيق بين ذلك وتوفير إضاءة كافية لتسجيل المشاهدات.

4. أحياناً قد يكون من الضروري إيقاف العرض مؤقتاً لتوضيح نقطة معينة أو دعم رسالةٍ ما.

5. من الصعوبة تحديد الطول المناسب لفترة عرض شريط الفيـديو لكن مـن الأفضل ألا يتخطى الوقت المخصص للعرض 25 دقيقة، ومن الضروري أيضاً أن يعـرف المتـدرب طـول فـترة العـرض مقدماً.

الاحتمالات الممكنة بعد العرض هي:

- مناقشة موجهة.
- لعب أدوار مبني على ما ورد بالشريط.
- مناقشة عامة.

مميزات عروض الفيديو:

1. تقدم الكثير من المعلومات.
2. وسيلة فعّالة لدعم عملية التعلم.
3. إدخال عنصر التنوع والمتعة.
4. تقدم رؤى من خارج البيئة.

5. تشكل نوعاً من المواد التدريبية القياسية للمدربين والمتدربين في مواقع مختلفة.

6. تساعد في التدريب على أشياء فنية.

محددات عروض الفيديو:

1. ليست مناسبة دائماً.

2. قد يكون إعدادها أو استئجارها مكلفاً.

3. المعدات قد لا تكون متوفرة دائماً.

4. قد تستخدم فقط كوسيلة لملء الفراغ.

5. تحتاج إلى وقت لتجهيزات ما قبل العرض وضمان استمرار التيار الكهربائي.

التغذية الراجحة بالفيديو:

يمكن استخدام الفيديو في تسجيل بعض المواقف ثم إعادة عرضها ليتم تحليلها ومناقشتها وهي

مفيدة في الآتي:

● تحسين ثقة المتدرب بنفسه من خلال خلق فرصة للتعلم بالتجربة والخطأ أو التعلم بالممارسة

خلال التدريب.

● تجعل التقييم أكثر قبولاً بتنشيط دور المتدرب كناقد لذاته في عملية التقييم.

● تخزين المعلومات لاستعراضها مستقبلاً.

4. الأشرطة الصوتية:

استخدام الأشرطة الصوتية (الكاسيت) في التدريب ليست من الأمور الشائعة. ولكنها تستخدم

بشكل واسع في التعلم الفردي (خاصة في حالة التعلم عن بعد).

خطوات استخدام الأشرطة الصوتية:

1. المحتوى يجب أن يكون مناسباً ومشوقاً.

2. مستوى الجودة الفنية يجب أن تكون عالية حيث أن التسجيل غير الجيد لا يشجع على

الاستماع.

3. تكون الأشرطة هي الأنسب عندما تستخدم في تسجيل الأنواع التالية من المواد التدريبية:

- المواد الفنية.

- المقابلات.

- المناقشات حول موضوع ما.

4. يجب تجنب العبارات الطويلة.

5. ليس هناك طولاً محدداً للشريط الصوتي من الأفضل ألا يتجاوز طـول الشريـط 12 دقيقـة ومـن
الأفضل إخطار المتدربين بطول الشريط.

صورة توضح استخدام اجهزة الاشرطة الصوتية

مميزات الأشرطة الصوتية:

- التعلم في وضع مريح.

- الأجهزة المطلوبة بسيطة وسهل الحصول عليها.

- أكثر فاعلية كوسيلة تعلم ذاتي إضافة إلى التغذية الراجعة.

6-8 أجهزة العرض

استخدام أجهزة العرض في التدريب عملية متكاملة ذات ثلاثة عناصر رئيسية لا يمكن نجاحها في غياب أحد هذه العناصر الثلاثة وهي:

1. الآلة أو الجهاز.
2. المعينة التدريبية (مكتوبة، مرسومة، مسجلة على شريط فيديو أو فيلم سينمائي).
3. الطريقة (يُقصد بها الأسلوب العلمي والفني في استخدام الآلة/ الجهاز والمادة التدريبية من قبل المدرب).

الأسس الفنية العامة في استخدام أجهزة العرض:

1. مراعاة نوعية التيار الكهربائي وفرق الجهد الذي يعمل عليه الجهاز (تيار ثابت/ تيار متردد- 220/120 فولت).
2. نوعية فيشة توصيل الجهاز
3. أجهزة العرض جميعها دقيقة وحساسة وتحتاج إلى عناية فائقة ولطف ومهارة معينة، ولا مجال لاستخدام القوة والخشونة في التعامل معها.
4. تحتاج هذه الأجهزة إلى وضعها على سطح مستوي وثابت حتى لا يعرضها للسقوط والتهشم.
5. مراعاة أن يتم تجريب الجهاز قبل بداية الدورة التدريبية وقبل استخدامه أثناء الدورة التدريبية.
6. مراعاة أن لا يكون التيار الكهربائي سارياً في الجهاز عند عدم الحاجة إليه (توصيل الجهاز بالتيار الكهربائي قبل استخدامه بقليل وفصل التيار الكهربائي مباشرة بعد الانتهاء من ذلك).
7. مراعاة نظافة العدسات والمرايا والأجزاء ذات الصلة بالإضاءة قبل تشغيل الجهاز.
8. الحرص على إعادة الجهاز إلى الحاوية الخاصة به مع التأكد من إرجاع كل التوصيلات والملحقات الأخرى وحفظ الحاوية في مكان أمين لحين استخدامها مرة أخرى.

أهم أجهزة العرض وأكثرها استخداماً:

1- جهاز إسقاط الصورة الرأسية Over Head Projector :

يعتبر من أكثر الأجهزة شيوعاً وطواعية للاستخدام في التدريب لما فيه من قدرات في عملية عرض المواد المكتوبة والمرسومة والمصورة، الملونة منها وغير الملونة. وتوجد عدة أنواع من هذا الجهاز؛ منه الثابت والمتحرك والذي يعمل على شفافيات والذي يعمل على أوراق عادية. ويمتاز بأنه يساعد المدرب على تحديد هيكل وترتيب العرض وتنظيم الوقت، كما أن عرض الوسائل والمساعدات على الجهاز يجعل العرض جذاباً، ويضفي الحيوية والتفاعل من قبل الملتقي.

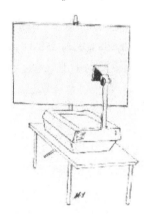

2- جهاز عرض الشرائح Slide Projector :

هو عبارة عن جهاز يستخدم لعرض الشرائح المصورة والموضوعة داخل إطار خاص لهذا الغرض. الجهاز يستخدم شرائح مصورة على أفلام خاصة يتم تظهيرها بطريقة تختلف عن طرق تجهيز الأفلام العادية. توجد عدة أشكال من هذا الجهاز وذلك حسب سعة الجهاز من الشرائح (بسيط/ متوسط/ كبير) أو مرافقة الصوت للصورة (ناطق/ غير ناطق). تمتاز الشرائح المصورة بأنها تضيف درجة عالية من المصداقية للمادة التدريبية، علاوةً على أنها تنقل الأشياء كما هي في الطبيعة إلى داخل القاعة.

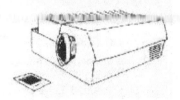

3- وحدة المشاهدة التلفزيونية (الفيديو+ التلفزيون) T.V. Video Unit :

وتتكون وحدة المشاهدة التلفزيونية من جهاز فيديو وجهاز تلفزيون متصـل بـه وذلك لعـرض شرائط الفيديو على شاشة جهاز التلفزيون. وتتميز هذه الوحدة بعرض الصورة المتحركة والتي لها أثر أكـبر على المشاهد.

عروض وحدة المشاهدة التلفزيونية تتسـم بالحيويـة والواقعيـة، كـما أنهـا تمثـل أحيانـاً نوعـاً مـن الترفيـه للمتدربين. كما يمكن الفيديو من تصوير المشاهد وعرضها مباشرة على المتلقين مما يـترك لـديهم أثـراً كـبيراً وقوياً.

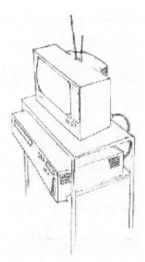

4- جهاز عرض الأشرطة السينمائية Film Projector :

هو جهاز لعرض الأشرطة السينمائية (الفيلمية) والتي تجمع بين الصورة والصوت وما يرافقهما من مؤثرات متعددة. وتتميز الأشرطة السينمائية بالجاذبية والتشويق وإمكانية نقل الواقع إلى داخل قاعة التدريب.

لهذه العوامل مجتمعة فإن الأشرطة السينمائية توفر قدراً أكبر من التركيز والمتابعة وتثبيت عملية الإدراك.

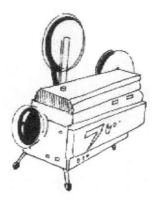

5- جهاز عرض الوسائط المتعددة Multimedia Projector :

هو أحد أحدث الابتكارات التكنولوجية في أجهزة العرض حيث يمكن من عرض المواد الموجودة على أشرطة فيـديو أو الأقـراص المدمجـة أو عـلى جهـاز الكمبيـوتر بصـورة مكبرة (عـلى شاشـة عـرض أو عـلى شاشـة تلفزيونية) على الرغم من التعقيدات التقنية لهذا الجهاز إلا أنه يعتبر بمثابة كل الأجهزة السـابقة في جهـاز واحـد.

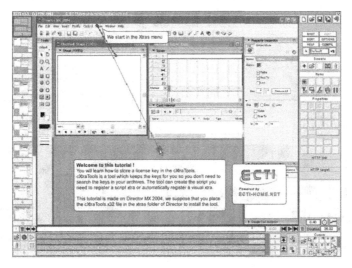

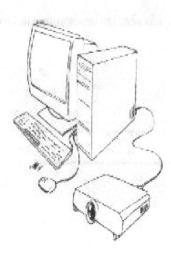

6- شاشات العرض:

تعتبر شاشات العض مكملة لكل أجهزة العرض السابقة عدا وحدة المشاهدة التلفزيونية، حيث أنها تمثل السطح الذي يتم العرض عليه. وتوجد الشاشات في أشكال متعددة ثابتة/ نقالة أو معلقة على الجدار كما أنها تتفاوت في المساحات وتختلف في اللون وفي كثير من الأحيان يستعاض عنها بإجراء العرض على الجدران إذا كانت مسطحة وذات لون غير غامق (أبيض مثلاً).

صورة لاحدى القاعات التدريب باستخدام شاشات العرض

أسئلة الفصل السادس

س1 : ما هو مفهوم الوسائل والمساعدات التدريبية .

س2 : ما هي العوامل التي توضع في الاعتبار عند اختيار الوسائل والمساعدات التدريبية .

س3 : ما هي انواع التقنيات الحديثة المستخدمة في التدريب .

س4 : ما هي الوسائل والمساعدات التدريبية المطبوعة .

س5 : ما هي الوسائل والمساعدات التدريبية المعروضة .

ضع دائرة حول الاجابة الصحيحة فيما يلي :

س1 : إن مفهوم الوسائل والمساعدات التدريبية هو:

أ-   مجموعة من الوسائل والمعدات التي تستخدم لتسهيل عملية التدريب.

ب- وذلك بتدعيمها للكلمات المنطوقة.

ج- بالإضافة إلى ذلك فهي تزيد الاهتمام والتنوع علاوة على أنها تظهر كيف تبدو الأشياء في الواقع.

د-   جميع ما ذكر صحيح .

س2 : إن الألعاب التدريبية تساعد المدرب على التالي :

أ-   تأصيل المفاهيم التي يريد المدرب إيصالها للمتدرب .

ب- إثارة نشاط المتدرب ، وتساهم مباشرة في طرد الملل الذي قد يعتري العملية التدريبية .

ج- تعتبر الألعاب التدريبية طريقة علمية صحيحة في التعلم .

د-   جميع ما ذكر صحيح .

س3 : من معايير اختيار واستخدام الأساليب التدريبية .

أ- أن لا تعبر عن الرسالة المراد نقلها وصلة محتواها بالموضوع .

ب- ان لا ترتبط بالهدف أو بالأهداف المحددة المطلوب تحقيقها من خلال استخدام تلك الوسيلة.

ج- أن تلائم قدرات وخبرات المتدربين .

د- جميع ما ذكر صحيح .

س4 : من أسس استخدام الوسائل التدريبية في مرحلة التحضير قبل الاستخدام.

أ- تجريب الوسيلة المعينة .

ب- اختيار المكان المناسب لاستخدام وعرض الوسيلة .

ج- توفير الوسائل التدريبية في مكان التدريب قبل البدء بالتدريب .

د- جميع ما ذكر صحيح .

س5 : تصنيف الوسائل التدريبية على أساس الحواس التي تخاطبها.

أ- الوسائل البصرية .

ب- الوسائل السمعية .

ج- الوسائل السمعية والبصرية.

د- جميع ما ذكر صحيح .

س6 : تصنيف الوسائل التدريبية على أساس الخبرات التى تهيئها:

أ- الرموز اللفظية غير المسموعة.

ب- الرموز المرئية .

ج- التسجيلات غير الصوتية (الراديو, والصورالثابتة).

د- جميع ما ذكر صحيح .

س7 : من انواع الوسائل التدريبية حسب أساليب العرض:

أ- المحاضرة .

ب- التطبيق غير العلمي .

ج- غير الإيضاحي.

د- جميع ما ذكر صحيح .

س8 : ان أهمية استخدام أشرطة الفيديوهي .

أ- يدخل عنصر التنوع في التدريب ويوفر فترة راحة من المحاضرات الطويلة المتعبة.

ب- يوفر مواد تدريب قياسية للمدربين والمتدربين في عدة أماكن.

ج- تعرض المعلومات بسرعة ووضوح وتشويق.

د- جميع ما ذكر صحيح .

س9 : من **مميزات السبورات:**

أ- عرض حي وبناء تدريجي للموضوعات.

ب- يمكّن من المتابعة وتسجيل النقاط.

ج- سهولة تصحيح الأخطاء .

د- جميع ما ذكر صحيح .

س10 : من مميزات الأشرطة الصوتية.

أ- التعلم في وضع مريح.

ب- الأجهزة المطلوبة بسيطة وسهل الحصول عليها.

ج- أكثر فاعلية كوسيلة تعلم ذاتي إضافة إلى التغذية الراجعة.

د- جميع ما ذكر صحيح .

الاجابة الصحيحة

1. **د**
2. **د**
3. **ج**
4. **د**
5. **د**
6. **ب**
7. **أ**
8. **د**
9. **د**
10. **د**

مراجع الفصل السادس

1. السكارنه ، بلال . 2008. دورات تدريبية متعددة .الاردن

2. فصل صباح الفضلي. 2004 .مراحـل العلميـة التدريبيـة آمـدخل لتقيـيم فعاليـة بـرامج التـدريب وتنميةالإدارية، معهد الإدارة العامة.

3. علي السلمى، إدارة الأفراد والكفاءة الإنتاجية، القاهرة :مكتبة غريب، بدون نشر.

4. محمد عبد الغني هلال 2003 .التدريب الأسس والمبادئ .مركز تطوير الأداء والتنمية. القاهرة. مصر

5. مصطفى نجيب شاويش .إدارة الموارد البشرية) إدارة الأفراد .(دار الشروق2000

6. مهدي حسن زويلف.1998 .إدارة الأفراد في منظور آمي والعلاقات الإنسانية .دار مجدلاوي .الطبعـة الثانية . عمان .الاردن.

7. http://projectadventureinc.blogspot.com/search/label/workshops

8. http://www.trainerswarehouse.com/departments.asp?dept=73

9. http://unpan1.un.org/intradoc/groups/public/documents/arado/unpan024140.pdf

الفصل السابع

تقويم البرامج التدريبية

الفصل السابع
تقويم البرامج التدريبية

الأهداف التعليمية للفصل :

يهدف هذا الفصل الى تزويد القارىء بالمعلومات التي تمكنه من :

1. مفهوم تقويم التدريب .
2. مداخل تقويم التدريب.
3. أبعاد تقويم التدريب .
4. مراحل عملية تقويم التدريب .
5. مجالات تقويم البرنامج التدريبي .
6. طرق تقويم التدريب .
7. معايير تقويم فعالية التدريب .
8. العوامل المؤثرة في اختيار معايير تقويم التدريب .
9. اقتراحات لتطوير عملية تقويم التدريب .
10. نماذج تقويم برنامج تدريبي .

المقدمـــة

ان عملية تقويم البرامج التدريبية يقصد بذلك التحقق من فاعلية بـرامج التـدريب في تحقيقهـا للأهداف المحددة. وعادة يتم التقويم بنـاءا عـلى معـايير محـددة مثـل كميـة الإنتـاج وجودتـه وتخفـيض التكاليف وزيادة الأرباح وتقليل الحوادث ورفع الروح المعنوية للعاملين.

يعتبر معيار الإنتاجية من المعايير الشائعة في تقـويم بـرامج التـدريب في الحيـاة العمليـة. ويـتم التحقق من فاعلية البرنامج طبقا لهذا المعيار بقياسه قبل التدريب وبعده.

ونظرا لوجود عوامل أخرى يمكن أن تؤثر في الإنتاجية فـان الأمـر يتطلـب تثبيـت تلـك العوامـل وتحريك متغير التدريب فقط وتحديد علاقته بالإنتاجية.

ولكن المشـكلة التـي تظهـر عنـد تقـويم الـبرامج التدريبيـة تتمثـل في صـعوبة تحديـد أهـداف التدريب بطريقة واضحة ومحددة نظـرا لان الأهـداف التدريبيـة ليسـت بالضرـورة تخضـع كلهـا للقيـاس الكمي كما أن الهدف من عملية التقويم قد لا يكون هناك اتفاق عليه, هل هو الهدف تقويم المتـدرب أم الأسلوب أم البرنامج أو موضوعات البرنامج أو القائمين بعملية التدريب بالإضافة إلى أن التحقق مـن صـحة أداء المتدرب مؤشر لفاعلية البرنامج لكنه لا يظهر العائد بشكل واضح ومحدد.

1-7 مفهوم تقويم التدريب

التقويم: عبارة عن عملية منظمة لجمع المعلومات في ضـوء معـايير علميـة محـددة بهـدف إصـدار حكـم موضوعي على قيمة الأشياء مثل البرامج، أو ممارسات الأشخاص أو ما يمتلكه الأفراد مـن معـارف ومهـارات واتجاهات من أجل التحسين والتطوير، والتقويم بشكل عام يجيب عن الأسئلة الأربعة الآتية:

1- هل سعد المتدربون بالبرنامج؟

2- هل تعلم المتدربون من البرنامج؟

3- هل عدل المتدربون سلوكهم طبقاً لما تعلموه؟

4- هل أثر تعديلهم للسلوك إيجابيا على نتائج تعلمهم؟

وتعرف بأنها عملية مستمرة يقصد بها التأكد من أن خطـة التـدريب يـتم تنفيـذها بدقـة بـدون انحـراف لتحقيق الهدف النهائي مع التدخل في التنفيذ لإزالة أي معوقات قد تعترض سير الخطة في طريقها المرسـوم لتحقيق الهدف النهائي وقد يكون التدخل أحياناً للتعديل والتطوير في الإجراءات التنفيذية.

وكذلك هو معرفة مدى تحقيق البرنامج التدريبي لأهدافه المحددة وإبراز نواحي القدرة لتدعيمها ونواحي الضعف للتغلب عليها أو العمل على تلافيها في البرامج المقبلة حتى يمكن تطوير التدريب وزيـادة فاعليتـه بصورة مستمرة.

أما أهداف تقويم التدريب:

1. التأكد من نجاح البرامج التدريبية في تحقيق أهدافها سواء من حيث التخطيط أو التنفيذ.

2. معرفة مدى تحقيق البرنامج لأهدافه بالنسبة للمتدربين ويتطلب ذلك التحقق مـن سـلامة تحديـد الشروط الخاصة بالمتدربين وملاءمتها للهدف من التدريب.

3. التأكد باستمرار من أن المتدربين ما زالوا متحمسين لتطبيق ما تدرّبوا عليه.

4. التأكد من كفاءة المدربين من حيث تخصصهم وخبرتهم وقدراتهم على التدريب، واهتمامهم بتنمية معلوماتهم وقدراتهم الذاتية.

5. متابعة التطور العلمي والعملي في المجال الذي يعملون به.

6. التعرف على مدى نجاح المدربين في تحمل مسئوليتهم الملقاة على عاتقهم في قيامهم لعملية التدريب

7. بيان مدى استفادة المتدربين من التدريب.

8. معرفة نقاط الضعف التـي حـدثت خـلال مرحلـة تنفيـذ البرنامـج التـدريبي مـن حيـث إعـداده أو تخطيطه أو تنفيذه ومعرفة أسبابها للعمل على تحاشيها في المستقبل .

2-7 مداخل تقويم التدريب

هذه الاستراتيجية التي تفتقد إليها العديد من المؤسسات العربية ليس فقط بشأن تقويم التدريب ولكن بشأن تحديد المسار الاستراتيجي لوظيفة تنمية الموارد البشرية ككل. فكيف نطلب تقيماً للجزء في غياب المعايير أو المداخل الاستراتيجية الكلية. تلك المداخل التي يمكن أن نوجزها في أربعة مداخل رئيسية هي:

المدخل الأول: مدخل كيرك باتريك (1959)

أكثر المداخل شيوعاً وانتشاراً في مجال تصنيف مجالات التقويم قدم به دونالد كيرك باتريك إطاراً فكرياً يمكن الاعتماد عليه كأساس لتحديد طبيعة المعلومات اللازم جمعها تمهيداً لعملية التقويم، وحدد لنا من خلاله أربعة مستويات رئيسية للتقويم، أورد لكل منها سؤال يحتاج إلى تقويم، وجاء ذلك على النحو التالي:

المستوى	الأسئلة
1. رد الفعل Reaction 2. التعليم Learning 3. السلوك Behavior 4. النتائج Results	- هل سعد المشاركون بالبرنامج؟ - هل تعلم المشاركون من البرنامج؟ - هل عدل المشاركون سلوكهم طبقاً لما تعلموه. - هل أثر تعديلهم للسلوك إيجابياً على نتائج عملهم؟

المدخل الثاني: مدخل باركر (1973)

قسم تريدواي باركر معلومات التقويم إلى أربعة أنواع رئيسية:

1. أداء الوظيفة Jop Performance
2. أداء المجموعة Group Performance
3. رضاء المشارك (المتدرب) Pariticipant Satisfaction
4. المعلومات التي حصل عليها المشارك Participant Information

وبالرغم من أوجه الشبه بين هذا المدخل ومدخل كيرك إلا أن باركر أضاف بُعد أداء الجماعة.

المدخل الثالث: مدخل دراسة الشركة الأمريكية للتليفونات (1979) *AT & T*

وهي دراسة نشرت سنة 1979في مؤتمر الجمعية الأمريكية للتـدريب والتنميـة ASTD وقـدمتها شركة AT&T وحددت فيه أربعة مستويات أخرى بجميع المعلومات اللازمة للتقويم:

Reaction Outcomes	مخرجات تتعلق بردود الأفعال -
Capability Outcomes	مخرجات تتعلق بالقدرة -
Application Outcomes	مخرجات تتعلق بالتطبيق -
Worth Outcomes	مخرجات تتعلق بالقيمة -

ويقترب هذا المدخل كثيراً من مدخل كيرك باتريك.

المدخل الرابع: مدخل كيرو (1970) *CIRO*

وهي الحروف الأولى من الكلمات الأربع التـي تمثل مسـتويات التقـويم التـي قـدمها بيـتر داو، مايكل بيرد، نيل ركهام، وهذه المستويات هي:

Context Evaluation	تقويم السياق -
Input Evaluation	تقويم المدخل -
Reaction Evaluation	تقويم رد الفعل -
Outcome Evaluation	تقويم المخرج -

هذه هي المداخل الرئيسية الأربعة التي يتضمنها الفكر الإداري كأساليب مرشدة لجمع البيانات اللازمة لعملية التقويم، وجميعها لا يخرج عن التعامل مع العملية التدريبية باعتبارها نظام متكامل لـه مدخلات ومخرجات. لذا قد يكون منطقياً أن تبدأ المرحلة الأولى أو المكون الأول لهـذا النظام مـن مرحلـة تحديد الاحتياجات التدريبية حيث تصاغ عناصر نظـام التقـويم في ضوء طبيعـة الاحتيـاج الـذي يسـعى النشاط التدريبي للوفاء به.

إن جهود التقويم يجب ألا تقتصر على ما بعد الانتهاء من النشاط التدريبي، بل يجب أن يصاحبه وهو في مرحلة الإعداد والتخطيط ثم مرحلة التنفيذ، وفي ضوء هذا النموذج المتكامل يتكون نظام التقويم في نظم فرعية عديدة نوردها فيما يلي:

1- تحديد الاحتياجات التدريبية الرئيسية.

2- تحديد أغراض عملية التقويم.

3- تجميع قواعد البيانات الرئيسية أو إنشائها.

4- تحديد أسلوب وطريقة التقويم وتصميمها.

5- تحديد استراتيجية التقويم.

6- الصياغة النهائية لأهداف الأنشطة والبرامج.

7- تحديد تكلفة/ عائد البرنامج.

8- إعداد المشروع الخاص ببدء التنفيذ.

9- تحديد أدوات التقويم.

10- تحديد وتطوير محتويات البرنامج.

11- اختيار وتحديد أسلوب وطريقة التدريب.

12- اختيار البرنامج وإدخال المراجعات اللازمة.

13- تنفيذ البرنامج.

14- تجميع البيانات اللازمة.

15- تحليل وتفسير البيانات.

16- إدخال التعديلات اللازمة على البرنامج.

17- حساب العائد على الاستثمار.

18- تبادل نتائج التقويم والإبلاغ عنها.

3-7 أبعاد تقويم التدريب

إن مجال تصميم عملية أو مراحل ونظام التقويم من المجالات الرحبة الواسعة التي تجتهد فيه الشركات الرائدة بما يمكنها في النهاية من تقديم النموذج الخاص بها تأكيداً للمتعارف عليه في مجال الإدارة التي بدأت معظم نظرياتها داخل المصانع والشركات الرائدة مثال شركة إسو، دي بونت، هوندا، زيروكس، فورد، شل وغيرها. وينسحب ذلك أيضاً على عملية تقويم التدريب حيث قدمت شركة أموكو في هيوستن AMOCO Production (APC) نموذجاً للتقويم يستغرق العمل به قرابة العشرة شهور تنتهي بتوفير معلومات للإدارة على أثر المداخلات التدريبية على نتائج العمل. تمتد خلال إدارة التدريب والتنمية التنظيمية حيث يتم تجميع المعلومات الخاصة بالتدريب ليس فقط لمعرفة مردوده وإنما معرفة ماهية الخطوة التالية اللازمة لتدعيم نتائج العملية التدريبية سواء على مستوى المتدرب لتدعيم ما تلقاه أو أكتسبه من مهارات أو لتدعيم التزام الإدارة بقضية التدريب والتنمية. كما تستخدم عملية التقويم في تدعيم عملية التقويم نفسها وزيادة درجة مصداقيتها. إن النموذج الذي تطبقه (أموكو) يجمع بين ثلاثة أبعاد رئيسية هي:

- معايير التقويم Criteria
- نوع القياس Measurement Type
- مصدر القياس Measurement Source

أولاً: المعايير

أ) ردود الأفعال ***Reaction***

ويقصد بها درجة إيجابية المتدربين وإدراكهم للبرامج والأنشطة التدريبية وعما إذا كان البرنامج مفيداً لهم أم لا.

ب) التعلم ***Learning***

ويقصد بها درجة استفادة المتدرب من البرنامج التدريبي من خلال زيادة المعارف، المهارات، الخبرات، تعديل الاتجاهات أو المبادئ الخاصة بالعمل بغض النظر عن مدى إمكانية الاستفادة من هذه النواحي في الحياة العملية أو بالتطبيق في الواقع العملي.

ج)   السلوك *Behavior*

ويقصد به أداء المتدرب بالوظيفة وبالمجال الذي تدرب عليه، بمعنى آخر هـل استخدام المتدرب المعارف/ المهارات/ الخبرات/ الاتجاهات/ والتـي يتلقاهـا في التطبيـق العمـلي. وهـل تـم نقـل أثـر التدريب إلى حيز التنفيذ.

د)   النتائج *Results*

ويقصد بها أثر هذا التدريب على المؤسسة:

هل تحققت أهداف المؤسسة من وراء هذا التدريب؟

وهل ترك التدريب الآثار المتوقعة على أنشطة المؤسسة كما كان مخططاً.

ويراعي في هذه المعايير أن نجاح كل منها يمثل بداية لنجاح المعيار الذي يعقبه بإحساس المتدرب (بالإيجابية) سيزيد من رغبتـه في (التعلم) كـما أن تعـديل (سـلوكه) سيسرـع بتحقيـق (النتـائج) المستهدفة.

ثانياً: نوع القياس

إن النظر إلى هذه المعايير الأربعة يـتم مـن خـلال نـوعين مـن القيـاس هـما: القيـاس الشخصي- *Subjective* والقياس الموضوعي *Objective*.

ويقصد بالقياس الشخصي: القياس الذي يعتمد على الحكم والتقويم المعتمد على الآراء والأحكام الذاتية في حين يقصد بالقياس الموضوعي: ذلك النـوع مـن القيـاس المعتمـد عـلى أدوات علميـة مرجعيـة يستخدم فيها أدوات التحليل والإحصاء والقياس.

ثالثاً: مصادر القياس

الجانب الآخر لنموذج أموكو هي مصدر القياس ويشمل:

القياس الذاتي: يعتمد على المتدرب نفسه لقياس مردود التدريب الذي شارك فيه.

القياس العام: يعتمد على مصدر أو طرف ثالث للتقويم كالاعتماد على بيوت الخبرة الاستشارية.

وأياً كان المنهج أو النموذج الذي تستخدمه *Amoco* أو غيرهـا مـن المؤسسـات فـإن التوصـل إلى منهج متكامل لعملية تقويم التدريب يجب أن يأخذ في الاعتبار العناصر الآتية:

1- تحديد العميل/ المستفيد المستهدف من عملية التقويم.

2- تحديد العملية التي يتم بها التدريب.

3- تحديد متطلبات العميل وتوقعاته.

4- تحديد إمكانية قياس توقعات العميل.

5- تطوير مقاييس أداء أو مؤشرات تفي بمتطلبات العميل.

6- اختيار المقاييس المناسبة وتصميم نظام للقياس والذي يجب أن يشمل على تحديد العناصر التالية:

أ-	من سيقوم؟	Who?
ب-	ماذا سيقوم؟	What?
جـ-	متى سيتم التقويم؟	When?
د-	أين ستتم عملية التقويم؟	Where?
هـ-	كيف سيتم التقويم؟	How?

إن إتباع التصميم يحتاج إلى ضرورة مراعاة الجوانب التالية:

1. تمام التشابه بين المجموعتين في الظروف والمستوى الوظيفي.

2. تماثل الخبرة والقدرة والموقع بين المجموعتين.

3. عشوائية اختيار المجموعة الضابطة.

4. عدم إعلام المجموعة العشوائية أنهم تحت الاختبار.

5. أن يتم التقويم في ظروف موضوعية إيجابية.

هذه هي الأساليب الأربعة المتعارف عليها، ويمكن استخدام بدائل أخرى للقياس أو الدمج بين أكثر من أسلوب، والعبرة في النهاية بمراعاة مدى توفر العناصر الآتية:

1. درجة الدقة في أداة القياس.

2. مدى الاستفادة من المعلومات التي ينتهي إليها القياس.

3. عدم استخدام نتائج القياس لإحباط المتدربين.

4. التوازن بين تكلفة القياس/ العائد من ورائه. وكذلك الوقت المستغرق فيه.

5. مدى نقل نتائج التقويم ونقلها للمستويات الأعلى تمهيداً للاستفادة منها.

4-7 مراحل عملية تقويم التدريب

هناك تصنيفات عدة لعملية التقويم للبرامج التدريبية، وهنا سـنتحدث عـن تطبيـق التقويم

حسب وقت إجرائه على النحو الآتي:

1-   تقويم تمهيدي.

2-   تقويم بنائي.

3-   تقويم نهائي.

4-   تقويم متابعة.

أولاً: التقويم التمهيدي.

في هذه المرحلة يتم تحديد الاحتياجات التدريبية للمتدربين، والتعرف على مسـتويات المتـدربين

وخلفياتهم وخبراتهم، كما يمكن من خلاله تحديد الإمكانات المادية البشرية والمادية المتاحة للبرنامج

التدريبي. والتقويم قبل التدريب يساعد على تحديد أهداف البرنامج، واختيار الوسائل والأسـاليب الكفيلـة

لتحقيقها في ضوء الإمكانات البشرية والمادية المتاحة.

ثانياً: التقويم البنائي:

ويستخدم هذا التقويم أثناء تخطيط البرنامج ويجري عند الانتهاء من كل جزء وهذا النوع مـن

التقويم يساعد في:

1-   إظهار الإيجابيات والسلبيات لكل جزء من أجزاء البرنامج وفي كافة مراحله .

2-   توفير معلومات وتغذية راجعة عن تقدم المتدرب في كل نشاط من النشاطات التدريبية.

3-   تلافي السلبيات أثناء عملية التطبيق.

ثالثاً: التقويم النهائي:

يجري عادة بعد انتهاء البرنامج التدريبي، ويتطلب هنا إصـدار حكـم إمـا باستمرار البرنامج أو

تعديله أو إيقافه. وإصدار الحكم يتوقف على مقدار الأهداف المحققة من جراء تنفيذ البرنامج.

رابعاً: المتابعة:

وهذا الجزء من التقويم من أهم المراحل، ويهدف إلى تحديد أثر البرنامج على أداء المتدربين في الميدان التدريبي (داخل غرفة الصف، البيئة المدرسية، ميدان الإشراف التدريبي) لفترة طويلة بهدف تحسين أدائهم.

5-7 مجالات تقويم البرنامج التدريبي

هناك مجالات أربعة لتقويم البرنامج التدريبي وهي:

1- تقويم البرنامج التدريبي لأبعاده كافة.

2- تقويم درجة تقدم المتدربين.

3- تقويم أداء المدربين.

4- تقويم أثر التدريب.

أولاً: تقويم البرنامج التدريبي:

ويفضل التقويم في هذا المجال في مراحل ثلاثة: قبل التنفيذ، وأثناء التنفيذ وبعد عملية التنفيذ.

أ- قبل التنفيذ:

الغرض من تقويم المتدربين قبل تنفيذ البرنامج هو التأكد من أن البرنامج سيقدم إلى المتدربين المحتاجين إليه، وأنهم فعلاً تتوافر فيهم الشروط والعناصر المطلوبة في تصميم البرنامج. وهنا يتم تقويمه من خلال:

- دراسة أهدافه.
- درجة تحقيقه لحاجات المتدربين.
- دراسة محتوى التدريب ومواده التدريبية وتحليلها وفق الأهداف الموضوعة.

ب- أثناء التنفيذ:

وهنا يمكن استخدام التقويم التكويني بهدف التأكد من أن البرنامج يسير بحسب الخطوات المرسومة وذلك لتلافي السلبيات وتعزيز الإيجابيات، وتطوير النشاطات التدريبية وتعزيز أساليب التدريب التي تحقق حاجات المتدربين.ويتم في هذه المرحلة :

1. ملاحظة المتدربين وسلوكهم، بمعرفة مدى الجهد المبذول منهم تتبع المواد التدريبية، ومدى اشتراكهم في المناقشات وإبداء الآراء.
2. ملاحظة تقدم المتدربين والمعلومات والخبرات التي اكتسبوها، والتحسن في مستواهم والتغيير الذي طرأ على سلوكهم.

جـ- بعد التنفيذ:

هنا يتم التأكد من تحقيق أهداف البرنامج من خلال استخدام أدوات القياس الملائمة ويتم ما يلي:

1. معرفة مدى التطبيق العملي لما تلقوه من تدريب سابق.
2. معرفة المعارف والمهارات والاتجاهات التي اكتسبوها من خلال التدريب.
3. معرفة الاحتياجات المستقبلية.

ثانياً: تقويم درجة تقدم المتدربين:

وهنا تصمم أدوات القياس المختلفة أو الاختبارات بكافة أنواعها، أو من خلال ملاحظة المتدربين أثناء عملية التدريب، والتقويم في هذه المرحلة يتم باتجاهين: الأول: أثناء تنفيذ عملية التدريب لقياس درجة تفاعل المتدرب بعملية التدريب والنشاطات المختلفة، والثاني: يهدف إلى تحديد الآثار التدريبية الموجودة في أدائهم.

ثالثاً: تقويم أداء المدربين:

المدرب هو الأداة الرئيسة في عملية تنفيذ البرامج التدريبية وهنا ينصح بعملية اختيار المدربين بعناية ضمن ضوابط وشروط وبخاصة إتقان الكفايات التعليمية والتدريبية وهذا يتم عادة قبل تنفيذ البرنامج، أما خلال عملية التنفيذ وبعده فيمكن تقويم المدرب من خلال أدوات القياس (أنظر الملاحق) والتي تهدف إلى متابعة المدرب من حيث كفاياته

التعليمية والتدريبية ودرجة ممارسته لمهارات التدريب وقياس السمات والقدرات الشخصية والعلمية والمهنية.

رابعاً: تقويم أثر التدريب:

لا يكفي أن يتم التدريب في ورشات العمل ولكن يجب أن يتم تتبع التدريب داخل الميدان التدريبي كما مر سابقاً وهنا يمكن استخدام أدوات القياس كالاستبيانات أو الملاحظة العملية (زيارات الرؤساء والمشرفين) أو من خلال نتائج تحصيل المتدربين قبل التدريب وبعده أو من خلال إجراء المقابلات وسجلات لتدريب أساليب تقويم أثر التدريب: هنا يمكن استخدام أساليب التقويم المختلفة لتقويم عناصر البرنامج التدريبي كافة وأهم هذه الأساليب هي: الملاحظة، الاختبارات، المقابلة، الاستفتاء، التقويم الذاتي، الزيارات الميدانية، السجلات والتقارير وأدوات القياس .

6-7 طرق تقويم التدريب

ولتقويم الهدف الأول والثاني(البرنامج التدريبي + المتدربين) هناك عدة طرق لقياس مدى نجاح هذه الأهداف وهي:

1. الامتحانات.
2. نسبة الحضور كمقياس لنجاح البرنامج التدريبي.
3. استبيان الآراء بواسطة رؤساء عمل المتدرب.
4. تقارير تقويم الأداء.
5. التجربة.

وان هذه الطرق يتم توضيحها كما يلي :

1 .الاستبانة:

توزع على المتدربين بعد الانتهاء من عملية التدريب وتتضمن عدة أسئلة أما استفساراتيجيب عنها هؤلاء المتدربون والذين من خلالها يعبرون عن آرائهم بالبرنامج التدريبيسواء منحيث تخطيطه وتصميمه أو تنفيذه وأيضاً عن رأيهم بالمدربين. ومن خلال

هذه الاستبانة يمكن التعرف على نقاط الضعف التي واجهت البرنامج التدريبي لتحقيق هدفه.

2 . الملاحظة المباشرة:

ويكون هنا تقييم البرنامج التدريبي والمدربون من خلال ردود الفعل التي يبدونها المتدربون تجاه البرنامج التدريبي والمدربون ويكون هذا من خلال الأحاديث التي تدور بين المتدربين أنفسهم أو من خلال الشكاوي التي يوجها المتدربون للمشرفين على البرنامج التدريبي.

3. أسلوب الحفل الختامي:

الهدف الأساسي لهذا الأسلوب هو تقويم البرنامج وكذلك توزيع الشهادات على المتدربين الذين خضعوا للبرنامج التدريبي، ويتم هذا التقويم بسؤال المتدربين عن آرائهم بالبرنامج التدريبي إلا أن هذا الأسلوب غير موضوعي أي أن المتدربون يجاملون المشرفين على التدريب ولا يدلون بآرائهم الصريحة حيال البرنامج التدريبي.

أما تحقيق الهدف الثالث والخاص بالمتدربين هناك عدة معايير يتم بواسطتها الحكم على مدى استفادة المتدربون من البرنامج التدريبي وأهم هذه المعايير.

1. دراسة التطورات والتحسينات التي طرأت على العمل الذي يشغله هؤلاء.
2. مدى التغير في الآراء ويتم هذا من خلال مقارنة النتائج الحالية بقياس النتائج السابقة.
3. الاختبارات والتي من خلالها يمكن معرفة مدى استفادة المتدربين من البرنامج التدريبي.
4. **الترقية** :أي عدد المتدربين الذين نالوا برقيات نتيجة آفائتهم في أداء عملهم وذلك بعد التدريب.
5. **المجموعة الضابطة** :وهو اختيار مجموعة من العاملين لم تتعرض للتدريب إضافة إلى المجموعة الأولى التي تعرضت للبرنامج التدريبي وتدربت ويتم هنا إخضاع هاتان المجموعات لاختبار واحد والفرق بين نتائج المجموعتين يكون ناتجاً عن التدريب.

أي أن تقويم ومتابعة البرنامج التدريبي هي بالمجمل :

1) قياس كفاءة المدربين والمتدربين والبرنامج .

2) متابعة النشاط التدريبي على مستوى السلوك والنتائج .

وهناك نماذج فكرية متعددة يشملها التقويم منها نموذج كيركباترك ذو المستويات الأربعة لتقويم عملية التدريبية وهي:

1. ردود الفعل: هل يرضى المشاركون عن البرنامج التدريبي؟

2. التعلم: ماذا تعلم المشاركون من البرنامج التدريبي؟

3. السلوك: هل غير المشاركون سلوكهم نتيجة لما تعلموه؟

4. النتائج: هل يؤثر التغيير في السلوك على المنظمة تأثيرا إيجابياً؟

7-7 معايير تقويم فعالية التدريب

السؤال الذي يتردد عادة ويحير القائمين على امور التدريب هو ما هي المعايير التي سيتم على اساسها تقويم فعالية نجاح التدريب ؟

وللإجابة على هذا السؤال يرى خبراء التدريب ان على القائمين على عملية تقويم البرامج التدريبية ان يضعوا سياسة سليمة لتقويم التدريب ومقاييس او معايير مرتبطة بأهداف التدريب لانها مقياس مفيد لتقويم اثر البرامج التدريبية، وعليه فانه يجب ان يكون هناك تصوير وتطوير معايير اداء محددة يتم بموجبها قياس مدى تحقيق كل هدف رئيسي ومساهمة الاهداف الفرعية في تحقيق الهدف العام، وينبغي ايضاً ان ترتبط قواعد التقويم بالمهارات التي يراد نقلها والقدرات المعينة التي يراد تحسينها.

وقد قسم المعايير التي يتم على اساسها تقويم فعالية التدريب ونجاحه الى نوعين:-

1- معايير غير سلوكية تستند الى معرفة المتدرب بموضوع التدريب.

2- معايير سلوكية تتعلق بأداء المتدرب لعمله بعد التدريب.

أما المعايير غير السلوكية فهي انواع النشاط التي يبديها المتدرب اثناء التدريب كالانتظام في الحضور والاسهام في المناقشات والوفاء بالواجبات المطلوبة من تقارير وبحوث وتطبيقات، وقد يرى مصمم البرنامج التدريبي اجراء اختبار في نهايته للتعرف على مدى فهم المتدرب للموضوع الذي درب عليه ودرجة استيعابه للمادة التدريبية، اما بالنسبة للمعايير السلوكية فتتعلق بالاداء الفعلي للمتدرب بعد التدريب ومدى التغير الذي طرأ عليه، بمعنى التغير في السلوك الاداري للمتدرب بعد التدريب مما كان عليه قبل التدريب وتعتبر هذه المعايير أهم من المعايير غير السلوكية التي سبق ذكرها - لان الاصل في التدريب انه يهدف الى تغيير سلوك المتدرب وتحويله الى انماط سلوكية جديدة، لذلك فان معايير الاهم في تقويم كفاءة المتدرب هو مدى تحقق التغير في السلوك.

ويمكن الاستدلال على التغير في السلوك الاداري من خلال عدة اساليب منها:-

أ- ملاحظة المتدرب في عمله بعد التدريب ومقارنته بما كان عليه قبل التدريب.

ب- التعرف على آراء المتدرب في سلوكه الاداري بعد التدريب.

ت- التعرف على آراء مرؤوسي المتدرب في سلوكه الادارية بعد التدريب.

1-7-7 العوامل المؤثرة في اختيار معايير التقويم

1. يجب ان يكون هناك ارتباط وثيق بين معايير التقويم وبين اهداف التدريب والتي يجب ان ترتبط بدورها بأهداف المنظمة.
2. يجب ان تبتعد معايير التقويم عن التحيز سواء كان في اختيار المعايير او في تفسير نتائج برنامج من البرامج او محاباة المسؤولين في تقدير انتاجهم وادائهم.
3. يجب ان تنعكس المعايير اتفاقاً في القياس اذا استخدمت في نقاط مختلفة في الوقت نفسه وان تكون جميع العناصر الاخرى متساوية.
4. يجب ان تكون المعايير عملية حيث ان هناك بعض الاساليب الفنية للتقويم او اختبارات الاداء تكلف كثيراً او تحتاج الى وقت طويل، فاذا مر وقت طويل على انتهاء البرامج فان هنالك عناصر وعوامل أخرى غير البرنامج التدريبي يمكن ان تؤثر على القياس.

5- يجب ان تكون المعايير مقبولة من كل عناصر الادارية العليا في المنظمة ومن المتدربين انفسهم.

6- يجب ان تكون المعايير موضوعية اي اكثر وضوحاً وأقل عرضة للتحيز عند تفسيرها مع امكانية اخضاعها للقياس الكمي.

2-7-7 اقتراحات لتطوير عملية تقويم التدريب

1- التقليل من استخدام الاختبارات كأسلوب من أساليب تقويم المتدربين والتركيز على التطبيقات والاساليب الحديثة التي تساعد على اكتساب المهارة مثل التمارين التطبيقية تمثيل الادوار والحالات الدراسية.

2- ايجاد قنوات اتصال مباشرة ومستمرة بين المسؤولين في المؤسسات المستفيدة من التدريب (الرؤساء المباشرين، مديري التدريب) وبين مديري البرامج التدريبية حيث تتم مناقشة الامور الآتية:-

أ- مناقشة فعالية ومحتويات البرامج التدريبية بطريقة موضوعية.

ب- مناقشة آلية اختيار وترشيح الموظفين للتدريب من قبل رؤسائهم.

ت- مناقشة كيفية مساعدة المتدربين على تطبيق ما اكتسبوه من التدريب.

ث- مناقشة تنفيذ برامج جديدة.

3- اجراء الدراسات الميدانية بهدف معرفة اثر التدريب في بيئة العمل وعدم الاقتصار على المعلومات التي ترد في استبيان آراء المتدربين والرؤساء وحتى تحقق الدراسات الميدانية أهدافها يفضل توفر عدة عوامل أهمها:

أ- وضوح أهداف التدريب وصياغتها بطريقة سلوكية تساعد على قياسها وتقييمها.

ب- استخدام اساليب تدريبية تطبيقية.

ت- تشجيع الرؤساء للمتدربين لتطبيق ما اكتسبوه.

ث- توفر الآلات والمواد اللازمة لأداء العمل.

8-7 نماذج تقويم برنامج تدريبي

اولاً : نموذج تقويم متدرب لبرنامج تدريبي (نظام مغلق)

معلومات عامة

الاسم : (اختياري)		التخصص	
المؤهل		العمل الحالي	

عزيزي المتدرب : تهدف هذه الاستمارة إلى أخذ تغذية راجعة منك حول البرنامج التدريبي والخاص بتنمية مهارات الاتصال , نأمل منك تسجيل رأيك بصراحة ووضوح , وثق أن رأيك سيكون موضع احترامنا وتقديرنا كما انه سوف يساعدنا بتقديم الأفضل مع شكرنا وتقديرنا لك باقتطاع جزء من وقتك الثمين للاستفادة من هذا البرنامج .

أولاً: استمارة تقويم البيئة التدريبية

م	العبارة	مناسبة	مناسبة لحد ما	غير مناسبة
1	مكان وقاعة التدريب			
2	خدمات قاعة التدريب			
3	أدوات التدريب (التجهيزات التدريبية)			
4	التعامل الإداري في البيئة التدريبية			
5	الخدمات التدريبية المرافقة			
6	المرافق العامة			

ثانياً : استمارة تقويم البرنامج التدريبي

م	العبارة	مناسبة	مناسبة لحد ما	غير مناسبة
1	أهداف البرنامج			
2	موضوعات البرنامج			
3	وقت تنفيذ البرنامج			
4	مدة البرنامج			
5	الإجراءات التنفيذية للبرنامج			
6	الأنشطة والأساليب التدريبية			
7	أساليب تنفيذ الأنشطة التدريبية			
8	عرض البرنامج التدريبي			
9	الأدوات والوسائل التدريبية			
10	الأساليب التقويمية في البرنامج			
11	عنوان البرنامج			
12	ملائمة البرنامج لمستويات المتدربين			
13	مراعاة الفروق الفردية بين المتدربين			
14	المادة العلمية للبرنامج			
15	سلامة اللغة وصحتها في البرنامج			
16	اهتمام البرنامج بالتفكير			
17	تنمية الاتجاهات في البرنامج لدى المتدربين			
18	الإخراج للبرنامج			
19	المواد التعليمية للبرنامج			
20	ملاحق البرنامج			

ثالثاً : استمارة تقويم المدرب

العبارة	المدرب :سليمان عاهد			المدرب : على سلمان			المدرب : هلال محمد		
	درجة التحقق			درجة التحقق			درجة التحقق		
	جيد	متوسط	ضعيف	جيد	متوسط	ضعيف	جيد	متوسط	ضعيف
المظهر العام									
شخصية المدرب									
التعامل مع المتدربين									
استخدام الوسائل التدريبية									
تمكنه من المادة العلمية									
المحافظة على تنفيذ الأنشطة التدريبية									
إدارة الحلقة التدريبية									
المحافظة على وقت تنفيذ النشاط									
التنوع في الأساليب التدريبية									
عرض النشاط التدريبي									
عرض المادة العلمية									
الحوار والمناقشة للنشاط التدريبي									
التشويق للبرنامج التدريبي									
تشجيع العمل التعاوني									
التجوال أثناء النشاط التدريبي									
استخدام اللغة									
توفير بيئة تدريبية مناسبة									
اهتمامه بالتفكير									
مراعاة الفروق الفردية بين المتدربين									
المحافظة على وقت البرنامج									
تنميته للاتجاهات									

رابعاً :استمارة التقويم الذاتي للمتدرب

م	مجال الخبرة	درجة اكتساب الخبرة (مدى الاستفادة)				
		عالية جداً	عالية	متوسطة	قليلة	منعدمة
1	مفهوم الاتصال					
2	عناصر الاتصال					
3	مراحل عملية الاتصال					
4	مفهوم مصادر التعلم					
5	تصنيف مصادر التعلم					
6	مصادر التعلم البشرية					
7	مصادر التعلم المكانية					
8	الأنشطة كمصدر من مصادر التعلم					
9	المواد التعليمية					
10	الفرق بين مصادر التعلم بالتصميم ومصادر التعلم بالاستخدام					
11	معايير اختيار مصادر التعلم					
12	انتقاء مصادر التعلم المناسبة للدرس					
13	أهمية مصادر التعلم					
14	تعريف الشفافيات					
15	مميزات الشفافيات					
16	طريقة إعداد الشفافيات					
17	اسم الجهاز الذي يعرض الشفافيات					
18	طريقة تشغيل الجهاز الذي يعرض الشفافيات					
19	تعريف الشرائح الشفافة					
20	مميزات الشرائح الشفافة					
21	طريقة إعداد الشرائح الشفافة					
22	اسم الجهاز الذي يعرض الشرائح الشفافة					
23	طريقة تشغيل الجهاز الذي يعرض الشرائح الشفافة					
24	تعريف الأشرطة الصوتية					
25	مميزات الأشرطة الصوتية					
26	طريقة إعداد الأشرطة الصوتية					
27	تعريف أشرطة الفيديو					
28	مميزات أشرطة الفيديو					
29	طريقة إعداد أشرطة الفيديو					

30	اسم الجهاز الذي يعرض أشرطة الفيديو					
31	طريقة تشغيل الجهاز الذي يعرض أشرطة الفيديو					
32	تعريف الأقراص المدمجة					
33	مميزات الأقراص المدمجة					
34	طريقة إعداد الأقراص المدمجة					
35	اسم الجهاز الذي يعرض الأقراص المدمجة					
36	طريقة تشغيل الجهاز الذي يعرض الأقراص المدمجة					
37	تعريف جهاز عرض البيانات					
38	مميزات جهاز عرض البيانات					
39	طريقة تشغيل جهاز عرض البيانات					
40	مفهوم الكاميرا الوثائقية					
41	مميزات الكاميرا الوثائقية					
42	طريقة تشغيل الكاميرا لوثائقية					
43	مفهوم الإنترنت					
44	خدمات الإنترنت					
45	تجهيز الاتصال بالإنترنت					
46	مفهوم الصفحات النسيجية					
47	مميزات الصفحات النسيجية					
48	كيفية الوصول إلى الموقع بكتابة العنوان					
49	مفهوم البريد الإلكتروني					
50	مميزات البريد الإلكتروني					
51	استخدام البريد الإلكتروني في إرسال الرسائل البريدية واستقبالها .					
52	مفهوم المنتديات					
53	مميزات المنتديات					
54	توظيف الإنترنت في العملية التعليمية					

ثانياً : نموذج تقويم برنامج تدريبي (نظام مفتوح ومغلق)

استمارة تقويم دورة تدريبية

صممت هذه الاستمارة بهدف توفير معلومات لوحدة التدريب والتطوير للدورات المنعقدة.

أولاً:معلــومـــات عامــــة

الاســـم :	
المسمى الوظيفي :	القسم/ الإدارة:
اسم البرنامج التدريبي :	الجهة المنظمة:
أسم المدرب:	
مكان الانعقاد:	مدة الدورة:	تاريخ الانعقاد:

ثانياً: تقويم المدرب

البيان	ممتاز	جيد جدا	جيد	متوسط	ضعيف
1. إلمام المدرب بمواضيع البرنامج					
2. قدرة المدرب على توصيل المعلومات					
3. طريقـة تنظيم العـرض (مـن حيـث الوضوح والكفاية)					
4. قدرته على شرح محتوى الدورة					
5. مدى تعاونه مع المتدربين					
6. تنـوع الأنشـطة والتمارين والوسائل المستخدمة					

7. قدرة المدرب على تحفيز المشاركين على التفاعل.					
8. قدرة المدرب على إدارة المداخلات والمناقشات					

ثالثاً : تقويم البرنامج التدريبي

البيان	ممتاز	جيد جدا	جيد	متوسط	ضعيف
1. محتوى البرنامج التدريبي					
2. المادة التدريبية التي وزعت في البرنامج.					
3. تنظيم وسهولة محتوى المادة العلمية					
4. تحقيق أهداف البرنامج					
5. مستوى تنظيم البرنامج التدريبي					
6. التجهيزات والوسائل المستخدمة					
7. مدة البرنامج					
8. مكان البرنامج					
9. التوقيت					

رابعاً : معلومات عامة

هل تعتقد أنك الشخص المناسب لحضور البرنامج	نعم		لا	
هل تعتقد أن البرنامج ساعدك على تطوير مهاراتك	نعم		لا	
هل أعطيت إشعارا كافيا عن طبيعة و نوع البرنامج قبل حضوره	نعم		لا	

ما هو تقييمك العام عن الدورة	ممتاز	جيد جدا	جيد	متوسط	ضعيف

أهم المعارف التي تم الحصول عليها :

1. ....

2. ....

3. ....

4. ....

أهم المهارات التي تم اكتسابها خلال المشاركة في البرنامج التدريبي:

1. ....

2. ....

3. ....

أهم المقترحات المناسبة لتطوير مجالات العمل :

1. ....

2. ....

3. ....

الاقتراحات والملاحظات:

1. ....

2. ....

3. ....

توقيع الموظف		التاريخ	

ملاحظات:

- تملأ هذه الاستمارة من قبل المشارك.
- ترسل مع التقرير و نسخة من شهادة البرنامج لقسم الشؤون الإدارية (وحدة التدريب و التطوير الإداري).
- ترسل بعد أسبوع من استلام الاستمارة.

ثالثاً : نموذج تقويم متدرب مشارك في أحد أنشطة المعهد

اسم المشارك :

اسم النشاط :

فترة الانعقاد :

مكان الانعقاد :

الرقم	موضوعات التقويم	ممتاز	جيد جداً	جيد	مقبول
1	التعامل مع الأنظمة والتعليمات التي وضعها المعهد				
2	المواظبة على حضور الجلسات والمحاضرات والاجتماعات				
3	تقبل الرأي الآخر وتقبل النقد والتوجيهات من الآخرين				
4	الرغبة في العلم والاستفادة وتطوير الذات والمهارات				
5	الإيجابية والحماس والاهتمام للموضوع قيد البحث				
6	الإطلاع على التجارب المحلية والدولية للموضوع قيد البحث				
7	امتلاك المعرفة النظرية الكافية في المجالات قيد البحث				
8	القدرة على فهم واستيعاب لغة الحوار والبحث المستخدمة				
9	القدرة على إبداء الرأي والعبر وتبادل الأفكار				
10	الاتسام بروح المبادرة في طرح الأفكار والآراء				
11	الاستيعاب والاعتماد عليه في نقل خبراته المعرفية للآخرين				
12	القدرة على الاتصال مع المدرب/طاقم التدريب والإشراف				
13	القدرة على الاتصال والفاعل الإيجابي مع المشاركين				
14	العناية بالمظهر الشخصي اللائق				

ملاحظات أخرى :

....

....

....

التاريخ : / / 2009 **الخاتم الرسمي** **اسم وتوقيع المسؤول**

رابعاً : نموذج إستمارة متابعة المتدربين

الجزء الأول-:

- اسم البرنامج التدريبي ----------------
- مدة البرنامج -----------------
- تاريخ تنفيذه -----------------
- الجهة المنفذة -----------------
- مكان التنفيذ ----------------
- عدد المشاركين ----------------

عنوان الوظيفة قبل وبعد الالتحاق بالبرنامج التدريبى -:

الإجابة	تغيرات	لم تتغير	العـدد	النسبة

الجزء الثانى-:

المهارات والقدرات المكتسبه من البرنامج مقارنة ما قبل البرنامج -:

الرقم	المهارات التى قدمها البرنامج	قدرتك قبل البرنامج	قدرتك بعد البرنامج
		ضعيفه% متوسطه%	جيدة جيدة جدا ممتازة
1			
2			
3			
4			

اذا كانت هنالك بعض المواد المقدمة فى البرنامج والقدرات لم تكتسبها بصورة جيدة من البرنامج الأسـباب هى -:

الرقم	الاسباب	العدد النسبة
1	المهارات لا علاقة لها بمهام عملى .	
2	مدة البرنامج كانت غير كافية .	
3	المعارف والمهارات المقدمة فى البرنامج كانت كثيرة جداً .	
4	لأن مستوى المهارات كان متقدم جداً.	

بعد عودتك من البرنامج التدريبي إلى عملك هل كان بإستطاعتك تطبيق المهارات التى اكتسبتها بشكل

جيد -:

الإجابة	العدد	النسبة
لا		
نعم		

اذا كانت الإجابة بلا فما هى الأسباب -:

الرقم		العدد	النسبة
1	عدم توفر الأجهزة والمواد اللازمة لتطبيق المهارات الجديدة .		
2	انتقلت الى عمل آخر لا يحتاج للمهارات التى اكتسبتها .		
3	عدم تشجيع رؤسائى لى بتطبيق المهارات الجديدة .		
4	عدم سماح نظام العمل بتطبيق مهارات تؤثر على تغيير جوهرى فى الإجراءات.		
5	لأسباب أخرى .		

لأسـبـاب أخـرى :

....

بعد انتهاءك من البرنامج الذي التحقت به عدت الى ممارسة نفس العمل الذى كنت تقوم به من قبل.

اذا كانت الاجابه بلا فما هى الاسباب -:

....

....

التحسن الذى طرأ على ادائك الوظيفى نتيجة للبرنامج -:

	السلوك الإيجابي	لم يتغير	تحسن قليلاً	تحسن كثيراً
1	الأداء العام			
2	استغلال وقت العمل			
3	الانتظام فى الدوام			
4	زيادة المعلومات			

5 زيادة المهارات

6 تحسن علاقات العمل

7 الدقة فى العمل

8 الرضاء فى العمل

9 الزيادة فى الإنتاج

10 القدرة على الابتكار

11 القدرة لحل المشكلات

12 القدرة على اتخاذ القرار

الاجابة	العدد	النسبة
نعم		
لا		

تقرير عن الإنجازات خلال الستة الاشهر اللاحقة للبرنامج-:

....

....

الجزء الثالث يملأ بواسطة الرئيس المباشر:

تقدم مرؤسيك (المتدرب) بعد انتهاء التدريب بآراء ومقترحات لتحسين العمل -:

الإجابة	العدد	النسبة
نعم		
لا		

اذا كانت الإجابه بنعم نوع الآراء والمقترحات -:

الإجابه	العدد	النسبة
1 آراء نظرية يمكن الاستفادة منها.		
2 آراء غير مفيدة لادارتنا .		
3 آراء عملية يمكن تطبيقها.		

اي اجابة أخرى (يمكن تحديدها)

تأخذون بالآراء والمقترحات المفيدة من المتدرب في مجال العمل

الإجابة	**العدد**	**النسبه**
كلا		
احياناً		
دائماً		

اذا كانت الاجابة كلا او احياناً فما اسباب ذلك :

....

....

يعود مرؤوسين عادة الى ممارسة نفس الوظيفة التى كانوا يقومون بها قبل التدريب:

الاجابة	**العدد**	**السنه**
كلا		
احياناً		
دائماً		

أهم المشكلات في وجهه نظرك تعترض المرؤوسين بعد عودتهم من التدريب -:

....

....

المجالات التدريبية التي يحتاجها مرؤسيك فى الوقت الحالى لاداء وظيفته بصورة جيدة

....

....

....

اية آراء او مقترحات -:

....

....

....

الجزء الرابع : (يملء بواسطة محلل الاستمارات من مركز التدريب

التقرير

....

....

....

التوصيات-:

....

....

....

أسئلة الفصل السابع

س1 : ما هو مفهوم تقويم التدريب .

س2 : ما هي أبعاد تقويم التدريب .

س3 : ما هي مراحل عملية تقويم التدريب .

س4 : ما هي طرق تقويم التدريب .

س5 : ما هي العوامل المؤثرة في اختيار معايير تقويم التدريب .

ضع دائرة حول الاجابة الصحيحة فيما يلي :

س1 : ما هو مفهوم التقويم .

أ-   عملية منظمة لجمع المعلومات في ضوء معايير علمية محددة.

ب-   بهدف إصدار حكم موضوعي على قيمة الأشياء مثل البرامج.

ج-   أو ممارسات الأشخاص أو ما يمتلكه الأفراد من معارف ومهارات واتجاهـات مـن أجـل التحسـين
والتطوير.

د-   جميع ما ذكر صحيح .

س2 : التقويم بشكل عام يجيب عن الأسئلة الآتية.

أ-   هل سعد المتدربون بالبرنامج؟

ب-   هل تعلم المتدربون من البرنامج؟

ج-   هل عدل المتدربون سلوكهم طبقاً لما تعلموه؟

د-   جميع ما ذكر صحيح .

س3 : إن أهداف تقويم التدريب.

أ- التأكد من نجاح البرامج التدريبية في تحقيق أهدافها سواء من حيث التخطيط أو التنفيذ.

ب- معرفة مدى تحقيق البرنامج لأهدافه بالنسبة للمتدربين .

ج-   التأكد باستمرار من أن المتدربين .

د- جميع ما ذكر صحيح .

س4 : تقوم فكرة مدخل باركر على .

أ- أداء الوظيفة

ب- أداء المنظمة

ج- رضاء المدرب .

د- جميع ما ذكر صحيح .

س5 : تقوم ابعاد التقويم على.

أ- ردود الأفعال *Reaction* .

ب- التعلم *Learning* .

ج- السلوك *Behavior* .

د- جميع ما ذكر صحيح .

س6 : مراحل عملية تقويم التدريب هي .

أ- تقويم تمهيدي.

ب- تقويم مكتمل.

ج- تقويم عصري.

د- جميع ما ذكر صحيح .

س7 : إن طرق تقويم التدريب هي .

أ- الامتحانات.

ب- استبيان الآراء بواسطة رؤساء عمل المتدرب.

ج- تقارير تقويم الأداء.

د- جميع ما ذكر صحيح .

س8 : من العوامل المؤثرة في اختيار معايير التقويم .

أ- يجب ان لا يكون هناك ارتباط وثيق بين معايير التقويم وبين اهداف التدريب .

ب- يجب ان لا تبتعد معايير التقويم عن التحيز سواء كان في اختيار المعايير .

ج- يجب ان تنعكس المعايير اتفاقاً في القياس اذا استخدمت في نقاط مختلفة في الوقت نفسه.

د- جميع ما ذكر صحيح .

س9 : من الاقتراحات لتطوير عملية تقويم التدريب .

أ- التقليل من استخدام الاختبارات كأسلوب من أساليب تقويم المتدربين.

ب- ايجاد قنوات اتصال مباشرة ومستمرة بين المسؤولين في المؤسسات المستفيدة من التدريب.

ج- (أ + ب) .

د- جميع ما ذكر صحيح .

س10 : المعايير التي يتم على اساسها تقويم فعالية التدريب وهي .

أ- معايير سلوكية تستند الى معرفة المتدرب بموضوع التدريب.

ب- معايير سلوكية تتعلق بأداء المتدرب لعمله بعد التدريب.

ج- معايير اقتصادية تستند الى معرفة المتدرب بموضوع التدريب.

د- جميع ما ذكر صحيح .

الاجابة الصحيحة

1. د

2. د

3. د

4. أ

5. د

6. أ

7. د

8. ج

9. ج

10. أ

مراجع الفصل السابع

1. السكارنه ، بلال . 2007 . دورات تدريبية متعددة . سلطنة عمان والاردن .

2. باشات ، أحمد ابراهيم .أسس التدريب / أحمد ابراهيم باشات .- القاهرة : دار النهضة العربية ، 1976 .

3. توفيق ، عبد الرحمن .التدريب : الاصول والمبادئ العلمية / عبد الرحمن توفيق .- القاهرة : مركز الخبرات المهنية للادارة (بميك) ، 1994 . (موسوعة التدريب والتنمية البشرية 1) .

4. حسنين ، حسين محمد .طرق التدريب : دليـل مكرس للمـدربين يشـتمل عـلى اول 100 طريقـة تدريبية وطرائق تشكيلية / حسين محمد حسنين .- عمان (الاردن).

5. سعد الله ، مصطفى السيد .المؤتمرات : تخطيط ، وتنفيـذ وتقيـيم / مصطفى السـيد سـعد الله .- القاهرة : دار النشر للجامعات المصرية ، 1995 .

6. العبد ، جعفر .اساليب التدريب / جعفر العبد .- القاهرة : ابروماك ، 1983 . (كتيبات دليل الخبرة 1) .

7. عثمان ، سوسن عبد اللطيف .سجل التـدريب العمـلى / سوسـن عبـد اللطيـف عـثمان ، ونعـمات الدمرداش وعبد الحفيظ البحيرى .- القاهرة : المعهد العالى للخدمة الاجتماعية ، 1991 .

الفصل الثامن

الحقـائب التدريبيــة

الفصل الثامن
الحقائب التدريبية

الأهداف التعليمية للفصل :

يهدف هذا الفصل الى تزويد القارىء بالمعلومات التي تمكنه من :

1. مفهوم الحقيبة التدريبية .
2. خصائص ومميزات الحقيبة التدريبية .
3. عناصر أخرى مرغوبة للحقائب التدريبية .
4. منهجية الحقيبة التدريبية .
5. مكونات الحقيبة التدريبية .
6. دليل إعداد الحقيبة التدريبية.
7. دليل تنفيذ الحقيبة التدريبية.
8. مقارنة بين خصائص التعليم التقليدي والتعليم بواسطة الحقائب التدريبية.
9. تمارين تطبيقية للحقائب التدريبية .

المقدمـــة

لقد احتل موضوع التدريب في المؤسسـات والمنظمات الحديثـة موقعـاً محوريـاً وأصبح يشـكل العمود الفقري لأية مجهودات تبذلها هذه المؤسسات والمنظمات نحو التطوير والتحديث.

ومما يجدر ذكره في هـذا المجال أنـه قـد حـدثت في العقـود الأخـيرة تطـورات علميـة وثقافيـة وتكنولوجية بشكل لم يسبق له مثيل في تاريخ البشرية، الأمر الذي حتم على المؤسسات والمنظمات مواكبـة هذه التطـورات والتجديـدات وفـرض عليهـا القيـام بعمليـة مراجعـة لسياسـاتها وأهـدافها واسـتراتيجياتها وتقنياتها ونشاطاتها المتعلقة بالتدريب وذلك بهدف تمكين المتدربين من اكتساب الكفايات والمهارات التـي تتطلبها أدوارهم الجديدة في مجتمع الثورة العلمية والتكنولوجية.

ولعـل الحقائـب التدريبيـة مـن أكـثر التقنيـات التـي يمكـن توظيفهـا في المؤسسـات التدريبيـة نظراً لما تتمتـع بـه مـن كفـاءة وفاعليـة. يضـاف إلى ذلـك أن الحقائـب التدريبيـة ترتكـز عـلى عـدد مـن المبـادئ الحديثـة التـي برهنـت الدراسـات المتعلقـة بـالتعلم الإنسـاني والبحـوث المتصـلة بتشـكيل السلوك البشري على أهميتها. ومن المبادئ التي توظفها الحقيبة التدريبيـة مبـدأ التـدريب المفـرد ومبـدأ التدريب الذاتي حيث يقوم المتدرب بتدريب نفسه بنفسه وفق منهجية علمية منظمة تم تصميم الحقيبـة التدريبية وفقها. كما يقوم المتدرب في البرنـامج التـدريبي الـذي تتضـمنه الحقيبـة التدريبيـة وفـق سرعتـه الخاصة ويختـار الخـبرات والنشـاطات التـي تتناسـب مـع قدراتـه واحتياجاتـه التدريبيـة، وبمـا يتفـق مـع طريقة وأسلوب التعلم لـدى ذلـك المتـدرب. ونظـراً لتنـوع الخـبرات والنشـاطات التـي تتضـمنها الحقيبـة التدريبيـة (مـواد مطبوعـة، أشرطـة تلفازيـة، شرائـح ناطقـة، شـفافيات، أدلـة لاسـتخدام الحقيبـة مـن قبل المتدرب والمدرب، ملصـقات، مطويـات... الـخ) فإنهـا أخـذت تحتـل موقعهـا في مؤسسـات التـدريب الحديثـة كوسـيط متقـدم للتـدريب. ومـما يجـدر التنويـه بـه هـو أن عمليـة تصـميم الحقيبـة التدريبيـة عملية تتفق وفق منهجية علمية منظمة وأنها تخضع لمعايير فنية مقننة لا بـد مـن الإلتـزام بهـا مـن قبـل الخبراء الذين يعدون المادة العلميـة للحقيبـة التدريبيـة أو مـن قبـل الفنيـين الـذين يصـممون وينفـذون

البرامج والنشاطات والتقنيات التي تشتمل عليها الحقيبة التدريبية. ومن هنا تبرز أهمية هذه المعايير التي يجدر الإلتزام بها عند أعداد الحقيبة التدريبية.

1-8 مفهوم الحقيبة التدريبية

هناك عدد من المصطلحات التي تم استخدامها في المؤسسات التدريبية والتي ترتبط بمصطلح الحقيبة التدريبية. وأن التعدد في هذه المصطلحات مرده إلى تعدد المصطلحات في اللغة الإنجليزية والتي تستخدم عند الحديث عن الحقائب التدريبية. فبعض الأوساط التدريبية تستخدم مصطلح "حقيبة التدريبية" وبعضها يستخدم مصطلح "رزمة تدريبية" وبعضها يستخدم مصطلح "مجمع تدريبي" وبعضها يستخدم مصطلح "طقم تدريبي". وأن هذه الاختلافات في استخدام المصطلحات المتعددة للتعبير عن مفهوم واحد يعود إلى الاختلافات في ترجمة المصطلحات عن اللغة الإنجليزية. فالمؤسسات التدريبية في الولايات المتحدة الأمريكية تستخدم مصطلحات متعددة للتعبير عن مفهوم الحقيبة التدريبية. فبعضها يستخدم مصطلح "Package" وبعضها يستخدم مصطلح "Module" وبعضها يستخدم مصطلح "Kit" وأن مبعث الإختلافات في استخدام هذه المصطلحات للتعبير عن مفهوم واحد إنما يعود إلى الإختلافات في التركيز على جانب من جوانب الحقيبة التدريبية. فبعض المصطلحات يركز على جانب الشكل الخارجي للحقيبة، وبعضها يركز على محتويات الحقيبة ونوع المواد المستخدمة فيها وبعضها يركز على محتويات الحقيبة ونوع المواد المستخدمة فيها، وبعضها يركز على طريقة ومنهجية تنظيمها.

وعلى الرغم من تعدد المصطلحات التي تستخدم عند الحديث عن الحقيبة التدريبية إلا أن هذه المصطلحات تلتقي عند الحديث عن مفهوم الحقيبة التدريبية ومعنى هذا المفهوم حول عدد من المبادئ والمرتكزات. فالحقيبة التدريبية مجموعة من الخبرات التدريبية يتم تصميمها من قبل خبراء مختصين بطريقة منهجية ومنظمة ومنسقة وتستخدم كوسيط للتدريب من قبل المدرب أو المشرف على البرنامج التدريبي. وتشتمل الحقيبة التدريبية على مواد وأنشطة وخبرات تدريبية تتصل بموضوع تدريبي معين، وتتضمن العناصر الأساسية للتدريب (الأهداف، النشاطات والمواد والخبرات التدريبية والتقويم) ويتم إعداد هذه الحقائب

في صورة مواد مكتوبة يلحق بها عادة تسجيلات تلفزيونية وأفلام سينمائية وشرائح وشفافيات وأشرطة فيديو وأشرطة كاسيت، ودراسات حالة، وتمثيل أدوار ونماذج وعينات... الخ ما هنالك من وسائط وتقنيات تدريبية متنوعة. وتعتبر الحقائب التدريبية شكلاً من أشكال التدريب الفردي ولقد تم تجريبها واستخدامها على نطاق واسع في البرامج التدريبية. ولقد أثبتت على أنها وسيط فعال للتدريب وأنها تتميز بقدر عال من الكفاية والفعالية في تطوير المهارات والإتجاهات والمعارف عند المتدربين بالمقارنة مع الوسائط المعتمدة في برامج التدريب التقليدية.

2-8 خصائص ومميزات الحقيبة التدريبية

هنالك عدد من الخصائص والمميزات للحقيبة التدريبية والتي تشكل في مجموعها نظاماً متكاملاً جعل من الحقيبة التدريبية وسيطاً فعالاً للتدريب وهي:

1- النظامية: تشكل الحقيبة التدريبية نظاماً كلياً متكاملاً للتدريب. فالحقيبة التدريبية لها أهداف محددة وتشتمل على نشاطات وخبرات تدريبية متنوعة ولها نظام للتقويم والتغذية الراجعة. كما أن الحقيبة التدريبية كنظام تشتمل على عدد من الأنظمة التدريبية الفرعية التي تتفاعل مع بعضها البعض لتسهم في النهاية في تحقيق الأهداف التدريبية للحقيبة التدريبية ككل. ويمكن توضيح مفهوم الحقيبة التدريبية كنظام على النحو التالي:

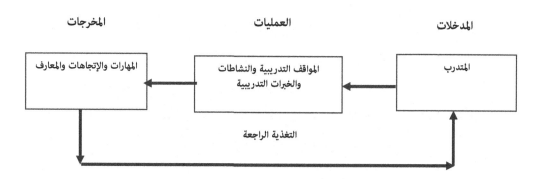

الشكل (8-1) ابعاد الحقيبة التدريبية

2- المنهجية: الحقيبة التدريبية يتم تصميمها وفق منهجية علمية منظمة أي أن مكونات الحقيبة التدريبية يتم تنظيمها بشكل منهجي متناسق بحيث تخدم تحقيق الأهداف التدريبية عند المتدربين.

3- التفريد: فالحقيبة التدريبية يتم تصميمها بحيث يستطيع المتدرب أن يستخدمها بمفرده باعتبار أنها تشتمل على أدلة توضح كيفية استخدامها يضاف إلى ذلك أن المتدرب يمكنه أن يختار من الأنشطة والمواد والخبرات والفعاليات التي تتضمنها الحقيبة ما يتناسب مع استعداداته وقدراته وميوله من جهة وأن يمارس هذه الأنشطة والخبرات والفعاليات في الوقت الذي يناسبه وفي كل المكان الذي يروق له من جهة أخرى.

4- التدريب الذاتي: إن الحقيبة التدريبية يتم تصميمها بحيث يتمكن المتدرب –أي متدرب-من استخدامها بطريقة ذاتية دون الحاجة لمساعدة أحد، على اعتبار أن الحقيبة بما تحتويه من أدلة وتعليمات تتعلق بكيفية استخدامها وتوظيفها والأهداف التي ترمي إلى تحقيقها. ومحتوياتها الخ تعتبر وسيطاً ذاتياً للتدريب يقوم المتدرب باستخدامها والإنتفاع بمحتوياتها.

5- هدف أو أهداف محددة: لكل حقيبة تدريبية هدف أو عدد من الأهداف من الأهداف التدريبية المحددة. وتشتمل الحقيبة التدريبية على عدد من الخبرات والنشاطات والوسائط التدريبية والتي تسهم جميعها بطريقة مباشرة أو غير مباشرة في تحقيق الأهداف التي تتطلع الحقيبة التدريبية لتحقيقها.

6- مواد وأنشطة وخبرات متنوعة: فالحقيبة التدريبية بحكم مفهومها تشتمل على عدد كبير من المواد والأنشطة والخبرات التدريبية المتنوعة أو المتعددة. وأن التعدد أو التنوع في المواد والأنشطة والخبرات التدريبية التي تتضمنها الحقيبة التدريبية يتفق مع التعدد أو التنوع في الميول والحاجات والاستعدادات والقدرات عند المتدربين بحيث يتاح المجال أمام كل متدرب باختيار نوع النشاط التدريبي من جهة ويتفق مع استعداداته وقدراته من جهة أخرى.

7- وسائط وتقنيات تدريبية متعددة: من أبرز الخصائص والميزات التي تتصف بها الحقائب التدريبية أنها تستخدم وتوظف وسائط وتقنيات تدريبية متنوعة وأن عملية توظيف واستخدام وسائط وتقنيات تدريبية متنوعة في الحقيبة التدريبية ترتكز على مسلمة من مسلمات التدريب مؤداها أنه كلما استخدمت وسائط وتقنيات تدريبية متعددة كلما وظفت عدداً أكبر من الحواس عند المتدربين. الأمر الذي يترتب عليه تحقيق أكبر قدر من الكفاية والفعالية في عمليات التدريب.

8- التركيز على عمليات التدريب ونتائج التدريب معاً: فالحقيبة التدريبية لا تعتبر النشاط أو الخبرة التدريبية هدفاً بحد ذاته وإنما تتطلع إلى النتائج المترتبة على هذا النشاط أو الخبرة التدريبية وعلى هذا الأساس فإن الحقيبة التدريبية تمزج وبطريقة متكاملة بين عمليات التدريب ونتائج التدريب في آن واحد.

9- التقويم المستمر: إن عملية تقويم مدى تحقيق أهداف الحقيبة التدريبية لدى المتدربين تتم بشكل مستمر. وإن عملية التقويم ليس هدفها اختبار المتدربين في نهاية البرنامج التدريبي للتأكد من حجم أو كمية إتقان المتدربين للأهداف التدريبية. وإنما هي عملية تبدأ قبل ابتداء البرنامج التدريبي، وبالتحديد عند تقدير الاحتياجات التدريبية وتواكب البرنامج أثناء عملية تنفيذه وتستمر حتى بعد إنتهاء البرنامج وفي مرحلة متابعة البرنامج التدريبي. وبكلمات أخرى فإن هدف التقويم في الحقيبة التدريبية هو هدف تدريبي، وهو مساعدة المتدرب على اكتساب وإتقان الأهداف التدريبية التي تسعى الحقيبة التدريبية لتحقيقها.

10- التغذية الراجعة: وإن هذه الخاصية ترتبط بشكل أساسي بمفهوم الحقيبة التدريبية كنظام تدريبي متكامل. وأن الدور الذي تقوم به عملية التغذية الراجعة هوتزويد المتدربين بالمعلومات المتعلقة بمدى تحقيق الأهداف التدريبية، وبالتالي كشف مظاهر الخلل التي أعاقت تحقيق هذه الأهداف في حالة وجود مظاهر الخلل.

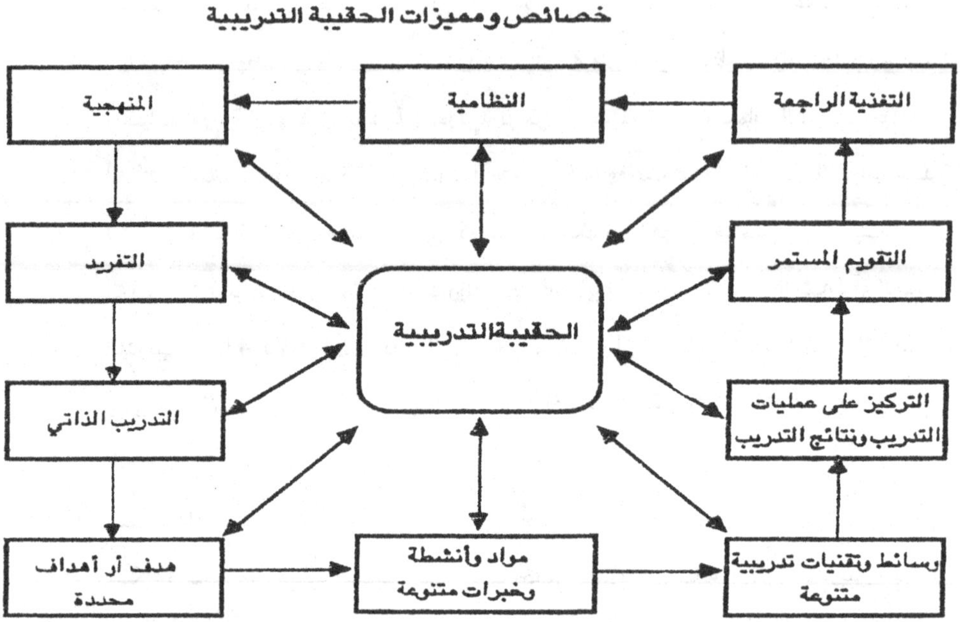

خصائص ومميزات الحقيبة التدريبية
التغذية الراجعة
النظامية
المنهجية
التقويم المستمر
التفريد
الحقيبة التدريبية
التركيز على عمليات التدريب ونتائج التدريب
التدريب الذاتي
وسائط وتقنيات تدريبية متنوعة
مواد وأنشطة وخبرات متنوعة
هدف أو أهداف محددة

الشكل (8-2) خصائص ومميزات الحقيبة التدريبية

3-8 عناصر الحقائب التدريبية

هنالك عناصر وصفات أخرى للحقائب التدريبية يساهم توفرها في زيادة قيمة وأهمية تلك الحقائب، ويجعل منها أدوات تدريبية فعالة وفيما يلي بعض هذه العناصر والصفات:

1- أن يكون لكل حقيبة عنوان أو اسم خاص بها تعرف من خلاله "حقيبة إدارة الوقت"، حقيبة الإدارة بالأهداف، حقيبة تفريد التدريب، الخ.

2- أن تركز الحقيبة التدريبية على مهارة واحدة محددة أو مجموعة قليلة من المهارات المترابطة والمتكاملة والمحددة.

3- أن تركز الحقائب التدريبية على المتدرب أكثر من المدرب باعتبار أن عملية استخدامها تتم على أساس ذاتي من قبل المتدرب نفسه.

4- التركيز على الأهداف التدريبية أكثر من التركيز على النشاطات التدريبية باعتبار أن تحقيق الأهداف التدريبية هو المعيار للحكم على اكتساب المتدرب للمهارة أو المهارات التي تسعى الحقيبة التدريبية لاكسابها للمتدرب.

5- الحقائب التدريبية تحتوى على نشاطات وخبرات ومواد وطرق وأساليب تدريبية متنوعة أو بديلة تتيح المجال للمتدرب الاختيار من بينها ما يناسب ميوله وحاجاته واستعداداته وقدراته.

6- أن تكون الحقيبة التدريبية اقتصادية من حيث حجم النشاطات والخبرات والمواد التي تتضمنها، أي أن تحتوي فقط على النشاطات والخبرات والمواد الرئيسية التي تساعد على تحقيق أهداف الحقيبة التدريبية فالهدف ليس تراكم النشاطات والخبرات والمواد فوق بعضها البعض وإنما الهدف الانتقاء والتنسيق بحيث تتكامل هذه النشاطات والخبرات والمواد لتحقيق أهداف الحقيبة التدريبية.

7- أن تشتمل الحقيبة التدريبية على قائمة ببلوغرافية بالمراجع والنشاطات والقراءات الإضافية المتصلة بالمهارة أو المهارات المراد تطويرها عند المتدرب.

8- أن تجمع الحقيبة التدريبية بين الفكر والعمل وبين النظرية والتطبيق.

9- أن توظف الحقائب التدريبية تقنيات متنوعة كوسائط لتحقيق أهدافها من منظور أن هذه التقنيات تشكل أوعية فعالة تقدم بواسطتها الخبرات والنشاطات المتضمنة في الحقيبة.

10- أن تحتوي الحقائب التدريبية على طرق لجمع التغذية الراجعة من أجل تطويرها وإعادة تصميمها وذلك من خلال تضمينها بعض المعايير لتقويمها والحكم على مدى مناسبتها وفعاليتها.

11- أن تكون الحقيبة التدريبية متصلة بواقع المتدرب، وأن تعرض المتدرب لمواقف واقعية مشتقة من الدور الذي سيقوم به المتدرب في حياته المهنية المقبلة.

12- أن يعتمد في إعداد وكتابة المواد المطبوعة التي تتضمنها الحقيبة الأصول المتعارف عليها في إعداد المادة العلمية من حيث الإشارة إلى المراجع واستخدام التذييل والهوامش وفق الأسس المعتمدة في منهج البحث العلمي.

13- أن تخضع عملية إعداد وتصميم الحقيبة التدريبية إلى إجراءات ومراحل فنية وأن توظف في ذلك التقنيات الحديثة المتعارف عليها، وأن تكون عملية إخراج وإنتاج الحقيبة مشوقة وجذابة وأن يكون تنظيمها سهلا حتى يسهل استخدامها وتوظيفها.

14- أن تتضمن الحقيبة الأدلة التدريبية المناسبة من مثل الإطار العام للحقيبة ودليل المدرب ودليل المتدرب... الخ ما هنالك من أدلة مناسبة.

15- أن تشتمل الحقيبة التدريبية على جدول زمني يوضح الوقت المقرر للحقيبة وتوزيع نشاطات الحقيبة على مدى زمني محدد بحيث يخصص وقت معين لكل نشاط من الأنشطة التي تتضمنها الحقيبة وأن يتم برمجة هذا الزمن على نشاطات الحقيبة بطريقة منطقية ومنظمة.

4-8 منهجية الحقيبة التدريبية

تتجه معظم المؤسسات التدريبية إلى اعتماد قاعدة نظرية معينة تسترشد بها في عملية تخطيط وتصميم وتقويم عمليات التدريب وتسمى هذه القاعدة إطاراً أو نموذجاً نظرياً للتدريب.

وهناك دلائل منطقية وتجريبية تؤكد الفكرة التي مؤداها أن المتدربين الذين يعتمدون هذا الإطار أو النموذج النظري يقدمون تدريباً أفضل من أولئك الذين لا يعتمدونه، وأن الإطار أو النموذج النظري الذي ترتكز عليه الحقيبة التدريبية يتفوق على غيره من الأطر والنماذج النظرية بما يلي:

1- الارتكاز على نظرية سكنر في الاشتراط الإجرائي والتي تعتمد التجريب كأساس لتطوير التدريب.

2- الاعتماد على نظرية التعزيز والتغذية الراجعة كواسطة لتشكيل وتعديل السلوك عند المتدربين.

3- التركيز على تغيير السلوك المرئي أو الذي يسهل ملاحظته من الخارج وليس السلوك الضمني أو الداخلي.

4- الإيمان بضرورة مشاركة المتدرب ذاتياً في عملية التدريب وأن يكون دوره فعالاً لا منفعلاً.

5- الإيمان بضرورة تفريد التدريب على اعتبار أن المتدربين يتفاوتون في الحاجات والقدرات والدافعية والسرعة في التعليم.

1-التبرير:

ويشتمل هذا الجزء من الحقيبة التدريبية على تبرير للأهداف التي ستتحقق من خلال ممارسة النشاطات المتضمنة في الحقيبة، ويشتمل على الفرضيات التي بنيت على أساسها الحقيبة. ويتحدد في هذا الجزء أيضاً أنواع الأنشطة الرئيسية والفرعية التي تحتوي عليها الحقيبة كما يحدد فيه المتطلبات الأولية اللازمة قبل دراسة الحقيبة، ويمكن للمتدرب بعد قراءة هذا الجزء من الحقيبة أن يقرر ما إذا كان سيستمر في استخدام الحقيبة أم لا.

إن هذا الجزء من الحقيبة هو الذي يكشف عن أهمية الحقيبة ويحدد مدى حاجة المتدربين لتعلم محتوياتها ومدى قدرة هذه الحقيبة على تلبية الاحتياجات المهنية للمتدربين. إن هذا الجزء من الحقيبة التدريبية يجيب عن الأسئلة التالية:

1- لماذا تعتبر هذه الحقيبة ضرورية للمتدربين؟

2- لماذا يعتبر تضمين هذه الحقيبة التدريبية في البرنامج التدريبي أساساً لتلبية حاجات المتدربين المهنية؟

3- من هو الجمهور المستهدف أو المنتفع من هذه الحقيبة التدريبية ومستواه.

4- ما هي المتطلبات الأولية اللازمة قبل دراسة الحقيبة التدريبية؟

2- الأهداف التدريبية:

في هذا الجزء من الحقيبة التدريبية يتم تحديد الأهداف التي سيحققها المتدرب بعد الانتهاء من ممارسة النشاطات المتضمنة في الحقيبة وهنالك مجموعة من الخصائص والمواصفات يجب أن تتوافر في الأهداف التي تتطلع الحقيبة التدريبية لتحقيقها لدى المتدربين. وفيما يلي تحديد لتلك الخصائص والمواصفات:

أ- أن تكون الأهداف واضحة ومحددة وبسيطة غير مركبة.

ب- أن تكون الأهداف مصاغة بلغة السلوك عند المتدرب ويمكن قياسها.

جـ- أن تحدد الأهداف أداء المتدرب الذي سيتقنه بعد الانتهاء من ممارسة النشاطات المتضمنة في الحقيبة.

د- أن يتضمن الهدف أو الأهداف معايير الأداء المقبول كحد أدنى للاتقان من قبل المتدرب.

هـ- أن يشتمل الهدف على الشروط التي على المتدرب أن يقوم بالاداء في ظلها.

و- أن يتم تصنيف الأهداف المراد تحقيقها وأن يتم تحديد المعارف أو الاتجاهات أو المهارات التي سيكتسبها المتدرب بعد الانتهاء من ممارسة النشاطات التي تتضمنها الحقيبة التدريبية.

3- التقويم الأولي أو المبدئي:

هذا الجزء من الحقيبة التدريبية يقيس إلى أي مدى يتقن المتدرب المتطلبات الأولية اللازمة قبل ممارسة النشاطات المتضمنة في الحقيبة ويقيس أيضاً مدى الاستعداد عند المتدرب لممارسة النشاطات التي تتضمنها الحقيبة التدريبية.

واعتماداً على نتائج التقويم الأولي ينصح المتدرب إما أن يمارس بعض النشاطات المتضمنة في الحقيبة أو يمارس جميع النشاطات وإما أن ينصح بعدم ممارسة أي من نشاطات الحقيبة إلا بعد ممارسة نشاطات تدريبية لحقائب تدريبية معينة قبلها.

وقد يكشف التقويم الأولي أن المتدرب يمتلك المهارات أو المعارف أو الاتجاهات التي تهدف إلى تحقيقها الحقيبة التدريبية وعندئذ ينصح المتدرب بالانتقال إلى حقيبة تدريبية

أخرى باعتبار أن الأهداف التي تسعى الحقيبة إلى تحقيقها عند المتدرب متحققة عند ذلك المتدرب.

4- النشاطات التدريبية:

هذا الجزء من الحقيبة التدريبية يحتوي على النشاطات التدريبية التي تساعد المتدرب على اكتساب المهارة أو الكفاية التي تهدف الحقيبة إلى إكسابها للمتدرب، وفي العادة يحتوي هذا الجزء من الحقيبة على واسطتين أو أكثر يمكن للمتدرب أن يلجأ إليها لتحقيق أهداف الحقيبة واكتساب المهارة أو المهارات المحددة في جزء الحقيبة المتعلق بالأهداف التدريبية للحقيبة. وقد يحتوي هذا الجزء من الحقيبة على نشاطات وخبرات تدريبية متنوعة يمكن أن يختار من بينها المتدرب لتساعده على تحقيق أهداف الحقيبة التدريبية.

أن التركيز في هذا الجزء من الحقيبة ليس موجهاً إلى النشاطات التدريبية بحد ذاتها وإنما إلى الأهداف التي تسعى الحقيبة إلى تحقيقها عند المتدربين. فالمهم هو تحقيق الأهداف بغض النظر عن نوع النشاطات التدريبية التي يمكن للمتدرب أن يختارها لمساعدته في بلوغ تلك النشاطات.

وتشتمل النشاطات التدريبية دراسة مواد مقترحة في الحقيبة والإجابة عن أسئلة مطروحة والقيام بتمرينات أو تجارب والمشاركة في بعض النشاطات التدريبية الجماعية أو حل المسائل أو العودة إلى بعض المراجع، كما تشتمل على استخدام أساليب تدريبية معينة كالأفلام والأشرطة الصوتية والشرائح والشفافيات وتسجيلات الفيديو والتجارب والمقابلات والنماذج والعينات والمسوحات وغيرها، وتحتوي الحقيبة عادة على قائمة بالمواد والنشاطات التي يمكن للمتدرب أن يستخدمها أو يمارسها بهدف تحقيق الأهداف التدريبية التي تسعى الحقيبة إلى تحقيقها عند المتدربين.

5- التقويم والتغذية الراجعة:

التقويم في الحقيبة التدريبية يهدف إلى التعرف على مدى تحقيق الأهداف التدريبية للحقيبة، وهو الذي يحدد مدى اكتساب المتدرب أو المهارات التي تسعى الحقيبة إلى تحقيقها

عند المتدرب، وأن الحكم على مدى اكتساب المهارة أو المهارات يـتم عـن طريق الأداء أو الـذي يقـوم بـه المتدرب وتسهل ملاحظته ويسهل قياسه.

إن الدور الذي يقوم به التقويم في الحقيبة التدريبية ليس وظيفته إصدار أحكام عـلى المتـدرب من خلال إعطائه علامة معينة أو تحديد مستواه في التحصيل أو مقارنته بزملائه المتدربين أو إعطائه درجة معينة إن الهدف من التقويم في الحقيبة التدريبية هو مساعدة المتدرب على إتقان المهارة أو المهارات الي تتطلع الحقيبة إلى تحقيقها عند المتدرب. ومن هذا المنطلق فإن التقويم في الحقيبة التدريبية لا يـتم بعـد الانتهاء من ممارسة الخبرات والنشاطات المتضمنة في الحقيبة. فالهدف من التقويم في الحقيبـة التدريبيـة هو مساعدة المتدرب على اكتساب المهارات وتزويده بالتغذية الراجعة المستمرة التي يتحـدد مـن خلالهـا مدى إتقان المتدرب للمهارة أو المهارات التي تهدف الحقيبة إلى إكسابها للمتدرب.

وفي العادة فإن هذا الجزء من الحقيبة التدريبية قد يشتمل على اقتراح بعض الأنشطة للمتابعـة وتعزيز عملية تدريبية واكتسابه للمهارات التي تهدف الحقيبـة إلى إكسابهـا للمتدرب. ومـن الممكـن أن تكون هذه الأنشطة أنشطة تدريبية أو قراءات إضافية أو القيام ببعض البحوث أو الدراسـات التـي تسـهم في زيادة وإغناء النمو المهني للمتدرب وإذا بلغ المتدرب المستوى المطلوب مـن إتقان المهـارة أو المهـارات التي تطلع الحقيبة التدريبية لاكسابها للمتدرب فإنه ينتقل إلى حقيبة تدريبية أخرى، وإذا لم يبلغ المسـتوى المطلوب فإنه يكرر عملية التدريب على الحقيبة التدريبية من جديد.

ومن الشائع أن يتم توفير إجابـات لاختبـارات التقـويم الأولي ولاختبـارات التقـويم التكـويني أو البنائي (المرحلي) واختبارات التقويم الختامي، ويتم إلحاق هـذه الإجابـات بالحقيبـة التدريبيـة لـكي يعـود إليها المتدرب عند الحاجة.

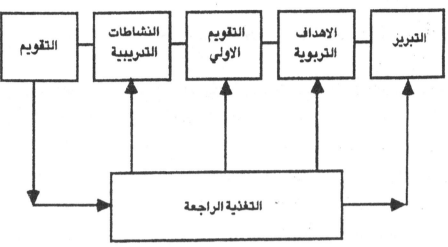

الشكل (8-3) منهجية الحقيبة التدريبية

5-8 مكونات الحقيبة التدريبية

تتفاوت الحقائب التدريبية من حيث مكوناتها ومحتوياتها وذلك وفقاً لطبيعة المادة التدريبية والتركيب المعرفي لتلك المادة، فضلاً عن الامكانات الفنية والتقنية المتوافرة. وبشكل عام يمكن تحديد مكونات الحقيبة التدريبية الرئيسية كما يلي:

أولاً: النظرة الشاملة

ويشير مصطلح النظرة الشاملة إلى ذلك الجزء من المادة التدريبية الذي ينتظر أن يتعرض له المتدرب قبل البدء في الاطلاع والتعرف على الحقيبة التدريبية ومحتوياتها وتشتمل النظرة الشاملة على العناصر التالية:

أ- المسوغات أو المبررات لإعداد واستخدام الحقيبة التدريبية في البرنامج التدريبي.

ب- وصف مختصر لمحتويات الحقيبة التدريبية ووحداتها أو أقسامها والنشاطات والخبرات المتضمنة فيها.

جـ- الأهداف السلوكية أو الأدائية التي ينتظر أن تسهم الحقيبة التدريبية في تحقيقها لـدى المتـدربين بعد الانتهاء من عملية التدريب.

د- تحديد الفئة أو الفئات المستهدفة في التدريب ومستوى وقدرات المتدربين الـذين توجـه إلـيهم الحقيبة التدريبية.

هـ- الخطة المقترحة للتعامل والتفاعل مع الحقيبة التدريبية ليسترشـد بهـا المتدرب لتنظيم وضبط خطواته في تنفيذ الأنشطة التدريبية المتضمنة في الحقيبة التدريبية.

ثانياً: الرزم المطبوعة

ويشتمل هذا الجزء من الحقيبة التدريبية على عدد من الرزم المطبوعـة والمتضمنة علـى المـادة العلمية المتصلة بوضوح الحقيبـة التدريبيـة، ويتفـاوت وفقـاً لطبيعـة المحتـوى والتركيـب المعرفـي للمـادة العلمية، ويتم عادة إعداد هذه الرزم المطبوعة وفقاً لـنفس منهجيـة وخطوات إعداد الحقيبة التدريبيـة التي ورد وضعها سابقاً.

ثالثاً: الأدلة

وتتضمن الحقيبة التدريبية عددا من الأدلة ومنها:

أ- دليل المتدرب: ويتضمن هذا الدليل تحديداً لمبررات وأهداف الحقيبة التدريبية، فضلا عـن تحديـد بعض التعليمات والإرشادات للمتدرب حول الكيفية التي سيتعامل ويتفاعل فيها هذا المتدرب مـع الحقيبة التدريبية والكيفية التي سيتم فيها تنفيذ النشاطات وحل المشاكل والتمرينـات المتضمنة بالحقيبة التدريبية.

ب- دليل المدرب: ويتضمن هذا الدليل أيضا تحديداً لمبررات وأهداف الحقيبـة التدريبيـة، فضلا عـن تحديد الأدوار التي يتوقـع مـن المـدرب القيـام بهـا لتيسـير عمليـة تفاعل المتدرب مـع الحقيبـة التدريبية وما تشتمل عليه من نشاطات وخبرات ومشكلات وتمرينات. وهنا يجدر التذكر بـأن دور المدرب يجب أن يبقى محصوراً في إطار عملية تسهيل وتـوفير الظـروف والإمكانـات التـي تساعد على حفز المتدرب للتفاعل مع الحقيبة التدريبية بشكل إيجابي وفعال.

جـ- دليل الإجابات عن الاختبارات القبلية والبعدية، فضلاً عن حل المشكلات والتمرينـات المتضمنة في الحقيبة التدريبية.

د-   دليل استخدام التقنيات السمعية والبصرية المتضمنة في الحقيبة التدريبية.

رابعاً: التقنيات السمعية والبصرية:

وتتفاوت هذه التقنيات من حقيبة تدريبية إلى أخرى وذلك وفقاً لمـدى تـوافر هـذه التقنيـات ومدى الخبرات الفنية التي تقوم بإعدادها. وهناك عدد من التقنيات منها:

أ-   الشفافيات.

ب-   أشرطة تلفزيونية تتضمن ندوة أو أكثر حول موضوع الحقيبة التدريبية.

جـ-   أفلام حول حالات إدارية ترتبط بموضوع الحقيبة التدريبية.

د-   برنامج شرائح ناطقة تتصل بموضوع الحقيبة التدريبية.

هـ-   ملصقات.

و-   مطويات.

ز-   عرض الشرائح Power Point.

ح-   نماذج حقائب تدريبية متميزة.

8-6 دليل إعداد حقيبة المادة التدريبية

تهدف مرحلة إعداد الحقائب التدريبية إلى وضع خطة تنفيذية لعملية التدريب الفعـلي وذلـك عن طريق إعداد المادة العلمية والخطوات الإجرائية اللازمة للتنفيذ ويتم إعداد الحقائب التدريبيـة عـلى أساس الأهداف التدريبية والمعارف والمهارات وطرق التدريب ووسائله التي تـم اتخـاذ قـرارات بشـأنها في مرحلة التصميم وذلك لضمان تخطيط وتنفيذ التدريب عـلى أسـاس معـايير علميـة وفنيـة سـليمة وتمثل الحقيبة التدريبية للبرنامج المنتج النهائي لمراحل مـا قبـل التـدريب وتسـتخدم لتحقيـق الأغـراض الأساسـية التالية (عبداللطيف بن صالح واخرون.2002):

1-   توضيح محتويات البرنامج وأهدافه وشروطه ومدته والوظائف المستهدفة .

2-   توضيح الوحدات التدريبية لكل مادة وزمنها وأهدافها وموضوعاتها .

3-   توضيح الأدوار المشاركة في التدريب (المدرب و المتدرب) .

4-   تستخدم كمرشد عام لإدارة الجلسات التدريبية .

5- توفر المادة العلمية الأساسية والأدوات الضرورية للتطبيق العملي .

6- توفر أدوات قياس اكتساب المهارات والمعارف .

الهدف من الدليل:

يهدف هذا الدليل المختصر إلى توضيح المعايير الفنية والشكلية لإعداد حقائب مواد البرامج التدريبية (أثناء الخدمة)وذلك للاسترشاد بها عند إعداد الحقائب واستخدامها كأساس للمراجعة الفنية كما يهدف الدليل إلى مساعدة معد الحقيبة على ترتيب محتوياتها بطريقة تضمن التسلسل المنطقي للوحدات التدريبية وموضوعاتها كما تتضمن التوحيد الشكلي لحقائب البرامج التدريبية مع توفير المرونة اللازمة خلال مراحل إعداد الحقيبة واستخدامها وتطويرها.

ويحتوي هذا الدليل على جزأين رئيسين يستخدم الأول من قبل المدرب والمتدرب ويركز على محتويات الحقيبة التدريبية أما الجزء الثاني فيوضح طريقة إعداد دليل تنفيذ الحقيبة لاستخدامه من قبل المدرب فقط.

أولاً: حقيبة المادة التدريبية

يتم إعداد حقيبة تدريب واحدة لكل مادة تدريبية بحيث يمكن استخدامها من قبل المدرب والمتدرب وتتكون حقيبة المادة من خمسة أقسام رئيسة يتكون كل منها من الآتي:

القسم الأول (مفتاح الحقيبة):

يحتوي هذا القسم على العناصر المتعلقة بالتوثيق والمحتويات كما يعطي صورة عامة وشاملة عن البرنامج بجميع عناصره ويتكون هذا الجزء من العناصر التالية:

1- نموذج غلاف حقيبة المادة والذي يشتمل على اسم المادة التدريبية والبرنامج والقطاع واسم معد الحقيبة والمراجع العلمي ومن قام بعملية تطوير الحقيبة.

2- فهرس المحتويات الرئيسة .

3- صورة من دليل البرنامج المعتمد .

القسم الثاني (خطة المادة):

يقدم هذا القسم المادة التدريبية مقسمة إلى أجزاء مساوية لعدد وحداتها ويفصل كل وحدة عن التي تليها ورقة تحمل اسم الوحدة التالية.ويتكون محتوى جزء الوحدة التدريبية من العناصر التالية:

1- نموذج الوحدة التدريبية والذي يشتمل على اسم الوحدة التدريبية وعدد ساعاتها وهدفها السلوكي وموضوعاتها

2- الجلسات التدريبية،تعكس الجلسات التدريبية لكل وحدة الأنشطة التدريبية اللازمة لتحقيق أهداف الجلسة ضمن إطار زمني محدد يستغرق 50 أو 100 دقيقة.وتشمل الجلسة التدريبية على التالي:

- رقم الجلسة .

- الوقت الذي تستغرقه الجلسة التدريبية .

- أهداف الجلسة التدريبية .

- موضوعات الجلسة التدريبية .

النشاطات التدريبية الأساسية للجلسة (يتم هنا ذكر النشاطات الرئيسة التي يتوقعها المتدرب،أما تفاصيل إجراءات التنفيذ فيتم وضعها في دليل تنفيذ الحقيبة التدريبية).

القسم الثالث (المادة العلمية والتطبيقات):

ويحتوي هذا الجزء على العناصر التالية:

1- مادة علمية في شكل تعريفات مختصرة في شكل تعريفات للمصطلحات المرتبطة بموضوعات الوحدة التدريبية أو تحديد للمراحل والخطوات التي يتطلب تنفيذ التطبيقات الإلمام بها.

2- التطبيقات التدريبية والأدوات الضرورية لتنفيذها .

القسم الرابع (التقييم):

في هذا الجزء يمكن إرفاق نسخة من أدوات قياس اكتساب المهارات والمعارف لاستخدام المتدرب أو الاكتفاء بذكر نوع التقييم ودرجاته لكل وحدة تدريبية أما التقييمات التي يفضل المدرب الاحتفاظ بها حتى وقت التقييم فترفق بدليل التنفيذ ويراعى أهمية ارتباط

التقييمات بأهداف الوحدة التدريبية. كما يراعى توزيع درجات التقييم حسب وزن الوحدة التدريبية بحيث يكون مجموع التقييمات لجميع الوحدات معادل للدرجة الكلية للمادة التدريبية والتي تعادل 100 درجة.

القسم الخامس (المراجع):

يحتوي هذا الجزء على قائمة بالقراءات الخارجية المتعلقة بالوحدة التدريبية والمراجع الأساسية المستخدمة وأرقام تصنيفها والناشر وتاريخ النشر وأرقام الصفحات التي تتعلق بالموضوع وذلك لأغراض التوثيق العلمي ومساعدة المتدرب على الرجوع إلى المصادر الرئيسة للمادة العلمية.

7-8 دليل تنفيذ الحقيبة التدريبية

يقوم مصمم البرنامج بإعداد دليل تنفيذ الحقيبة التدريبية أثناء إعداد الحقيبة ويرفق بالحقيبة ويسير في نفس الخط الإجرائي للمراجعة العلمية والفنية والشكلية ويفصل هذا الدليل بعد إخراجه النهائي ليكون جاهزا لاستخدام عضو هيئة التدريب عند تنفيذ المادة التدريبية.

ويهدف هذا الدليل إلى توضيح دور المدرب في العملية التدريبية عن طريق توضيح الأنشطة التدريبية وإجراءات تنفيذها وادارتها ضمن إطار زمني محدد.كما يوفر الدليل للمنفذ الوسائل التدريبية المساعدة وأدوات قياس اكتساب المعارف والمهارات (التقويمات).

تسلسل محتويات حقيبة المادة التدريبية

مفتاح الحقيبة	 فهرس المحتويات الرئيسة صور من الدليل المعتمد
خطة المادة	الوحدة التدريبية (رقم الوحدة) • اسم الوحدة(ساعاتها) • الهدف السلوكي • موضوعاتها الجلسة التدريبية (زمن الجلسة) • أهداف الجلسة • موضوعات الجلسة • النشاطات التدريبية الأساسية (نوع النشاط)
المادة العلمية والتطبيقات	المادة العلمية • تعريفات • مراحل وخطوات التطبيقات • التطبيق • الأدوات والنماذج الضرورية للتطبيق (متطلبات التنفيذ)
التقييم	أدوات قياس اكتساب المهارات والمعارف(اختياري) نوع التقييم درجات التقييم
المراجع	المراجع الأساسية القراءات الخارجية

محتويات تنفيذ الحقيبة التدريبية:

روعي في تصميم دليل تنفيذ الحقيبة التدريبية عدم تكرار العناصر التي تحتويها الحقيبة،

ويتكون محتوى دليل تنفيذ الحقيبة التدريبية العناصر التالية:

1- الغلاف ويحتوي على اسم المادة واسم البرنامج واسم القطاع واسم معد الدليل وتاريخ الإعداد.

2- اسم الوحدة التدريبية كما ورد في الحقيبة.

3- رقم الوحدة التدريبية كما ورد في الحقيبة.

4- زمن الوحدة التدريبية كما ورد في الحقيبة.

5- رقم الجلسة التدريبية كما ورد في الحقيبة.

6- زمن الجلسة التدريبية كما ورد في الحقيبة.

7- وصف للأنشطة التدريبية لكل جلسة.

8- وصف لإجراءات تنفيذ كل نشاط من أنشطة الجلسة التدريبية.

9- تحديد الوسائل التدريبية المساعدة التي سوف تستخدم في كل جلسة تدريبية.

مرفقات دليل تنفيذ المادة التدريبية:

يرفق بدليل تنفيذ المادة التدريبية كافة الوسائل المساعدة كالشرائح واسماء الأفلام وأرقام تصنيفها في مكتبة تقنيات التدريب.كما يرفق بالدليل أدوات قياس اكتساب المعارف والمهارات (التقييمات) والحلول النموذجية لها والدرجات المخصصة لكل تقييم.

ويستخدم النموذج التالي لتعبئة هذه المحتويات

تسلسل محتويات دليل التنفيذ		
غلاف الدليل	☒	اسم المادة
	☒	اسم البرنامج
	☒	اسم القطاع
	☒	اسم معد الدليل
	☒	تاريخ إعداد الدليل
نموذج دليل تنفيذ الحقيبة	☒	اسم الوحدة
	☒	رقم الوحدة
	☒	زمن الوحدة
	☒	رقم الجلسة
	☒	زمن الجلسة
	☒	الأنشطة التدريبية
	☒	إجراءات تنفيذ الأنشطة
	☒	الوسائل المساعدة
مرفقات دليل التنفيذ	☒	الشرائح الشفافة
	☒	أسماء الأفلام وأرقام تصنيفها
	☒	أي وسائل أخرى
	☒	التقييمات

دليل تنفيذ الحقيبة التدريبية:

اسم المادة: ....

اسم البرنامج:....................

القطاع:............................

	الاسم	التاريخ
الإعداد		
التطوير		

الجدول (8-1) نموذج المراجعة العلمية لحقيبة المادة التدريبية

اسم المادة:...

اسم البرنامج:...

معايير المراجعة	نتيجة المراجعة	الملاحظات
هل ترك أجزاء مهمة من المادة العلمية؟	□ نعم □ لا	
هل تم التركيز او الاسهاب في موضوعات لا تستحق المعالجة التفصيلية؟	□ نعم □ لا	
هل يوجد ازدواجية او تداخل غير ضروري بين أجزاء المادة التي سيتم تقديمها؟	□ نعم □ لا	
هل اخذ في الاعتبار التسلسل المنطقي للموضوعات؟	□ نعم □ لا	
هل تم التأكد من صحة المعلومات ودقتها؟	□ نعم □ لا	
هل تم التاكد من واقعية المحتوى ومناسبته للبيئة؟	□ نعم □ لا	
هل محتوى الحقيبة يحقق أهداف البرنامج؟	□ نعم □ لا	
هل تم توثيق المواد العلمية؟	□ نعم □ لا	
هل اخذت المادة العلمية من مراجع ملائمة وحديثة؟	□ نعم □ لا	
هل تم وضع التطبيقات المناسبة لموضوعات كل جلسة تدريبية وبنسبة تطغى على المعارف؟	□ نعم □ لا	
هل توجد التقييمات المناسبة لموضوعات كل جلسة تدريبية ؟	□ نعم □ لا	
هل المعارف مختصرة ومحددة بالتعريفات والخطوات الضرورية لاكساب المهارات؟	□ نعم □ لا	

فريق المراجعة

الاسم:.....................التاريخ.....................التوقيع.............

الاسم:.....................التاريخ.....................التوقيع.............

☒ يكلف بالمراجعة العلمية الأكثر خبرة في موضوع البرنامج قدر الإمكان .

☒ تعاد الملاحظات إلى معد الحقيبة للأخذ بها .

☒ يمكن استخدام أوراق إضافية للملاحظات التفصيلية.

الجدول (8-2) دليل تنفيذ الحقيبة التدريبية

اسم الوحدة:.....................رقم الوحدة:.........ساعاتها:.................

الوسائل المساعدة	إجراءات تنفيذ النشاط	الأنشطة التدريبية	الزمن بالدقائق	رقم الجلسة

أولاً: المبررات

لقد طرأت في السنوات القليلة الماضية جملة من التغيرات والتطورات في مجال علم النفس السلوكي بوجه عام وفي مجال نظريات التعلم والتعليم على وجه الخصوص كانت لها انعكاسات جذرية على الإستراتيجيات والطرق والأساليب والتقنيات المعتمدة في المؤسسات التي تضطلع بمسؤوليات التدريب وإعداد الكوادر البشرية المدربة القادرة على ممارسة أدوارها ووظائفها في مؤسسات التنمية الإدارية في البلاد العربية وهنالك عدد من العوامل التي أسهمت بطريقة أو بأخرى في تجديد وتطوير برامج التدريب منها:

1- الثورة المعرفية والعلمية :

فهنالك تطورات طرأت في مجال المعرفة العلمية المتعلقة بالإنسان والكيفيـة التـي يـتم بموجبها عملية تشكيله وتكوينه. فالتطورات التي طرأت في مجال علم النفس بشكل عام وفي مجال نظريات التعلم والتعليم بوجه خاص أفرزت العديد من المفاهيم والمبادئ التي يمكن لبرامج التدريب أن توظفها لتحقيـق تدريب فعال، ومن هذه المبادئ:

أ-   توفير الدافعية والحفز للمتدربين.

ب-   التعزيز والتغذية الراجعة.

ج-   تقديم نموذج توضيحي للأداء للمتدربين.

د-   مراعاة الفروق الفردية في الإستعداد والميول والقدرات والحاجات عند المتدربين.

2- الثورة التكنولوجية :

إن الثورة التكنولوجية التي حدثت في ميدان التربية بوجه عام وميدان التعليم والتدريب بوجـه خاص قد يسرت العديد مـن التقنيـات والوسـائط والوسـائل لمؤسسـات التـدريب، بحيـث أمكـن للمـدرب توظيف هذه التقنيات والوسائط في تنفيذ البرامج التدريبية على نحو فعال وأن البرامج التدريبيـة التـي توظف هذه التقنيات والوسائط تؤدي إلى تفاعل واستجابة من قبل المتدربين ومشاركة فعالة بالمقارنة مـع البرامج التقليدية التي تستخدم فقط أساليب الإلقاء والمحاضرة والكلام.

3- التغيرات التي طرأت على دور المدرب :

لقد كان من محصلة الثورة العلمية والتكنولوجية بلورة وبـروز دور جديد للمـدرب. فلـم يعـد دور المدرب دور مصدر وناقل للمعرفة بـل أصبح دوره منظماً ومعـداً لظـروف وشروط وأجـواء وبيئـة التدريب وإن ترجمة هذا الـدور تتحـدد مـن خـلال إتاحـة الفرصـة للمتدربين للتفاعـل الحـر مـع المـواد والنشاطات التدريبية في البرنامج التدريبي، وأن ييسر لهم مجالات المشاركة والنشاط والعمل وأن يمارسوا الخبرات بأنفسهم وأن يكتسبوا المهارات التي يحتاجونها في مواقع عملهم، في حين يكتفي المـدرب بـدور المراقب والموجه والمشرف فقط.

4- الإستياء من برامج التدريب قبل الخدمة :

إن برامج التدريب قبل الخدمة تتصف بعدد من السلبيات منها، أنها تركز على المعرفة النظرية وتهمل الجوانب العلمية والتطبيقية، وأنها تعاني من عملية انفصام نتيجة اهتماماتها بالجوانب الفلسفية والنظرية على حساب الممارسات الأدائية والإجرائية والعملية التي يحتاجها المتدرب في مواقع العمل التي تنتظره. وعلى هذا الأساس برزت الحاجة إلى معالجة موضوع التدريب على أساس أن عملية التدريب عملية مستمرة تتواصل حلقاتها سواء كانت قبل الخدمة أو بعد الخدمة في مواقع العمل.

5- الاحتياجات التدريبية المستجدة في مواقع العمل :

إن التسارع الذي طرأ على طبيعة المهن والأعمال والوظائف والأدوار التي يضطلع بها الموظف أو العامل ترتب عليه بروز احتياجات تدريبية متجددة ومتغيرة، الأمر الذي استوجب أن تقدم برامج التدريب فرص التدريب بالاستجابة لهذه الإحتياجات التدريبية وأن تيسر للموظفين أو العاملين فرص التدريب المستمرة لمساعدتهم على مواكبة المستحدثات في مجال التدريب وتزويدهم بالكفايات والمهارات والاتجاهات والمعارف التي تتطلبها طبيعة وظروف الوظائف والأعمال التي يقومون بها في مواقع العمل وما يواكبها من تغيرات وتطورات وتجديدات.

ونتيجة لهذه العوامل جميعها فقد حدثت تغيرات وتطورات جذرية في برامج التدريب لتحل بدلا منها طرق وأساليب ووسائط التدريب، فقد تراجعت الطرق والأساليب التقليدية التي كانت معتمدة في التدريب لتحتل بدلاً منها طرق وأساليب ووسائط حديثة تؤكد على مبادئ المشاركة والخبرة والتعلم الذاتي وتفريد التدريب.

ولقد برزت الحقيبة التدريبية كأحد الوسائط الحديثة التي أخذت برامج التدريب توظيفها وتعتمد عليها في عمليات التدريب لما تتميز به من خصائص ومقومات تؤهلها وتعتمد عليها في عمليات التدريب لما تتميز به من خصائص ومقومات تؤهلها لأن تحتل موقعها بين وسائط التدريب الحديثة لما تتمتع به من كفاءة وفعالية.

8-8 مقارنة بين خصائص التعليم التقليدي والتعليم بواسطة الحقائب التدريبية

يظهر من خلال الجدول (8-3) وجة الاختلاف ما بين التعليم التقليدي والتعليم بواسطة الحقائب التدريبية .

الجدول (8-3)

مقارنة بين خصائص التعليم التقليدي والتعليم بواسطة الحقائب التدريبية

الخاصية	التعليم التقليدي	التعليم بواسطة الحقائب التدريبية
خبرات التعلم	المحاضرات قراءة النصوص التي تركز على عملية التعليم والتدريس الجماعي	ترابط متكامل في الخبرات التعليمية، والتركيز على الدراسة المستقلة وعلى عملية التعلم
دور المعلم	موزع للمعلومات	مشخص تربوي، موجه، مصدر للدافعية، الشخص كمصدر للمعلومات
الأهداف	يجب أن تستنتج من محتويات الاختبارات والمواد التعليمية/ ملاحظات المحاضرات	توضع بوضوح وبالإشارة إلى أداء الطالب، وتستخدم كأسس لاختبار المواد التعليمية
التحكم بسرعة التعليم	الجمود في خطوات التعلم وتحكم جماعي بسرعة التعليم	يمكن للمتعلم أن يتقدم اعتماداً على تحكم ذاتي بسرعة تعلمه.
تفريد التعليم	توجيه جماعي	تفريد التعليم بشكل عال، يستطيع المتعلم أن يختار أو يهمل المواد التعليمية كما هو مطلوب.
المشاركة	مشاركة سلبية، استماع أو قراءة	مشاركة نشطة وظاهرة، تقويم ذاتي، التعلم عن طريق العمل.
التحصيل	توقع الفروق الفردية عند المتعلمين	توقع إتقان الأداء من قبل جميع المتعلمين.
الوقت	عادة يكون ثابتاً لجميع المتعلمين	يمكن أن يختلف الوقت المكرس للإتقان اختلافاً كبيراً ما بين الأفراد.
المرونة	فترات محددة للمحاضرات والنشاطات الجماعية	الوقت يمكن ضبطه بما يتناسب ودرجة الإتقان المطلوبة ويتفاوت بشكل كبير ما بين الأفراد.
التعزيز	مبنية على الاختبارات المتقطعة وامتحانات نهاية الفصول الدراسية	تعزيز فوري للتعلم من خلال اختبارات التقييم الذاتي ومواد التعلم.

الاختبار	يجري فقط من أجل العلاقة، ويتم الاختبار وفقاً لمعايير مطلقة	يجري من أجل إعطاء تغذية راجعة للمتعلم، ويتم الاختبار وفقاً للإتقان.
الحركية	قليلة جداً: تعتمد على محاضرة حية	عالية جداً، مبنية على مواد دراسية مستقلة.
المراجعات	عادة ما تعكس ما يفضله المعلم وربما إعادة تنظيم كاملة	تقوم على أداء الطالب، يمكن مراجعة أجزاء الحقائب التدريبية ببساطة.
نجاح المساق في تحقيق الأهداف	لا يوجد عملية تقويم داخلية مستمرة باستثناء الأحكام الشخصية للمعلم	مبني على التحصيل أو أنه ليس مبنياً على أهداف محددة من قبل المتعلمين، تقود إلى مراجعة للحقائب التدريبية مثلما تتطلب الحاجة.

9-8 تمارين تطبيقية للحقائب التدريبية

استمارة لتقويم حقيبة تدريبية

اسم الحقيبة:

اسم المقوم: **التخصص الدقيق:**

المؤهل العلمي للمقوم: **مكان العمل:**

الأخ المقوم:

تحية طيبة:

بين يديك حقيبة تدريبية، يرجى إبداء رأيك والمساعدة في تقويم هذه الحقيبة، ووضع إشارة (×) في الحقل المناسب من سلم التقدير/ وفقاً للعناصر المبينة في المجالات في الاستمارة شاكرين لكم تعاونكم .

وتفضلوا بقبول فائق الاحترام والتقدير

فريق إعداد الحقيبة التدريبية

الرقم	المجال	سلم التقدير			ملاحظات
		بدرجة جيد جداً	بدرجة جيد	بدرجة متوسط	
أولاً: الحقيبة من حيث الشكل					
.1	هل عنوان الحقيبة محدد ومصاغ صياغة جيدة.				
.2	هل يعبر العنوان بوضوح عن الفكرة العامة للحقيبة التدريبية.				
.3	هل تصميم الحقيبة جذاب.				
.4	هل تصميم الحقيبة يساعد على إعادة استخدامها حين الحاجة مرة أخرى.				
.5	هل جمعت الحقيبة بصورة متينة، وهل حجمها يجعلها سهلة التناول/التداول.				
.6	هل طباعة الحقيبة جيدة.				
.7	هل اللغة التي استخدمت في الحقيبة واضحة وتناسب الفئة المستهدفة والمستفيدة من الحقيبة.				
.8	هل الحقيبة مفهرسة بصورة واضحة.				
.9	هل المادة العلمية مبوبة بحيث تظهر العناوين ورؤوس الموضوعات بوضوح.				
.10	هل الرسومات الجداول، النماذج المستخدمة في الحقيبة واضحة ومرتبة على فهم ودراسة الحقيبة.				
.11	هل النظرة الشاملة منظمة وواضحة.				
.12	هل توضح النظرة الشاملة الفكرة العامة والهدف الختامي للحقيبة.				

الرقم	المجال	سلم التقدير			ملاحظات
		بدرجة جيد جداً	بدرجة جيد	بدرجة متوسط	
.13	هل يوضح التبرير محتوى الحقيبة ومكوناتها والنظام الذي ترتبت فيه محتويات/مكونات الحقيبة ويعطي مستخدم الحقيبة تصوراً عاماً عنها ويساعده في الإفادة منها.				
.14	هل يشير التبرير إلى الفئة المستفيدة من الحقيبة.				
.15	هل دليل المدرب/المعلم منظم وواضح ويشير على دور المدرب بوضوح.				
.16	هل دليل المتدرب/المتعلم منظم وواضح ويشير إلى دور المتدرب/المتعلم بوضوح.				
.17	هل خريطة سير التدرب واضحة ومنظمة وتسهل على المتدرب/المتعلم السير في استخدام الحقيبة.				
.18	هل إرشادات استخدام الحقيبة في كل من (دليل المدرب، دليل المتدرب، خريطة سير التدرب/التعلم واضحة وكافية وتعطي فكرة واضحة عن كيفية استخدام الحقيبة.				
ثانياً: محتوى الحقيبة: **1:2 الأهداف**					
.19	مدى وضوحها ودقة صياغتها وتحديدها.				
.20	مدى شموليتها، وترجمتها للمفاهيم والمهارات والاتجاهات التي تعالجها الحقيبة إلى أنماط سلوكية قابلة للتحقيق.				
.21	مدى تعاقبها وتسلسلها.				

الرقم	المجال	سلم التقدير			ملاحظات
		بدرجة جيد جداً	بدرجة جيد	بدرجة متوسط	
22.	مدى مناسبتها للمتدربين/المتعلمين وتلبية احتياجاتهم.				
23.	مدى توجيهها لنشاط المتدرب/المتعلم نحو تحقيقها.				
24.	هل عدد الأهداف كاف.				
25.	هل تغطي الأهداف مختلف مستويات المجال المعرفي والانفعالي والنفس حركي.				
2:2 المادة العلمية:					
26.	مدى وضوحها وسهولة فهمها وسلامة لغتها.				
27.	درجة دقة المعلومات وموضوعيتها.				
28.	مدى شموليتها في معالجة الموضوع.				
29.	مدى حداثة المعلومات.				
30.	درجة التسلسل/الترتيب المنطقي للمعلومات والأفكار وتنظيمها.				
31.	درجة ارتباط المادة العلمية باحتياجات المتدربين/المتعلمين.				
32.	درجة الارتباط بين المادة العلمية والأهداف.				
33.	درجة التوثيق العلمي.				
34.	درجة حداثة المراجع ومصادر المعلومات.				
35.	مدى إمكانية الإفادة من المادة العلمية من قبل المتعلمين/المتدربين في أعمالهم.				
3:2 النشاطات التدريبية/التعليمية/الأنشطة التطبيقية					
36.	مدى تنوعها ومراعاة/الفروق الفردية بين المتدربين/المتعلمين.				
37.	مدى قدرة النشاطات على اكساب المتدربين/المتعلمين للمعارف والمفاهيم والمهارات المختلفة.				

الرقم	المجال	سلم التقدير			ملاحظات
		بدرجة جيد جداً	بدرجة جيد	بدرجة متوسط	
.38	مناسبة النشاطات للمتعلم/المتدرب على تحقيق الأهداف.				
.39	مدى مساعدة النشاطات للمتعلم/المتدرب على تحقيق الأهداف.				
.40	ملاءمة الأسئلة الواردة في الأنشطة لتحفيز المتعلم/المتدرب ومساعدته في الوصول إلى اتقان التعلم.				
.41	درجة وضوح الأنشطة وسهولة التفاعل معها.				
.42	درجة تنمية الأنشطة لروح الاعتماد على الذات والثقة في النفس لدى المتعلم.				
4:2 التقويم **1:4:2 الاختبار القبلي**					
.43	درجة شمولية فقرات الاختبار للأهداف التعليمية والمادة العلمية.				
.44	درجة تشخيص الاختبار لاستعداد المتعلم/المتدرب قبل دراسة الحقيبة.				
.45	مستوى تقديم الاختبار تغذية راجعة للمتعلم عن مدى امتلاكه للمفاهيم والمهارات التي تتضمنها المادة العلمية.				
.46	درجة كشف الاختبار عن الصعوبات التي قد تعترض المتعلم عند دراسة الحقيبة.				
.47	مستوى تحفيز الاختبار للمتعلم/المتدرب على السير قدما في دراسة الحقيبة؟				
.48	مناسبة تحديد نسبة 80% كمعيار لاتقان التعلم والنجاح في الاختبار.				
.49	درجة كفاية عدد فقرات الاختبار.				

الرقم	المجال	سلم التقدير			ملاحظات
		بدرجة جيد جداً	بدرجة جيد	بدرجة متوسط	
.50	مستوى تركيز الفقرات على كافة مستويات المجال المعرفي.				
2:4:2 الاختبار الذاتي:					
.51	مدى كشف الاختبار الذاتي لمواطن القوة والضعف في التحصيل عند المتعلم/المتدرب أثناء دراسة الحقيبة بصورة مستمرة.				
.52	درجة تنمية الاختبار الذاتي لروح الاعتماد على الذات لدى المتعلم في تعلمه.				
.53	مدى تنمية الاختبار الذاتي لروح الأمانة والدقة والثقة بالنفس لدى المتعلم أثناء تعلمه.				
.54	مدى شمولية فقرات الاختبار الذاتي للأهداف التعليمية والمادة العلمية.				
.55	درجة مساعدة الاختبار الذاتي للمتعلم للوصول في تعلمه إلى مستوى الاتقان.				
.56	درجة وضوح ودقة صياغة فقرات الاختبار الذاتي والتطبيقي.				
.57	مدى تقديم مفتاح إجابة الاختبار الذاتي للتعزيز الفوري والتغذية الراجعة للمتعلم.				
3:4:2 الاختبار البعدي/الختامي					
.58	مدى وضوح ودقة صياغة فقرات الاختبار.				
.59	مدى شمولية فقرات الاختبار للأهداف والمادة العلمية.				
.60	مدى تقديم الاختبار البعدي تغذية راجعة للمتعلم عن مدى امتلاكه للمفاهيم والمهارات التي تتضمنها المادة العلمية.				

الرقم	المجال	سلم التقدير			ملاحظات
		بدرجة جيد جداً	بدرجة جيد	بدرجة متوسط	
.61	مدى كشف الاختبار البعدي للصعوبات التي تعترض المتعلم أثناء دراسة الحقيبة.				
.62	مناسبة تحديد نسبة 80% كمعيار لاتقان التعلم والنجاح في الاختبار.				
.63	مستوى تركيز فقرات الاختبار على كافة مستويات الأهداف التعليمية في المجال المعرفي.				
.64	كفاية عدد فقرات الاختبار.				
.65	مدى تقديم مفتاح إجابة فقرات الاختبار للتعزيز الفوري والتغذية الراجعة للمتعلم/المتدرب.				
ثالثاً: المنهجية العلمية (مراعاة الأسس العلمية لإعداد الحقائب التدريبية)					
.66	مدى انسجام تصميم الحقيبة التدريبية مع منحى النظم بحيث يتضمن خطوات (التحليل والتركيب والتنفيذ والتقويم).				
.67	مدى ترتيب عناصر الحقيبة بصورة منطقية.				
* مدى مراعاة الحقيبة لمبادئ تفريد التعليم والتربية المستديمة التالية:					
.68	أ.مبدأ التعليم الذاتي الموجه.				
.69	ب.مبدأ مراعاة الفروق الفردية بين المتعلمين.				
.70	جـ مبدأ تنامي وتراكم الخبرات على أسس مستمرة.				
.71	د.مبدأ التطابق بين النظرية والتطبيق.				
.72	هـ.مبدأ تعلم "كيف أتعلم".				
.73	و.مبدأ المرونة في الاستخدام وقابلية الحقيبة للمراجعة والتحسين والتطوير.				
.74	ز.مبدأ الديمقراطية في التعليم والتعلم.				

الرقم	المجال	سلم التقدير			ملاحظات
		بدرجه جيد جداً	بدرجه جيد	بدرجه متوسط	
.75	ح.مبدأ الدافعية وحفز الدارسين؛ خاصة التعزيز الذاتي.				
.76	ط.مدى مراعاة الحقيبة لمرتكزات التعليم الاتقاني.				
.77	ي.مدى تحديد دور كل من المدرب/المعلم والمتدرب/المتعلم بصورة محددة وواضحة.				
رابعاً: تقنيات التعليم					
.78	مدى الاستفادة من منحى النظم في تقنيات التعليم في إعداد الحقيبة (التحليل، التركيب، التنفيذ، التقويم).				
.79	مدى الاستفادة من قواعد تصميم التعليم في إعداد وترتيب عناصر ومكونات الحقيبة.				
.80	مدى وضوح الرسومات والنماذج والأشكال وإسهامها في تسهيل عملية التعليم واستخدام الحقيبة.				
.81	مدى وضوح الشفافيات ومناسبتها للمادة العلمية.				
.82	مدى إمكانية إفادة المتدرب من الشفافيات المرفقة بالحقيبة.				
.83	مدى إمكانية توفير الشفافيات بسهولة.				
خامساً: التقدير العام					
.84	مدى قابلية الحقيبة للاستخدام في التعليم/التدريب.				
.85	مدى تلبية الحقيبة لاحتياجات المتدربين/المتعلمين.				

الرقم	المجال	سلم التقدير			ملاحظات
		بدرجة جيد جداً	بدرجة جيد	بدرجة متوسط	
86.	مدى تلبية الحقيبة لاحتياجات المجتمع والتدريب.				
87.	درجة التوازن بين فاعلية الحقيبة من جهة وكفايتها أو كلفتها من جهة أخرى.				

اقتراحات:

1.

2.

استمارة تقويم الحقائب التدريبية

اسم الحقيبة: المؤهل العلمي للمقوّم: مكان العمل:

اسم المقوّم: التخصص الدقيق للمقوّم:

الأخ المحترم خبير التقويم

تحية طيبة وبعد:

صُمِّمت هذه الاستمارة لتقويم الحقائب التدريبية التي أعدت لتدريب المسؤولين عن التدريب في مؤسسات التعليم والتدريب، وتشتمل على أربعة مكونات أساسية يندرج تحت كل منها عدد من العناصر التقويمية. وهذه المكونات هي:

1-تقدير الاحتياجات.

2-الأهداف.

3-التصميم.

4-التقويم.

وقد وضع أمام كل عنصر سلم تقديري متدرج من خمس درجات (بدرجة كبيرة جداً، بدرجة كبيرة، بدرجة متوسطة، بدرجة قليلة، بدرجة قليلة جداً) والمرجو وضع علامة (×) في المربع المناسب الذي يشير إلى الدرجة التي ترى أنها تعبر عن تقديرك لمدى توافر كل من هذه العناصر في الحقيبة التدريبية التي بين يديك.

ولكم الشكر والتقدير

الرقم	المجال	بدرجة كبيرة جداً	بدرجة كبيرة	بدرجة متوسطة	بدرجة قليلة	بدرجة قليلة جداً
(أولا) تقدير الاحتياجات:						
(1)	تم حصر الاحتياجات بناء على دراسة تقدير الاحتياجات					
(2)	الاحتياجات التي حددت تعالج مشكلات تدريبية/ تعليمية ذات أهمية ميدانية					
(3)	الاحتياجات التي حددت تهم جمهور المتدربين					
(4)	تلبي الحقيبة احتياجات المتدرب					
(ثانياً) الأهداف:						
(5)	تمثل الأهداف الاحتياجات التدريبية/ التعليمية الموضوعة					
(6)	تشمل الأهداف مستويات مختلفة للمجال المعرفي					
(7)	تشمل الأهداف المجال الوجداني					
(8)	تشمل الأهداف المجال المهاري					
(9)	تتميز الأهداف بقابليتها للتحقق					
(10)	تتميز الأهداف بقابليتها للقياس					
(11)	الأهداف واضحة					
(12)	الأهداف محددة بدقة ومصاغة صياغة جديدة					
(13)	تشتمل الأهداف على المكونات الأساسية للهدف السلوكي					
(ثالثاً) التصميم:						
(1) المحتوى وأساليب عرضه:						
(14)	المادة العلمية ملائمة للأهداف الموضوعة					
(15)	روعي التسلسل المنطقي للمحتوى					
(16)	يتميز المحتوى بالدقة العلمية					

(17)	تتميز المادة العلمية بالحداثة					
(18)	المحتوى مترابط					
(19)	المحتوى متكامل					
(20)	يستند المحتوى إلى مرجعية علمية					
(21)	يستند المحتوى إلى مرجعية علمية					
(22)	أساليب العرض ملائمة لخصائص أساليب التعلم الذاتي					
(23)	أساليب العرض متنوعة					
(24)	أساليب العرض مشوقة					
(25)	لغة العرض مناسبة للمتدرب					
(26)	لغة العرض سليمة					
(27)	المفاهيم والمصطلحات واضحة					
(28)	الأمثلة التوضيحية كافية					
(29)	أساليب العرض مثيرة للتفكير					
(30)	تحفز أساليب العرض استمرارية التعلم عند التدرب					
(31)	استخدم أسلوب الحوار في العرض					
(32)	إجراءات السير في النشاط واضحة					
(ب) الأنشطة والوسائط:						
(33)	الأنشطة والوسائط ملائمة للأهداف الموضوعة					
(34)	تسهم الوسائط في تحقيق الأهداف الموضوعة					
(35)	تتنوع وتتعدد الأنشطة والوسائط					
(36)	تتوافر الوسائط للمتدرب					
(37)	يسهل على المتدرب استخدام الوسائط					
(38)	تشجع الأنشطة والوسائط المتدرب على المشاركة الفاعلة					
(39)	تتيح الأنشطة والوسائط فرصة التفاعل بين المتدربين					

(40)	تتيح الأنشطة والوسائط فرصة التفاعل بين المتدربين					
(41)	الأنشطة والوسائط ملائمة للاستخدام الفردي					
(42)	الأنشطة والوسائط ملائمة للاستخدام الجامعي					
(43)	تشتمل الحقيبة على أنشطة إثرائية					
(44)	تشتمل الحقيبة على أنشطة علاجية					
(45)	روعي في تصميم الحقيبة الأسس الفنية					
(46)	روعي في تصميم الحقيبة خصائص التعلم الذاتي					
(ج) شكل الحقيبة:						
(47)	صياغة العنوان محددة وواضحة					
(48)	يعبر العنوان عن الفكرة العامة للحقيبة					
(49)	شكل الحقيبة جذاب					
(50)	تصميم الحقيبة يساعد على إعادة استخدامها حين استخدامها مرة أخرى					
(51)	الطباعة جيدة					
(رابعاً) التقويم:						
(52)	أدوات التقويم القبلي متوافرة في الحقيبة					
(53)	التدريبات متوافرة في الحقيبة					
(54)	أدوات التقويم كافية لقياس مدى تحقق الأهداف المحددة					
(55)	التدريبات ملائمة لتحقيق الهدف المرجو منها					
(56)	مفتاح إجابة التدريبات متوافر					
(57)	تضمنت التدريبات تعليمات تساعد المتدرب في التعرف على مدى تقدمه					
(58)	روعيت الأسس الفنية في بناء الاختبارات					
(59)	أنواع بنود الاختبار القبلي ملائمة للهدف منها					

مقترحات لتحسين الحقيبة فيما يتعلق بالمكونات الآتية:

1- التبرير: ....

2- الأهداف: ....

3- الاختبار القبلي:...

4- المحتوى والأنشطة والوسائل:..

5- شكل الحقيبة:..

6- التقويم:...

أسئلة الفصل الثامن

س1 : ما هو مفهوم الحقيبة التدريبية .

س2 : ما هي خصائص ومميزات الحقيبة التدريبية .

س3 : ما هي منهجية الحقيبة التدريبية .

س4 : ما هي مكونات الحقيبة التدريبية .

س5 : ما هو دليل إعداد الحقيبة التدريبية.

ضع دائرة حول الاجابة الصحيحة فيما يلي :

س1 :ما هو مفهوم الحقيبة التدربية .

أ- مجموعة من الخبرات التدريبية يتم تصميمها من قبل خبراء مختصين بطريقة منهجية ومنظمة ومنسقة .

ب- وتستخدم كوسيط للتدريب من قبل المدرب أو المشرف على البرنامج التدريبي.

ج- وتشتمل الحقيبة التدريبية على مواد وأنشطة وخبرات تدريبية تتصل بموضوع تدريبي معين.

د- جميع ما ذكر صحيح .

س2 :تتضمن الحقيبة التدربية العناصر الأساسية للتدريب وهي .

أ- الأهداف .

ب- النشاطات والمواد والخبرات التدريبية .

ج- التقويم .

د- جميع ما ذكر صحيح .

س3 :خصائص الحقيبة التدريبية .

أ‌- المنهجية.

ب- بعض ما ذكر صحيح .

ج- التفريد.

د- السرعه .

س4 : من عناصر الحقائب التدريبية .

أ‌- أن يكون لكل حقيبة عنوان أو اسم خاص .

ب- أن تركز الحقيبة التدريبية على مهارة واحدة محددة أو مجموعة من المهارات المترابطة.

ج- أن تركز الحقائب التدريبية على المتدرب أكثر من المدرب .

د- جميع ما ذكر صحيح .

س5 : من خصائص اهداف الحقيبة التدريبية .

أ‌- أن تكون الأهداف واضحة ومحددة وبسيطة غير مركبة.

ب- أن تكون الأهداف غيرمصاغة بلغة السلوك عند المتدرب ويمكن قياسها.

ج- أن تحدد الأهداف أداء المدرب الذي سيتقنه بعد الانتهاء من ممارسة النشاطات المتضمنة في الحقيبة.

د- جميع ما ذكر صحيح .

س6 : ما هي مكونات الحقيبة التدريبية .

أ‌- المسوغات أو المبررات لإعداد واستخدام الحقيبة التدريبية في البرنامج التدريبي.

ب- وصف مختصر لمحتويات الحقيبة التدريبية ووحداتها أو أقسامها والنشاطات والخبرات المتضمنة فيها.

ج- الأهداف السلوكية أو الأدائية التي ينتظر أن تسهم الحقيبة التدريبية في تحقيقها لدى المتدربين بعد الانتهاء من عملية التدريب.

د- جميع ما ذكر صحيح .

س7 : يشتمل دليل الحقيبة التدريبية على :

أ‌- عدم توضيح محتويات البرنامج وأهدافه وشروطه ومدته والوظائف المستهدفة .

ب‌- توضيح الوحدات التدريبية لكل مادة وزمنها وأهدافها وموضوعاتها .

ج‌- عدم توضيح الأدوار المشاركة في التدريب (المدرب و المتدرب)

د‌- جميع ما ذكر صحيح .

س8 : ويهدف دليل الحقيبة التدريبية إلى :

أ‌- توضيح دور المدرب في العملية التدريبية .

ب‌- توضيح الأنشطة التدريبية وإجراءات تنفيذها وادارتها ضمن إطار زمني محدد.

ج‌- يوفر الدليل الوسائل التدريبية المساعدة (التقييمات).

د‌- جميع ما ذكر صحيح .

س9 : تتضمن الحقيبة التدريبية عددا من الأدلة ومنها:

أ‌- دليل المتدرب.

ب‌- دليل المواطن .

ج‌- دليل التخطيط الاستراتيجي .

د‌- جميع ما ذكر صحيح .

س10 :التبرير هذا الجزء من الحقيبة التدريبية يجيب عن الأسئلة التالية:

أ‌- لماذا تعتبر هذه الحقيبة ضرورية للمتدربين؟

ب‌- لماذا يعتبر تضمين هذه الحقيبة التدريبية في البرنامج التدريبي أساساً لتلبية حاجات المتدربين المهنية؟

ج‌- من هو الجمهور المستهدف أو المنتفع من هذه الحقيبة التدريبية .

د‌- جميع ما ذكر صحيح .

الاجابة الصحيحة

1.د
2.د
3.ب
4.د
5.أ
6.د
7.ب
8.د
9.أ
10. د

مراجـع الفصل الثامن

1. البحيصي، خليل: "الوقاية من حوادث الطرق" رزمة تعليمية لمعلمي ومعلمات المرحلة الابتدائية، ED/H/3. معهد التربية، دائرة التربية والتعليم/ اليونسكو، عمان، 1981.

2. خطاب، محمد "المجمعات التعليمية: ماهيتها وخصائصها".E/20 Pt. 3، دورات التربية في أثناء الخدمة، معهد التربية، اونروا/اليونسكو، الرئاسة العامة لوكالة الغوث،عمان،1981م.

3. زاهر، فوزي أحمد، "كيف تكتب رزمة تعليمية نص للتدريب، ندوة قادة التقنيات التربوية، من 15-20 نوفمبر، 1980.

4. زاهر، فوزي أحمد: "الرزم التعليمية، خطوة على طريق التفريد"، مجلة تكنولوجيا التعليم، العدد الخامس، السنة الثالثة، الكويت، المركز العربي للتقنيات التربوية، من 15-20 نوفمبر، 1980.

5. الشايب، محمد، "تصميم رزمة تعليمية للصف الثالث الإعدادي في الأردن ودراسة فاعليتها في تعلم بعض المفاهيم العلمية بالمقارنة مع الطريقة التقليدية"، رسالة ماجستير غير منشورة، جامعة اليرموك، اربد، 1983.

6. صالح، عبد الرحيم، "الرزم التعليمية"، مجلة تكنولوجيا التعليم، العدد الخامس، السنة الثالثة، الكويت، المركز العربي للتقنيات التربوية، 1980.

7. الطوبجي، حسين حمدي، "الحقائب التعليمية" مجلة تكنولوجيا التعليم، العدد الخامس، السنة الثالثة، المركز العربي للتقنيات التربوية، 1980.

8. غالب، حيدر، "استخدام الحقائب التعليمية في التعليم الطبي"، ندوة قادة التقنيات التربوية في الأقطار العربية، الكويت، المركز العربي للتقنيات التربوية في الأقطار العربية، الكويت، المركز العربي للتقنيات التربوية من 15-20 نوفمبر، 1980.

9. الغزاوي، محمد "الرزم والمجتمعات التعليمية" الدورة التدريبية العربية في طرق التدريس واستخدام التقنيات التربوية الحديثة في التعليم التقني"، عمان، كانون الأول، 1982.

10. محمود، إبراهيم، "دليل الحقائب التدريسية في مجالات الإدارة"، سلسلة البحوث الإدارية 321، المنظمة العربية للعلوم الإدارية، إدارة البحوث والدراسات، عمان، الأردن، 1988.

11. مولنيدا، مايكل، "الحقائب التعليمية والتعليم المفرد" جامعة انديان وجامعة تـوت للتكنولوجيا، مؤتمر قادة التقنيات التربوية في الأقطار العربية، الكويت، من 15-20 نوفمبر، 1980.

12. الناشف، عبد الملك: "الحقائب والرزم التعليمية" مجلة تكنولوجيا التعليم، العدد الخامس، السنة الثالثة، الكويت، المركز العربي للتقنيات التربوية، 1980.

13. عبداللطيف بن صالح بن عبد اللطيف و أخرون(2002) الإدارة العامة للتعلـيم بمنطقـة الباحـة، شبكة الإنترنت، 2008 .

الفصل التاسع

إدارة الأنشطة التدريبية

الفصل التاسع
إدارة الأنشطة التدريبية

الأهداف التعليمية للفصل :

يهدف هذا الفصل الى تزويد القارىء بالمعلومات التي تمكنه من :

1. مفهوم ادارة الانشطة التدريبية .

2. الية إدارة الانشطة التدريبية .

3. بيئة التدريب .

4. إدارة افتتاحية البرنامج التدريبي .

5. آلية تنظيم مرحلة تنفيذ التدريب .

6. طبيعة دور أخصائي التدريب .

7. المهارات الادارية والسلوكية لاخصائي التدريب.

8. الانشطة الرئيسية لاخصائي التدريب .

المقدمـــة

تعتبر إدارة الانشطة التدريبية من اهم المراحل بنجاح فلسفة العملية خاصة اذا تم إداراتها مـن قبـل موظفين مختصين وإذا لم يكن هناك برنامج تخطيطي للتدريب فليس معنى ذلك أن تكاليف التـدريب قـد تم حذفها أو استبعادها .والموظف أو العامل مطالب بأن يدرب نفسـه بطريقـة" المحاولـة و الخطـأ "أو عـن طريق مشاهدة غيره أثناء العمل .ولقد أثبتت الشواهد أنـه في حالـة عـدم وجـود برنـامج مـنظم للتـدريب ترتفع تكاليف الأداء ارتفاعاً ملحوظاً وذلك ليس فقط بسبب طول الفترة التي يقضيها الموظف أو العامل في التعليم، لكن أيضاً بسبب أن هذا الموظف أو العامل سوف لن يتعلم سبل الإنجاز المثلى.

هذا ويجب أن يراعى عند إعداد برنامج جيـد للتـدريب العمـل عـلى تحقيـق مصـالح كـل مـن الإدارة و العاملين في وقت واحد أو بمعنى آخر يجب العمل على تحقيق التقارب بين هذه المصالح أو جعلها متماثلـة ما أمكن .أن المنافع التي يمكن للمنشأة أن تحققها نتيجة إكساب موظفيها وعمالهـا ألـوان المعرفـة والمهـارة عديدة، والتدريب الكافي أمر حيوي بالنسبة للموظف أو العامل، وأن المهارة المكتسبة عـن طريـق التعلـيم والتدريب تعد بمثابة أصل يمكن استبعاده فقط أو الاستغناء عنه إذا استبعدنا آلية الحاجة إلى تلـك المهـارة . وتبدو قيمة التدريب واضحة بالنسبة للموظف أو العامل في أنه يؤمن له حياة عمل وكسب أفضـل، ويـوفر له فرصة أعظم للتقدم داخل أو خارج المنشأة القائمة .هذا ويجب على طالب العمل أو الوظيفة غير المدرب أن يبدي اهتماماً زائداً ببرنامج التدريب بالمنشأة يفوق اهتمامه بالمرتب الذي سيبدأ به عمله، إذ أنه غالباً ما يحدث أن العمل ذا الأجر المنخفض آثيراً ما يوفر الفرصة الكبـيرة للتـدريب، وقـد يـبرهن عـلى أنـه الاختيـار السليم في الأمد الطويل، والتدريب هو إحدى مجالات الإدارة التي يكون فيها لرب العمل وللعامـل مصـالح متبادلة ومشتركة، ونظراً لاتساع الموضوع وتعدد الآراء،فسوف تكون المناقشة خاصة ومتعمقة، وعلى الـرغم من أن المبادئ الأساسية للتدريب يجب تطبيقها

لكلا النوعين من الأفراد إلا أن الاختلاف في واجباتهما ومسئولياتهما تتطلب أساليب مختلفة في، ولهذا فانه في هذا الفصل سيتم تناول موضوع أدارة الانشطة التدريبية والالية التي تدار بها والظروف الملائمة لنجاح العملية التدريبية بالشكل المطلوب .

1-9 مفهوم إدارة الأنشطة التدريبية

إن مفهوم ادارة الانشطة التدريبية يتضمن كافة الانشطة والعمليات والاجراءات التي تقوم بها الوحدات المختصة بالتدريب داخل وخارج منظمات الاعمال وان ضمان واستمرارية هذه الانشطة بوتيرة سليمة يؤدي الى نجاح العملية التدريبية (السكارنه . بلال . 2008) .

اما الواجبات الأساسية لوحدات التدريب لنجاح نشاط التدريب :

1. الإشراف المباشر على قواعد البيانات والتأكد المباشر من متابعة إثراء هذه القواعد.

2. تصنيف قواعد البيانات المتاحة إلى مجموعات وفئات متجانسة حسب الأنظمة ومتطلبات الخطط المتفق عليها.

3. تنشيط ومتابعة العلاقات العامة مع الفئات المستهدفة والجهات التدريبية ومراكز الاستشارات المحلية والدولية والمدربون.

4. متابعة مراحل تصميم واعداد وتنفيذ وتقويم البرامج التدريبية مع كافة الجهات المختصة والإنهاء من الإجراءات حسب فترة البرنامج.

5. استدراج وتحليل عروض الأسعار وتنظيم هذه العروض في كشف تحليل العروضات وبيان مدى مطابقة كل مناقص المعايير والشروط (حسب النماذج الخاصة) .

6. إعداد تقرير سنوي إحصائي للعمليات التدريبية تشتمل العناصر الرئيسية التالية :

أ - عدد الدورات التدريبية التي أعلن عنها والمنفذ منها.

ب - عدد المستفيدين من البرامج التدريبية.

جـ - مصاريف التدريب العامة.

2-9 آلية إدارة الانشطة التدريبية

لضمان نجاح العملية التدريبية لا بد ان تدار الانشطة التدريبية من بداية فكرة عقد برنامج تدريبية وحتى اخر مرحلة من مراحل إدارة الانشطة التدريبية وهي على النحو التالي:

أولاً: التخطيط الإداري والمكتبي للتدريب .

يقصد بالتخطيط الإداري والمكتبي للتدريب هو كل ما له علاقة بالدورة التدريبية وتنظيمها فيما عدا التدريب نفسه ولا يستطيع أن يشاهده المشاركون أو يدخل في محتوى التدريب. والتخطيط الإداري والمكتبي هام لكل الجهات المعنية بالتدريب وذلك على النحو التالي:

1- **للمدرب:**

أ- يساعد في إعداد خطة كل جلسة تدريبية وحفظها.

ب- التنسيق بين المدربين في المواعيد والاجتماعات.

ت- تجهيز وترتيب الأدبيات.

ث- تجهيز الأدوات والمعينات التدريبية.

ج- توزيع أسماء وأماكن المدربين على المتدربين.

2- **للمتدرب:**

أ- الاتصال بالمتدربين وإرسال دعوات الحضور وبرنامج الدورة.

ب- معرفة مواعيد وصول المتدربين.

ت- حل أي مشاكل تواجه المتدربين عند إقامتهم.

ث- ترتيب أي رحلات ميدانية أو ترفيهية.

ج- تسجيل قائمة بأسماء وعناوين المتدربين.

3- **للجهة المنظمة للتدريب:**

أ- حفظ أسماء وعناوين المشاركين بملف لوضعها على قائمة المراسلات للجهة.

ب- حفظ ملف تدربي كامل يمكن الرجوع إليه عند الحاجة.

ت- توثيق الدورة التدريبية.

4- **الجهة الممولة للتدريب:**

أ‌- حفظ المراسلات التي تتم بين الجهة المنفذة للتدريب والجهة الممولة له.

ب- الحصول على عروض أسعار لتكلفة إقامة الدورة من أكثر من مكان حتى تختار الهيئة الممولة المكان المناسب.

ت- تسجيل الموضوعات اليومية وإرسال نسخة للجهة الممولة مع الميزانية.

ث- إرسال ملف الدورة وتقاريرها للجهة الممولة.

ثانياً : تحديد الاحتياجات الإدارية والمكتبية للتدريب .

لكل مرحلة احتياجات إدارية ومكتبية مختلفة وحتى يستطيع منسق برنامج التدريب أن يتذكر كل هذه الاحتياجات وترتيب تنفيذها يفضل أن تقسم مراحل التدريب كما في الشكل التالي:

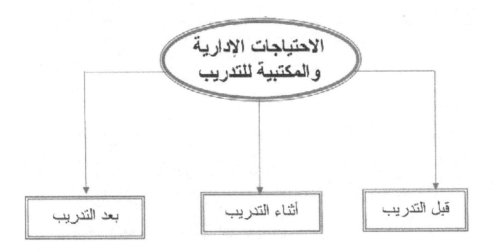

الشكل (9-1) الاحتياجات الإدارية والمكتبية للتدريب

ولعدم إغفال أي شيء يفضل تسجيل المهمة ومن سيقوم بتنفيذها ومتى سينتهي منها كما في الجدول التالي:

متى سيتم تنفيذها	من سيقوم بها	المهمة/ الاحتياج

ثالثاً: الاحتياجات الادارية قبل بدء التدريب .

أ) فترة الإعداد مع الجهة الممولة:

أ-   إرسال مقترح المشروع .

ب-   معرفة الشخص المسئول .

ت-   استلام عقد التنفيذ والتمويل للدورة.

ث-   التنسيق مع الجهة الممولة على مكان وموعد التنفيذ.

ب) فترة الإعداد للدورة التدريبية:

أ-   إرسال خطابات المشتركين.

ب-   الاتصال بالمشتركين والتأكد من حضورهم.

ت-   الاتصال بالأماكن المقترح تنفيذ الدورة بها والحصول على عروض وأسعار وزيادة الأماكن لاختيار أنسبها.

ث-   الاتصال بالمدربين والتنسيق بينهم وإعطائهم جدول الدورة.

ج-   استلام خطة كل جلسة تدريبية من كل مدرب.

ح-   استلام الأدبيات الخاصة بكل مدرب وتسليمها للطباعة والتصوير.

خ-   ترتيب الأدبيات تبعاً لاستخدامها بالتدريب.

د-   تجهيز الأدوات التدريبية المساعدة والتأكد من صلاحيتها للعمل.

ذ-   شراء وتجهيز ملفات التدريب الخاصة بكل متدرب والأدوات المكتبية التي سيحتاجها.

ر-   توفير وسيلة نقل لكل الاحتياجات التدريبية لمكان الدورة.

ز-   توفير وسيلة نقل لكل المتدربين المغتربين لمكان الدورة.

س- تجهيز مبلغ من المال للصرف فيه أثناء فترة الإعداد (نثريات الدورة).

رابعاً :الاحتياجات الادارية أثناء التدريب .

أ- تسكين المتدربين من خارج منطقة التدريب وتوفير الراحة لهم.

ب- مراجعة تنظيم القاعة بما يتناسب مع خطط الجلسات.

ت- ترتيب الأدبيات بالقاعة لكل جلسة بما يتناسب مع خطط الجلسات.

ث- توفير وسائل ومعينات التدريب المطلوبة.

ج- الاحتفاظ بنسخة من كل أدبية يتم توزيعها لتكوين ملف تدريبي متكامل.

ح- استلام تلخيص وتقييم كل يوم تدريبي وطباعته وتصويره لتوزيعه على المشتركين.

خ- التخطيط لأي زيارات ميدانية أو ترفيهية.

د- تسجيل المصروفات اليومية.

ذ- التحضير لليوم التدريبي التالي.

ر- تجهيز وطباعة الشهادات.

3-9 بيئة التدريب

ويقصد بها كافة الظروف المتعلقة بتنفيذ البرنامج التدريبي من قاعة ومكان التدريب والية جلوس المشاركين وكيفية تنظيم القاعة وغيرها والتي سيتم توضيحها كما يلي:

1. تجهيزات قاعة التدريب:

لا يبدو تجهيز قاعة التدريب موضوعاً ذو أهمية بالغة في مبدأ الأمر، ولمعظم المدربين، خاصة الذين يعملون في الدورات التدريبية القصيرة والمكثفة، حيث تكون البيئة الطبيعية لمكان التدريب أما غير معروفة أو أحد المعوقات المؤكدة. وعادة ما يكون الانشغال بتجهيز مواد التدريب وهو الأمر الذي يحتل قمة اهتمامات المدرب دون أي اعتبار لتهيئة المكان الذي سيتم فيه تقديم هذه المواد التدريبية إلا أنه من الضروري بمكان إعطاء القدر الكافي من الاهتمام بهذا الأمر لأن نجاح التدريب إلى حد كبير مرهون بتوفير البيئة المناسبة بغض النظر عن مواد التدريب المستخدمة.

لا شك ان توفير الظروف المناسبة المحيطة بالبرنامج التدريبي قبل وأثناء انعقاده، لتعد من الضروريات التي تؤدي الى نجاح هذا البرنامج أو فشله.

ونعني بالظروف المناسبة ما يلي :- ظروف القاعة، ظروف المشاركين،ترتيب الجلوس.

1- **ظروف القاعة، المتمثلة بـ:**

أ- **الاضاءة** : تمكن المدرب من التحكم في درجة الاضاءة بما يناسب ظروف التشغيل اذا ما أراد استخدام السبورة او رغب في تشغيل فيلم او استخدام البروجكتر.

ب- **الفيش الكهربائية** : يجب ان يتأكد المدرب من ان عدد الفيش الكهربائية داخل القاعة مناسب، كما وان توزيعها مناسب بما يسمح بتشغيل كافة المعدات الكهربائية اللازم استخدامها.

ت- **حجم القاعة** : يجب ان يتناسب حجم القاعة مع عدد المشاركين مع امكانية التحرك للتجمع في مجموعات عمل صغير دون حدوث اصطدام مع الاثاث او المعدات الموجودة بالقاعة.

ث- **المساعدات السمع بصرية**: التأكد من توافر كافة المساعدات السمع بصرية بحالة جيدة مثل أجهزة التسجيل والبروجكتر وآلات السينما والفيديو والتلفزيون.

ج- **مستلزمات داخل القاعة** : يجب التأكد من توافر كميات وأنواع المستلزمات الضرورية لتشغيل البرنامج التدريبي كالاوراق والاقلام.

ح- **مستلزمات خارج القاعة** : التاكد من ترتيب أمور القهوة والشاي والمرطبات التي تقدم في فترات الراحة بين جلسات العمل وكذلك ترتيبات وجبات الغذاء والعشاء ان وجدت.

خ- **التكييف** : التأكد من ان درجة التبريد او التدفئة مناسبة.

د- **الخصوصية** : يجب ان تكون قاعة التدريب بعيدة عن اية ضوضاء مع ضرورة الابتعاد عن المقاطعات الخارجية.

ذ- **استمرارية استخدام القاعة** : التأكد من ان امكانية استخدام القاعة مستمرة طوال فترة البرنامج تفادياً لاحتمالات الانتقال من قاعة الى أخرى اثناء البرنامج الواحد.

ر- **الاثاث** : ضرورة توافر المقاعد والمناضد المناسبة كماً وكيفاً.

صورة لاحدى القاعات التدريبية بكافة التجهيزات

2. أهم الاعتبارات في تجهيز واختيار مكان التدريب:

أ- علاقة المتدربين ببعضهم البعض وبالمدرب (شكل الجلوس، المسافات، اتصال النظر).

ب- الجو العام (المساحة، النظام، التهوية، الهدوء).

ت- التجهيزات (ماء الشرب، مقاعد، مكان لفترات الراحة).

ث- الأجهزة والمعدات (الإضاءة، المعينات التدريبية، المراوح، مكيفات الهواء أو الدفايات، التوصيلات الكهربائية).

3. العوامل التي توضع في الاعتبار عن اختيار وتجهيز قاعة التدريب:

أ- تصميم الكراسي.

ب- المظهر العام المريح.

ت- التهوية.

ث- الرؤية.

ج- السماع.

ح- مواقع الحمامات.

خ- سلال المهملات/ طفايات السجائر.

4. أشياء يجب مراعاتها في تجهيز واختيار مكان التدريب:

أ- تجنب الديكور الصارخ الذي يؤثر على تركيز المتدرب.

ب- المعدات كالسبورات الورقية يجب أن تكون متحركة أو بالإمكان تغطيتها عندما لا تكون قيد الاستعمال.

ت- يجب أن تكون شكل الجلسة يتيح أكبر قدر من اتصال النظر بين المشاركين ورؤية جيدة للمعينات التدريبية المستخدمة.

ث- يجب أن تكون مساحة الغرفة ونوع الأثاث بالصورة التي تعطي القدر الكافي من المرونة في التشكيل وتوفير الفراغات.

ج- لا بد من وجود ملحقات كغرفة للراحة أو لتخزين مواد التدريب.

ح- مواصفات المقاعد تشمل الارتفاع، زاوية الميل، راحة الأيدي، الحركة دون إزعاج، ونوع التجليد المناسب.

خ- التهوية ودرجة الحرارة يجب أن يتم التحكم فيها لاستيعاب أكبر عدد ممكن من الناس داخل القاعة.

د- أجهزة العرض والتلفزيونات يجب أن تتناسب مع حجم الغرفة مع وجود آلية للتحكم في الإضاءة.

ذ- الأشياء الإضافية كالساعات، لافتة عنوان الدورة على المدخل يجب أن يتم توفيرها.

ر- مستوى الضوضاء يجب أن يكون محدداً ويمكن التحكم فيه.

صورة لاحدى الدورات التدريبية /سلطنة عمان/مسقط/ 2008

5. شكل جلوس المتدربين:

ترتيبات الجلوس ذات أهمية كبيرة في التدريب حيث أن شكل وضع الأثاث بالقاعة يعطي المتدربين إشارة مبكرة حول طبيعة الدورة التدريبية ويؤثر على توقعاتهم لها. وتتجاوز عملية الجلوس في اهميتها مجرد ترتيب العدد الكافي من المقاعد حيث ان ترتيبات الجلوس لها أثر نفسي على المشاركين واستعدادهم واندماجهم في عملية المناقشة ودرجة فعاليتها.ويمكن وضع بطاقات بأسماء المشاركين او ترك الحرية لهم يختارو كل منهم المكان الذي يناسبه وعموماً فان تحديد أماكن جلوس المشاركين يكون مطلوباً في ثلاث حالات هي :-

1- تكوين مجموعات مصغرة.

2- القضاء على المحادثات الجانبية اذا ما ظهرت واضحة ومتكررة اثناء البرنامج.

3- الرغبة في تدعيم دراجة اندماج المشاركين مع بعضهم البعض. وبشكل عام فإن ترتيبات الجلوس تعتمد على:

أ-   شكل ومساحة قاعة التدريب.

ب-   عدد المشاركين.

ت-   نوع الأنشطة التدريبية المقدمة.

ث-   طبيعة التدريب ودور المدرب فيه.

تنظيم شكل جلوس المتدربين

ما هي أهمية شكل جلوس المتدربين في عملية التدريب؟

أ-   شكل الجلوس له علاقة بطريقة / أسلوب التدريب.

ب- شكل الجلوس له علاقة بالإمكانات المتوفرة (المساحة/ عدد المقاعد/ الطاولات).

ت- شكل الجلوس له علاقة بالاتصال والتواصل بين المشاركين.

ث- شكل الجلوس له علاقة بثقافة وعادات المجتمع (ذكور وإناث).

ج- شكل الجلوس له علاقة بقدرة المدرب على إدارة التدريب.

ح- شكل الجلوس له علاقة بعدد المشاركين.

الأشكال الشائعة للجلوس في التدريب

1- شكل المجموعات الصغيرة:

يسمح بتفاعل جيد بين أعضاء المجموعة الصغيرة فقط ويحـرم أعضـاء المجموعـة الواحـدة مـن الاتصال والتواصل مع المجموعات الأخرى ويحتاج لمساحة كبيرة.

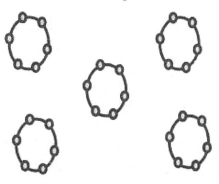

2- الشكل نصف الحلقي:

يسمح للمدرب بالاتصال مع من يريد ولكن فرص الاتصال بين المدربين ضعيفة.

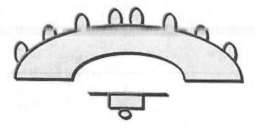

3- الشكل البيضاوي:

لا يوفر الحد المطلوب من الاتصال الفعَّال بين المتدربين فالبعض ينعم باتصال جيد مع البعض ويُحرم البعض الآخر من ذلك.

4- شكل حرف U :

شائع جداً وفرص الاتصال فيه ليست كافية حيث تنشط بين مشاركين وتضعف بين آخرين ويتطلب مساحة كافية كضمان لسهولة الحركة، وللتغلب على هذه المشاكل تزال الطاولات.

5- شكل المربع:

الاتصال ضعيف نوعاً ما من حيث الفاعلية ويكون قوياً بين المدرب والمتدرب الذي يليه في الاتجاهين ولكنه ضعيف بين المتدربين المتقابلين خاصة إذا كانت المسافة كبيرة.

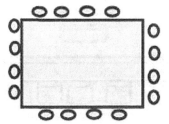

6- الشكل الدائري:

من أقوى الأشكال فاعلية في الاتصال على مستوى المجموعة التدريبية ويستخدم يشكل واسع في التدريب بالمشاركة.

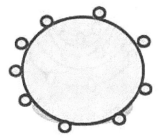

7- الشكل المصفوف:

مـن الأشـكال التقليديـة التـي تسـتخدم في الـبرامج التدريبيـة المرتكـزة عـلى تقـديم المعلومـات كالمحاضرات.

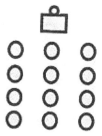

8- الشكل الموازي:

يستخدم على نطاق المجموعات الصغيرة والاتصال فيه ضعيف بين المتدربين وقوي مع المدرب.

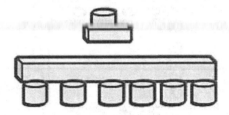

9- شكل المدرج:

شكل شائع مع الجماعات المتوسطة والكبيرة العدد ولا تسمح باتصال فعَّال بين المتدربين.

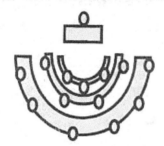

10- الجلوس الحر:

الاتصال ضعيف بين المتدربين ويُستخدم في المهمات الفردية والتي تستلزم وجود مسافة معينـة بين متدرب وآخر (الامتحانات).

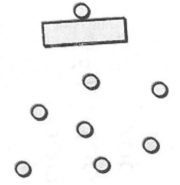

11- شكل عظم السمكة:

الاتصال قوي بين أفراد المجموعة الواحدة وجيد نسبياً بـين المجموعـات ويتيـح حريـة الحركـة داخل القاعة وتشكيل مجموعات العمل في سهولة ويسر.

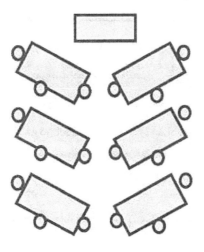

صورة لاحدى الدورات التدريبية /سلطنة عمان/2008

ظروف المشاركين :

كثيراً ما تفشل البرامج التدريبية نتيجة لعدم مراعاة ظروف المشاركين وفيما يلي نستعرض معاً هـذه الظروف المؤثرة على المشاركين:-

أ-   **الخلفية** : يجب ان تتوافر لدى المتـدرب الخلفيـة الضـرورية لحضـور البرنامج المرشـح لـه حتـى يتمكن مـن متابعـة الموضـوعات المطروحـة ونقصـد بالخلفيـة هنـا التحصيل العلمـي والخـبرة والممارسة العملية.

ب- **العدد** : يجب ان يكون عدد المشاركين مناسب كماً ليسمح بادارة الحوار والمناقشة بشكل فعال.

ت- **النوعية** : يجب مراعاة التجانس والمساواه بين المشاركين، بمعنى محاولة تفادي ان تضم المجموعة المشاركة الرئيس مرؤسية مع بعضهم البعض.

ث- **التوقيت** : يجب مراعاة ان يكون التوقيت عقد البرنامج مناسباً لظروف المشاركين بحيث لا يتعارض مع ارتباطات المشاركين العلمية الخاصة كفترة اعداد الموازنات مثلاً.

4-9 إدارة افتتاحية البرنامج التدريبي

افتتاح البرنامج يتضمن مرحلتين، المرحلة الاولى الاعلان عن البرنامج والمرحلة الثانية هي حضور الجلسة الافتتاحية للرنامج.

اولاً :الاعلان عن البرنامج التدريبي

وذلك بابلاغ المشاركين بأسباب اختيارهم لحضور هذا لبرنامج، أهداف البرنامج محتويات البرنامج واسلوب تنفيذه الجدول الزمني للبرنامج، الاساس الذي تم عليه اختيار المشاركين لحضور البرنامج.

- الأهداف
- أسباب الاختيار
- محتويات البرنامج
- الجدول الزمني

الجلسة الافتتاحية :

يجب ان يحضر الجلسة الافتتاحية أحد كبار المسؤولين بالمؤسسة ليتسهل الجلسة بكلمة قصيرة، ثم يغادر القاعة بعد تلك الجلسة مباشرة، تنفيذاً لمبدأ عدم وجود أية مراقبة من أي نوع.

تحظى الجلسة الافتتاحية بدرجة عالية من الاهمية النسبية في تأثيرها على اتجاهات المشاركين نحو البرنامج.

اذا لم تكن هناك علاقات قوية تربط المشاركين بعضهم ببعض، يجب اتاحة الفرصة لكل منهم لتقديم نفسة سواء بشكل رسمي او غير رسمي بالاتفاق مع المدرب.ويجب استغلال وقت الجلسة الافتتاحية في اعطاء المشاركين فكرة عامة عن البرنامج والهدف من عقده واسلوب تشغيله ومواعيد العمل وفترات الراحة وحقوق وواجبات المشاركين.

على المدرب ان يحرص على توفير مناخ اخوي منذ البداية بالتأكيد على ان العمل يتم بين زملاء على مستوى عال من النضج والرشد ومن اجل تبادل خبراتهم مع بعضهم ومع اعضاء هيئة التدريب.

على المدرب ان يفتح المجال قبل انهاء الجلسة الافتتاحية لاية اسئلة او استفسارات يرغب المشاركون في طرحها لاستيضاح اي غموض لديهم.حيث ان الغرض من أي برنامج تدريبي هو تمكين المشاركين من اكتساب معرفة ومهارات ومواقف جديدة او معدلة.

إن افتتاح البرنامج التدريبي يعني:

أ - أن يفتتح في الوقت المناسب.

ب - شرح أهداف ومتطلبات البرنامج التدريبي للمتدربين.

ج - التعرف على وجهات نظر المشاركين والاهتمام بوجهات النظر المعقولة والمنطقية.

د - القيام بحملة تعارف ما بين المشاركين في البرنامج التدريبي لمعرفة بعضهم البعض.

الإرشادات الواجب مراعاتها عند سير وتنفيذ البرنامج التدريبي

1. الحرص على أهداف البرنامج التدريبي والعمل بأقصى جهد على تحقيقها.
2. التعرف على المتدربين في البرنامج التدريبي بشكل جيد والعمل على تفاعلهم مع البرنامج التدريبي.
3. أن تكون مناقشات ومحاضرات البرنامج التدريبي تتخذ طابعاً عملياً.
4. العمل والمحافظة على حسن إدارة وقت الجلسات (أي البدء والانتهاء في الوقت المحدد).
5. التعرف على وجهات نظر المتدربين والمدربين في سير البرنامج التدريبي وقبول آرائهم
6. والاستفادة منها من خلال قناة المعلومات المرجعة (التغذية العكسية).

7. مراعاة الفروق الفردية بين المتدربين والتجاوب مع احتياجاتهم الخاصة.

8. أخيراً القيام بإعداد حفل ختامي توزع فيه الشهادات على المتدربين.

صورة لافتتاحية احدى الدورات التدريبية / المملكة العربية السعودية/ الجبيل /2004

9-5 آلية تنظيم مرحلة تنفيذ التدريب

إن الشكل الذي يبدأ به التدريب يحدد النمط الذي سيسير عليه فمن خلال الجلسة الأولى يَكوِّن الأفراد الذين لا يعرفون بعضهم الانطباع الأولي سواء كان سلبياً أو إيجابياً، سيكونون حساسين لبعض الموضوعات مثل المكان، المدرب، مواد التدريب، عملية التدريب المتوقعة. عدم إعطاء الاهتمام الكافي لهذه المرحلة من التدريب قد يؤدِّي إلى ارتفاع التوتر والقلق والانطباع الخاطئ ومن ثم يشجع على الانسحاب المبكر من الدورة التدريبية.

وبالمثل، فإن الطريقة التي يمكن بها تذكُّر أو نسيان الدورة التدريبية يعتمد على الطريقة التي تختتم بها، الأسبوع الأخير أو اليوم الأخير أو الجلسة الأخيرة تعطي الانطباع الأخير للمشارك حول الدورة التدريبية إما أن تؤكد أو تبدل شعورهم تجاه الدورة التدريبية.

لذلك فإن اختتام الدورة التدريبية يتطلب قدراً كبيراً من الاهتمام شأنه شأن افتتاح الدورة التدريبية أنه يساهم بشكل كبير في الفاعلية الكلية للدورة التدريبية. لكن حتى وإن تم التخطيط والتنفيذ للبداية والنهاية بشكل مناسب، فإنه من الممكن، في أي مرحلة أن تذهب الأمور في الاتجاه الخاطئ أو غير المناسب على الأقل، لذلك فإن القدرة على معالجة هذه الانحرافات لها نفس الدرجة من الأهمية في إدارة التدريب.

نستعرض هنا عملية تنظيم التدريب في مراحله الثلاث (بداية، أثناء، وبعد التدريب):

اولاً : في بداية التدريب

يبدأ المشاركون الدورة التدريبية بالعديد من الأسئلة في أذهانهم، بعض هذه الأسئلة هي متطلبات عملية حول كيفية تنظيم وإدارة التدريب (طول كل جلسة، فترات الراحة، جدول الأنشطة، طبيعة الدورة). الاعتبارات الأخرى تتفاوت ما بين من هم المدربون، والقلق من عدم معرفة الآخرين، الشعور بالوحدة، فقدان الثقة بالنفس... إلخ.

الأمور العملية والإجرائية يمكن التعامل معها بشكل مباشر، لكن معرفة أسباب قلق المتدرب والتعامل معها بالشكل المناسب يتطلب الكثير من الثقة بالنفس وبعد النظر من جانب المدرب. على كلٍ فإن بداية التدريب أكثر من مجرد تقديم البرنامج والبدء في تنفيذه. وان هنالك بعض الامور لا بد ان تاخذ بالاعتبار في بداية افتتاح البرنامج التدريبي:

أ- عرّف المشاركين ببعضهم البعض.

ب- قدّم الدورة التدريبية (نبذة مختصرة عن الأهداف وطريقة التدريب).

ت- أشرح الإجراءات الإدارية (وضح الجدول الكلي والزمني للدورة، فترات الراحة، التجهيزات، القاعات والأماكن المختلفة، الحمامات وأماكن الصلاة).

ث- لا بد أن يشعر المشارك بالارتياح في الجلسة الافتتاحية.

ثانياً :أثناء التدريب

هناك بعض المشكلات التي تظهر أثناء التدريب، فمهما كانت خبرة المدرب، لا بد من حدوث بعض الأشياء التي تجعل الدورة لا تسير كما هو مخطط لها. إذ أنه في بعض اللحظات لا بد أن يعتري المشاركين نوع من عدم الرضا من القاعة، أو الملل وعدم الرغبة، مما يولد إحساساً بأن هناك شيء مفقود لكنه غير معروف بعد ما هو؟ تحديد هذه اللحظات

هي الخطوة الأولى واختيار الطريقة الأنسب لمعالجتها هي الخطوة الثانية.ومن المظاهر اثناء التدريب:

1 - الشعور بالانخفاض من قبل المدرب؛

الانخفاضات قد تحدث في أي لحظة لأي سبب من الأسباب، قد تحدث لبعض الأفراد أو لكل المشاركين، قد يكون لها أسباب هامشية أو هامة، أياً كان السبب فإن لهذه الانخفاضات آثار هامة. مهما كانت المشكلة، قد يشعر المشاركون بالقلق، الغضب، الملل أو عدم الفائدة أو قد يخرجون من الإطار ويبدءون بالسرحان عبر النافذة.

2- الشعور بالانخفاض من قبل المدرب:

عندما يحس المدرب بملل المشاركين أو بعضهم فإنه يشعر بالسخط وعدم الرضا. يتحول الانخفاض إلى عائق للتعلم إذا تم تجاهله بواسطة المجموعة. الإحساس السلبي يبعد المشارك ويشغله عن المهام وعمليات التعلم لذلك فمن الأفضل معالجة هذه الانخفاضات بأسرع ما يمكن. هناك لا بد من التذكير بأن حدوث هذه الانخفاضات ليس بأي حال تقصيراً من المتدرب، لكن المهارة الحقيقية للمدرب هي التعرف على وجود هذه الانخفاضات والقيام بعمل إيجابي تجاهها.

ما هي الاجراءات اتجاه الانخفاضات:

أ- **تجاهلها** : قد يؤدي هذا إلى ذهابها أو اختفائها وفي كلا الحالتين أنت لم تتعرف على المشكلة ولم تحلها.

ب- **إنهاء الجلسة مبكراً لفترة الراحة أو الغذاء**: هذا قد يكون فعلاً إذا كان المتدربون فقط متعبون من العمل المتواصل أو أن الكراسي أصبحت غير مريحة، لكنك لا تستطيع التأكد عن ماهية المشكلة لذلك يظل احتمال حدوثها مرة أخرى قائماً.

ت- **أعط المتدربين تمريناً ما للقيام به**: هذا يعطيك فرصة لمتابعة عملية التعلم. لكن إذا لم يقم المشاركون بأداء العمل بالمستوى المطلوب، لن يكون بإمكانك معرفة السبب، بالإضافة إلى أن التمارين أحياناً لا تعطي المتدربين القصة لاطلاعك عما يشعرون به.

ث- **انتقل إلى نشاط آخر مختلف تماماً:** إذا كان سبب الانخفاض هو اختلاط الأمر أو عدم المقدرة على الفهم فإن هذا الأمر سيعالج المشكلة. وبالمثل فإن اللعبة أو التغيير من العمل في مجموعات كبيرة إلى مجموعات صغيرة قد يؤدي إلى الشعور بالراحة.

ج- **بادر بمراجعة محتوى التدريب:** من الأفضل عند إجراء ذلك منح المشاركين فرصة للتعبير عن مشاعرهم وأفكارهم حول التدريب، محاسن هذا الأمر هو أنه يوضح **ابتداء ذلك بأن تقول** يبدو أننا سنسير بطيئاً بعض الشيء هذا اليوم وعندي إحساس بأن بعضنا غير سعيد بعض الشيء في هذه اللحظة، ربما لأن الموضوع الأخير كان طويلاً بعض الشيء، ما هو شعوركم تجاه ما كنا نفعله؟ مثل هذه الأسلوب يتطلب من المدرب ليس فقط تأجيل الأحكام بل أن يكون مهيئاً لقبول الملاحظات الحرجة أيضاً.

ثالثاً : عند اختتام التدريب

الجلسة الختامية تعطي فرصة لإنهاء التدريب، إذا لم يتم إنهاء الدورة التدريبية بالشكل المناسب فإن المتدربين سيغادرون الدورة بإحساس غير مريح كأنَّ التدريب لم يكتمل، إنهاء التدريب قد يأخذ واحد أو أكثر من هذه الأشكال .

أ) **نشاط ختامي:** يتم التفكير في نشاط يمكّن المشاركين من تطبيق المعارف والمهارات التي تعلموها خلال الدورة التدريبية.

ب) **تقييم نهائي:** يتم تقييم الدورة بناء على توقعات المشاركين وأهداف الدورة، إذا تم التقييم بلا فد أن تتم مناقشة النتائج.

ج) **تقييم الدورة:** الهدف من تقييم الدورة هو تقييم ردود فعل المشاركين تجاه الدورة التدريبية. وهو أمر هام لمعالجة الأخطاء وتحسين الأداء مستقبلاً.

صورة لاحدى حفلات التخريج في ختام الدورات ابو ظبي /2008

اما بعض الاحتياجات الادارية بعد التدريب:

أ-   توزيع أسماء المتدربين والمدربين وعناوينهم لزيادة التعارف والتنسيق والتعاون فيما بينهم مستقبلاً.

ب-   نقل الوسائل التدريبية لجهة التدريب.

ت-   دفع تكاليف التدريب.

9-6 طبيعة دور أخصائي التدريب

من هو اخصائي التدريب : هو ذلك الشخص الذي يتولى مجموعـة مـن المهـارات والانشـطة والاعـمال التي تساعد في انجاح العملية التدريب وتنسيق كافة الجهود ما بين المشاركين بالبرنامج التدريبي والمدربين وبيئة التدريب (السكارنه . بلال . 2008)

تقوم العديد من المنظمات سواء الكبيرة أو الصغيرة بإستخدام أخصائي التدريب , ومـن ثـم فمـن الأهميـة بمكان تحديد تعريف أدوارهم من أجل ضمان تحقيق أقصى استفادة ممكنة منهم .

وفيما يلي نورد بعض الأدوار التي يجد أخصائيين التدريب أنفسهم فيها :

1. مشرف تدريب المبتدئين .
2. مسؤول تسجيل برامج .
3. مدرب ومشرف .
4. منظم برامج .
5. مسؤول إداري عن نظام كتابي .
6. محاضر .

ويبدو للنظرة الأولى أن بعض هذه الأدوار عديم القيمة , غير أن الكثيرين من العاملين بالتدريب يمكن أن يضيق جداً مجال عملهم , وإذا ما حدث ذلك فأن العمل يتسع لكي يعطي كل المساحة الزمنية المتاحة , وتتمثل النتيجة في إنشغال مسئول التدريب بشده ولكن بشكل غير فعال بالضرورة .

وعلى طرفي نقيض هناك بعض المدربين الذين يبحثون لإنفسهم عن أدورا بعيدة كل البعد عن تلك المهام التقليدية والقيم المحددة في ذات الوقت . ونظراً لأنهم ينظرون إلى أنفسهم بإعتبارهم وسطاء للتغيير فإنهم يتدخلون في الأعمال السياسية للمنظمة وتحويل أدائها , وبذلك ينظر الآخرون إلى تلك المداخل نظرة إرتياب وضيق .

ولكي يتمكن أخصائي التدريب من القيام بدور إستشاري داخلي من هذا النوع , فأن عليه أن يمتلك قدراً كبيراً من المعرفة والخبرة الإدارية وبالشكل الذي يعطي الآخرين الثقة في قدراته كمستشار يمكن أن يسهم في حل مشاكلهم . كما يوحي هذا الدور ضمنياً أيضاً بدرجة عالية من المهارة في توضيح كيفية تطبيق تلك المعرفة المتخصصة على مشاكل عملائه. وفي القدرة على عرض وتقديم أفكاره بشكل واضح سواء شفهياً أو تحريرياً .

ومن الأهمية بمكان أن تنظر المنظمة بعين الإعتبار إلى الدور الأساسي الذي يمكن لإخصائي التدريب القيام به . ولذلك يجب تحديد واجباته بدقة حتى لا يتجه عمله إلى المهام التي يجدها أمامه فقط , بل لكي يسهم بشكل جاد في الوفاء بالحاجات الحقيقية للمنظم والعاملين فيها.

ومن هنا يدور التساؤل حول الدور الأساسي لأخصائي التدريب الفعال .

واجبات أخصائي التدريب :-

1- مساعدة الإدارة في تحديد حاجات ومشاكل المنظمة والعاملين فيها .

2- تحديد الجزء التدريبي الكامن في هذه الحاجات والمشاكل .

3- تحديد المؤسسات التدريبية والتعليمية المناسبة .

4- استنباط طرق التدريب (إذا كانت المنظمة ستتولى بنفسها تقديم التدريب).

5- تنفيذ التدريب وذلك في علاقة وثيقة بمديري خط السلطة .

6- ضبط ومراقبة عملية التدريب وتصميم طرق التقييم .

7- المشاركة في تقييم النتائج .

8- تخطيط أنشطة وظيفة التدريب في المستقبل .

7-9 المهارات الادارية والسلوكية لاخصائي التدريب

كثيرا ما نطلق على أخصائي التدريب لقب الجندي المجهول إما لعظمة أدائه أو تفانيه فى العمل ، أو لأن جهوده من كثرة تنوعها وتعددها فقدت عنوانها وأن لم تفقد قيمتها . لذا نعتبره دائما جنديا ولكن لانعتبره مظلوما تلك هي النظرة القديمة التي كان فيها نشاط جندي التدريب يغلب على نتائج عمله .. فعرفنا عنه النشاط ولم نقلده وسام النتائج البارزة وان اخصائي يجب ان يتمتع بكثير من الأفكار والمهارات المختلفة التى يجب على أخصائي التدريب اكتسابها تساعد كل من يفكر أن يتعرف على المهارات اللازمة لتحويل نشاطه إلي نتيجة وتحويل المجهول في عطائه الي معلومات يمكن تسجيلة فى لوحة شرف التدريب حتى ولو كانت لوحة الشرف من صنع أقرب الناس إليه .. فالعمل بلا مهارات يعني قمة العبث والعبث بمقادير التدريب يعني قمة الهدر .. فكيف نحول الهدر الي نتيجة والعبث الى عمل جاد والتدريب الموجه بالنشاط كأسلوب الذباب الى تدريب موجه بالنتائج تمام كما تفعل النحلة.ان على اخصائي التدريب ان يتمتع بمجموعة من المهارات السلوكية والادارية التي تساعد على نجاح طبيعة عمله ومنها ما يلي :

1. المعرفة الكاملة بكيفية تنفيذ البرامج التدريبية .

2. المعرفة الاشراف على تنفيذ البرامج التدريبية .

3. المعرفة ادامة العمل في البرامج التدريبية.
4. المعرفة في كيفية معالجة الاخطاء التي تحدث اثناء تنفيذ البرنامج التدريبي .
5. المعرفة في كيفية التنسيق والتعامل مع المدربين والمتدربيين
6. المعرفة في كيفية تصميم البرامج التدريبية .
7. المعرفة في كيفية ادارة كافة الانشطة الخاصة في تنفيذ البرنامج التدريبي .
8. معرفة كافة الادوار المتعلقة بالمدربين والمتدربين والمركز التدريبي .
9. اما المهارات السلوكية التي يجب ان يتمتع بها :

أ- يفهم دوافع المتدربين .

ب- يفهم اللغة غير اللفظية .

ت- يستمع إلى المتدربين و يحسن الإصغاء اليهم.

ث- يوازن بين اللغة اللفظية وغير اللفظية .

ج- يستخدم أساليب تقويم مختلفة .

ح- يستخدم أساليب اتصال ناجحة .

خ- يشارك في التدريب ويمارس دور المدرب والمتدرب .

د- يتعامل مع المتدربين كأفراد لا كأنماط .

ذ- يمارس عملية الحوار والمفاوضات .

ر- يهتم بجميع المتدربين .

ز- يحافظ على خصوصيات المتدربين ومسائلهم الشخصية .

س- يتقبل مشاعر المتدربين .

ش- يتقبل المتدربين كما هم .

ص- ينظم الوقت

ض- متحمس للعمل .

9-8 الأنشطة الرئيسية لاخصائي التدريب

أولاً : تصميم البرنامج التدريبي

تعتبر من أهم المراحل لكنها ليست سهلة بل معقدة ومترابطة مع عدد من المنغيرات والعوامل داخل النظام التدريبي وخارجه كما أن نجاح البرنامج التدريبي يعتمد في الأساس على التصميم الدقيق له وتتضمن عملية التصميم مراحل متعددة إذ تبدأ بتحديد الاحتياجات التدريبية وتتدرج الى إعداد الجدول الزمني للبرنامج .

ثانياً : يقوم باختيار الافراد المناسبين للمشاركة في البرنامج التدريبي .

إن نجاح التدريب يعتمد إلى حد كبير على وجود متدرب مقتنع بأهمية التدريب وبحاجته إليه . وبوجود متدربين يشتركون في نفس الأهداف والخبرات والمستويات الوظيفية ، لذلك يمكن أن يضع المصمم شروطاً تتعلق باختيار المتدربين من أهمها :

أ- المستوى الوظيفي

ب- المستوى التعليمي .

ت- الخبرة العملية .

ث- العمل الفعلي عند الالتحاق بالتدريب .

ج- العمر

ح- كيفية الترشيح للبرنامج .

خ- حوافز المتدرب

د- القدرات والمهارات المتوفرة لدى المتدرب .

وهنا يقال : يجب أن يتوافر في المرشح الآتي : وتذكر الشروط المطلوبة كما هو مبين أعلاه. وفي الفئة المستهدفة تذكر الوظائف التي يستهدفها البرنامج : من مثل : مدير عام ، مشرف ، أمين مختبر ...الخ .

ثالثاً : إستقطاب المدربين الأكفياء .

يجب اختيار المدربين بعناية فالمدرب هو المسؤول عن نجاح وتحقيق أهداف البرنامج التدريبي ويمكن وضع المعايير الآتية عند اختيار المدربين :

أ- الخبرة العلمية والعملية حول المهمة التي سيقوم بها .

ب- أن تتوفر لديه الرغبة في التدريب .

ت- المقدرة على الاتصال والتواصل وإيجاد علاقات إنسانية مع المتدربين .

ث- الذكاء .

ج- المقدرة على طرح الأفكار الإبداعية .

ح- المقدرة على التحليل والتركيب

خ- توفر الحماس لمهنة التدريب والاهتمام الواضح بالمتدربين.

د- القدرة على استخدام أساليب متنوعة وتقنيات حديثة.

ذ- التحلي بالمرونة والقدرة على تشخيص المشكلات وحلها والتمتع بروح مرحة.

ر- المقدرة على التحدث بوضوح والاصغاء بعناية الى المتدربين .

رابعاً : يقوم بالتنسيق مع الجامعات ومعاهد التدريب والجهات الحكومية والشركات بغرض تحديد الدورات المناسبة للمتدربين واختيار المدربين الاكفاء .

يجب اختيار المدربين بعناية فالمدرب هو المسؤول عن نجاح وتحقيق أهداف البرنامج التـدريبي

ويمكن وضع المعايير الآتية عند اختيار المدربين :

أ- الخبرة العلمية والعملية حول المهمة التي سيقوم بها .

ب- أن تتوفر لديه الرغبة في التدريب .

ت- المقدرة على الاتصال والتواصل وإيجاد علاقات إنسانية مع المتدربين .

ث- الذكاء

ج- المقدرة على طرح الأفكار الإبداعية .

ح- المقدرة على التحليل والتركيب

خ- توفر الحماس لمهنة التدريب والاهتمام الواضح بالمتدربين.

د- القدرة على استخدام أساليب متنوعة وتقنيات حديثة.

ذ- التحلي بالمرونة والقدرة على تشخيص المشكلات وحلها والتمتع بروح مرحة.

ر- المقدرة على التحدث بوضوح والاصغاء بعناية الى المتدربين

خامساً : يقوم بتنسيق مهام الدورات الخاصة داخل الدولة وخارجها.

وذلك من خلال الاتصال مع كافة الجهات المختصة في التدريب سواء داخل الدولة اوخارجها والتاكد من طبيعة البرامج التدريبية التي سوف تعقد لديهم بالاضافة الى اوقاتها ومدتها وتكلفتها ومن ثم بعد اخذ الموافقات اللازمة من متخذي القرار يقوم يتنسيق كافة الاجراءات المتعلقة بتنفيذ هذه البرامج على الوجه الصحيح .

سادساً :إعداد الميزانية اللازمة للبرنامج .

الجانب المالي مهم ،على مصمم البرنامج أن يعد الميزانية التي تبين الموارد(رسوم ،منح ،..) والنفقات التي سيكلفها البرنامج (أجور المحاضرين،أجور النقل والاقامة ةالتسهيلات التدريبية...)

سابعاً:إعداد الجدول الزمني للبرنامج

ترتيب أوقات المحاضرات والفعاليات التدريبية والاستراحات والزيارات الميدانية والأنشطة الترفيهية والاجتماعية..

ثامناً : الاشراف على تنفيذ البرنامج التدريبي .

أي إدارة البرنامج وإخراجه الى حيز الوجود ولضمان حسن التنفيذ لا بد من مراعاة أمورا هامة متعلقة بالامور التالية :

1. بالنسبة للمتدربين: (وصول دعوات الاشتراك،وجود قائمة بأسمائهم ووظائفهم،استقبالهم في المطار،تهيئة مكان الاقامة المريح،تأمين وصولهم والعودة الى مكان الدورة التدريبية ثم تأمين عودتهم الى بلادهم) .
2. بالنسبة للمدربين : تأمين الاتصالات والمواصلات،توفير المواد والمستلزمات التدريبية،دفع المخصصات التي يستحقها،كتاب شكر وتقدير) .
3. بالنسبة الى المرافق والتسهيلات التدريبية :التأكد من توفر القاعة الملائمة،وجود الأجهزة اللازمة، توفير المادة التدريبية مطبوعة ومحفوظة على ما يناسبها من التكنولوجيات، توفير وسائل النقل والقرطاسية والقهوة والشاي والى اخره .

4. افتتـاح البرنامج في الوقت المناسب ،شرح أهدافه،تقديم المـدرب ،تقـديم المتـدربين،التعرف عـلى توقعاتهم من البرنامج، استخدام التمارين والأنشطة التي تزيد مـن تـرابط المشـاركين وتكسـر الجلـيد بينهم

5. متابعـة سـير البرنامج وفعالياتـه :المحـاضرات، الأنشـطة،الزيارات الميدانية،الأنشـطة الاجتماعيـة والترفيهية،مجموعات وفرق العمل.

6. التقويم والمتابعة.

تاسعاً : يقوم بمساعدة المتدربين في تقويم برامجهم التدريبية الخاصة قبل واثناء تنفيذها .

والتقويم بشكل عام يجيب عن الأسئلة الأربعة الآتية :

1-هل سعد المتدربون بالبرنامج ؟

2-هل تعلم المتدربون من البرنامج ؟

3-هل عدل المتدربون سلوكهم طبقاً لما تعلموه ؟

4-هل أثر تعديلهم للسلوك إيجابيا على نتائج تعلمهم ؟

وهو معرفة مدى تحقيق البرنامج التـدريبي لأهدافه المحـددة وإبـراز نـواحي القـدرة لتـدعيمها ونواحي الضعف للتغلب عليها أو العمل على تلافيها في البرامج المقبلة حتى يمكن تطوير التدريب وزيـادة فاعليته بصورة مستمرة.

وان الاهداف من متابعة وتقويم التدريب:

1. التأكد من نجاح البرامج التدريبية في تحقيق أهدافها سواء من حيث التخطيط أو التنفيذ.

2. معرفة مدى تحقيق البرنامج لأهدافه بالنسبة للمتدربين ويتطلب ذلك التحقـق مـن سـلامة تحديـد الشروط الخاصة بالمتدربين وملاءمتها للهدف من التدريب.

3. التأكد باستمرار من أن المتدربين ما زالوا متحمسين لتطبيق ما تدرّبوا عليه.

4. التأكد من كفاءة المدربين من حيث تخصصهم وخبرتهم وقدراتهم على التدريب، واهتمامهم بتنمية معلوماتهم وقدراتهم الذاتية.

5. متابعة التطور العلمي والعملي في المجال الذي يعملون به.

عاشراً : يقوم بأعداد التقارير حول فعالية برامج التدريب ونتائج المشاركين وإصدار الشهادات .

يقوم اخصائي التدريب باعداد التقارير المناسبة حول مدى فعالية البرنامج التدريبي ومدى تحقيقه للاهداف التي صمم من اجلها وذلك من خلال المقارنه ما بين نتائج التقويم ونتائج المشاركين في البرنامج بالاضافة الى القيام باصدار الشهادات للمشاركين بالبرنامج بعد التاكد من صحة الاسماء وكذلك باللغة المناسبة لهم .

احدى عشر :يقوم بتحليل وتقويم برامج التدريب واعداد التوصيات لذلك .

يقوم اخصائي التدريب بعد ان ينهي من عملية التقييم برصد كافة المعلومات التي حصل عليها ومن ثم يقوم بتحليلها وفق القراءات التي توصل عليها وذلك حسب تقييم المتدرب او المدرب او المكان التدريبي ومن ثم اعداد التوصيات المناسبة لذلك .

اثنا عشر : يقوم بأداء المهام الاخرى حسب الحاجة.

بالإضافة الى المهام السابقة فان اخصائي التدريب يقوم باية وظائف اخرى تساعد على نجاح البرنامج التدريبي سواء بالتنسيق لاعداد لاية انشطة اخرى خارجية وترفيهية يقوم بها المشاركين بالبرنامج .

أسئلة الفصل التاسع

س1 : ما هو مفهوم ادارة الانشطة التدريبية .

س2 : ما هي الية إدارة الانشطة التدريبية .

س3 : ما هي طريقة إدارة افتتاحية البرنامج التدريبي .

س4 : ما هي المهارات الادارية والسلوكية لاخصائي التدريب.

س5 : اذكر الانشطة الرئيسية لاخصائي التدريب .

ضع دائرة حول الاجابة الصحيحة فيما يلي :

س1 : إن مفهوم ادارة الانشطة التدريبية هو .

أ- كافة الانشطة والعمليات والاجراءات التي تقوم بها الوحدات المختصة بالتدريب.

ب- داخل وخارج منظمات الاعمال .

ج- وضمان استمرارية هذه الانشطة بوتيرة سليمة يؤدي الى نجاح العملية التدريبية .

د- جميع ما ذكر صحيح .

س2 : اما الواجبات الأساسية لوحدات التدريب لنجاح نشاط التدريب .

أ- الإشراف المباشر على قواعد البيانات والتأكد المباشر من متابعة إثراء هذه القواعد.

ب- تصنيف قواعد البيانات المتاحة إلى مجموعات وفئات متجانسة حسب الأنظمة ومتطلبات الخطط المتفق عليها.

ج- تنشيط ومتابعة العلاقات العامة مع الفئات المستهدفة والجهات التدريبية ومراكز الاستشارات المحلية والدولية والمدربون.

د- جميع ما ذكر صحيح .

س3 : إن التخطيط الإداري والمكتبي للمدرب في ادارة الانشطة التدريبية .

أ- يساعد في عدم إعداد خطة كل جلسة تدريبية وحفظها.

ب- تجهيز وترتيب الأدبيات.

ج- عدم تجهيز الأدوات والمعينات التدريبية.

د- جميع ما ذكر صحيح .

س4 : إن من الاحتياجات الادارية فترة الإعداد للدورة التدريبية هي :

أ- إرسال خطابات المشتركين.

ب- الاتصال بالمشتركين وعدم التأكد من حضورهم.

ج- الاتصال بالأماكن المقترح تنفيذ الدورة بها والحصول على عروض وأسعار وزيادة الأماكن لاختيار أنسبها.

د- بعض ما ذكر صحيح .

س5 : إن من الاحتياجات الادارية أثناء التدريب .

أ- عدم تسكين المتدربين من خارج منطقة التدريب وتوفير الراحة لهم.

ب- مراجعة تنظيم القاعة بما يتناسب مع خطط الجلسات.

ج- عدم ترتيب الأدبيات بالقاعة لكل جلسة بما يتناسب مع خطط الجلسات.

د- جميع ما ذكر صحيح .

س6 : أهم الاعتبارات في تجهيز واختيار مكان التدريب.

أ- علاقة المتدربين ببعضهم البعض وبالمدرب (شكل الجلوس، المسافات، اتصال النظر).

ب- حالة الجو .

ج- عدم تحضيرالتجهيزات (ماء الشرب، مقاعد، مكان لفترات الراحة).

د- جميع ما ذكر صحيح .

س7 : ما هي الأشياء يجب مراعاتها في تجهيز واختيار مكان التدريب.

أ- تجنب الديكور الصارخ الذي يؤثر على تركيز المتدرب.

ب- المعدات كالسبورات الورقية يجب أن تكون متحركة أو بالإمكان تغطيتها عندما لا تكون قيد الاستعمال.

ج- يجب أن تكون شكل الجلسة يتيح أكبر قدر من اتصال النظر بين المشاركين ورؤية جيدة للمعينات التدريبية المستخدمة.

د- جميع ما ذكر صحيح .

س8 : ما هي الظروف المؤثرة على المشاركين.

أ- الخلفية .

ب- العدد .

ج- النوعية .

د- جميع ما ذكر صحيح .

س9 : إن افتتاح البرنامج التدريبي يعني:

أ- أن يفتتح في الوقت غير المناسب.

ب- شرح أهداف ومتطلبات البرنامج التدريبي للمتدربين.

ج- عدم التعرف على وجهات نظر المشاركين والاهتمام بوجهات النظر المعقولة.

د- جميع ما ذكر صحيح .

س10 : الأدوار التي يجد أخصائيين التدريب أنفسهم فيها :

أ- مشرف تدريب المبتدئين .

ب- منظم برامج .

ج- محاضر .

د- جميع ما ذكر صحيح .

الاجابة الصحيحة

1. د
2. د
3. ب
4. د
5. ب
6. أ
7. د
8. د
9. ب
10. د

مراجع الفصل التاسع

1. السكارنه . بلال . 2009 المهارات الادارية في تطوير الذات . دار المسيرة للطباعة والنشر .عمان . الاردن .

2. السكارنه . بلال . 2008 . دورات تدريبية متعددة . الخليج العربي . الاردن .

3. أبو خضير، إيمان بنت سعود بن عبدالعزيز (1426هـ). إدارة التعلم التنظيمي في معهد الإدارة العامة بالمملكة العربية السعودية : تصور مقترح لتطبيق مفهوم المنظمة المتعلمة. (رسالة دكتوراه غير منشورة). الرياض : جامعة الملك سعود.

4. تريسي، وليم. ر. (1425هـ). تصميم نظم التدريب والتطوير. (ترجمة سعد أحمد الجبالي). الرياض : معهد الإدارة العامة.

5. كابيلي، بيتر (2004). تنمية الموارد البشرية في اقتصاد مبني على المعرفة. أبوظبي: مركز الإمارات للدراسات والبحوث الإستراتيجية.

6. هيجان، عبدالرحمن أحمد (1419هـ). التطوير الذاتي : منهجاً لتدريب القيادات الأمنية في العالم العربي. المجلة العربية للدراسات الأمنية والتدريب. الرياض: أكاديمية نايف العربية للعلوم الأمنية. من ص. (245- 301).

الفصل العاشر

إعـداد المدربيـن

الفصل العاشر

إعـداد المدربين

الأهداف التعليمية للفصل :

يهدف هذا الفصل الى تزويد القارىء بالمعلومات التي تمكنه من :

1. ما هو المدرب .

2. خصائص المدرب الفعال .

3. المهارات المطلوبة في المدرب الناجح .

4. الشروط الواجب توافرها في المدرب .

5. محاذير على المدرب .

6. كيفية تقديم حلقة تدريبية .

7. مهارات اعداد خطة التدريب .

8. الية الاستعداد لجلسة التدريب .

9. مهارات استخدام أجهزة العرض .

10. أنواع المشاركين بالبرامج التدريبية.

المقدمـة

لكل مدرب هدف واضح يسعى إلى تحقيقه في زمن محدد من خلال نشاطات مختارة ووسائل مناسبة وهكذا تلحظ أن تحديد الهدف من التدريب يسبق التفكير بأسلوب التدريب ونشاطاته ووسائله ، ويعتبر التدريب نوعاً من العبث إن لم يكن له هدف واضح وحاجة أكيدة له عند المتدرب ، ولو أردنا أن ندرب مديري الدوائر مثلاً على مهـــارة (إدارة الاجتماع الناجح) باعتبارها مهارة مطلوبة للمدير ، لأمكننا التفكير لتحقيق هذه المهارة بأساليب متنوعة للتدريب ومن خلال نشاطات ووسائل مختلفة تعتمد على متغيرات كثيرة منها (تمكن المدرب من أسلوب التدريب ورغبته فيه ، خلفية المتدربين ، الإمكانات المتاحة للتدريب ، الوقت المخصص للتدريب ..... الخ) .

ولما كان الهدف من التدريب تلبية المعلومات والمهارات التي تطور خبراته وتساعده على توظيفها وتطبيقها من خلال تبصيره والانطلاق من خبراته بأسلوب تجريبي وفي جو من الثقة والقناعة والآمان ، فلم يعد يكفي تزويد المتدرب بالمعلومات الناقصة أو تذكيره بها بل لا بد من تكوين الاتجاهات الايجابية لديه نحو التدريب وإثارة دافعيته ليبذل الجهد المطلوب في التدريب وليعمل على تطوير خبراته بنفسه وفق إمكانياته في جو من الاحترام لخبراته وقدراته وتشجيعه على التعلم التعاوني كل ذلك بمنهج علمي وأسلوب عملي يخطط له المدّرب وينفذه المتدرب تحت إشرافه .

ومهما كان أسلوب التدريب ومهما كانت وسيلته فسيبقى تحقيق أهدافه مرهونة بالنشاطات التي تقدم للمتدرب ، وهذا يضاعف مسؤولية المدرب في مجال بناء النشاطات وتنويعها والاجتهاد في بنائها لتكون قادرة على إثارة دافعية المتدرب وربطها بين خبراته السابقة والخبرات الجديدة التي تقدم له وصولاً إلى تحقيق الهدف المنشود .

ما هو النشاط التدريبي ..؟

هـو تمرين فكـري أو تطبيق نفسي- حركي يمارسه المتدرب مـن أجل الوصول إلى معلومات جديـدة أو إتقان مهـارات عقليـة أو حركيـة معينـة وهادفة .وتتنوع النشاطات وتختلـف في قـدرتها عـلى تحقيـق الأهـداف المرسومة بناء عـلى مـدى ارتباطهـا بالهـدف مـن جهـة ومـدى

ارتباطها بخبرات المتدربين وتسلسلها مع البناء المعرفي والمهاري له من جهة أخرى إضافة إلى قدرتها على إثارة دافعيته للتفاعل معها ، وهذا يعتمد على خبرات معد النشاط ومهارته في مراعاة خلفيات المتدربين وتقديمه للمفاتيح التي تسهل على المتدرب فهم النشاط والتفاعل معه .

وتتنوع النشاطات وتختلف باختلاف أساليب التدريب ووسائله فنشاطات التدريب بأسلوب المحاضرة مختلفة عن نشاطات التدريب بأسلوب المشغل التدريبي أو أسلوب العصف الذهني .ومهما كان نوع النشاطات فالأصل أن تنطلق من خبرات المتدربين وتراعي مشاعرهم وتتضمن مفاتيحاً تيسر للمتدربين فهمها معها وان تتناسب مع الوقت المتاح والإمكانات المتوفرة وعدد المتدربين وتؤدي في النهاية إلى تحقيق الهدف المنشود .

كيف يبنى النشاط التدريبي ..؟

عرفنا مما سبق أن النشاط يبنى من أجل أن يتفاعل معه المتدرب ليحقق الهدف المنشود من خلال تهيئة المدرب للمتدرب واستثمار خبراته وإثارة دافعيته للبحث والتفكير في كل المصادر المتاحة أو الحوار مع الزملاء ، وهذا يعني تحديد الهدف أولاً ، ثم تحديد أسلوب التدريب ثانياً ثم البحث عن صيغة مناسبة للنشاطات حيث قد يكون فردياً أو جماعياً، وقد ينطلق من خبرات المتدربين فقط أو يعطي بعض المعلومات والمثيرات وهكذا فليس للنشاط صيغة معينة يمكن الالتزام بها وإنما هي صيغ متنوعة تعتمد على خبرات معدها ومهاراته .

1-10 ما هو المدرب

لا يوجد تعريف محدد لشخصية المدرب وبالرغم من المزايا والمهارات التي يجب ان يتمتع بها الا انه هنالك سؤال دائم ما هو المدرب وماذا يختلف عن المدرس وما هو وجه الاختلاف بينهما ، ولذا يمكن تحديد تعريف للمدرب : انه ذلك الشخص الذي يتمتع بالصفات والمهارات التي يمكنه من ايصال الافكار والمعلومات للمتدربين بصورة سليمة تطور من خلالها قدرات ومهارات الاخرين في موضوع المعرفة مدار البحث وبطريقة مميزة

متواصلة تنم عن قدرات وخبرات يتمتع بها (السكارنه ، بلال .2008)، ولهذا فان المدرب لا بد ان يتمتع بخصائص ومزايا وقدرات سوف يتم توضيحها لاحقاً .

يمثل المدربون عنصراً هاماً في العمل التدريبي والذي يجب أن ينال عناية كاملة من قبل المشرفين على البرامج التدريبية .ومن الخطأ الشائع أن نسلم بأن هناك ثمة صفات نمطية محددة يجب أن تتوفر في كل المدربين فهذه الصفات تختلف باختلاف نوع التدريب والهدف وأسلوب التدريب والمحتوى التدريبي لذلك فالمدرب جزء هام في العمل التدريبي ومن ثم ينبغي أن تتوافر فيه بعض الصفات العامة التي يجب أن تتوافر في المدرب الناجح مثل:

1. معرفته الكاملة بمحتوى التدريب:أي موضوع التخصص الذي يتولى التدريب فيه وكلما كان المدرب متخصصاً في مجال الدراسة ولديه خبرة وإلمام بالاتجاهات العلمية الحديثة كلما كان المدرب أفضل ،أي أن تكون للمدرب خبرة عملية وتطبيقية ببرامج التدريب.
2. القدرة على توصيل المعاني والمفاهيم إلى المتدربين من خلال الاستخدام الجيد للغة ولوسائل الإيضاح التدريبية.
3. القدرة على الاستماع للمتدربين وتشجيع هؤلاء المتدربين لإظهار وجهات نظرهم وردود أفعالهم تجاه المادة التدريبية.
4. القدرة على حل التعارض والنزاع المحتمل أن يقع في حلقات التدريب ويتطلب هذا أن يكون المدرب مرن في تعامله وتقبله للآراء المتعارضة والتوفيق بينهما.
5. تكامل الشخصية وتوازنها لإعطاء المتدربين قدوة سليمة وكسب احترامهم وثقتهم بما يقدمه هذا المدرب من معلومات تهدف إلى تنميتهم.
6. أن تتوفر لدى المدرب القدرة القيادية وإمكانية السيطرة على سلوك الآخرين.
7. أن تتوفر لدى المدرب الحيوية والنشاط بما يمكن من جذب انتباه المتدربين.
8. أن يكون المتدرب ملما بالوسائل التدريبية الحديثة ولذلك القدرة على استخدام المساعدات التدريبية.

أنواع المدربين:

1- **المدرب المحاضر:** هو الشخص الذي يقوم بنقل المعلومات للمتدربين بواسطة المحاضرة يكون هو المتحدث الأساسي فيها.

2- **المدرب القائد:** هو الشخص الذي يتولى تدريب مجموعة من الأفراد من خلال قيادته لمؤتمر أو ندوة أو مناقشة.

3- **المدرب التطبيقي:** هو الشخص المدرب الذي لديه خبرة نظرية مبنية على عملية حقيقية.

4- **المدرب النفسي:** هو الشخص الذي تكون لديه خبرة ومعرفة بالعلوم السلوكية وكيفية تحسين أداء السلوك.

2-10 خصائص المدرب الفعال

يتمتع المدرب بمجموعة من الخصائص التالية :

-1 المدرب الفعال لا يهيمن أو يفرض بل يسمح للمتدربين في تولي القيادة؛ إنه يرشد ويسهل العمل بدلاً من "التوجيه" أو "القيادة".

- إنه يبدو بأنه يمتلك "خطة" شاملة.
- يحس عندما يكون هنالك شيء لا يسير على ما يرام فيجرب طريقة أخرى.
- يحس بمزاج المتدربين ويمكنه أن يغير خطته في منتصف العمل فيتحول إلى شيء آخر أكثر ملاءمة مما كان قد خطط/ خططت في الأصل.

-2 المدرب الفعال لديه معرفة (وهو يعرف متى يستعمل) مجموعة متنوعة من أساليب التدريب وطرقه الفنية.

- إنه يختار الأنشطة الملائمة لكل هدف من أهداف التعلم.
- إنه ماهر تماماً في التعامل مع مختلف الطرق الفنية ويستعمل مجموعة جيدة من الطرق الفنية المختلفة في كل يوم من أيام برنامج التدريب، وينتقل بكل بساطة من طريقة فنية إلى الطريقة التالية.

3- المدرب الفعال يستعمل لغة ملائمة، فتوضيحاته سهلة الفهم وبليغة ويقوم بتوضيح الأمور بأكثر من طريقة واحدة.

4- المدرب الفعال يحس بمزاج وروح واحتياجات المجموعة.

- يمكن أن يسخر من نفسه.

- يمكن أن يتلقى تعليقاً فكهاً ويحوله لمنفعة التدريب.

- أن يطلب المقترحات، ومن ثم يأخذ ويتصرف بها .

- إنه يتلقى "قراءات" دورية للمجموعة.

- يبدو أنه يسيطر على نفسه في جميع الأوقات.

5- المدرب الفعال يعلن أهدافاً لكل جلسة سلفاً.

- إنه لا يحاضر لفترات طويلة من الزمن.

- إنه عموماً يستعمل أكثر من طريقة فنية واحدة بالجلسة الواحدة.

- إنه يناقش رد فعل المتدربين على الجلسة فيما بعد وهو الذي يعالج كل جلسة.

6- المدرب الفعال يجعل المتدربين واعين للعملية كوعيهم للمحتوى العلمي.

- إنه يستعمل الأساليب الجماعية الفعالة ويجعل جميع أفراد المجموعة يساهمون.

- إنه يوزع النشرات الخاصة بالموضوع والهامة (لتعزيز التعلم).

- إنه يأتي إلى المجتمع بأشخاص بارعين.

- إنه يدخل التدريب إلى المجتمع عندما يكون ذلك مناسباً.

7- المدرب الفعال يسعى لتقديم وضعية حيّة للتدريب (مع صور حائطية "ملصقات" كبيرة "بوسترات" الخ......) أي أنه يلبس موقع عمل التدريب.

- إنه يعرف متى يدخل فترة استراحة غير مقررة في البرنامج أو تمريناً أكثر نشاطاً لتغيير الإيقاع.

- إنه يقترح بأنه من الممكن أن يوجد أكثر من جواب واحد ممكن على أية مشاكل.

- إنه يرغب بتجريب (مثال ذلك في وضعية لعب الدور) حلول مختلفة يقترحها المتدربون.

8- المدرب الفعال لديه إيمان بأنه من الممكن للمتدربين التوصل إلى حلول يمكن تطبيقها إذا أتيحت لها المناسبة والفرصة.

- أن لديه نوعاً من الـ"الأنا" التي لا يمكن جرحها بسهولة.
- إنه يستطيع أن يعترف بالخطأ أو أنه/ أنها لا تعرف الجواب على سؤال ما.
- وإذا كان لا يعرف الجواب فإنه يتحقق من المعلومات ويعود بالجواب الصحيح فيما بعد.

9- المدرب الفعال لديه القدرة على كسب المصداقية بسرعة في مجموعة جديدة حيث أن لديه "كاريزما" طبيعية، إنه مخلص وهو يعني ما يقول/ تقول؛ إنه لا "يلعب" مع المتدربين.

- إنه يبدو بأنه يقوم بالتدريب منطلقاً من تجربة شخصية واسعة وغنية ومن اهتمام تجاه الناس؛ كما أنه يعطي الانطباع الذي يعرف بأنه يتحدث عنه.
- إنه عادل؛ فهو لا يتوقع أن يدخل المتدربون في أي شيء لم أو لا يمكن أن يدخله/ تدخله؛ وهو غالباً ما ينضم إلى المجموعة بنفسه وكأنه واحد من المشاركين.

10- المدرب الفعال يبقى عموماً مهتماً بجميع المتدربين عندما يشرح/تشرح النشاط التالي:

- إنه يرغب بإعطاء جواب مباشر على الأسئلة التي يطرحها المتدربون، حتى تلك الأسئلة التي تتصف بطبيعة شخصية.
- إنه يشترك بحديث غير رسمي مع المتدربين أثناء فترات الاستراحة، وعادة مع المتدربين وليس مع عناصر إدارية أخرى. (كولز، 2001).ويوضح الشكل (10-1) الخصائص المتعلقة بالمدرب الفعال :

الشكل (10-1) خصائص المدرب الفعال

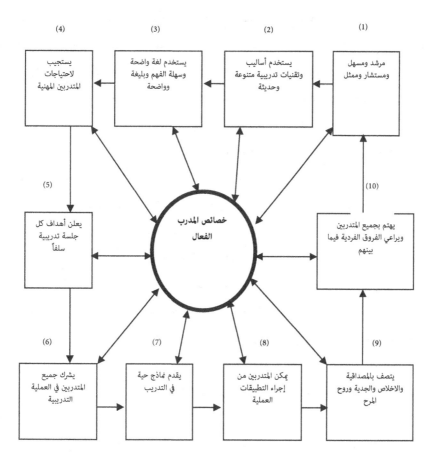

وفيما يلي قائمة بالفروق بين المدرب الفعال والمدرب التقليدي حسب الجدول (10-1)

الجدول(10-1) المقارنة بين المدرب الفعال و المدرب التقليدي

المدرب الفعال	المدرب التقليدي
1- يركّز على طريقة التعلّم -تعلّم كيف يتعلّم.	1- يركّز على تعليم المضمون والحقائق والمعلومات.
2- يجعل المتدرّب يتحمل بكل فعالية المسؤولية عن تعلّمه/ تعلمها وعن تغييره/ تغييرها.	2- يتحمل مسؤولية البت فيما يحتاج المدرب إليه وتحفيزه/ تحفيزها للتعلم.
3- باحثاً نشيطاً عن المعلومات، فيحدد ويستخدم بفعالية الموارد المتوفرة.	3- يقرر ما يحتاج إليه المتدرب ويقدم ذلك من خلال مهمات قراءة المحاضرات، والأفلام......الخ.
4- يتوقع أن يتعلم المتدرب إيجاد واستعمال المعلومات حسب الحاجة لحل المشاكل.	4- يتوقع أن يتعلم المتدرب المادة المقدمة لكي يتذكرها في الامتحانات.
5- يتوقع أن يتعلم المتدرب بالتنقيب والاكتشاف وبطرح الأسئلة وصياغة واختبار الفرضيات وحل المشكلات.	5- يتوقع أن يتعلم المتدرب بصورة أولية من خلال الاستذكار وصياغة الأجوبة على الأسئلة المطروحة من قبل المدرّب.
6- يركّز على الطريقة الخلاّقة في تحديد وحل المشكلات الحياتية الحقيقية التي لا تنتهي. ليس هناك أي خبير.	6- يركّز على إكمال تمارين أو مسائل ذات طابع الكتب المقررة بجواب واحد صحيح. المدرّب هو الخبير.
7- يصوغ بوضوح الأهداف المحددة المبنية على الحاجات المعروفة للمتدرب.	7- يصوغ الأهداف المبنية على تغطية مقدار محدد من المادة.
8- يشغل المتدرب في تحديد حاجاته/ حاجاتها وأهدافه/ أهدافها الخاصة في التعلّم.	8- يتوقع أن يقبل المتدرّب الأهداف المحددة من قبل الخبراء للدورة.
9- يشغل المتدرب في تقدير وتقييم تجربة التدريب والمعلومات التي حصل عليها والتقدم نحو الأهداف.	9- يقرر ويقيم المادة التي يقدمها وفعالية وأداء وتقدم كل من المتدربين.
10- يتفادى تقديم النصيحة، لكنه يساعد المتدربين في التنقيب عن البدائل وفي الوصول إلى نتائجهم الخاصة.	10- يقوم بدور الخبير ويقدم رأي ونصيحة الخبير.

11- يركز على مساعدة المتدرب في تعلم العمل بفعالية مع الآخرين بأنشطة تعاونية في حل المشكلات.	11- يركز على السيطرة على قاعة التدريب؛ ذلك أن العمل مع الآخرين الهاء والتهاء وليس هدفاً.
12- يركّز على المناقشات والأنشطة الجماعية التي يقوم بها ويقيمها المتدرّبون أنفسهم.	12- يركّز على المحاضرات والمناقشات الجماعية والأنشطة الأخرى التي يقودها ويسيطر عليها ويقيّمها المدرّب.
13- يعمل نحو تواصل مفتوح مشاطراً الأفكار والآراء بين المتدربين والموظفين وبين الموظفين وبين المتدربين.	13- يركّز على التواصل أحادي الاتجاه من المدرب إلى المتدربين مع تواصل قليل من المتدربين وبين المتدربين أو حتى بين الموظفين أيضاً.
14- يشجع عدم وجود الرسميّات ويشجع العفوية في التدريب.	14- يضع إجراءات وسيطرة رسمية في قاعة التدريب.
15- يشجع أسلوب طرح الأسئلة وتحدي رأي الخبير والاعتماد على حكم المتدرّب الخاص.	15- يشجع احترام المدرب بوصفه خبيراً وعدم الثقة بحكم المتدرّب الخاص.
16- يستدرج الأفكار والاقتراحات والنقد من المتدربين.	16- لا يشجع الاقتراحات أو النقد من المتدربين.
17- يشرك المتدربين في صنع القرار الخاص بأنشطة التدريب ويرى أن من الممكن توضيح الأهداف أو تحديد أهداف جديدة تعدّل مضمون وأنشطة التدريب.	17- يتخذ القرارات أو ينفذ القرارات التي تضعها الإدارة، ويرى أن برنامج التدريب المعد إعداداً جيداً لا يحتاج إلى تعديل.
18- يستعمل التدريب كخبير مستفيداً من فرص التعلّم التي تقدمها حوادث غير معدة والمشاكل التي يواجهها في التدريب.	18- يحاول منع تعطيل الأنشطة المخططة والبرنامج الزمني سواء بتجاهل الحوادث أو المشكلات أو معالجتها بالسرعة الممكنة.

3-10 مهارات المدرب الناجح

يتمتع المدرب الناجح بعدد من **الكفايات المعرفية والمهارية والانفعالية** ويمكن الإشارة إليها فيما يأتي :

1- يعرف الدور الأساسي للمدرب .
2- يعرف الأسس المادية لعملية الاتصال .
3- يعرف خصائص المتدربين الثقافية .
4- ينوع مصادر معلوماته .
5- يفهم دوافع المتدربين .
6- يفهم اللغة غير اللفظية .
7- يستمع إلى المتدربين و يحسن الإصغاء اليهم.
8- ينظم الفريق في مجموعات عمل .
9- ينظم الوقت .
10- يعرض الأسس النظرية للموضوع .
11- يدير النقاشات بعد النشاطات .
12- يحدّد أهداف التدريب .
13- يحلل البرنامج التدريبي .
14- يحدد حاجات المتدربين .
15- ينظم الجلسة بحيث يضمن مشاركة كل المتدربين .
16- يوزع مهام العمل على المتدربين .
17- يخطط إشراك المتدربين .
18- يسأل أسئلة سابرة ومتعمقة .
19- يدير الاجتماعات بنجاح .
20- يوزع العمل بين المشاركين .
21- يبني على خبرات المتدربين .
22- يوازن بين اللغة اللفظية وغير اللفظية .

23- يستخدم أساليب تقويم مختلفة .

24- يقدم رأيه دون أن يفرضه على الآخرين .

25- يستخدم أساليب اتصال ناجحة .

26- يختار أساليب تدريب ملائمة .

27- خبير في الاتصال .

28- يستمع جيداً ويلاحظ جيداً .

29- لا يقدّم نفسه كشخص محوري مهم .

30- يعمل مع المتدربين لا من أجلهم .

31- يحاور ويفاوض .

32- لا يضع المتدربين في مواقف دفاعية .

33- لا يحتكر الحديث .

34- يشارك في التدريب ويمارس دور المدرب والمتدرب .

35- لا يمارس سلطة رسمية أو فنية .

36- يتجنب تسويق أفكاره وآرائه .

37- يستثمر الوقت دون إطالة أو بطء .

38- يستثمر خبرات المتدربين .

39- يمتنع عن إصدار أحكام تقويمية .

40- يتعامل مع المتدربين كأفراد لا كأنماط .

41- يقدم تغذية راجعة .

42- يمارس عملية الحوار والمفاوضات .

43- يهتم بجميع المتدربين .

44- يؤمن بحل النزاعات دون استخدام العنف .

45- يتحكم بانفعالاته ومشاعره .

46- يحافظ على خصوصيات المتدربين ومسائلهم الشخصية .

47- يتقبل مشاعر المتدربين .

48- يتقبل المتدربين كما هم .
49- يثق بقدرات الآخرين .
50- متحمس للعمل .

4-10 الشروط الواجب توفرها في المدرب

1. المهارة الفنية.
2. المهارة الانسانية.
3. المهارة الإدارية.
4. التمكن من المادة.
5. كسب الثقة من الحضور.
6. العلاقات الجيدة مع الحضور.
7. سرعة البديهة / الملاحظة.
8. خلق روح المرح والارتياح.
9. التحدث بلغة المجموعة.
10. استغلال المواقف.
11. حسن الاستماع.
12. تذكر أسماء وأشكال الحضور.
13. الثقة بالنفس.
14. الثبات.
15. معالجة المواقف الصعبة.
16. القدرة على توجيه الاسئلة.
17. فتح باب النقاش.
18. استخدام الوسائل.
19. استخدام الالفاظ السهلة.

10-4-1 السمات الشخصية للمدرب الجيد

1. الإنصات الجيد.
2. توصيل المعلومة بصورة واضحة.
3. الاتصال الغير اللفظي الفعال.
4. الاتصال اللفظي الفعال.
5. المشاركة.
6. وزن الأمور.
7. الانفعال المتوازن.
8. التمكن من المادة العلمية.
9. البساطة في الأداء.
10. المرونة.
11. تقبل آراء الآخرين.
12. الذوق الرفيع.
13. الثقة في النفس.
14. تقمص الأدوار بصورة جيدة.
15. رحابة الصدر.
16. الواقعية.
17. الإبداع والابتكار.
18. التلقائية.

أما سلبيات المدرب

1. المبالغة والحماس غير الصادق.
2. القصص الشخصية الكثيرة التي لا تمت بصلة بالموضوع.
3. سوء الإعداد.
4. تأخير بداية الدورة لانتظار وصول المتدربين.
5. عدم القدرة على السيطرة على المشاركين الذين يحتكرون الحديث.

6. الثبات في مكان واحد.
7. التحدث إلى المجموعة بتعال.
8. استعمال العاب طفولية.
9. القراءة من الشاشة بدلاً من الشرح المباشر.
10. عدم انهاء الدورة في الوقت المناسب.

من أسباب فشل المدرب

1. الخوف والارتباك.
2. عدم تسلسل وترتيب الافكار.
3. عدم السماح بالأسئلة.
4. طول مدة العرض.
5. عدم اختيار الوقت المناسب.
6. عدم المام العارض بالموضوع.
7. عدم اهمية موضوع العرض.
8. عدم وضوح الهدف من العرض.
9. عدم التركيز على القرار المراد اتخاذه.
10. عدم التحضير المسبق.
11. عدم الالمام بتقنيات العروض.
12. كثرة التشويش.
13. عدم اختيار الحضور بعناية.

من مظاهر ضعف المدرب

1. البداية غير الصحيحة.
2. عدم خلق جو الارتياح.
3. الرهبة.
4. الارتباك.
5. تحدث أكثر من شخص في آن واحد.

6. عدم الثقة في النفس.
7. تشتت الافكار.
8. عدم التمكن من الموضوع.
9. عدم التحضير المسبق.
10. الفوضى.
11. كثرة الأسئلة.
12. كثرة الاستئذانات.
13. عدم التشويق.
14. عدم الاعتراف بالخطأ.
15. عدم القدرة على امتصاص الصدمات.
16. عدم معرفة تقنيات العروض.
17. عدم المعرفة بأنواع الحضور.

5-10 محاذير على المدرب

إذا كنت مدرباً وتريد لنفسك أن تكون مدرباً ناجحاً فاحذر الآتي :

1- إصدار الأحكام .
2- تقديم آراء قوية لحسم النقاش .
3- إعلان رأيك .
4- تحوير آراء المتدربين .
5- الإجابة عن أسئلة المتدربين مباشرة .
6- إنهاء النشاط دون إغلاق .
7- إنهاء النشاط دون تطبيق .
8- إنهاء النشاط دون مناقشة .

ستكون أكثر نجاحاً في التدريب إذا تذكرت أن المتدربين :

1- يريدون التعلم ، إنهم يكتشفون أن التدريب مفتاح أدائهم والنجاح فيه ،ففي عالم أصبح التقدم فيه سريعاً والبقاء للأفضل تحقق الناس من أن الشيء الوحيد الذي يمكن أن يأخذوه معهم إلى وظائفهم هو مهاراتهم .

2- يحتاجون للمشاركة والمشورة ، أي السماح لهم بمعرفة ما سيتدربون عليه من قبل ، ومتى يتم ذلك ؟ الشيء الذي يزيد من تقبلهم للتدريب والالتزام بالمشاركة بحماسة .

3- يريدون أن يشعروا بأن المحتويات مناسبة ،وإنهم يحتاجون أن يشعروا بأن المواد التدريبية صممت بحيث تلبي احتياجاتهم التدريبية الفعلية .

4- يحتاجون أن يشعروا أن بمقدورهم انتقاد الأفكار المطروحة بصراحة .

5- يستمتعون بقدرتهم على طرح الأسئلة ، وأن الموضوعات التي يطرحونها تَعالج بجدية وفي وقت متفق عليه .

6- يحبون أن يعاملوا كأنداد (سواسية) لا يريد أحدهم أن يسبقّه زملاؤمه ، أو أن يعامل كتلميذ .

7- يقدرون التغذية الراجعة عن أدائهم وسلوكهم .

8- يستمعون بفاعلية ، مؤيدين الأفكار التي يتفقون معها ويناقشون تلك التي لا يتفقون معها .

9- يكلفون بمهام تجعلهم يفكرون ويتصرفون بطرق تثري معرفتهم ومهاراتهم .

10- يتعلمون بطرق مختلفة ، ويعملون بدرجات متفاوتة نسبة لتفرد كل فرد من حيث الخبرة والخلفية ، والمقدرة ، وأسلوبه للتعلم .

11- يحتاجون للتخلص من أفكار وعادات مهنية بائدة قبل أن يتعلموا شيئاً جديداً .

12- يحتاجون أن يبنوا على خبراتهم ومعارفهم السابقة .

13- يرغبون في السعي إلى إيجاد حلول لمشكلاتهم .

المتدربون يتذكرون الأفكار التي :

1- تعلموها حديثاً .

2- سمعوا بها أكثر من مرة .

3- استطاعوا تطبيقها عملياً .

4- يمكن تنفيذها مباشرة .

5- أدركوا أهميتها ليعرفوها وينفذوها .

6- يشجعون ويكافأون على تطبيقها من مديريهم أو أي شخص مهم في قياداتهم .

10- 6 كيفية تقديم حلقة تدريبية

تعد العلاقة بين المدرب والمتدرب عنصراً هاماً في خلق تغيير دائم عن طريق التدريب ، وهناك عناصر كثيرة تسهم في خلق بيئة تدريبية إيجابية . وللمحافظة عليها يمكن اقتراح هذه النقاط لمراجعتها قبل أي حلقة تدريبية :

اولاً : في يوم التدريب

1. كلما كان تحضيرك للمادة جيداً استطعت الانتباه إلى إشارات هامة ، وبالتالي تضبط أسلوبك في البرنامج .

2. اذهب إلى قاعة التدريب مبكراً لتعطي نفسك وقتاً للاستعداد ولتكون في استقبال المبكرين من المتدربين .

3. تأكد من أن كل متدرب يمكنه أن يرى شاشة العرض والسبورة وخلافه .

4. افحص كل الأجهزة المستخدمة واحتفظ ببعض قطع الغيار سريعة الاستبدال للاحتياط .

5. كن مرتاحاً مع المشاركين قبل البداية رسمياً ، وشاركهم لخلق التفاعل .

6. اطلب من جميع المشاركين الاستعداد للتدريب وإنهاء كل ما يشغلهم .

7. حاول أن يقوم أحد كبار المسئولين الكبار بافتتاح البرنامج التدريبي ليضيف جدية وأهمية إلى البرنامج .

8. حضر للافتتاحية لتبدأ بداية قوية .

9.   حدث المشاركين في البداية عما تتوقعه منهم وما يتوقعونه منك .

10.   ذكّر المشاركين بالآتي :

أ- أنهم مسئولون عن تدريبهم .

ب- أن يكونوا صادقين في إشعارك إذا لم تلب احتياجاتهم التدريبية .

ت- قدم نفسك واجعل المشاركين يقدمون أنفسهم .

ث- وضح أهداف البرنامج .

ج- استعرض البرنامج وانسبها للأهداف .

ح- قدّر أن المشاركين لديهم حماسة متفاوتة نحو التدريب .

ثانياً :أثناء التدريب

كن منطقياً أثناء التدريب ، ويمكنك عمل ذلك إذا :

1- ناقشت مدة فترات الراحة مع المشاركين .

2- كتبت أوقات العودة على السبورة .

3- لم تنتظر المتأخرين .

4- أغلقت الباب في الوقت المتفق عليه .

5- لِمَ تقم بتلخيص ما فات على المتأخرين .

إذا لم يستمر التدريب حسب الخطـة ، فـلا تثير الانتبـاه للمشـكلة باعتـذارك مـا لم تكـن المشكلة واضحة . وادعم عملية التدريب عن طريق :

1- خلق جو نشط بتشجيعك للمشاركة .

2- تعامل مع كل موضوع على حده .

3- تدرج من السهل إلى الصعب .

4- اجعل المشاركين يستعملون أكبر قدر من حواسهم الخمس .

6- قم بمراجعة كل جزء قبل انتقالك إلى الجزء الذي يليه .

ثالثاً : نصائح تعينك في أداء مهمتك كمدرب

1.   لا تخف إذا لم تكن لديك إجابة عن أحد الأسئلة ، وأسأل الآخرين إذا كانت لديهم الإجابة . وإذا لم تكن لديهم الإجابة فقل للسائل أنك ستعود إليه بالإجابة فيما بعد .

ولا تكذب أو تتحذلق ، وإلا فإن أمانتك وقدرتك على التأثير على مستمعيك ستضعفان أمامهم

2. تجنب استعمال المصطلحات والكلمات غير المألوفة ، فذلك يعني أنك نظري ومتعال

3. استعمل الوسائل البصرية كلما أمكن ذلك فهي أكثر فعالية من التحدث بحوالي ست إلى ثمان مرات ، ويمكنك استعمال الرسومات والبيانات وخرائط الرسم .

4. توقف من وقت لآخر لتعرف رأي المشاركين . اسألهم ـ مثلاً ـ كم منكم حاول هذه العملية ؟ إن سؤال المشاركين عن رأيهم يكون بمثابة التغيير المقبول في إيقاع الدرس ويمدك بمعلومات مفيدة .

5. كرر الأسئلة أو أعد صياغتها إذا اعتقدت أن كل المشاركين لم يسمعوها .

6. غيّر من إيقاع الدرس ووسائل العرض لتبقى الرغبة بدرجة عالية ، و تذكر أن مدة الانتباه بالنسبة للكبار لا تستمر طويلاً ، لذلك غير الإيقاع ووسيلة العرض ونوع بين مهام الفريق وبين التكليف الفردي .

7. استخلص المعلومات من المجموعة كلها كلما كان ذلك ممكناً . إن مشاركة المستمعين تضفي تغييراً في سرعة الإيقاع ، كما أنها تؤكد أفكارك بطريقة عملية .

8. تجوّل أثناء فترات الراحة ، وانضم إلى كل مجموعة لوقت قصير ، ولاحظ التفاعل والمشاركة لكل مشارك

9. لا تقف جامداً في مكان واحد . لأن التحرك من مكان إلى آخر يسمح بتلاقي النظر مع كل مشارك ويعطيك مؤشرات جيدة عن طاقة واتجاهات المشاركين .

10. كن يقظاً لملاحظة المؤشرات (دوران العيون - خفض الرأس - ..الخ) وافهم ما الذي يريده المشاركون من هذه الحركات في نهاية الحلقة التدريبية .

11. اختم الدرس بنوع من التحدي وذلك بأن تطلب من كل مشارك أن يلتزم بتطبيق بعض ما تدرب عليه خلال الأسبوعين القادمين .

12. اسأل كل مشارك عن الكيفية التي يمكن له أن ينفذ بها ذلك .

7-10 مهارات اعداد خطة التدريب

أولاً : يجب أن تشمل خطة التدريب الفعالة ما يلي :

- أهداف الدورة .
- جدولاً مفصلاً عن الدروس التي ستقام في الدورة .
- تحديد وقت الدورة الكلي ، وتحديد وقت كل وحدة تدريبية .
- تحديد التمارين الفردية والجماعية .

ثانياً : وضح الخطوات الأربع التالية للمتدربين :

- المهمات التدريبية ،ولماذا نتدرب عليها ؟ وكيف نتقنها ؟
- نفذ المهمة ، وإذا كانت طويلة ومعقدة فقسمها إلى أجزاء صغيرة (وحدات تدريبية متسلسلة) .
- اطلب من المتدربين تنفيذ المهمة وأنت تراقبهم .سجل ما يحسنون عمله وما يخطئون فيه.
- أعط المتدربين تغذية راجعة.أمدح أي تقدم لتزيد ثقتهم في أنفسهم .كن محدداً بخصوص ما يعملونه بطريقة جيدة .

ثالثاً : في حالة ملاحظتك الأخطاء افعل ما يلي :

- راجع تعليماتك عن طريق الوصف والإيضاح واطلب من المتدربين التأكد من فهمهم للمهمة قبل تنفيذها .
- إذا قمت بتنفيذ مهمة في التدريب التربوي أكثر من ثلاث مرات ولم يفهمها المتدربون ففكر في تجزئة المهمة مرة أخرى .
- تعرف على طريقة المتدرب المحببة في التعلم ، الاستماع أو الرؤية أو العمل، والأفضل استخدام جميع الطرق .

رابعاً : الأخطاء الشائعة في خطة التدريب :

- وضع أهداف مستحيلة : إذا فعلت ذلك ؛ فأنت تتيح الفرصة للمتدرب للتركيز على الفشل بدلاً من النجاح

- التركيز على العقاب في حالة الفشل : يمكن أن يكون الفشل فرصة للتعلم ؛ فلا تخلق جوا يؤدي الى الملل .
- تصّيد الأخطاء : إذا فعلت ذلك فستشجع على عدم الأمانة ؛ لأن المتدربين سيخفون أخطائهم بدلا من علاجها وتجاوزها .
- الدوران حول المكان أثناء تطبيق المتدربين للمهارة : إن هذا يعكس عدم ثقتك في المتدربين ، وسيطلبون المساعدة في كل مرة يواجهون فيها مشكلة بدلاً من محاولة حلها بأنفسهم.

8-10 المهارات الاساسية في تنفيذ التدريب

بصرف النظر عن نوع المعلومات التي تريد توصيلها للمشاركين ، سيزداد استيعابهم إذا كان في إيصال المعلومة نوع من التحدي والمتعة والفكاهة . ولكن كيف يكون ذلك ؟

تأمل ما يلي :

1. رحّب بالمجموعة عند دخولهم القاعة ، وعبر عن امتنانك لتجاوبهم وحضورهم .
2. رحّب بالمجموعة رسمياً بعد أن يأخذ كل فرد مكانه ، وذكرهم بجدول الدورة ، والنتائج المتوقعة ، ووقت الجلسة التدريبية ، وفترات الراحة ، وأبلغهم أنك ستوزع عليهم نسخا من العرض بعد انتهاء الجلسة . ومن المفيد جدا كتابة النتائج المتوقعة على لوحة ورقية وتعليقها على يمين السبورة .
3. ابدأ بأكبر قدر من التأثير . اعرض تحدياً لهم أو قص عليهم قصة تجذبهم للمتابعة والاستمتاع بالجلسة.
4. وجّه أسئلة خطابية بين الحين والآخر . تحدَّ مستمعيك وخذ آراءهم ، ووجه لهم أسئلة تتطلب رفع الأيدي للمشاركة .
5. ركّز على المشاركين الذين أظهروا إيجابية منذ البداية .
6. اعرض المعلومات الجديدة أولا ، وركز على موضوع الدورة .

7. لا تقرأ من مذكراتك أو من الشرائح أو الشفافيات كلمة كلمة ، أعط الفرصة للمشاركين لعمل ذلك ، ثم لخص النقاط المهمة .
8. قدم تعليقاً مختصراً بين كل شفافية وأخرى لربط العرض .
9. انظر إلى المشاركين لمدة 3 ثوان إلى 5 ، وإذا كان عددهم قليلا فلا تقرأ من الشاشة أو تعطيهم ظهرك
10. حافظ على انتباه المشاركين عن طريق :

أ- تغيير العرض كل 7 دقائق تقريباً (مثل توجيه أسئلة أو تعبئة بيانات أو تحويل الجلسة إلى ورشة عمل)

ب- غير من نغمة صوتك لجذب الانتباه .

ت- اجعل تعبيرات وجهك مؤثرة ومناسبة للحديث .

ث- استخدم الإشارات بطريقة مناسبة .

ج- الوقوف لبرهة كل نصف ساعة تنشيطاً للدورة الدموية .

ح- تغيير أماكن جلوس المتدربين إذا كانت الجلسة طويلة .

خ- تحرّك داخل القاعة و اقترب من المشاركين خاصة عندما يسألونك ؛ لأن بقاءك بعيداً قد يخلق حاجزاً بينك وبينهم .

د- اذكر لإحصاءات تصدم المشاركين أو اتخذ موقفا مثيراً للجدل .

ذ- ابدأ بالفكاهة إذا كنت تجيد حكاية النكات ، أو إذا كانت القصة طريفة مناسبة للموقف والموضوع ، أما إذا كانت النكتة رديئة ، فإنها ستزيد من التوتر داخل القاعة وستحرجك .

ر- أشرك المستمعين بإجراء تصويت أو طلب وجهات نظر أو تأييد لقضية ، أن ذلك سيظهر للمشاركين اهتمامك بآرائهم .

ز- طوّر استيعاب المشاركين ورغبتهم بتبادل القصص ، أو استخدام التشبيهات أو الاستعارات ، مثل (أن العمل بدون أهداف يشبه السفر بدون خريطة) .

س- استخدم العروض المرئية للتأثير على أكثر من حاسة ، وارفع بعض المقالات أو الكتب أو المجلات عندما تقتبس من خبراء معروفين لدعم الأثر في نفوس المشاركين .

ش- اختم عرضك بطرح مشكلة فيها تحد للمشاركين واتركهم يفكرون في حلول مناسبة لتلك المشكلة .

10-8-1 الية الاستعداد لجلسة التدريب

لا بد من اتباع سياسة معينة قبل تنفيذ التدريب وعلى النحو التالي :

1. حضّر للمادة جيدا ، وحدد أساليبك التدريبية و أنشطتك .
2. اذهب إلى قاعة التدريب مبكرا لتعطي نفسك وقتا للاستعداد .
3. افحص منظر القاعة من عدة مقاعد للتأكد من أن كل شخص يستطيع رؤية الشاشة العارضة والسبورة الورقية .
4. افحص كل المعدات ، وإذا كنت تستخدم (الأوفرهيد) أو الشرائح فتأكد أنها تعمل جيداُ وحاول تجربتها .
5. تأكد من توفر الشاي والقهوة والعصائر للمتدربين قبل البدء .
6. امرح مع المشاركين لخلق جو من التفاعل ، ولا بأس بتهيئة سلة صغيرة مليئة بالحلوى تكون في متناول الجميع .
7. حدّد قبل البدء إذا كان بعض المتدربين مشغول الفكر بمكالمة هاتفية أو موعد مهم ، وأقنعهم بالتركيز على جلسة التدريب .
8. اطلب من المشاركين إغلاق هواتفهم النقالة .
9. قدم بعض الهدايا الرمزية المناسبة مثل : (الأقلام ، الحقائب الصغيرة ، الميداليات).
10. صافح المشاركين عند دخولهم قاعة التدريب لبناء علاقة شخصية جيدة .
11. استخدام حرف (و) بدلاً من (لكن) كلما كان ذلك ممكناً ، مثل (لقد أثرت نقطة مثيرة ، وزملائك لا يتفقون معك) .
12. إذا احتدم النقاش فكن إلى جانب المتدربين ؛ لكسب ودهم ولو كنت تخالفهم الرأي .

13. اطلب مقترحات من المجموعة قبل أن تجيب عن أي سؤال صعب يوجه إليك .
14. استعمل إيماءة الرأس عندما تستمع إلى المقترحات ؛ لتأكيد اهتمامك واستماعك الفعال .
15. تحرك داخل القاعة بقدر الإمكان لتكون قريباً من المتدربين ، خاصة عند النقاش .
16. سيطر على المجموعة بعناية لتوجيه طاقاتهم ، ودعهم يأخذون فترة راحة عندما تشعر بتدهور انتباههم .
17. تعرف على أسماء المتدربين ، وادعهم بها باستمرار .
18. وضح للمتدربين بالأمثلة احترامك لذكائهم وآرائهم .
19. حدد منذ البداية أسلوب النقاش والموضوعات التي لا تمت للدورة (الجلسة) بصلة، أو غير الملائمة لها .

9-10 الاجراءات المتبعة اثناء استخدام أجهزة العرض

إن استعمالك لجهاز العرض (أوفرهيد بروجكتور) سيضيف فاعلية لعرضك ورسالتك. وفيما يلي أفكار تساعدك على الاستخدام الجيد :

1- تأكد أن مصباح الإضاءة جيد . قم بفحصه قبل البرنامج .

2- تعلم كيف تستعمل الجهاز قبل العرض .

3- ركز إضاءة الجهاز قبل البدء ؛ لتفادي أي حرج ، وتأكد أن الصور تظهر على الشاشة تماماً .

4- نظف واجهة صحيفة الجهاز لإزالة أي أوساخ لأنها ستنعكس على الشاشة .

5- رقم الشفافيات وصفها أمامك لترى الشفافيات التالية ، لأن ذلك يجعل عرضك مترابطاً

6- استعمل قاعدة (4x4) وهي ألا تكتب أكثر من أربعة أسطر على الشفافية الواحدة ، إن ذلك ممكن إلى (7x7) .

7- لا تستعمل إصبعك للإشارة إلى عناصر على الشفافيات ، ربما تهتز يدك فيشعر المتدربون بتوترك . استعمل المؤشرات الخاصة .

8- اعرض كل المعلومات أولاً ، ثم ارجع لكل عنصر بمفرده .

9- لا تحجب نظر المشاهدين عن رؤية العرض .

10- ستكون الشفافيات فعالة إذا اتبعت الإرشادات التالية :

- اكتب الحروف والكلمات كبيرة وبارزة .

- تجنب استعمال الألوان الفاتحة لصعوبة قراءتها .

- غيّر ألوان العناوين والنقاط المهمة .

- اكتب العناوين بحجم كبير .

- اكتب فكرة واحدة في الشفافية الواحدة .

- استعمل الرسم البياني والجداول لزيادة فهم المشاركين .

- أضف بعض الصور لزيادة الإيضاح ؛ وتجميل العرض .

- اجعل الشفافية بسيطة .

10-10 أنواع المشاركين بالبرامج التدريبية

هنالك انواع متعددة من المشاركين بالبرامج التدريبية على النحو التالي :

1. المشاغب.
2. الايجابي.
3. العارف.
4. الثرثار.
5. الخجول.
6. غير المتعاون.
7. اللامبالي.
8. المتعالم.
9. الملح في الاسئلة.

ولهذا لا بد من اتباع استراتيجية معينة لكيفية التعاون مع كل نوع من المشاركين بهذ البرامج التدريبية من قبل المدرب وذلك كما يلي :

اولاً : كيف تتصرف مع المشارك المشاغب

1. تمالك نفسك

2. لا تدخل معه في نقاشات.

3. لا تجعل من الخلاف قضية شخصية.

4. اتركه فقد يقع في شر أعماله.

ثانياً: كيف تتصرف مع المشارك الايجابي

1. استخدمه لصالحك.

2. لا تدعه يحتكر النقاشات.

3. يمكن ان يعاونك كثيرا في توصيل ما تريد إيصاله.

ثالثاً: كيف تتصرف مع المشارك المتعالم

1. لا تدعه يسيطر على المناقشة.

2. إذا طرح رأياً او فكرة فأطلب منه تحديد الاسباب.

3. إن كانت اسبابه غير صائبة فدع الآخرين يعلقوا على ما قال.

رابعاً : كيف تتصرف مع المشارك الثرثار

1. قاطعه بلباقة.

2. أسئل غيره من الحضور.

3. قد يأتي بمعلومات جيدة.

خامساً: كيف تتصرف مع المشارك الخجول

1. لا تحاول تعجيله.

2. اسأله سؤالاً سهلاً عندما تحين الفرصة.

3. أثني عليه لكي تعزز ثقته بنفسه.

سادساً: كيف تتصرف مع غير المشارك المتعاون

1. شجعه على المشاركة بالسؤال عن معرفته.

2. حاول كسب صداقته.

3. أحسسه برغبتك في مشاركته.

سابعاً : كيف تتصرف مع المشارك اللامبالي

1. وجه اليه الاسئلة المباشرة.

2. أطلب منه رأيه.

3. أخبره بأهمية رأيه.

ثامناً: كيف تتصرف مع المشارك العارف

1. لا تنتقده.

2. أصبر عليه.

3. لا تسمح له بالخروج عن الموضوع.

تاسعاً: كيف تتصرف مع المشارك الملح في الاسئلة

1. حول أسئلته الى الحضور.

2. أطلب منه إعطاء آراءه الخاصة.

3. يحاول إحراج العارض باستمرار.

اسئلة الفصل العاشر

س1 : ما هو المدرب وخصائصه .

س2 : ما هي المهارات المطلوبة في المدرب الناجح .

س3 : ما هي الشروط الواجب توافرها في المدرب .

س4 : ما هي المحاذير على المدرب .

س5 : ما هي أنواع المشاركين بالبرامج التدريبية وكيفية التصرف معهم.

ضع دائرة حول الاجابة الصحيحة فيما يلي :

س1 : من هو المدرب .

أ-   ذلك الشخص الذي يتمتع بالصفات والمهارات التي يمكنـه مـن ايصـال الافكـار والمعلومـات
        للمتدربين.

ب-   بصورة سليمة تطور من خلالها قدرات ومهارات الاخرين في موضوع المعرفة مدار البحث .

ج-   وبطريقة مميزة متواصلة تنم عن قدرات وخبرات يتمتع بها .

د-   جميع ما ذكر صحيح .

س2 : بعض الصفات العامة التي يجب أن تتوافر في المدرب الناجح:

أ-   معرفته الكاملة بمحتوى التدريب.

ب-   أن تتوفر لدى المدرب القدرة القيادية وإمكانية السيطرة على سلوك الآخرين.

ج-   أن تتوفر لدى المدرب الحيوية والنشاط بما يمكن من جذب انتباه المتدربين.

د-   جميع ما ذكر صحيح .

س 3 : من أنواع المدربين.

أ- المدرب التقليدي.

ب- المدرب المرؤوس.

ج- المدرب التطبيقي.

د- جميع ما ذكر صحيح .

س4 : خصائص المدرب الفعال.

أ- المدرب الفعال يستعمل لغة ملائمة.

ب- المدرب الفعال يحس بمزاج وروح واحتياجات المجموعة.

ج- بعض ما ذكر صحيح .

د- لا يثق بقدراته .

س5: من مهارات المدرب الناجح .

أ- يعرف الدور الأساسي للمدرب .

ب- يعرف الأسس المادية لعملية الاتصال .

ج- يعرف خصائص المتدربين الثقافية .

د- جميع ما ذكر صحيح .

س6 :من الشروط الواجب توفرها في المدرب .

أ- المهارة الفنية.

ب- المهارة الانسانية.

ج- المهارة الإدارية.

د- جميع ما ذكر صحيح .

س7 : من سلبيات المدرب .

أ- عدم المبالغة والحماس غير الصادق.

ب- القصص الشخصية الكثيرة التي لا تمت بصلة بالموضوع.

ج- حسن الإعداد.

د- جميع ما ذكر صحيح .

س8 : من محاذير على المدرب .

أ- إصدار الأحكام .

ب- عدم إعلان رأيك .

ج-   بعض ما ذكر صحيح .

د-   تحوير آراء المتدربين .

س9 :كيفية تقديم حلقة تدريبية اثناء التدريب .

أ-   ناقش مدة فترات الراحة مع المشاركين .

ب-   اكتب أوقات العودة على السبورة .

ج-   لم تنتظر المتأخرين .

د-   جميع ما ذكر صحيح .

س10 : كيفية الاستعداد لجلسة التدريب .

أ-   حضّر للمادة جيدا ، وحدد أساليبك التدريبية وأنشطتك .

ب-   اذهب إلى قاعة التدريب مبكرا لتعطي نفسك وقتا للاستعداد .

ج-   افحص منظر القاعة من عدة مقاعد للتأكد مـن أن كـل شـخص يسـتطيع رؤيـة الشاشـة
العارضة والسبورة الورقية .

د-   جميع ما ذكر صحيح .

الاجابة الصحيحة

1.   د
2.   د
3.   ج
4.   ج
5.   د
6.   د
7.   ب
8.   ج
9.   د

مراجع الفصل العاشر

1. السكارنه : بلال . 2009 . المهارات الادارية في تطوير الذات . دار المسيرة للطباعة والنشر. عمان . الاردن .

2. أبو خضير، إيمان بنت سعود بن عبد العزيز (1426هـ). إدارة التعلم التنظيمي في معهد الإدارة العامة بالمملكة العربية السعودية : تصور مقترح لتطبيق مفهوم المنظمة المتعلمة. (رسالة دكتوراه غير منشورة). الرياض : جامعة الملك سعود.

3. تريسي، وليم. ر. (1425هـ). تصميم نظم التدريب والتطوير. (ترجمة سعد أحمد الجبالي). الرياض : معهد الإدارة العامة.

4. كابيلي، بيتر (2004). تنمية الموارد البشرية في اقتصاد مبني على المعرفة. أبوظبي : مركز الإمارات للدراسات والبحوث الإستراتيجية.

5. هيجان، عبد الرحمن أحمد (1419هـ). التطوير الذاتي : منهجاً لتدريب القيادات الأمنية في العالم العربي. المجلة العربية للدراسات الأمنية والتدريب. الرياض : أكاديمية نايف العربية للعلوم الأمنية. من ص. (245- 301).

6. غراب، كامل السيد (1428هـ). الإدارة الإستراتيجية : النظرية والتطبيق. دبي : الإمارات العربية المتحدة.

7. دوريس، مايكل. ج وآخرون (1427هـ). التخطيط الإستراتيجي الناجح. (ترجمة سمه عبدربه). الرياض : العبيكان.

8. أليسون، مايكل، وجودكاي (1427هـ). التخطيط الإستراتيجي للمؤسسات غير الربحية (ترجمة. مروان الحموي). الرياض : العبيكان.

9. Beitler, Michael A. (2006). Strategic Organizational Change. A Guide for Managers and Consultants. Greensboro, NC. Practitioner Press International.

الفصل الحادي عشر

قياس العائد من التدريب

الفصل الحادي عشر

قياس العائد من التدريب

الأهداف التعليمية للفصل :

يهدف هذا الفصل الى تزويد القارىء بالمعلومات التي تمكنه من :

1. مفهوم قياس العائد من التدريب .

2. تحديد تكاليف التدريب .

3. أنظمة تصنيف التكاليف .

4. أنظمة تقدير التكاليف .

5. تحديد قيم مالية لبيانات التقييم .

6. أسباب مبررات بناء قاعدة بيانات التكاليف .

7. حساب العائد على الاستثمار في التدريب .

8. حالة دراسية .

المقدمــــة

من القضايا التي ما زالت محل بحث ودراسة العاملين بمجال تنمية الموارد البشرية قضية قياس العائد من النشاط التدريبي، حتى تحول الاستفسار عن العائد أو المردود من وراء الأنشطة التدريبية التي يتم تنفيذها إلى علامة استفهام دائمة الطرح في مختلف اللقاءات الفكرية والعلمية، وتحولت الإجابة عليها إلى اجتهادات شخصية أو تجارب مؤسسية ما زالت في معظمها تمر بمرحلة التجربة والخطأ.

وأعتقد أننا لم نصل بعد إلى تصور أو معادلة حاسمة لقياس المردود أو العائد من وراء الأنشطة التدريبية المختلفة رغم العديد من المحاولات المهنية البارزة التي تمت على أيدي مفكرين ممارسين مجتهدين.

ولعل مما يثير الاهتمام هو أن قضية التكلفة تثار فقط وبهذا الوضوح عندما يتعلق الأمر بالتدريب، فلا نجدها مثارة بهذا الحجم أو الوزن بغير ذلك من مجالات التطوير والتنمية (كالوصف التنظيمي وهياكل الأجور- تقييم أداء المرؤوسين- تحديد الاحتياجات التدريبية ... إلخ)، كما لو أن الإنفاق على تنمية الموارد البشرية بصوره المختلفة يحتاج دون غيره إلى جواز مرور أو تصريح أو مبرر للانفاق. غالباً ما يترتب على الإخفاق في الإجابة الرقمية المحددة على هذا السؤال، امتداد مقص الرقيب الإداري إلى الموازنة لينتقص من الاعتماد المالي المحدد للتدريب بدعوى عدم جدواه، وبالتالي ضرورة الاستغناء عنه مؤقتاً طالما أن هناك تكلفة لا يقابلها عائد قابل للقياس هذا بالرغم من أن للتقييم أغراضاً عديدة تسهم جميعاً في دعم مكانة ودور الموارد البشرية في المؤسسة من حيث إتباعها أساليب موضوعية لحساب مردود العملية التدريبية قياساً إلى الجهد والتكلفة التي تم تخصيصها لهذا الغرض.

وفي هذا السياق تجدر الإشارة إلى أن التفكير والبحث في معادلة رياضية محكمة لقياس حسابات التكلفة والعائد للعملية التدريبية يعد أمراً محفوفاً بالشك واجتهاداً يحتاج لمزيد من الدراسة والبحث. ومرجع هذا الافتراض المدخلات العديدة التي تتشكل منها

العملية التدريبية فضلاً عن حاجتنا إلى قياس كل منها قبل التفكير في قياس المخرجات أو النتائج النهائية.

فالتقييم بمعناه الحرفي هو تحديد قيمة أو وزن أو معنى لشيء ما، هو ما يجب أن ينطبق على مدخلات وعمليات التدريب إذا ما أردنا تطبيقه على مخرجات التدريب. هذا فضلاً عن أهمية تحديد استراتيجية التقييم التي في ضوئها يتحدد طبيعة المعلومات المطلوب تجميعها، وكذلك تحديد مجالات الاستفادة من عمليات التقييم والمداخل المختلفة الممكن إتباعها لتقييم جهود تنمية الموارد البشرية ولهذا فانه سوف اتناول في هذا الفصل عملية قياس العائد من التدريب.

1-11 مفهوم قياس العائد من التدريب

السؤال الذي يطرح نفسه الان هو : ما هو العائد الذي يحققه هذا التدريب ؟ وكيف يقاس ؟ لقد صغت هذا التقديم بغرض التأكيد بأن التدريب يعتبر له مكونات تكلفة عالية تتمثل فى:

1. الامكانيات البشرية المناسبة (خبراء تدريب , ادارة تدريب , متدربين) وهذه تكلفة تحسب على أساس هذا العنصر.
2. الامكانيات المادية وتشمل مكان التدريب بتجهيزاته المختلفة سواء كان ذلك عملياً يشمل معامل تعد أو مواقع عمل يتم تجهيزها او قاعات تدريب ترتب بوسائلها .
3. ثم ان هناك مواد التدريب من أجهزة ضرورية او مواد علمية أو حالات دراسية , وفي كل ذلك تستعمل الوسائل الضرورية لكل حالة. وهذه تكلفة معلوم انها عالية.
4. الوقت ويشمل ذلك زمن التدريب وتكلفة ذلك يدخل فيها جميع العناصر المشار اليها , ولابد من حساب عنصر الزمن حساباً دقيقاً كعنصر أساسي من عناصر تكلفة التدريب وهي تكلفة باهظة أيضاً.
5. ثم ياتى عنصر التقييم وهذا أيضاً له تكلفته وفقاً لعناصره المختلفة ....الخ , ويضاف الى ذلك تكاليف غير مرئية في العملية التدريبية وملحقاتها.

مما تقدم يتضح لنا ما يمثله التدريب من أهمية وخطورة لها مردودها . وعلى المعنيين والمختصين وادارات وشركات ومؤسسات ان تهتم بقياس العائد من هذا النشاط بغرض

تفعيل المردود ومراجعة الانشطة حتى تحقق الهدف المرجو منها. بما ان الهدف الأساسي من التدريب هو اعداد الافراد للقيام بالعمل علي الوجه الأكمل ,كان لابد للمؤسسات والشركات التي تـدرب موظفيها أن تتحقق من الاثر الإيجابي الذي أحدثه هذا التدريب على العمل . ويتحتم علي هذه المؤسسات متابعة اداء هؤلاء الافراد بعد انقضاء فترة التدريب وقد يكون ذلك بعد مضى اسابيـع او شهور إذ ان التـدريب مـن أجل التدريب ليس له قيمة ولكن القيمة الحقيقية في ان يكون التدريب من اجل تحقيق اثراً علـى الاداء المناسب والمطلوب للعمل وان معرفة تأثير التـدريب على مركز المؤسسة او الشركة التنافسى وادائها الفعلي يمثل غاية مهمة.

ولكى يتم الوصول الى نتيجة ما حققه التـدريب مـن عائد علـى العمل لابد للقائمين علـى امر التـدريب بمؤسسات وشركات قطاعات الاتصال على وجه الخصوص ان يتابعوا ويضعوا الخطط المحكمـة والاساليب الفعالة لمتابعة العائد التدريبي .

وبما انه لا توجد حتى الان اسس ومقاييس عالمية ثابتة ومتبعة يمكن تطبيقهـا علـى كافة الاعمال والانشطة التدريبية لتقييمها مما يحتم على المختصين في هذا المجال ابتكار وايجاد اسـاس لما يتنـاسب مع الانشطة التدريبية الخاصة بمؤسساتهم , ومن المعلوم أن هناك رابطة قوية بين جـودة أداء الاعمال ومـا تحققه الشركات من نجاحات وارباح وتجنب خسائر وبين ما يناله افرادها من تدريب . ويمكن ان يكون قياس العائد على التدريب البشري بتحويل البيانـات الى قيمة ماليـة كزيـادة الانتـاج ,زيـادة المبيعـات او الانتاجيـة أو تقليل الاعطال وتوقف العمل ,او تحديـد قيمـة وفـورات الوقـت او تحسين الجـودة أو تجنب العقوبات .....الخ .الا أنه يصعب تحويل المحتويات المعنوية الى قيمة رقمية كتغيير السلوكيـات او الاتجاهات لتنفيذ الأفكار الجديدة أو ارتفاع الروح المعنوية او الرغبة في التغيير.

توجد اساليب عدة لمتابعة العائد التدريبي وقياسه فقد تـم تصميـم استمارة قياس العائد التدريبي على الأداء وقد صممت خصيصاً لمتابعة الفرد المتدرب بعد عودتـه للعمـل وقد امضى اكثر من ثلاثة اشهر من انتهاء التدريب وهي مصـممة لـتمكن المتـدرب ورئيسه

المباشر ورئيس الوحـدة من ان يقدم كل منهم تقريرا عما تحقق نتيجة للتـدريب .بالاضـافة الى الاسـاليب التي يتبعها قطاع التدريب بموجب خطط يضعـها بنظام لقياس هذا العائد.

الجداول ادناه توضح جانبـا مما تحقق مـن عائـد تـدريبى ملمـوس نتيجـة لـدورات تدريبيـة تـم عقـدها للعاملين في بعض المجالات وفق الحاجة التدريبية. هذه النتائج توصل اليها قطاع التـدريب وفـق خططـه التى يضعها للمتابعة المستمرة للعائد التدريبي على الاداء .

أما العناصر التي تعزز من العائد في التدريب :

أظهرت أحـدث الدراسـات (Bassi and Van Buren, 1998; Guest, 1997; Pfeffer, 1998; Ernst and Young, 1995) الحاجة للأخذ بعين الاعتبار القـرارات المتعلقـة بالتـدريب كوحـدة مترابطـة مـع مجموعـة الأنشطة التي تقوم بها المنشـأة، فقـد أظهـرت دراسـة Ernst and Young أن الفوائـد الاقتصـادية للمنشـأة ستكون أفضل عندما يتم ربط الأنشطة الإدارية ببرامج التدريب والتطوير للعاملين. وقد أظهر العديـد مـن الباحثين بأن العائد من التدريب يمكن أن يعود بنتائج أفضل عندما يـتم ربـط برنـامج التـدريب بالعنـاصر التالية:

1. مشاركة ودعم المشرفين.
2. أهداف المنشأة ومتطلبات الإدارة والتشغيل.
3. انخفاض تسرب العاملين.
4. التزام ودعم المديرين التنفيذيين.
5. الاعتمادية والتبادل بين التدريب والتغيير في التكنولوجيا.

أما العناصر التي تحد من العائد من التدريب :

في حالة أن أنشطة التدريب غير متزامنة وتغير في التكنولوجيا، أنظمة العمل، وممارسات المـوارد البشرية، عندئذ سيكون تأثير التدريب ضعيف على اداء الافراد والمنشآة. وقد أوضح العديـد مـن الدارسـين والممارسين العناصر التي قد تحد مـن العائـد مـن الاسـتثمار في التـدريب (Robinson and Robinson, 1995, 1989; Rummler and Brache, 1995; Mitchell, 1995; Stolovitch and Maurice, 1998)، وقـد أجملـوا هـذه العناصر فيما يلي:

1. عدم توفر الحوافز للعاملين لتطبيق ما تم تدربة في مجال العمل.
2. ضعف الدعم والتأييد للتدريب.
3. عدم ملاءمة نظام المتابعة والأداء والذي قد يؤدى إلى ضعف التزام الإدارة وعدم مشاركة المشرفين.
4. عدم توافر تصميم للوظائف.
5. تقادم العملية التدريبية.

2-11 تحديد تكاليف التدريب

قد يكون من أهم مبررات السعي المستمر لإيجاد وسيلة مقنعة لتقييم العائد من التدريب، هو زيادة تكاليف هذا النشاط وتزايدها باستمرار بمرور الوقت. إن تفسير التكاليف وتبرير إنفاقها يعد أمراً لا غنى عنه لتدعيم أنشطة تنمية الموارد البشرية وتحسين صورتها أمام الإدارة العليا التي من حقها معرفة جدوى الإنفاق على هذا النشاط. وتكمن صعوبة حساب التكاليف الخاصة بالتدريب في أنها لا تشتمل فقط على المصاريف أو التكلفة المباشرة الخاصة بالتدريب فقط بل تمتد إلى سواها من التكاليف على مستوى المؤسسة ككل.

وبصفة عامة فإن تحديد تكاليف نشاط تنمية الموارد البشرية يساعد الإدارة على ما يلي:

1. تحديد نصيب الفرد من التكلفة الكلية للتدريب.
2. التنبؤ بالتكاليف المستقبلية للبرنامج.
3. زيادة فعالية إدارة تنمية الموارد البشرية.
4. تقييم البدائل المختلفة المطروحة لتنفيذ أنشطة الموارد البشرية.
5. تخطيط ميزانية العام القادم.

إن الإجابة على هذه الجوانب يستلزم وضع نظام للتكاليف يتبع أسلوباً محدداً في تصنيف التكاليف. وعادة ما تستخدم أحد النظم التالية كأساس للتصنيف:

التصنيف حسب العملية/ الوظيفة Process/ Functional Categories وتنقسم التكاليف في ضوء هذا التقسيم إلى أربع فئات:

الفئة الأولى (أ):

1. تكاليف مساعدة.
2. تكاليف تشغيل.

الفئة الثانية (ب):

1. تكاليف قاعدة التدريب.
2. التكاليف الإدارية.
3. تكاليف هيئة التدريب.
4. تكاليف تعويضات المتدربين.

الفئة الثالثة (جـ):

1. تكاليف تطوير البرنامج.
2. المصاريف الإدارية.
3. تكاليف قاعة الدرس.
4. تكاليف المشاركين.

الفئة الرابعة (د):

1. تكاليف التحليل.
2. تكاليف التطوير.
3. تكاليف تنفيذ البرنامج.
4. تكاليف التقييم.

ومن خلال هذا الجمع بين الطريقتين يمكن المؤسسة أن تطور المعادلة الخاصة بها في مجال تحديد تكاليف التدريب.

ونستعرض فيما يلي أحد نماذج حساب تكاليف النشاط التدريبي والذي قدمه بيت التدريب الأمريكي ويعتمد هذا النموذج على تقسيم بنود التكاليف إلى ثلاثة مجموعات:

أ. تكاليف ثابتة (تصرف لمرة واحدة) بغض النظر عن عدد المشاركين أو عدد مرات تقديم البرنامج.

ب. تكاليف متغيرة (مرتبطة بعدد مرات تنفيذ النشاط).

ج. تكاليف متغيرة (مرتبطة بعدد المشاركين).

وفي ضوء هذا التصنيف تأخذ قائمة تكاليف التدريب الشكل التالي:

الجدول (11-1) قائمة بنود تكاليف برنامج تدريبي

بنود التكاليف	تكاليف ثابتة لمرة واحدة	تكاليف متغيرة تبعاً لعدد التنفيذ	تكاليف متغيرة تبعاً لعدد المتدربين
1- إعداد المنهج التدريبي (الوقت):			
- تحيل الاحتياجات والبحث.	✓	-	-
- تصميم المنهج وإعداد المسودة النهائية.	✓	-	-
- الكتابة والمراجعة والتأكد من الملاءمة.	✓	-	-
- الإنتاج والكتابة والطبع والتصوير.	✓	-	-
2- المواد التدريبية			
- للمتدربين (ملفات، أدوات مكتبية)	-	-	✓
- لهيئة التدريب (أفلام، برامج كمبيوتر)	✓	✓	-
3- المعدات والأجهزة:			
بروجيكتور، كمبيوتر، فيديو، تليفزيون ...	✓	✓	-
4- التسهيلات المساعدة:			
القاعات، المعارض	-	✓	-

تكاليف متغيرة تبعاً لعدد المتدربين	تكاليف متغيرة تبعاً لعدد التنفيذ	تكاليف ثابتة لمرة واحدة	بنود التكاليف
			5- تكاليف خارج موقع التدريب:
✓	-	-	السفر، فنادق، وجبات، فترات راحة.
			6- المعدات والأجهزة:
✓	-	-	- المشاركون (عدد الساعات × تكلفة الساعة)
✓	-	✓	- الخبراء، المدير الإداري للبرنامج، المساعد الإداري.
-	✓	✓	- خبراء التصميم، المستشارون.
-	✓	-	- الفريق المساعد وفنيو المساعدات السمع بصرية.
			7- الفاقد في الإنتاج:
-	-	✓	أ. مجموع تكاليف التنفيذ الثابتة.
-	✓	-	ب. مجموع تكاليف التنفيذ المتغيرة في حالة تكرار التنفيذ
-	✓	-	ج. مجموع تكاليف البند "ب" × عدد مرات الإنعقاد
✓	-	-	د. مجموع تكاليف كل مشارك
✓	-	-	هـ. مجموع تكاليف البند "ج" × عدد المشاركين
			المجموع الكلي للتكاليف أ، ج، هـ

3-11 أسباب مبررات بناء قاعدة بيانات التكاليف

قد يكون أهم سبب لإجراء التقييم هو تحديد فوائد وأرباح برامج التدريب مقارنة بتكاليفها، وهذا السبب وحده يجعل أمر تحديد تكاليف برامج التدريب موضوعاً هاماً، بالإضافة إلى العديد من الأسباب الهامة التي تدعو إلى رصد مصاريف التدريب داخل المؤسسة، ولعل من أهمها ما يلي:

1. **تحديد التكاليف الكلية لبرامج التدريب:**

يجب على كل مؤسسة أن تعلم بالتقريب مقدار الأموال التي أنفقت على برامج التدريب. تقوم عدة مؤسسات بحساب هذه التكاليف الآن ومقارنتها بالمؤسسات الأخرى، بيد أن هذه المقارنات من الصعوبة إجراؤها نظراً للأسس المختلفة لحساب التكاليف. تتعدى التكاليف الكلية الميزانية الكلية المخصصة لإدارة تنمية الموارد البشرية فهي تتضمن تكاليف أخرى مثل مرتبات المشاركين، تكاليف الانتقال، تكاليف الإحلال، تكاليف إدارية، بالإضافة إلى مصاريف عامة أخرى.

واستدام نظام فعال لجمع بيانات التكاليف يساعد المؤسسة على أن تقوم بحساب الحجم الكلي لتكاليف برامج التدريب، وجمع هذه المعلومات سيساعد الإدارة العليا أيضاً على الإجابة على هذين السؤالين:

- كم ننفق على برامج تنمية الموارد البشرية في الوقت الحالي مقارنة بالآخرين؟
- كم ينبغي علينا إنفاقه على هذه البرامج؟

2. **تحديد التكاليف النسبية لكل برنامج تدريبي:**

يجب أن تعلم إدارة تنمية الموارد البشرية ما هي البرامج الأكثر فعالية من ناحية التكاليف، وإن كان هناك بعض البرامج تقوم بتغطية برامج أخرى ذات تكاليف أعلى ونتائج أقل، وإن كان ذلك يتم بتدعيم من إدارة المؤسسة. يسمح رصد تكاليف البرنامج لطاقم تنمية الموارد البشرية أن يقيم الأهمية النسبية للبرنامج، وتقرير ما إذا كانت التكاليف تزيد بشكل غير متناسب أم لا.

إذا كان البرنامج يكلف أكثر مما مضى، فقد حان الوقت لإعادة تقييم تأثيره ومدى نجاحه بشكل عام. قد يكون من المفيد مقارنة عناصر معينة بالتكاليف ببرامج

مؤسسات أخرى. فعلى سبيل المثال، يمكن مقارنة تكلفة المشارك بالبرنامج الواحد بتكلفة المشارك ببرنامج مماثل، وإذا وجدت اختلافات كبيرة فإن ذلك يشير إلى وجود مشكلة بالرغم من احتمال وجود أسباب أخرى لهذه الاختلافات. وأيضاً التكاليف المرتبطة ببنود تقييم البرنامج، فتطوير البرنامج أو أي تصنيفات أخرى يمكن مقارنتها مع برامج أخرى داخل المؤسسة، ويمكن لهذه المقارنات أن تؤدي إلى تطوير معايير التكاليف.

3. **التنبؤ بتكاليف البرامج المقبلة:**

تعد التكاليف التاريخية أفضل أساس للتنبؤ بتكاليف المستقبل. حيث تساعد بيانات التكاليف الخاصة بالبرنامج السابق على تطوير بيانات قياسية نمطية لاستخدامها في تقدير تكاليف البرامج التي ستعقد مستقبلاً.

4. **حساب الأرباح في مقابل التكاليف لبرنامج معين:**

كما ذكرنا من قبل ربما يكون أهم سبب لحساب التكاليف هو إعداد بيانات لاستخدامها في مقارنة أرباح برنامج ما في مقابل تكاليفه مما يجعل بيانات التكاليف في أهمية بيانات التقييم التي تحدد الفوائد الاقتصادية للبرنامج.

5. **تحسين كفاءة إدارة تنمية الموارد البشرية:**

يعد تنظيم ومراقبة التكاليف وظيفة إدارية هامة جداً، ولا يستثنى من هذه المسؤولية فريق العاملين بإدارة تنمية الموارد البشرية، فيجب أن يكونوا قادرين على رصد وتنظيم التكاليف الخاصة بتطوير وتنفيذ البرامج.

لدى معظم إدارات تنمية الموارد البشرية ميزانيات شهرية يتم إنفاقها على تنفيذ مشاريع أو دورات بحسابات مختلفة حيث يتم تقديم إقرارات عن التكاليف لتوضيح نشاط الإدارة. وتعد هذه أدوات لتحديد المناطق التي بها مشاكل لاتخاذ إجراءات إصلاحية عندما يتطلب الأمر ذلك، ولهذا نجد أن تجميع بيانات التكاليف تعد أمراً ضرورياً لازماً من وجهة النظر الإدارية العملية.

6. **تقييم بدائل برنامج تنمية الموارد البشرية المقترحة:**

تمد بيانات التكاليف الواقعية الإدارة بتكاليف البرامج المقترحة. ويمكن استخدام البيانات لتقييم فاعلية تكاليف بدائل برنامج معين. فمثلاً، إذا تعدت التكاليف المقترحة لبرنامج تكاليف إرسال المشاركين إلى البرنامج الخارجي، ومن الصعوبة إتخاذ هذا القرار في حالة عدم توافر بيانات دقيقة عن التكاليف.

في مثال آخر، نفترض وجود بعض أوجه القصور في أداء وحدة تشغيل، يمكن التغلب على معظم أوجه القصور بعقد برنامج لتنمية الموارد البشرية، وعليه فعند تحليل تكاليف البرنامج اتضح لنا أن من الأفضل استخدام أسلوب آخر أقل تكلفة وهو عقد جلسات فردية لتوجيه النصح والإرشاد للأشخاص دون المستوى، وبالرغم من أن هذه الجلسات الفردية كانت تستغرق وقتاً إلا أنها كانت أسلوباً جذاباً إذا ما أخذنا في الاعتبار الجهد الكلي المبذول.

7. **التخطيط وتدبير ميزانية عمليات العام القادم:**

السبب الأخير لتتبع تكاليف برنامج تنمية الموارد البشرية هو إعداد ميزانية التشغيل للعام المقبل، والتي عادة ما تتضمن جميع تكاليف ومصاريف إدارة تنمية الموارد البشرية، قد تشتمل أيضاً على تكاليف أخرى مثل مرتبات المشاركين وتكاليف انتقالهم المرتبطة بالبرنامج بالرغم من أن هذه التكاليف قد يتم إضافتها إلى حساب إدارة المشارك.

إذن هناك سبعة أسباب تحدد لماذا تعتبر بيانات التكاليف هامة. ومع هذا العرض للأسباب والدوافع نجد من الصعوبة أن نؤكد توفر البيانات الخاصة بنفقات تنمية الموارد البشرية. حيث نجد بالعديد من المؤسسات أن هذا النوع من البيانات إما أن يكون غير كافٍ، أو غير دقيق، أو غير متاح.

وبالإضافة إلى هذه الأسباب والمبررات السبعة السابقة، فإن وجود قاعدة معلومات خاصة بتكاليف البرنامج تساعد كثيراً عند تحويل إدارة التدريب بالمؤسسة من مركز إنفاق التكاليف إلى مركز ربحية .. حيث يمكنها عندئذ أن تحدد الوفورات التي من الممكن لإدارة

تنمية الموارد البشرية تحقيقها كنتيجة طبيعية لاختيارها البديل الأفضل لتنفيذ الاحتياجات التدريبية للمؤسسة. فهناك بدائل عديدة نذكر منها:

1. الاختيار بين إرسال متدربين في بعثات تدريبية خارج البلاد، أم إحضار مركز تدريبي خارجي لتدريبهم داخل البلاد.
2. الاعتماد على مدرب متخصص محترف من خارج المؤسسة، أم الاكتفاء ببعض المدربين الداخليين.
3. عقد برامج التدريب صباحاً، أو عقدها بعد انتهاء مواعيد العمل الرسمية.
4. تنفيذ البرامج بحيث تضم مجموعات متجانسة من نفس المستوى الإداري، أو مجموعات مختلطة من مستويات إدارية مختلفة.
5. الاتفاق على (وكيل تدريب دائم) معتمد لتدريب كافة العاملين في ضوء خبرته التدريبية التراكمية بالجهة، أو إتباع طريقة تعدد جهات التدريب التي تنفذ أنشطة تنمية الموارد البشرية بالجهة حرصاً على تنويع الخبرة وتعددها.
6. إعطاء الفرصة لجميع بيوت الخبرة الاستشارية التدريبية لتقديم أفضل ما لديها، أم التركيز فقط على بيوت الخبرة الأهلية الوطنية على إنجاز العقود والبرامج التدريبية بغض النظر عن معيار الكفاءة العلمية والمهنية.
7. الاختيار بين المؤسسات والمراكز التدريبية الحكومية أو الرسمية، كالمعاهد التابعة للحكومات، أو القطاع العام، أو المعاهد التدريبية المتخصصة، كذلك التابعة للبنوك مثلاً (المعهد المصرفي- معهد الدراسات المصرفية- معهد تدريب خدمات الطيران- .... إلخ). وبين المعاهد التدريبية للقطاع الخاص العربي .. علماً بأن نتائج مقارنة تكاليف كل بديل ليست مؤشراً مرتبطاً بالضرورة بالنتائج المستهدفة من العملية التدريبية. حيث لا توجد علاقة سبب ونتيجة بين التكلفة والعائد، حيث لا يمكن القول بأنه كلما ارتفعت التكاليف، ارتفع العائد أو العكس، كما لا توجد في الوقت نفسه علاقة عكسية بينها، كلما انخفضت التكاليف انخفض العائد. لذلك ستبقى قضية التكاليف كأحد عناصر التقييم خاضعة للحكم الشخصي والتجربة الذاتية السابقة للجهة نفسها في علاقتها بمؤسسة التدريب حكومية كانت أم قطاعاً خاصاً.

11- 4 أنظمة تصنيف التكاليف

هنـاك طريقتـان أساسـيتان لتصـنيف نفقـات تنميـة المـوارد البشرـية، الطريقـة الأولى بوصـف المصاريف والنفقات مثل العمالـة، المـواد، التجهيـزات، الانتقـالات ... إلـخ. وهـذه هـي تصـنيفات حسـاب المصروفات. الطريقة الثانية بترتيب وتصنيف عملية أو وظيفة تنمية الموارد البشرية مثل تطـوير البرنـامج، التقديم والتصميم.

يعمل النظام الفعال الجيد على رصد التكاليف على أساس التصنيف الحسابي بناء على مواصفات هذه الحسابات، إلا أنه يحتوي أيضاً عـلى طريقـة لتجميـع التكـاليف طبقـاً للتصـنيف العمـلي والـوظيفي لتنمية الموارد البشرية.

وتتلخص المحاور الرئيسية بتصميم نظام التكاليف فيما يلي:

1- إنشاء نظام للتكاليف.

2- التصنيفات العملية والوظيفية.

3- تصنيفات حسب المصاريف.

أ- إنشاء نظام للتكاليف: *Developing a Classification System*

عند إنشاء نظام تصنيف للموارد البشرية، يمكن للخطوات التالية أن تساعد في ضمان توفير النظـام للمعلومات المطلوبة.

(1) حدد أي تكاليف سيتم جمعها:

قد يخضع نظام التكاليف للعديد من التفسيرات لـذا يجـب تحديـد جميـع التكـاليف المرتبطـة ببعضها، كما ينبغي تمييز حسابات التكاليف بوضوح لتقليل الأخطاء التي يمكـن وقوعهـا نتيجـة التصـنيف الخاطئ، قد يحدث قليل من الشك حول تحميل عنصر معين على اللوازم المكتبية أو النسـخ. وأيضـاً يجـب تحديد التقسيمات الفرعية العملية أو الوظيفية المختلفة بوضوح حتى يتم وضع عناصر التكـاليف في تلـك الحسابات بشكل صحيح.

الجدول (11-2) الميزانية التقديرية لبرنامج تدريبي

عناصر التكاليف	دولار	وحدة التكلفة	ملاحظات
أتعاب خبراء	70	خبير/ يوم	طوال البرنامج ويومي السفر والعودة
بدلات سفر	20	فرد/ يوم	للجميع ما عدا خبيري التدريب ورئيس المؤسسة
انتقالات (من وإلى مقر انعقاد البرنامج)	20	فرد/ ذهاب وعودة	للجميع ما عدا خبيري التدريب ومدير البرنامج، ورئيس المؤسسة سيذهبون بسياراتهم.
الإقامة بفندق	22	فرد/ ليلة	غرف فردية- الإقامة تشمل الإفطار
انتقالات (من وإلى منطقة الآثار والمتاحف	12	فرد/ ذهاب وعودة	يشترك جميع المتواجدين في الرحلة
تكاليف الرحلة السياحية	22	فرد/ رحلة	تكاليف الإقامة ليلة واحدة
إيجار قاعات تدريب	42	قاعة/ يوم	أيام التدريب الفعلية فقط
إيجار أجهزة عرض الأفلام	35	فيلم/ يوم	تقرر عرض ثلاثة أفلام تدريبية خلال فترة انعقاد البرنامج
تصوير فوتوغرافي	52	للبرنامج	إجمالي طوال البرنامج
ملفات الندوة	12	ملف/ فرد	تقرر طبع 35 نسخة
شهادات التخرج	5	شهادة/ فرد	بعدد المرشحين على البرنامج
فترات الشاي والراحة	24	فترة/ فرد	فترتان يومياً أثناء أيام التدريب
أدوات كتابية	5	للفرد	بعدد المرشحين على البرنامج
الوجبات الغذائية	12	وجبة/ فرد	تصرف وجبتان يومياً لكل فرد بشرط التواجد بالفندق
تكاليف حفلتي الافتتاح والتخرج	11	حفلة/ فرد	بعدد المتواجدين
مصروفات نثرية وإكراميات	5% من إجمالي تكاليف البرنامج		

الجدول (11-3) الميزانية الفعلية للبرنامج التدريبي

بيان	جزئي	كلي
أتعاب خبراء وبدلات سفر:		
- أتعاب خبراء تدريب.		
- بدلات سفر		
إجمالي		
انتقالات:		
- من وإلى مقر انعقاد البرنامج		
- من وإلى منطقة الآثار والمتاحف		
إجمالي		
الإقامة والوجبات:		
- الإقامة بفندق العيون		
- الوجبات الغذائية		
- فترات الشاي والراحة		
إجمالي		
رحلات وحفلات:		
- الرحلة السياحية		
- حفلات الافتتاح والتخرج		
إجمالي		
مصروفات أخرى:		
- إيجار قاعات تدريب		
- إيجار أجهزة عرض الأفلام		
- تصوير فوتوغرافي		
- ملفات الندوة		
- شهادات التخرج		
- أدوات كتابية		
- مصروفات نثرية وإكراميات		
إجمالي		
إجمالي التكاليف التقديرية		

(2)   حدد مسؤولية إنشاء النظام:

إن تنفيذ نظام للتكاليف سوف يتضمن مجهودات ومدخلات جهـات أخـرى. هنـا يجـب التحديـد التفصيلي للمسؤوليات المختلفة لكل شـخص أو إدارة للحـد مـن تـأخير التنفيـذ وتقليـل الأخطـاء بالمنتج النهائي.

(3)   حدد التصنيفات العملية والوظيفية لتنمية الموارد البشرية:

يجب التحديد المبكر لأنواع التكاليف مثل التكاليف الإدارية والتكاليف التنموية. على أن يكون هذا التحديد مواكباً مع الخريطة التنظيمية للمؤسسة مما يسهل إمكانية التطبيق العملي.

(4)   حدد مواصفات تصنيف حسابات التكاليف:

لا بد من تحديد كل حساب خاص بالأصناف كما يجب أن يتم تطوير هـذه الحسابات بأسلوب متوافق مع خريطة الحسابات الحالية للمؤسسة وبشكل يسهل معه تطبيق استخدام النظام. ينبغي أيضاً أن تكون التصنيفات عملية، وأن تصنف أنواع التكاليف التي تكون كل حساب.

(5)   استخدم بيانات التكاليف النمطية إن كان ذلك ملائماً:

هناك حالات عديدة تكون فيها بيانات التكاليف النمطية مفيدة وعادة ما يتم تكوين وتطوير هذه البيانات داخلياً، يمكن للتكاليف النمطية أن توفر الوقت وتزيد من دقة الحسابات النهائية للتكاليف.

(6)   احرص على اختيار مصادر البيانات بعناية:

يُعد المصدر الصحيح للبيانات هاماً جداً لنظام التكاليف، فيجب أن يكون المصدر متاحاً، والوضع الأمثل أن يكون مأخوذاً من نظام قائم ويجب أن يكون متوافقاً مع أي تقارير أخرى مـن نفـس البيانات. ومن المصادر المثالية للبيانات، سجلات كشوف الأجور والمرتبات، تقارير الميزانية، تقارير التكاليف النمطية. سجلات مصاريف الانتقال، أوامر الشراء، وإيصالات المصاريف النثرية.

(7)   **حول النظام اليدوي .. إلى آلي:**

في معظم المؤسسات يتم إدخال نظام حساب التكاليف على الحاسب الآلي "الكمبيوتر"، وإذا لم يتم ذلك فلا بد من الاهتمام بتشغيل النظام بشكل ما لتتبع تكاليف برنامج تنمية الموارد البشرية، وتحليلها بكفاءة حيث يعمل هذا الإجراء على تسهيل تنفيذ وقبول مثل هذا النظام.

تؤدي هذه الخطوات إلى تسهيل إنشاء وتطوير نظام التكاليف، وهي تساعد على ضمان سهولة تنفيذ النظام وفي الوقت المحدد له أيضاً.

ب-   **التصنيفات العملية والوظيفية:** *Process/ Functional Classification*

يوضح الشكل التالي التصنيفات العملية والوظيفية للتكاليف في أربعة أمثلة مختلفة.

المربع (أ) .. هناك صنفان فقط:

* التكاليف المدعمة	Support Costs
* تكاليف التشغيل	Operating Costs

تتضمن تكاليف التشغيل جميع النفقات والمصاريف المرتبطة بعقد برنامج تدريبي. في حين أن التكاليف المدعمة تشتمل على جميع التكاليف الإدارية، المصروفات العامة، التنمية، التحليل أو أية مصروفات أخرى لا تتعلق مباشرة بتنفيذ البرنامج.

وبالرغم من سهولة الفصل بين الاثنين، إلا أن ذلك لا يوفر تفاصيل كافية لتحليل التكاليف على الأساس الوظيفي.

المربع (ب) .. يعطي تفصيلات أكثر قليلاً، حيث أن التكاليف مقسمة إلى ثلاث فئات، وهو أكثر فائدة من العمود (أ)، ولكنه لا يعطى أي معلومات عن تكاليف إنشاء وتطوير البرنامج.

المربع (ج) .. يتناول تكاليف الإنشاء والتطوير كموضوع منفصل، إلا أنه لا يستطيع توضيح الوضع الأكثر مثالية. لا توجد طريقة لتتبع تكاليف التقييم التي صارت جزءاً أكثر أهمية في العملية الكلية لتنمية الموارد البشرية.

المربع (د) .. يمثل توزيعاً أكثر ملاءمة لتكاليف عملية تنمية الموارد البشرية وهو التحليل، الإنشاء والتطوير، التقديم والتقييم. يتم توزيع التكاليف الإدارية على إحدى هذه البنود.

فئات التكاليف العملية والوظيفية

أ
- التكاليف المدعمة
- تكاليف التشغيل

ب
- تكاليف القاعة
- التكاليف الإدارية
- تعويض مكافآت المشارك وتكاليف المكان

ج
- تكاليف تطوير البرنامج
- التكاليف الإدارية
- تكاليف القاعة
- تكاليف المشارك

د
- تكاليف التحاليل
- تكاليف التطوير
- تكاليف التقديم
- تكاليف التقييم

تحدد هذه التصنيفات الوظيفية بشكل أكثر بالطرق التالية:

أ- **تكاليف التحليل:** ***Analysis Cost***

وهي التكاليف المرتبطة بالتعرف المبدئي على المشاكل، تحليل الاحتياجات والمتطلبات، وضع وتطوير الأهداف، اختيار المشاركين وإعداد وتجهيز عرض البرنامج. ومن الأنواع الشائعة للتكاليف هناك المرتبات، المواد، معدات خاصة وأتعاب الاستشارات.

ب- **تكاليف التطوير:** ***Development Cost***

تشتمل هذه الفئة على التكاليف المرتبطة مباشرة بتطوير البرنامج، مثل مرتبات القائمين على تطوير البرنامج، اللوازم، أتعاب الاستشارات الخارجية، والتكاليف، والنفقات الأخرى المتعلقة بتطوير مواد الدورة والمساعدات المرئية.

ونظراً لأن هذه التكاليف عادة ما تكون أساسية وهامة، فلا بد لأعضاء تنمية الموارد البشرية أن يقرروا إما توزيع هذه التكاليف طوال فترة استمرار البرنامج، أو حذفها في بادئ الأمر. قد يكون من الأفضل مناقشة هذا الأمر مع المتخصصين في المحاسبة.

ج-   **تكاليف التقديم:** *Delivery Cost*

تشتمل هذه الفئة على جميع التكاليف المتعلقة بتقديم برنامج تنمية الموارد البشرية بما في ذلك المواد الموزعة على المشاركين، مصاريف القاعة، مرتبات ومصاريف المشاركين، مرتبات المدربين، إيجار المعدات وأي تكاليف عامة يمكن توزيعها على التقديم الفعلي للبرنامج.

د-   **تكاليف التقييم:** *Evaluation Cost*

تشتمل هذه الفئة الأخيرة على التكاليف المرتبطة بالتقييم، مثل مواد التقييم والوقت المستغرق لعرض أدوات التقديم، تحليل النتائج وإبلاغها. إذا كان من المناسب استخدام اختبار إرشادي نموذجي، فإن تكلفته تنضم إلى فئة التقييم.

وطبقاً لرأي Warren يوضح المثال التالي توزيع هذه التكاليف الوظيفية:

تكاليف التحاليل =	20%
تكاليف التطوير =	35%
تكاليف التقديم =	35%
تكاليف التقييم =	10%

هذا مجرد تقدير تقريبي حيث تتوقف التقسيمات الفعلية على كيفية تجميع التكاليف داخل المؤسسة، وأيضاً فإنها سوف تختلف إلى حد كبير مع البرنامج الذي يوجد به اختلافات كبيرة، والتي تحدث لدى تطوير وتقديم مكوناته.

إذا تم تطوير برنامج من آخر مماثل له جارٍ تقديمه في الوقت الحالي فينبغي عندئذ أن تكون تكاليف التطوير أقل، ومن الناحية الأخرى ففي البرامج ذات الفترات الزمنية الطويلة التي تستغرق وقتاً طويلاً للمشارك فإن تكاليف التقديم قد تكون أعلى بكثير.

ج- **تصنيفات حساب المصاريف:** ***Expense Account Classifications***

إن أهم خطوة في إنشاء وتطوير نفقات ومصاريف التدريب هي تحديد وتصنيف نفقات ومصاريف التدريب. العديد من حسابات المصاريف مثل اللوازم المكتبية ومصاريف الانتقال هي بالفعل جزء من النظام المحاسبي القائم. ومع ذلك ستكون هناك بعض المصاريف الخاصة بإدارة تنمية الموارد البشرية يجب إضافتها للنظام.

يتوقف تصميم النظام على المؤسسة، وعلى نوع البرامج المطورة والمنفذة، وكذا الحدود المفروضة على النظام الجاري لحساب التكاليف، إذا وجد أي منها. وأيضا سوف تتوقف تصنيفات حساب المصاريف إلى حد ما على كيفية تطوير الفئات العملية والوظيفية لتنمية الموارد البشرية.

قد يكون من غير الملائم وصف جميع المصاريف اللازمة للنظام ومع ذلك قد يفيد هذا المثال في توضيح كيفية تأسيس تصنيف واحد.

يوضح النموذج التالي نظام تصنيف حساب المصاريف في مؤسسة محدد بوضوح ومرقم، وبها ما يزيد على 8000 موظف.

5-11 أنظمة تقدير التكاليف *Cost Accumulation & Estimation*

أ- **مصفوفة تصنيف التكاليف:** ***Cost Classification Matrix***

قدمنا في الجزء السابق أن هناك طريقتين لتصنيف التكاليف، سيتم تجميع التكاليف تحت كلا التصنيفين، وكلاهما مرتبط بالآخر، ويتوقف طبيعة الجمع بينهما حسب طبيعة عمل المؤسسة.

إن الخطوة النهائية في عملية التصنيف هي تحديد أنواع التكاليف في نظام تصنيف الحساب والتي تتبع عادة الفئات العملية Process/ Functional Categories.

ويوضح النموذج التالي مصفوفة (جدول) يمكّن من المقارنة، والتصنيف، فالتكاليف المدرجة تحت تصنيفات الحساب تمثل فئات تجميع التكاليف المتعلقة بتنمية الموارد البشرية بالمؤسسة، والتكاليف التي تشكل جزءاً من التصنيفات (العملية/ الوظيفية) يوجد أمامها علامة (×) كما هو بالجدول التالي:

ب-   **تجميع التكاليف:** Cost Accumulation

مع التحديد الواضح لتصنيفات حساب التكاليف، ومع تحديد الفئات العملية والوظيفية، يصبح من السهولة تتبع تكاليف البرامج بشكل منفرد، ويمكن أن يتم ذلك باستخدام أرقام خاصة بالحساب وأخرى خاصة بالمشروع.

سيوضح المثال التالي كيفية استخدام هذه الأرقام. يتكون رقم المشروع من ثلاثة أرقام عشرية تمثل برنامجاً تدريبياً معيناً. فمثلاً:

توجيه العاملين الجدد	112
برنامج تدريب المشرفين الجدد	215
التدريب على التجميع الكهربائي	418
حلقة دراسية عن مهارات الكتابة	791

الجدول (11-4) يبين المقارنه بين التكاليف المقدر والفعلي للتدريب

م	التصنيفات العملية والوظيفية / تصنيف حساب التكاليف	التحليل	التطوير	التقديم	التقييم
00	مرتبات وأرباح- أفراد التنمية البشرية	×	×	×	×
01	مرتبات وأرباح- أفراد الشركات الأخرى		×	×	
02	مرتبات وأرباح- المشاركين			×	×
03	الوجبات. الانتقالات والمصروفات العارضة- أفراد التنمية البشرية	×	×	×	×
04	الوجبات. الانتقالات والإعاشة- المشاركون			×	
05	التجهيزات المكتبية والمصروفات	×	×		×
06	مواد ولوازم البرنامج	×	×	×	
07	الطبع والنسخ	×	×	×	×
08	الخدمات الخارجية		×	×	×
09	مخصص مصروفات الأجهزة		×	×	×
10	إيجار الأجهزة		×	×	
11	صيانة الأجهزة			×	
12	رسوم التسجيل	×			
13	مخصص نفقات الأماكن/ التسهيلات			×	
14	إيجار الأماكن			×	
15	مخصصات المصروفات العمومية	×	×	×	×
16	مصروفات أخرى	×	×	×	×

تحدد أرقام للتصنيفات العملية والوظيفية، ويتم تحديد الأرقام التالية باستخدام المثال المقدم من قبل:

التحليل	1
التطوير	2
التقديم	3
التقييم	4

عند استخدامنا للأرقام العشرية المزدوجة المحددة لتصنيفات حساب التكاليف، يصبح نظام المحاسبة مكتملاً إلا إذا وجدت متطلبات أخرى من النظام الحالي فمثلاً، إذا تم نسخ كتيبات للحلقة الدراسية الخاصة بمهارات الكتابة فإن رقم التحميل السليم لهذا النسخ هو (07-3-791) الرقمان العشريان الأولان يشيران إلى تصنيف الحساب، الرقم العشري الثالث يشير إلى النوع الوظيفي أو العملي، أما الأرقام الثلاثة الأخيرة فإنها تشير إلى رقم المشروع.

يساعد هذا النظام على سرعة تجميع ورصد تكاليف برامج تنمية الموارد البشرية ويمكن تقديم التكاليف الإجمالية حسب التصنيفات التالية:

- برنامج تنمية الموارد البشرية (حلقة مهارات الكتابة).
- الأنواع العملية والوظيفية (تقديم)
- حساب التكاليف (الطبع والنسخ)

ج- **تقدير التكاليف: *Cost Estimation***

تتناول الأجزاء السابقة الإجراءات الخاصة بتصنيف ورصد التكاليف المرتبطة ببرامج التنمية البشرية، ولهذا أهمية في تحديد التكاليف الحالية لمقارنتها بالميزانية أو بتكاليف المشروع. ومن الناحية الأخرى فإن السبب الرئيسي لتتبع التكاليف هو التنبؤ بتكاليف البرامج التي ستعقد مستقبلاً، عادة ما يتم تحقيق هذا الهدف من خلال تطبيق طريقة رسمية منظمة لتقدير التكاليف التي تكون خاصة بالمؤسسة. تستخدم بعض المؤسسات كشوف المؤسسات الوظيفية لتقدير التكاليف للوصول إلى التكلفة الكلية لبرنامج مقترح عقده.

يوضح الشكل التالي مثالاً لكشف الواجبات الوظيفية لتقدير التكاليف لأجل حساب تكاليف التحليل، والتطوير، والتقديم، والتقييم. تحتوي هـذه الكشـوف علـى عـدة معـادلات تجعل من السهولة تقدير التكاليف وبالإضافة إلى هـذه الكشـوف تتـوافر نسـب التكلفـة الحاليـة للخدمات واللوازم والمرتبات. يتم تحديث هذه البيانات بسرعة ويتم إعدادها بشكل دوري نظراً لسرعة تقادمها.

إن أفضل طريقة للتنبؤ بالتكاليف هي تحليل التكاليف السابقة بتتبع التكاليف الفعلية بجميع مراحل البرنامج بدءاً بالتحليل حتى التقييم. ترغب المؤسسة في معرفة ما تم إنفاقه علـى البرنامج ومتوسط ما تم إنفاقه على البنود المختلفة. من الضروري عندئذ أن نستخدم تحليلات تفصيلية في كشوف الواجبات الوظيفية لتقدير التكاليف حتى يتوافر هذا النوع من بيانات التكاليف.

هذا النوع من التقدير مفيد بشكل عملي عند تقدير الوقت اللازم لتطوير البرنامج ولإعداد المدرب للمادة العلمية. يتوقف الوقت المطلوب لتطوير البرنامج علـى نـوع البرنامج نفسـه، إن كـان تـم تطوير برنامج مشابه له من قبل أم لا، مـدى تـوافر الخبراء في موضـوع البحـث وكذا الشكل أو الصيغة المقترحة للبرنامج. بالطبع يعد طول البرنامج عـاملاً أخـر. هنـاك بعـض الطرق المختصرة لتقدير الوقت المطلوب لتطوير البرنامج.

من الصعوبة تقدير الوقت المطلوب لتجهيز المدرب للمادة العلميـة خاصـة إذا كانـت هنـاك خبـرة بسيطة سابقة في تجميع التكاليف.

يتراوح عدد ساعات الأعداد لكل ساعة تدريب بالقاعة، من ساعة إلى 52 ساعة أو أكثر، ويتوقف ذلك على نوع البرنامج، طريقة الشرح والتوضيح ومسـتوى كفـاءة وقـدرة أخصـائي تنميـة المـوارد البشرية.

يمكن تطوير المعادلات والإرشادات وطرق الاختيار والتجربة بواسطة المؤسسة بناء علـى الخبرات السابقة. بالرغم من أن هذه الطرق ليست بدقة تفاصيل بنود التكاليف الكلية المتوقعة فإنها تتيح طريقة للحصول على تقدير سريع للتكاليف.

تكاليف التحليل

- مرتبات ومزايا الموظفين- فريق التنمية البشرية (عدد الأفراد × متوسط المرتب × معامل المزايا × عدد الساعات بالمشروع)
- الوجبات والانتقالات والمصاريف المشابهة
- اللوازم المكتبية والمصاريف
- الطبع والتصوير
- الخدمات الخارجية
- تكاليف الأجهزة
- رسوم التسجيل
- نسبة المصروفات العمومية
- مصروفات أخرى مختلفة
إجمالي تكاليف التحليل

تكاليف التطوير

- مرتبات ومزايا الموظفين- فريق التنمية البشرية (عدد الأفراد × متوسط المرتب × معامل المزايا × عدد الساعات بالمشروع)
- الوجبات والانتقالات والمصاريف العرضية
- اللوازم المكتبية والمصاريف
- مواد ولوازم البرنامج:
أفلام
شرائط فيديو
شرائط صوتية
شرائح 53مم
شفافات
تصميم فني
مواد وكتيبات
أخرى
- الطبع والتصوير
- الخدمات الخارجية
- تكاليف الأجهزة
- نسبة المصروفات العمومية
- مصروفات أخرى مختلفة
إجمالي تكاليف التطوير

تكاليف التقديم

- تكاليف المشاركين- مرتبات ومزايا العاملين (عدد المشاركين × متوسط المرتبات × معامل المزايا × ساعات أو أيام وقت التدريب)
- الوجبات والانتقالات والإعاشة (عدد المشاركين × متوسط المصروفات اليومية × عدد أيام التدريب)
- اللوازم المكتبية والمصاريف
- تكاليف إحلال المشاركين
- فاقد الإنتاج
- تكاليف المدرب:
المرتبات والمزايا
الوجبات والانتقالات والمصروفات
الخدمات الخارجية
تكاليف التسهيلات:
إيجار التسهيلات
مخصص نفقات التسهيلات
- تكاليف الأجهزة
- توزيع المصروفات العمومية
- مصروفات أخرى مختلفة
إجمالي تكاليف التقديم

تكاليف التقييم

- مرتبات العاملين- فريق التنمية البشرية (عدد الأفراد × متوسط المرتب × معامل المزايا × عدد ساعات المشروع)
- مزايا الوجبات والانتقالات والمصروفات العرضية
- تكاليف المشاركين
- المصروفات واللوازم المكتبية
- الطبع والتصوير
- الخدمات الخارجية
- تكاليف الأجهزة
- توزيع المصروفات العمومية
- مصروفات أخرى مختلفة
إجمالي تكاليف التقديم

قامت إحدى المؤسسات بتطوير طريقة للاختيار والتجربة لتقدير التكاليف الكلية للتدريب عن طريق استخدام معادلة حيث تظهر هذه المعادلة نسبة مئوية:

$$\text{مُعامل التكلفة} = \frac{\text{م س + ي + ح ف + ص + ب + ق + س}}{\text{المرتب السنوي}} \times 100$$

حيث:

م س= المرتب الأسبوعي	Weekly Salary
ي= المزايا	Benefits
ح ف= الإحلال وتكاليف فاقد الإنتاج	Replacement & Cost
	Production Costs
ص= المصاريف العمومية	Overhead Cost
ب= تكاليف التدريب (المدرب)	Tuition Costs
ق= تكاليف قسم التدريب	Training Dept Costs
س= الانتقالات ونفقات المعيشة	Traveling & Living Costs

يضرب معامل التكاليف (كنسبة مئوية) في إجمالي المرتبات السنوية للمشاركين لمعرفة تكاليف التدريب على أساس برنامج يمتد لمدة أسبوع واحد، وبالنسبة لبرنامج يمتد لثلاثة أيام، يقسم هذا الرقم على (5) ثم يضرب في (3) وبالنسبة لهذه المؤسسة فإن متوسط النسبة المئوية هو 10%، وقد تختلف هذه النسبة كثيراً مع مؤسسات أخرى.

ومن الممكن أن يكون أقصى مستوى للتقييم هو مقارنة العائد والأرباح المالية للبرنامج بتكلفة تنفيذ هذا البرنامج، هذه المقارنة- التي تعتبر العائد من تنمية القوى البشرية- هي نفسها الهدف السرابي للكثير من القائمين والمشتغلين بعملية التقييم. وهناك أساليب متنوعة لحساب هذا العائد وذلك من خلال المحتويات التالية:

أولاً: يبدأ بأساليب تحديد قيم لمحتويات البرنامج خاصة في المجالات التي يصعب معها ذلك، فالمحتويات والبيانات لا بد وأن تتحول إلى قيمة بالدينارات قبل أن تبدأ عملية الحساب المالي والأرباح.

ثانياً: التعـرف عـلى طـرق المقارنـة وأكثرهـا شـيوعاً "العائـد مـن الاسـتثمار Return On (ROI) Investment" ويتم عرض مثال مفصل يشرح طريقـة حسـاب العائـد عـلى الاسـتثمار لبرنـامج تنمية قوى بشرية تم تنفيذه، ومأخوذة من حالة عملية.

ثالثاً: طريقة بديلة لقياس فعالية إدارة تنميـة القـوى البشرـية، المفهـوم الـذي إزداد الاهـتمام بـه، فسمي بمركز الربح Profit Center.

11-6 تحديد قيم مالية لبيانات التقييم

قبل استخدام البيانات التي تم تجميعها في عملية مقارنة الأرباح بالتكـاليف يجـب تحويلهـا إلى قيم بالدينار. وفي مجال تحويل البيانات إلى قيم مالية، نجد أن أسهل برنامج يمكن قياسـه وتحويـل قيمتـه إلى دنانير، هو التغير في المخرجات أو النتائج، فالزيادة في النتائج تظهر في أشـكال مختلفـة كزيـادة الإنتـاج، زيادة المبيعات أو الإنتاجية، أما بالنسبة لادخار الوقت أو تحسين الجودة فهي أكـثر صـعوبة بعـض الشيء عند تحويلهـا إلى قيمـة بالـدينارات بيـنما الصـعوبة الرئيسـية التـي تكمـن في محاولـة تحويـل المحتويـات المعنوية، كالتغيير في السلوكيات والاتجاهات، انخفاض الشكاوي، أو تنفيذ بعض الأفكار الإبداعية الجديدة، أو ارتفاع الروح المعنوية، أو الرغبة في التغيير إلى قيم رقمية.

ا- تحديد قيمة لزيادة المخرجات ***Value Of Increased Output***

إن التغير في المخرجات هو هدف الكثير من برامج تنمية القوى البشرية وفي أغلب المواقـف يمكـن قياس قيمة الزيادة في المخرجات، بينما يصـعب ذلـك في بعـض الأحيـان، ومثـال ذلـك: في برنـامج تـدريبي لمندوبي المبيعات يمكن بسهولة قياس نتائج التدريب، حيـث يـتم مقارنـة متوسـط المبيعـات قبـل البرنـامج بالمتوسط بعده، ومتوسط الأرباح من عملية البيع. من السهل الحصول عليه وعلى ذلـك فزيـادة المكاسـب كنتيجة لزيادة المبيعات هي الزيادة التي توضح متوسط الربح من خلال البيع.

2- تحديد قيمة وفورات التكاليف ***Value Of Cost Savings***

إن وضع قيمة تحديد للتكاليف المتوفرة عملية لا تحتاج إليها أو غير ضروريـة، فبرنـامج تنميـة المـوارد البشرـية الـذي يعطـي أرباحـاً عـادة مـا تكـون لـه قيمـة تـوازي هـذه الأربـاح،

ومع ذلك فهناك نقطة هامة تحتاج للاهتمام عند وضع هذه القيمة هو قيمة الأرباح في هذا الوقت. فالأرباح المحصلة في وقت ما قد تكون أكثر قيمة من الحصول عليها في وقت آخر. أيضاً الأرباح المحصلة من خلال عمل موظف ما، أو مجموعة موظفين في فترة طويلة من الوقت قد تكون لها قيمة أعلى من الأرباح الفعلية، نظراً للزيادة الطبيعية في التكاليف خلال هذه الفترة.

-3 **تحديد قيمة وفورات الوقت** ***Value Of Time Savings***

تهدف الكثير من البرامج إلى خفض الوقت المخصص للمشاركين في تنفيذ وظيفة أو مهمة ما، فتوفير الوقت أمر هام جداً لأن وقت الموظف يساوي مالاً في صورة أجور، مرتبات أو أرباح تدفع مباشرة للموظف، وهناك فوائد اقتصادية عديدة تنتج عن ادخار الوقت كما سيتم وصفه فيما بعد.

.1 الأجور والمرتبات Wages/ Salaries

تظهر أهمية ادخار الوقت في انخفاض تكاليف القيام بمهمة أو عمل ما وبمقارنة الدنانير المدخرة بساعات العمل المدخرة، نستطيع حساب قيمة العمل بالدينار خلال ساعة من الوقت، وعموماً فإن متوسط الأجر بالإضافة إلى نسبة من الأرباح يمكن الاعتماد عليه في أغلب الحسابات. وبالرغم من ذلك فإن للوقت قيمة قد تكون أكثر من ذلك بكثير.

.2 خدمة أفضل Better Service

هناك فائدة أخرى هامة لتوفير الوقت وهي الحصول على خدمة أفضل، بمعنى إنه إذا تم خفض وقت الإنتاج، وقت التنفيذ ووقت الإنشاء، أو التشغيل، فإن العميل أو المستهلك يحصل على المنتج أو الخدمة في وقت أفضل. ونتيجة لذلك نحصل على رضا العملاء الأمر الذي يصعب التقليل من أهميته.

.3 تجنب العقوبات Penality Avoidance

في بعض المواقف يفيد توفير الوقت في تجنب العقوبات، ومثال ذلك عند تحرير فواتير الحسابات المدفوعة يخدم ادخار الوقت في تجنب دفع غرامات تأخير الدفع، وربما تحصل المنظمة على خصم نتيجة لذلك، وفي مثال آخر نجد أن خفض الوقت المخصص لتنفيذ مشروع ما قد يكون سبباً في حصول الشركة المنفذة على مكافآة.

4. **فرصة لتحقيق الربح** Opportunity For Profit

إن ادخار الوقت فرصة لزيادة الربح ومثال ذلك: إذا قام مندوب مبيعات بخفض مدة الزيارة عند كل عميل فإن الوقت المتوفر يتيح له القيام بزيارات أخرى عند عملاء آخرين مما قد يحقق أرباحاً أخرى.

5. **وقت التدريب** Training Time

أن يتم تطوير برامج تدريب وتنمية القوى البشرية غالباً، بحيث تقلل عدد الساعات المخصصة للتدريب، وبإتباع التكنولوجيا التعليمية كنتيجة لتقييم البرامج يمكن للبرنامج أن يحقق نفس الأهداف والأفكار في مدة أقصر. وهذا التوفير في وقت التدريب هو أحد حدي التقييم الهامين وهما:

1- خفض وقت تنفيذ البرنامج.

2- النتائج الفعلية المحققة من البرنامج.

وبالنسبة للبرامج المنفذة حالياً في مجال تنمية الموارد البشرية هناك فرص كثيرة للتطوير الذي يؤدي إلى خفض وقت التدريب، والذي يؤدي بدوره إلى خفض النفقات. والمثال التالي يوضح سهولة الحصول على فوائد عن طريق خفض الوقت داخل البرامج التدريبية:

اعتادت إحدى المستشفيات الكبيرة على إيفاد الممرضات لحضور دورات تدريبية خارجية تنظمها جهات خارجية كل دورة لمدة أسبوع واحد، وفي المتوسط قامت بتدريب حوالي 65 ممرضة، ثم قررت إدارة المستشفى تغيير الاتجاه، وقامت بتصميم برامج داخلية في المستشفى تستخدم فيها طريقة الكاسيت، والتعليم المبرمج وعرض الشرائح وغيرها. ثم اعتمدت على اثنين من المتخصصين من إدارة تنمية الموارد البشرية لتقديم برنامج تكلفته 30.000 دينار "بما فيه المرتبات- أجور المستشارين الخارجيين- الكتب الدراسية- المعينات الفنية ... إلخ"، وقد استغرق البرنامج الجديد 12 ساعة فقط مع أن البرنامج الأول استغرق 40 ساعة مع احتوائه على نفس الأهداف ..

وفيما يلي تكلفة الطريقة القديمة:

400 دينار تكلفة اشتراك/ ممرضة في الأسبوع

250 دينار تكلفة الراتب/ ممرضة في الأسبوع

650 دينار التكلفة الكلية/ ممرضة
مضروب 65 متدربة يصل اجمالي التكلفة

650 × 65 = 42250 دينار

في حين بلغت تكلفة البرنامج الجديد:

83 المرتب المدفوع لكل ممرضة خلال البرنامج (أسبوع) 12 ساعة عمل فقط.

31 تكلفة وقت المدرب/ ممرضة 2000 دولار ÷ 65 ممرضة

10 المواد التدريبية، تكاليف التطوير 30000 دولار

4 سنوات

29 مقسوماً على أربع فترات بالنسبة، مقسوماً على 65 متدربة

$$(29 = \frac{30000}{940} = 65\times4\times4)$$

53 دولار التكلفة الكلية / ممرضة × أعداد الممرضات
153 × 65 = 9945 دينار
بالتالي: فإن التوفير في التكاليف المترتب على إتباع الطريقة الثابتة
42250 – 9945 = 32305 دينار

4- **قيمة تحسين الجودة** ***Value Of Improved Quality***

إن تحسين الجودة من أهم وأكثر الأهداف اهتماماً لدى برامج تنمية الموارد البشرية، فالبرامج يتم تطويرها بحيث تتغلب على انخفاض المهارات الموجودة في الموظفين والتي تنعكس في انخفاض جودة ومستوى المنتج أو في الزيادة الواضحة في معدل الأخطاء في العمل، لذلك يجب حساب أثر البرنامج الموجه لتحسين الجودة بمقياس العائد من البرنامج، ثم تحديد قيمة تحسين الجودة.

1. **الفاقد والعادم Scrape/ Waste .**

إن التكلفة الأكثر وضوحاً للإنتاج الردئ هو الفاقد والمهدر الذي نحصل عليه نتيجة لأخطاء العمل، فالمنتجات المعيبة، والمواد الخام الفاسدة وأوراق العمل المهدرة. كلها نتائج

للمستوى الردئ في الإنتاج، هذا الفاقد يتحول إلى قيمة يمكن استخدامها عند قياس أثر تحسين الجودة.

2. **إعادة العمل Rework .**

كثير من أخطاء العمل تكون مكلفة نتيجة لإعادة العمل بهدف تصحيح هذه الأخطاء، وأكثر الأعمال التي تكلف إعادتها كثيراً تكون عندما يصل المنتج للمستهلك ثم يتحتم رجوعه للتصحيح، أو عندما يتم تنفيذ برنامج بتكلفة عالية ثم يتضح احتواءه على أخطاء خطيرة. وعند تحديد تكلفة إعادة العمل يجب الاهتمام بالعمل وبالتكلفة المباشرة. فالحصول على فريق عمل لتصحيح الخطأ يمكن أن يكون عبئاً وتكلفة مضافة على كاهل المنظمة.

3. **عدم رضا العميل أو المستهلك Customer Dissatisfaction .**

إن عدم رضاء العميل أو المستهلك يمثل خسارة كبيرة على المنظمة عندما تحدث الأخطاء، وفي بعض الحالات قد تتسبب الأخطاء الكبيرة في فقد العمل كله.

4. **ضمان مسئولية المنتج Product Liability**

في السنوات الأخيرة ارتفعت جداً قيمة التأمين على ضمان مسؤولية المنتج نتيجة لزيادة القوانين التي تحكم قطاع الأعمال، وكلما زاد اهتمام المنظمة بعلاج النقائص والأخطاء في المنتج كلما ارتفعت قيمة ضمان مسؤولية المنتج، لذلك فإن تحسين الجودة ينعكس في صورة انخفاض في شكاوي المستهلك وبالتدريج انخفضت القيود القانونية وقلت الضمانات.

5. **الخسائر الداخلية Internal Loses**

ما زال هناك نوع من الخسارة مرتبط بأخطاء العمل لم يرد ذكره فيما سبق، وهو الخسارة الداخلية التي تسببها أخطاء الموظف، فمثلاً الزيادة في المبالغة المدفوعة للمورد تمثل خسارة لا يمكن تغطيتها، فهي خسارة لا تستوجب إعادة العمل، ولا ينتج عنها فاقد لكنها تكلف الشركة كثيراً. أيضاً الأخطاء المشابهة في استخدام أوراق العمل تؤدي إلى نفس النتيجة.

6. الحالة المعنوية والنفسية Employee Morale

تكلفة أخيرة تسببها سوء الجودة وهـي انخفـاض معنويـات الموظـف، فعنـدما تحـدث الأخطـاء يشعر بعض الموظفين بعدم ملاءمة المنتج وعدم القدرة على استخدامه أو الانتفاع به، أيضاً نفقد وقتاً أكبر في تصحيح هذه الأخطاء وأشكال كثيرة أخرى تعبر عن عدم الرضا، وكلها تحط من معنويات الموظف، ومع ذلك فإن هذا الأمر من الصعب تحجيمه أو قياسه، ومن الأفضل أن يترك هكذا بصورة غير موضـوعية عنـد عرضه على الإدارة.

7-11 حساب العائد على الاستثمار في التدريب

قد تبدو عبارة "العائد من الاستثمار" غير ملائمة للاستخدام في مجال تنمية الموارد البشـرية، فهـو تعبير نشأ من مجال المحاسبة والتمويل وعادة يقصد به العلاقة بين المكسب قبل دفع الضرائب والأصـول المستثمرة.

$$\text{العائد من الاستثمار} = \frac{\text{الإيرادات قبل خصم الضرائب}}{\text{متوسط الاستثمارات}}$$

وهذه المعادلة تقيس الأرباح المتوقعة من الاستثمار، وتستخدم كمقياس معترف بـه لقيـاس أداء الإدارات، أو مكاتب ومراكز الاستثمار في مجال قطاع الأعمال، وبالنسبة لتقييم برامج تنمية القوى البشرية فإن شكل المعادلة يمكن أن يكون هكذا:

$$\text{العائد} = \frac{\text{صافي فوائد ومدخرات البرنامج}}{\text{تكاليف البرنامج واستثماراته}}$$

وإن اسـتثمار في المعادلـة السـابقة تعنـي المصرـوفات التـي أنفقـت عـلى البرنـامج مـن معـدات، وأدوات، ومعينـات بالإضـافة إلى التطـويرات المبدئيـة وتكـاليف الإنتـاج، ويمكـن اسـتخدام الأرقـام الأصـلية للاسـتثمار، أو تسـتخدم القيمـة الدفتريـة كمتوسـط للاسـتثمارات خـلال فـترة مـن الوقـت وإذا كـان برنـامج تنميـة القـوى البشرـية يعقـد مـرة واحـدة فـإن أرقامـه هـي

الأرقام الأصلية للاستثمار ومع ذلك إذا كانت التكاليف المبدئية ستنفق على مدار فترة من الوقت فإن متوسط القيمة الدفترية هو الأنسب عادة.

يشهد هذا العقد بعض الظواهر أو المؤشرات ذات العلاقة بمسألة حساب العائد على الاستثمار ومنها الارتفاع الملحوظ في ميزانيات التدريب بالمؤسسات العالمية الرائدة، فبالرغم من زيادة الاستثمار في العنصر البشري إلا أن هذه المؤسسات لم تجد بديلاً لذلك وخصوصاً بعد ما توقفت عن سياسة تعيين العاملين ذوي الخبرة من المؤسسات المنافسة وذلك حرصاً على دعم الانتماء بتعيين عاملين جدد يتم تدريبهم بالداخل.

إن جوهر عملية حساب العائد على الاستثمار في التدريب يكمن في إعطاء قيم للبيانات التي يتم الحصول عليها من خلال أدوات التقييم المختلفة. إن تحويل التغيير في الأداء (مخرجات- جودة- تكلفة- وقت) يكون ممكناً كلما كان التغيير قابلاً للقياس في حين يصعب قياس العائد المترتب على التعديل في الاتجاه أو اكتساب مهارات إدارية أو سلوكية عامة كمهارات إدارة الوقت، التفويض، اتخاذ القرارات، الابتكار.

ونبين فيما يلي جوانب إعطاء القيم الرقمية للتغيير بسبب التدريب:

1. قيمة الزيادة في المخرجات.
2. قيمة التوفير في التكاليف.
3. قيمة التوفير في الوقت:
- الأجور والرواتب.
- خدمات أفضل وأسرع.
- تجنب الجزاءات.
- توليد فرص للربحية.
4 . تقليل وقت التدريب.
– قيمة الجودة المحسنة:
– الفاقد والعادم.
– إعادة العمل.
– عدم رضاء المستهلك.

- المردودات.

- الروح المعنوية.

إن إعطاء القيم هو الخطوة الأولى التي يعقبها حساب العائد على الاستثمار (ROI) Return on Investment الذي يتم حسابه باستخدام المعادلة الآتية:

ولإجراء الحسابات بطريقة بسيطة ينصح بأن يحسب العائد قبل تسديد الضرائب، لأن هذا يجنبنا الائتمان أو الاعتماد الضريبي للاستثمار، كما يجنبنا هبوط القيمة والإهلاك، الحماية الضريبية وأموراً أخرى مشابهة. ولتقريب فهم هذا الجزء نفترض وجود برنامج تنمية قوي بشري تكلفته المبدئية 50.000 دينار، هذا البرنامج سيقدر له الاستمرار لمدة 3 سنوات وخلال هذه الفترة يحصل البرنامج صافي مدخرات 30.000 دينار (10.000 في السنة).

متوسط الاستثمار = 50.000 ÷ 2 = 25000

لأن متوسط القيمة الدفترية يساوي نصف التكاليف ومتوسط العائد هو:

$$\text{العائد من الاستثمار} = \frac{\text{المدخرات السنوية}}{\text{متوسط الاستثمار}} = \frac{10000}{25000} = 40\%$$

أحياناً يستخدم عائد الاستثمار بطريقة منفصلة ليمثل عائد الأصول أو عائد حقوق الملكية، وكلمة حقوق الملكية تعني صافي قيمة الشركة، أما الأصول فتعني الأصول الكلية الموظفة لتحقيق الأرباح بما فيها الديون.

وتظهر معاني هذين المصطلحين أكثر (عائد حقوق الملكية Return On Equity وعائد الأصول Return On Assets) عند تقييم نشاط الشركة ككل، أو عند تقييم قسم بداخلها، أما عائد الاستثمار ROI فيكفي جداً لتقييم الإنفاق والمصروفات الخاصة ببرنامج تنمية الموارد البشرية.

وقد يعترض بعض الممارسين والأخصائيين بمجال الشؤون المالية والحسابات على استخدام كلمة عائد الاستثمار على جهود برامج وأفراد إدارات تنمية القوى البشرية، إلا أن هذا التعبير شائع جداً ويعبر تماماً عن التقييم المالي، وبعض الخبراء يقترحون اسما يعتبرونه أكثر ملاءمة وهو عائد التدريب Return On Training (ROT)، أو عائد تنمية

الموارد البشرية، والبعض يتجنبون كلمة "عائد" ويحسبون المدخرات بالدينار فقط كنتيجة للبرنامج، وهي تساوي (إجمالي الفوائد - التكاليف). وهذه الأرقام والأشكال قد تعني أكثر بالنسبة للمديرين، حتى لا تختلط حسابات عائد الاستثمار لديهم بالأنواع الأخرى من النفقات والمصروفات.

ويمكن حساب عائد الاستثمار قبل برنامج تنمية القوى البشرية لقياس الفعالية المرتقبة للتكاليف كما يمكن حساب العائد بعد البرنامج لقياس النتائج المنجزة، وأساليب الحساب كلها متماثلة ومع ذلك فإن العائد التقديري قبل البرنامج يحسب عادة كخطوة أولى في تنفيذ البرنامج. إن البيانات اللازمة لحساب العائد على الاستثمار في هذه الحالة قد تكون أقل دقة عن تلك التي يتم توفيرها بعد عقد البرنامج. ونظراً لذلك قد تتوقع الإدارة عائداً على الاستثمار أعلى من المتوقع عند تقديم الاقتراح بتنفيذ البرنامج.

2- متى نستخدم العائد على الاستثمار *When to Use ROT*

إن حساب العائد من برامج تنمية القوى البشرية غير مجد وغير واقعي في كل الحالات حتى لو تحولت الفوائد الملموسة إلى مدخرات بالدينارات فإن الحسابات الخالصة المحضة ترتبط بمدير على قدر كبير من الحساسية والإدراك بالتقييم أكثر مما هو موجود الآن، وعادة فإن حساب العائد من الاستثمار يجب أن يتم عندما تصبح فوائد وأرباح البرنامج واضحة وحقيقية ومدعمة بالمستندات حتى ولو كانت غير موضوعية، وإذا اقتنعت الإدارة بأسلوب حساب الفوائد إذن فهي تثق تماماً في قيمة العائد، أيضاً طبيعة البرنامج تنبئ عما إذا كان من الضروري والمفيد احتساب العائد أم لا.

فالإدارة يمكن أن تؤمن- بدون نقاش- بحساب عائد استثمار برنامج تدريبي عن التسويق والمبيعات، ويمكن للإدارة أن تعتقد بسهولة أنه يمكن إعداد مستندات للتطوير الذي أحدثه البرنامج والقيمة التي اقترنت به.

ومن ناحية أخرى فإن حساب عائد الاستثمار لبرنامج يعلم المديرين مبادئ التفاوض شيء من الصعب استساغته حتى لأكثر المديرين فهماً، لهذا فإن أكثر ما يمكن الاهتمام به هو إلى أي مدى يمكن الاعتماد على محتويات البرنامج، أو يمكن الاعتقاد في النتائج القائمة على محتويات غير موضوعية.

3- وضع أهداف للمقارنة Targets For Comparison

عندما ننتهي من حساب العائد يجب مقارنته بالعائد المتوقع كما يجب أن تكون نتيجة المقارنة معقولة، فمثلاً 30% عائد استثمار نتيجة مرضية جداً عندما يكون العائد المتوقع 40%، وهناك مدخلان أساسيان لوضع الأهداف:

الأول: العائد الطبيعي المقبول والمناسب لبرنامج تنمية القوى البشرية.

الثاني: طالما كان حساب عائد الاستثمار أقل موضوعية من عائد استثمار إنفاق رأس المال، فإن الشركة تتوقع تحقيق هدف أكبر، كل ذلك يمكن تحديده من خلال لقاء مع أفراد الإدارة العليا يحددون فيه عائد الاستثمار المقبول للبرنامج، ومن الشائع أن تتوقع المنظمة عائد استثمار من برنامج تنمية الموارد البشرية ضعف ما تتوقعه من عائد استثمار إنفاق رأس المال.

4- أساليب إضافية لتقييم الاستثمار في التدريب:

هناك طرق عديدة غير طريقة حساب العائد ظهرت كفاءتها في حساب الأموال المستثمرة وهناك طريقتان هما الأكثر شيوعاً:

1. فترة استرداد العائد Pay Back Period

تعتبر طريقة فترة استرداد عائد الاستثمار من الطرق الشائعة جداً في تقييم إنفاق رأس المال، ومن هذا المنطلق فإن العوائد النقدية السنوية "المدخرات" الناتجة عن الاستثمار تعادل الإنفاق النقدي الأصلي الذي يتطلبه الاستثمار حتى تتضاعف العوائد النقدية لتعادل الاستثمار الأصلي، والقياس عادة يكون بالسنوات والشهور ومثال ذلك: إذا كانت المدخرات الناتجة عن برنامج تنمية الموارد البشرية ثابتة كل عام، إذن ففترة استرداد العائد تحدد بقسمة اجمالي الاستثمار النقدي الأصلي (تكاليف التطوير والتنمية- شراء البرامج الخارجية ... إلخ) على قيمة المدخرات المتوقعة سنوياً. والمدخرات تمثل صافي ما توفر بعد طرح نفقات البرنامج. وطريقة حساب فترة استرداد العائد من السهل استخدامها لكنها تقل قيمة بالنسبة للأموال ولتقريب فهم هذا الأسلوب، نفترض أن تكاليف البرنامج المبدئية 100.000 دينار لمدة 3 سنوات فإن صافي المدخرات السنوية للبرنامج يرتقب أن تكون 40.000 وعلى ذلك فإن ..

فترة الاسترداد= $\frac{\text{إجمالي الاستثمار}}{\text{المدخرات السنوية}} = \frac{100.000}{40.000} =$ عامين ونصف

فالبرنامج سيؤتي ثماره من الاستثمار خلال عامين ونصف.

2. التدفقات النقدية المخصومة Discount Cost Flow

التدفقات النقدية المخصومة هي طريقة لتقييم فرص الاستثمار التي تضع قيمة لوقت العوائد من الاستثمار، والافتراض القائم على معدل الفائدة يقول أن مكسب دينار واحد الآن أكثر قيمة من كسبه بعد سنة من الآن، وهناك طرق عديدة لاستخدام مفهوم التدفقات النقدية المخصومة في تقييم إنفاق رأس المال كالإنفاق الكبير على برنامج تنمية الموارد البشرية، ومن أكثر الوسائل استخداماً هي صافي القيمة الحالية للاستثمار، هذه الطريقة تقارن بين المدخرات من عام إلى عام وبين التدفق النقدي الذي يحتاجه الاستثمار، وهنا تخصم محصلة المدخرات المتوقعة كل سنة بواسطة معدلات الفائدة المختارة. أيضاً التدفق النقدي يخصم من نفس معدل الفائدة، وإذا تجاوزت قيمة المدخرات الحالية القيمة الحالية للإنفاق بعد خصم معدل الفائدة فإن الاستثمار يعتبر ناجحاً في اعين الإدارة، وطريقة التدفقات النقدية المخصومة لها ميزة وهي تصنيف الاستثمارات ولكنها من الصعب استخدامها ومعقدة جداً بالنسبة لمتوسط المستخدمين.

8-11 حالة دراسية

الحالة الدراسية التالية مأخوذة عن موقف حقيقي وتعرض حساب عائد الاستثمار قبل تنفيذ البرامج أو الموافقة عليه.

1- بيانات رئيسية:

قامت شركة بتعيين عدد كبير من العاملين لتشغيل أنواع مختلفة من الماكينات، كماكينات الطرق، والحفر، والطحن، وكانت الشركة تعاني من نقص في مشغلي الماكينات وكل التعيينات الجديدة لم يكن لديهم الخبرة الكافية لأنهم من شركات أخرى، هؤلاء

العاملون الجدد تم تدريبهم وتعليمهم استخدام معدات الإنتاج الجديدة بواسطة رؤسائهم، وقد خلق ذلك بعض المشاكل، فخلال مرحلة التعليم كان المتدرب الجديد غير منتج، أيضاً الماكينة المسؤول عنها كانت دائمة العطل، كما تبين أن الطريقة التقليدية بالمتبعة في التدريب على العمل غير فعالة، أيضاً الوقت المخصص لتعليمهم كان زائداً عن المطلوب.

بالإضافة إلى ذلك زاد حجم الفاقد من الإنتاج وزاد تعطل الماكينات كنتيجة مشتقة من التدريب المبدئي الرديء، وفي وسط الإحباطات ترك العمال الشركة.

بعد ذلك تم تنظيم برنامج تدريب، تم الاستعانة فيه بمدربين من ذوي الخبرات الخاصة، وتم التدريب بعيداً عن ضغوط الإنتاج وعلى أساس نموذجي، وكانت النتائج مذهلة وسعدت الإدارة بتنفيذ البرنامج لكل العاملين الجدد.

وقد ظهر سؤال هام عند إعادة هيكلة البرنامج وهو أين يجب تنفيذ البرنامج "المكان" انتهت الإدارة إلى أن التدريب لا بد وأن يكون بمعزل عن بيئة الإنتاج، حتى يتسنى للمتدرب أن يتعلم تحت ملاحظة قريبة من مدربه. ونتيجة لذلك اكتشفت الشركة إمكانية إنشاء وحدة منفصلة للتدريب لعقد برامج تدريب العاملين على الماكينات.

وقد كُلف العاملون بإدارة تنمية الموارد البشرية بمسؤولية تقديم مقترحات بشأن هذا المشروع، وهذا معناه تصميم البرنامج بأكمله واقتراح التصميم المبدئي لشكل المكان، وأيضاً حساب عائد الاستثمار المرتقب.

-2 **مزايا البرنامج** ***Program Benefits***

هناك عدة وجهات حُددت للمدخرات المحتملة، أغلب هذه الوجهات، أو الآراء تمت تنميتها بعد تحليل أداء عمل العاملين داخل البرنامج النموذجي للتدريب عند مقارنتهم بهؤلاء الذين لم يدربوا، وقد تم حصر مقاييس الأداء التالية:

- خفض الوقت للوصول إلى مستوى كفاءة وخبرة مثالي.
- تحسين معدل الفاقد "الأخطاء" لدى العاملين الجدد.
- خفض معدل دوران العاملين الجدد.
- تحسين سجل الأمن والسلامة.
- خفض نفقات صيانة المعدات بعد التدريب.

هذه هي البنود الملموسة المستخدمة في التحليل وإضافة إليها هناك بعض الفوائد والمزايا النوعية:

- تحسين السلوك والأخلاقيات.

- خفض نسبة الغياب.

- خفض مسؤولية التدريب لدى المشرفين والرؤساء.

ونظراً لصعوبة قياس هذه المزايا الإضافية فهي لا تستخدم في حساب المدخرات المتوقعة، ويقاس مستوى التحسن في العناصر الخمسة الأولى:

تحليل نتائج البرنامج النموذجي الإرشادي مروراً بالنقاط الخمس، بعد ذلك يتم اشتراك أفراد إدارة الإنتاج من ذوي الخبرة في تصميم البرنامج، كما يقيسون مدى التحسن في كل عنصر من العناصر كنتيجة للتدريب المنظم في وحدة منفصلة.

1. زمن التدريب Training Time

توضح سجلات الشركة أنه أكثر من 65.000 دينار قيمة الخسائر التي أحدثها المتدربون الجدد في عملية التشغيل خلال العام الواحد، هذه الخسائر ينتج عنها قطعاً خسارة في الإنتاج نتيجة لإستهلاك المتدربين وقتاً أكبر في تعلم طريقة تشغيل الماكينة، وبالاعتماد على التدريب النموذجي الإرشادي وعلى تقدير الإدارة يمكن خفض هذه الخسائر التي إلى نسبة 50% وذلك بالتدريب في مكان منفصل، وهنا ينتج عنه مدخرات قيمتها 33.000 دينار.

2. خردة التشغيل Machining Scrap

هناك عدة عوامل تسهم في وجود خردة التشغيل، فمع وجود مشغلين جدد غير مدربين يظهر أهم عامل وهو نقص التدريب، وقد وجد أنه يمكن خفض نسبة 10% من تكلفة الخردة مع البرنامج التدريبي الجديد، وتقدر تكلفة الخردة سنوياً بحوالي 1.450.000 دينار على كل خطوط الإنتاج وعلى ذلك فنسبة الخفض 10% تقدر بـ145.000 دينار من المدخرات، هذه الأرقام حقيقية ولها أثر كبير ما دام احتمال خفض معدلات الخردة ما زال عالياً، وقد شعرت الإدارة أن هذا التقدير تقدير متحفظ.

3. **الدوران (ترك العمل) Turnover**

أثناء عمل هذه التحليلات كان معدل ترك العمل في مجال التشغيل والميكنة 22 عـاملاً "موظفـاً" في الشهر الواحد، وقد شعرت الإدارة أن نسبة عالية من هذا الدوران ترجع إلى التدريب غير الفعّال وغـير الكافي، ووجد أن البرنامج التدريبي الفعّال يمكن أن يخفض معدل الدوران بنسـبة 20% عـلى الأقـل، وتـرك 22 عاملاً العمل في الشهر معناه 264 عاملاً في السنة والتكلفـة التقريبيـة لتعيـين موظـف آخـر هـي 500 دينـار وتعنـي تكلفـة سـنوية قيمتهـا 132.000 دينـار ونسـبة 20% مـدخرات = 26.000 دينـار، وهـذه التقديرات أيضاً متحفظة.

أما عن الـ500 دينار قيمة تكلفة تعيين موظف جديد، فهي تشمل قيمة التكلفة المبدئيـة، أيضـاً الاختبار الجسماني، الصحي، بالإضافة إلى الوقت غير المثمر في الأسبوع الأول مـن التوظيـف. وفي المتوسـط، أن العاملين الذين تركوا الشركة خلال البرنامج التدريبي عملوا أكثر من أسـبوع، وعـلى ذلـك تكـون تكلفـة الشركة أكثر من 500 دينار للفرد خاصة إذا حدثت خسارة في الإنتاج بعد الأسبوع الأول.

4. **الحوادث Accidents**

يقدر متوسط حالات الإصابة التي تحتاج لإسعافات أولية في مجال تشغيل الماكينات بحوالي 552 حالة في السنة معظمهم من العاملين الجدد، والتكلفة الكلية في السنة لهـذه الحـوادث "بمـا فيهـا تكـاليف العلاج الخارجي تعويض العمل، الإسعافات الأولية" تقدر بحوالي 34.000 دينار وقد وجد أنه يمكن خفـض هذه الحوادث بنسبة 25% مع وجود برنامج فعال يركز عـلى الإجـراءات الأمنيـة والوقائيـة، وهـذا يحقـق مدخرات سنوية قيمتها 8500 دينار.

5. **نفقات الصيانة Maintenance Expense**

لا بد أن ينتج عن البرنـامج التـدريبي الفعـال للعـاملين الجـدد تقليـل طلـب الصـيانة لماكينـات الإنتاج، ومعظم أعطال الماكينات الحالية تحدث نتيجة لتشغيلها بطريقة غيرة صحيحة من جانب الموظف الجديد خلال الفترة التدريبية الأولى، وقد وجد أن تكاليف الصيانة غير المخطط لها يمكن أن تخفض بنسبة 10% كل سنة مع وجود برنامج تدريبي.

وتتكلف عمليات الصيانة غير المجدولة 975.00 دينار في السنة وعلى ذلك تكون المدخرات 97.500 دينار في السنة، وهذا التقدير أيضاً يعتبر منخفظاً.

إجمالي المدخرات:

إجمالي المدخرات السنوية بالدينار كما يلي:

-	زمن التدريب	33.000 دينار
-	الخردة	145.000 دينار
-	الدوران	26.000 دينار
-	الحوادث	8.500 دينار
-	نفقات الصيانة	97.500 دينار
	الإجمالي	310.000 دينار

3-   تكاليف البرنامج *Program Cost*

تشمل تكاليف البرنامج المقترح "تكاليف إنشاء المبنى، تكاليف الحصول على المعدات اللازمة، المرتبات والمصروفات لاثنين من المحاضرين، بالإضافة إلى مصروفات إدارية أخرى مرتبطة بتنفيذ البرنامج. وأحسن طريقة هي بناء مصروفات إدارية أخرى مرتبطة بتنفيذ البرنامج. وأحسن طريقة هي بناء مبني من المعدن على قطعة أرض مملوكة للشركة، وأن يكون تصميم المبني 30 × 50 قدماً من المعدن بتكلفة قدرها 90.000 دينار بينما تتكلف تنمية البرنامج المبدئية 10.000 دينار.

أما تكلفة المعدات فكانت أقل من المتوقع فمعظم المعدات التي خطط أن توجد في البناء الجديد كانت إنتاجاً زائداً لخطوط الإنتاج تم تعديلها لتلائم استخدام البرنامج الجديد، وإجمالي تكلفة المعدات تقدر بـ95.000 دينار هذا المبلغ يشمل 7000 دينار مصروفات التركيب، وتكاليف المعدات تشمل أيضاً المعدات اللازمة لتأثيث مكتبين للمحاضرين بالمعينات التدريبية المتنوعة بما فيها "أوفر هيدبروجيكتورز" وتقدر مرتبات المحاضرين + المصروفات بـ 40.000 دينار في السنة، أما المصروفات الإلزامية التي تشمل عمليات الصيانة تقدر بـ 15.000 دينار كل سنة.

وعلى ذلك فإن إجمالي الاستثمار= 95 +90+ 10= 195.000 دينار

4-   احتساب العائد *Calculating The Return*

وبمقارنة التكاليف مع المدخرات نتوصل للنتيجة التالية صافي مدخرات السنة الأولى:

إجمالي المدخرات السنوية	310.000
(-) نفقات سنوية أقل	65.000
إجمالي المدخرات	245.000

عائد الاستثمار، بفرض إلغاء النفقات الإجمالية للمبني والمعدات وتنمية البرنامج في السنة الأولى:

$$عائد الاستثمار= \frac{245.000}{195.000} = 126\%$$

وفي الحقيقة أن الاستثمار أو الانفاق على المبنى والمعدات والتنمية يجب توزيعه على عدة سنوات ولنفترض فترة خمس سنوات لذلك.

ومتوسط القيمة الدفترية لهذه البنود هي=

195.000 ÷ 2 = 97.500

أما المتوسط الجديد للعائد فهو:

$$عائد الاستثمار= \frac{245.000}{97.500} = 251\%$$

قد تبدو هذه التقديرات لعائد الاستثمار مرتفعة في هذا المثال وذلك يرجع للأسباب الآتية:

–   كانت تكاليف المعدات قليلة على غير العادة وذلك لاستخدام المعدات المتبقية "النفايات" بالإضافة لتكاليف تصليحها وتعديلها، بينما المعدات الجديدة عالية التكلفة بكثير ولكنها تعيش أطول.

– لم تدفع أية مبالغ لشراء الأرض لأن الأرض كانت ملكاً للشركة، ففي حالة أخرى كانت ستضاف قيمة شراء الأرض للاستثمار بالقطع.

– قيمة المدخرات عالية جداً ويمكن أن تزيد على ذلك لأنها تقديرات قامت على أحكام غير موضوعية بعض الشيء.

وعند استخدام هذه المعادلة في مجال تنمية الموارد البشرية تأخذ المعادلة الشكل التالي:

$$\text{العائد من البرنامج} = \frac{\text{صافي فوائد البرنامج (الوفورات)}}{\text{تكاليف البرنامج (الاستثمار)}}$$

فإذا كانت التكاليف المبدئية لأحد برامج تنمية الموارد البشرية هو 50000 دينار وأن فائدة هذا البرنامج ستستثمر لمدة 3 سنوات تنتهي بتوفير 30000 دينار لذا فإن نصيب العامل من هذه الوفورات هو 10000 دينار.

وحيث أن قيمة الاستثمار تمثل (نظرياً) 50% من إجمالي التكاليف (50000 دينار) فإن متوسط الاستثمار في البرنامج هو 25000 دينار، وبذلك تصبح المعادلة كالتالي:

$$\text{العائد على الاستثمار} = \frac{\text{الوفورات السنوية}}{\text{متوسط الاستثمار}} = \frac{10000}{25000} = 40\%$$

إن الاعتماد على العائد على الاستثمار سيبقى دائماً رهن الحصول على قيم محددة موثوق فيها مالياً، وهنا نستعرض نموذج لبيان عناصر العوائد المتوقعة لبرنامج تدريبي.

الجدول (11-5)عناصر العوائد المتوقعة لبرنامج تدريبي

عوائد للمشارك/ شهر	عوائد لمرة واحدة بالمشارك	عوائد لمرة واحدة بالبرنامج	عناصر العوائد
			1-وفورات الوقت Time
			- وقت أقصر لتحقيق الإتقان في العمل
-	✓	-	(عدد الساعات الموفرة × تكلفة الساعة)
			- وقت أقل لأداء عملية
✓	-	-	(عدد الساعات الموفرة × تكلفة الساعة)
			- وقت أقل للإشراف على المتدرب
✓	✓	-	(عـدد الســاعات المـوفرة×تكلفـة ســاعة الإشراف)
			2- إنتاجية أفضل (كمية) Quantity
			- معدل عمل أسرع
✓	-	-	(قيمة الوحدات الزائدة)
			- الوقت الموفر لعدم انتظار المساعدة
✓	-	-	(عدد الساعات × قيمة الساعة)
			- وقت أقل من الأعطال
✓	-	-	(عدد الساعات × قيمة الساعة)
			3- جودة أفضل للمخرجات Quality
			- مردودات أقل
✓	-	-	(الخردة، المبيعات المفقودة، المردودات)
			- القيمة المضافة للمخرجات
			(حجم أكبر للمبيعات)

عناصر العوائد	عوائد لمرة واحدة بالبرنامج	عوائد لمرة واحدة بالمشارك	عوائد للمشارك/ شهر
	-	-	✓
- حوادث عمل أقل (توفير التأمين والتعويضات)	✓	-	✓
- تكاليف قانونية أقل (تسويات وقضايا)	✓	-	✓
- موقف تنافسي أفضل (التغيير في نصيب السوق)	✓	-	-
4- أداء أفضل للأفراد Personal			
أ) غياب أو تمارض أقل	✓	-	-
ب) مزايا تعود على المشارك لمرة واحدة	-	✓	-
ج) اجمالي التحسينات للمشارك/ شهر	-	-	✓
د) طول فترة الاسترداد (مدة البرنامج)	-	-	✓
هـ) عدد العاملين المدربين خلال الفترة (د)	-	✓	-
و) إجمالي ب × هـ	-	✓	-
ز) إجمالي جـ × د	-	-	✓
إجمالي العوائد (محصلة أ + و + ز)			

أسئلة الفصل الحادي عشر

س1 : ما هو مفهوم قياس العائد من التدريب .

س2 : ما هية الية تحديد تكاليف التدريب .

س3 : ما هي أنظمة تصنيف التكاليف .

س4 : ما هي أسباب مبررات بناء قاعدة بيانات التكاليف .

س5 : ما هي الية حساب العائد على الاستثمار في التدريب .

ضع دائرة حول الاجابة الصحيحة فيما يلي :

س1 :إن التدريب يعتبر له مكونات تكلفة عالية تتمثل في:

أ-   الامكانيات البشرية المناسبة (خبراء تدريب , ادارة تدريب , متدربين) .

ب-   الامكانيات المادية وتشمل مكان التدريب بتجهيزاته المختلفة ..

ج-   مواد التدريب من أجهزة ضرورية او مواد علمية أو حالات دراسية .

د-   جميع ما ذكر صحيح .

س2 :العناصر التي تعزز من العائد في التدريب .

أ-   مشاركة ودعم المشرفين.

ب-   أهداف المنشأة ومتطلبات الإدارة والتشغيل.

ج-   انخفاض تسرب العاملين.

د-   جميع ما ذكر صحيح .

س3 : العناصر التي تحد من العائد في التدريب .

أ-   توفر الحوافز للعاملين لتطبيق ما تم تدربة في مجال العمل.

ب- ضعف الدعم والتأييد للتدريب.

ج- ملاءمة نظام المتابعة والأداء والذي قد يؤدى إلى ضعف التزام الإدارة وعدم مشاركة المشرفين.

د- جميع ما ذكر صحيح .

س4 : نماذج حساب تكاليف النشاط التدريبي والذي قدمه بيت التدريب الأمريكي يشمل:

أ- تكاليف ثابتة (تصرف لمرة واحدة) بغض النظر عن عدد المشاركين أو عدد مرات تقديم البرنامج.

ب- تكاليف متغيرة (مرتبطة بعدد مرات تنفيذ النشاط).

ج- تكاليف متغيرة (مرتبطة بعدد المشاركين).

د- جميع ما ذكر صحيح .

س5 : من اسباب مبررات بناء قاعدة بيانات التكاليف .

أ- تحديد التكاليف الكلية لبرامج التدريب .

ب- تحديد التكاليف العمومية لكل برنامج تدريبي .

ج- تحديد تكاليف البناء .

د- جميع ما ذكر صحيح .

س6: من المحاور الرئيسية بتصميم نظام التكاليف فيما يلي.

أ- إنشاء نظام للتكاليف.

ب- التصنيفات العملية والوظيفية.

ج- تصنيفات حسب المصاريف.

د- جميع ما ذكر صحيح .

س7 : تحدد التصنيفات الوظيفية لتكاليف التدريب بشكل أكثر بالطرق التالية.

أ- تكاليف التحليل: *Analysis Cost* .

ب- تكاليف التطوير: *Development Cost* .

ج- بعض ما ذكر صحيح .

د- تكاليف معنوية .

س8 : من الأساليب المتنوعة لحساب العائد من التدريب.

أ- يبدأ بأساليب تحديد قيم لمحتويات البرنامج خاصة في المجالات التي يصعب معها ذلك.

ب- التعرف على طرق المقارنة وأكثرها شيوعاً "العائد من الاستثمار Return On Investment (ROI).

ج- طريقة بديلة لقياس فعالية إدارة تنمية القوى البشرية، المفهوم الذي إزداد الاهتمام به، فسمي بمركز الربح Profit Center.

د- جميع ما ذكر صحيح .

س9 : يجب حساب أثر البرنامج الموجه لتحسين الجودة بمقياس العائد من البرنامج، ثم تحديد قيمة تحسين الجودة من خلال.

أ- الفاقد والعادم Scrape/ Waste .

ب- عدم إعادة العمل Rework .

ج- رضا العميل أو المستهلك Customer Dissatisfaction .

د- جميع ما ذكر صحيح .

س10 : من الجوانب لإعطاء القيم الرقمية للتغيير بسبب التدريب.

أ- قيمة الزيادة في المخرجات.

ب- قيمة التوفير في التكاليف.

ج- قيمة التوفير في الوقت.

د- جميع ما ذكر صحيح .

الاجابة الصحيحة

1. د

2. د

3. ب

4. د

5. أ

6. د

7. ج

8. د

9. أ

10. د

مراجع الفصل الحادي عشر

1. الشقاوى، عبدالرحمن. التدريب.. الاستراتيجية المثلى للاستثمار في الموارد البشرية. ورقة عمل للملتقى الرابع لتنمية الموارد البشرية 1423هـ بالمنطقة الشرقية.

2. Bassi, L. and Van Buren, M. (1998). ' The 1998 ASTD state of the industry report', Training and Development, January, pp.23-43.

3. Carnevale, A. and Schulz, E. (1990). ' Return on investment: Accounting for training', supplement to the Training and Development Journal, July.

4. Ernst and Young (1995). ' Study finds treating people as assets pays off on bottom line', The Lakewood Report, 1, July.

5. Guest, D. (1997).' Human resource management and performance: A review and research agenda', The International Journal of Human Resource Management, vol.8, no.3, pp.263-276.

6. Kirkpatrick, D. (1998). ' Evaluating training programs: The four levels', 2nd Edition. San Francisco: Berrett-Koehler Publishing.

7. Mitchell, K. (1994). ' Putting evaluation to work for human resources development', Productivity and Management Review, vol.18, no.2, pp.199-215.

8. Parry, S. (1996). ' Measuring training's ROI'. Training and Development, May 1996.

9. Pfeffer, J. (1998). ' The human equation: Building profits bu putting people first', Boston: Harvard Business School.

10. Phillips, J.(1996). ' ROI: The search for best practices', Training and Development, February, pp. 43-47.

11. Phillips, J. (1997). ' Handbook of training evaluation and measurement methods', 3rd Edition. Houston: Gulf Publishing.

12. Phillips, J. and Stone, R. (2002). ' How to measure training results: A practical guide to tracking the six key indicators. San Francisco: McGraw-Hill.

13. Robinson, D. and Robinson, J. (1989). ' Training impact: How to link training to business needs and measure the results'. San Francisco:

14. Rummler, G. and Brache, A. (1995). ' Improving performance: How to manage the white space on the organization chart'. Sn Francisco: Jossey –Bass.

15. Stolovitch, H. and Maurice, J. (1998). ' Calculating the return on investment in training: A critical analysis and case study'. Performance Improvement, vol.37,no.8,pp.9-19.

الفصل الثاني عشر

مهارات العرض والتقديم

الفصل الثاني عشر

مهارات العرض والتقديم

الاهداف التعليمية للفصل :

يهدف هذا الفصل الى تزويد القارىء بالمعلومات التي تمكنه من :

1. مفهوم العرض والتقديم .

2. مراحل التقديم الشفوي والعرض .

3. مرحلة ما قبل العرض والتقديم الشفوي .

4. مرحلة إعداد العرض والتقديم الشفوي .

5. مرحلة بدء وإدارة العرض والتقديم الشفوي .

6. مرحلة التعامل مع المستمعين .

7. إعداد واستخدام وسائل الإيضاح .

8. كيفية ترتيب المعلومات لعرضها .

9. خصائص مادة الالقاء والعرض .

10. المخطط التمهيدي للعرض والتقديم .

11. كيف تجذب انتباه المستمعين .

12. أمثلة على العرض والتقديم .

13. استخدام الوسائل السمعية والبصرية .

14. لغة الجسد وأهميتها في العرض والتقديم .

15. تحضير خاتمة العرض الشفوي .

1-12 مفهوم العرض والتقديم

يُعتبر تقديمُ وعرضُ نفسِك أو أفكارك عاملاً مهمًا للنجاح، وذلك من خلال كيفية تنظيم أفكارك واستخدامك للغة الحركية واللفظية، إضافة لاستخدامك وسائل الإيضاح المناسبة، وغيرها من الأمور التي تزيد من قبول الآخرين لك، وهذا الفصل يمدك بالمهارات اللازمة للتقديم والعرض، والتي سوف تدعم نجاحك في أي مجال كنت، وسيصبح تقديمك وعروضك أكثر فعاليّة .

ومهارة الإلقاء هي من الإقناع والاستمالة, بمعنى أنها تتعامل مع عقل وعاطفة المستمعين وهي توصيل معلومات معينه لحضور يستمع للمتحدث, ولهذه المهارة فوائد عدة منها ما هو شخصي- وما هو اجتماعي...

وعليك أولاً أن تقيّم ذاتك من خلال الأصناف التالية، وإلى أي صنف تنتمي :

1. المتجنّب يبذل كافة الجهود للهروب وتجنب مواجهة الآخرين والأعمال التي تتطلب عروضًا .
2. المتردّد يتعلل بالتردّد والخوف عندما يُطلب للتحدث أمام الآخرين، وعند عرضه مكرهًا يتعلل بالمعاناة .
3. المتقبّل يقدّم العروض، ولكنه لا يبحث عنها، ويتمتع بالتحدث أمام مجموعة من الأشخاص .
4. الباحث يجتهد في البحث عن فرص للتحدث أمام الآخرين، ويحول القلق إلى حافز أثناء العرض ويزيد ثقته من خلال الإكثار من التحدث أمام الآخرين .

التقييم الذاتي لمهاراتك الحالية في تقديم العروض :

قيّم وحدّد مهاراتك الحالية وجوانب القوة فيها، وكذلك المهارات التي تحتاجها من قائمة مهارات العرض والتقديم، وطوّر نفسك لاكتسابها وإتقانها .ويجب أن تحدّد الأهداف من وراء التقديم والعروض التي سوف تعرضها .

مواصفات المتحدث الجيّد:

1) أن يكون ملماً بالموضوع الذي يريد التحدث عنه .

2) أن تكون لديه مهارة لغوية فائقة .

3) أن يعد للموضوع إعداداً جيداً .

4) أن يكون الهدف من إلقاء الموضوع واضحاً للمتحدث .

5) أن يتمتع المتحدث بثقة في نفسه .

6) أن يعرف مستوى السامعين ويختار الألفاظ المناسبة لهم.

7) أن يكون موضوع الإلقاء مترابطاً .

8) أن يكون لدى المتحدث القدرة على الانتقال بين أجزاء الموضوع بسلاسة.

9) أن ينتبه المتحدث لحركاته ونظراته وإيماءاته.. بحيث تكون منسجمة مع حديثه.

10) أن يتحدث بثقة .. دون تفاخر .

لماذا يحتاج التقديم الشفوي للمعلومات ؟

تحتاج الى مهارة التقديم الشفوي وعرض المعلومات في الحالات الآتية :

1. عرض التقارير والمذكرات لنقل المعلومات عن موضوعات معينة .
2. العرض الشفوي للمشكلات ، وبدائل حلولها .
3. العرض الشفوي للإنجازات .
4. تحليل البيانات المالية والمحاسبية .
5. نقل الأخبار للرؤساء أو الزملاء أو المرؤوسين .
6. التحدث أمام الآخرين .
7. المقابلات الشخصية .
8. المحاضرات .
9. الإجتماعات .
10. شرح العمل للمرءوسين.
11. شرح موجز عن مهمة عمل معينة .
12. إقناع الناس بمسألة هامة .

2-12 مراحل التقديم الشفوي والعرض

1- المرحلة الأولي : مرحلة ما قبل العرض والتقديم الشفوي .

2- المرحلية الثانية : مرحلة إعداد العرض والتقديم الشفوي .

3- المرحلة الثالثة : مرحلة بدء وإدارة العرض والتقديم الشفوي .

4- المرحلة الرابعة : مرحلة التعامل مع المستمعين

12-2-1- مرحلة ما قبل العرض والتقديم الشفوي .

تتضمن هذه المرحلة عدد من الخطوات التالية :

الخطوة الأولى : تخطيط وتحديد الهدف من التقديم والعرض الشفوي .

يجب أخذ بعض الاعتبارات المتعلقة بالملابس والمظهر أثناء العرض والتقديم، وبشكل عام يجب تجنّب المبالغة وارتداء الملابس والكماليات ذات الأنماط، والألوان البسيطة، وعمومًا يجب أن تجذب اهتمام الحضور لشخصيتك لا إلى ملابسك . ويجب وضع خُطة للعرض تزيد من كفاءة أسلوب العمل، وتتم بواسطة :

تحديد الأهداف .

ما هو الهدف من العرض؟ هل هو للعرض أم للإبلاغ؟ هناك فرق بينهما :

1-عرض الإقناع: يبلّغ المتحدث الحضور عن الأمور والتغيرات المطلوبة .

2-عرض الإبلاغ: تتضمن بوجوب اتخاذ إجراء ما حول مشكلة أو مهمة .

عليك أن تحدد أولاً نوع العرض الذي سوف تقدمه ثم انتقل من الإبلاغ إلى الإقناع حسب المخطط التالي :

- الإقناع - الإبلاغ

- مخطط الإقناع – الإبلاغ

الخطوة الثانية: تحليل الحضور

عندما تريد تحليل جمهورك يجب أن تراعي عدة أمور وهي :

1-القيم، يجب أن تكون ملماً بقيم المجموعة التي أمامك (الجمهور)، فلكل حضور قيمه الخاصة به بحسب المنظمة والمواقع والبيئة .

2- عرض الأفكار الفرعية، وهي عبارة عن أفكار مساندة تدعم الأفكار الرئيسة .

3- عرض المزايا، وإبلاغ الحضور بها لزيادة قناعتهم بعرضك، وتكون منظمة حسب الأهمية.

4-تصميم نشرات التوزيع، وتوضع عليها المعلومات التي تدعم العرض والمعلومات المساندة التي لا تريد حشوها بوسائل الإيضاح، وقد تُوزّع قبل أو بعد أو أثناء العرض حسب الحضور.

5-إعداد وسائل الإيضاح، تزيد استخدام وسائل الإيضاح من ترتيب وتنظيم أفكارك .

6-جملة عرض الفكرة الرئيسة، جملة المراجعة، وذلك بعرض الأفكار الرئيسة للعرض الذي تقدمه ثم ارجعها إليهم في نهاية العرض .

7-إعداد المقدمة. تتكون المقدمة من عنصرين رئيسين هما :

أ- طرح المعلومات المهمة وتشمل خلفية الموضوع وأهميته، وإبراز قدرتك على بحث الموضوع أمام الجمهور .

ب-جذب الانتباه، وتُعد هذه الخطوة بالغة الأهمية في جذب الحضور لعرضك وتعلّقهم بأسلوب العرض، وفيما يلي بعض الطرق الشائعة لجذب الانتباه:

أ- رواية الطرف: وهي عبارة عن القصص القصيرة، وقد تكون فكاهية ولكن ليس دائمًا، والهدف منها توصيل معلومة أو مفهوم للحاضرين .

ب- رواية الفكاهات: تعتبر الفكاهة أفضل وسيلة لكسر الحاجز بينك وبين الحاضرين، ولكن احذر من هذا الأسلوب؛ فقد يكون مردوده عكسي. اربط الفكاهة بالموضوع أو المناسبة بعيدًا عن التعصب أو السخرية، وتجنب الفكاهة المستخدمة من المقدمة، والتي ليس لها علاقة بالموضوع .

ت- استخدام الأسئلة. هناك طريقتان لهذا الأسلوب :

1 – طرح الأسئلة المفتوحة، وهنا قد يحدث إزعاج نتيجة الإجابات المتداخلة .

2 – طلب رفع الأيادي لضمان عدم مضايقة الحضور لك وتجنب الإزعاج .

عمومًا استخدمْ هذين الأسلوبين حسب طريقة طلبك للإجابة ونوعية الجمهور .

ث- السؤال البياني ممتاز لجذب انتباه الحضور مثل (كم عدد الحاضرين الذين يريدون منحهم أبحاث أكبر) .

ج- الجمل العنيفة تساعد على شد انتباه الجمهور، ولكن بحكمة .

ح- الجمل المقتبسة، وقد تكون قصيرة أو طويلة مكتوبة أو مرتجلة في بدء العرض تساعد على جذب انتباه الجمهور .

8-إعداد الخاتمة، الخاتمة الجيدة هي عبارة عن تكرار للأفكار الرئيسة للعرض، والتي تحتاج إلى إقناع في عرضها؛ فالعرض حتى يكون مقنعًا لابد أن يعتمد على خاتمة القوية، والتي تستقر في أذهان الحضور وتزيد من قناعتهم بعرضك .

آلية التعرف على الحضور .

للحصول على خلفية عن حضور المستمعين يجب عليك أن تستكشف شخصية مستمعيك ، قبل أن تقوم بالعرض ، فهذا سوف يساعدك كثيرا في تحديد الطريقة او الأسلوب الذي سوف تستخدمه في نقل الرسالة إليهم .

ويمكنك أن تتعرف على حضور المستمعين من خلال استخدامات لورقة عمل عن المستمعين كما يلي :

- ورقة عمل عن المستمعين (والحضور) .

- ما هو نوع المعرفة التي يمتلكها المستمعون عن الموضوع ؟

- هل سيكون المستمعون مع وجهة نظر القائم بالعرض أو ضدها ولماذا ؟

الأنواع الخمسة من المستمعين هي :
أولا : المستمع الذي لا يرغب في الحضور (ليس يرغب في الحضور) .
ثانيا : مستمع تطوعي (كأنه يذهب الى عطلة) .
ثالثا : المستمع حديث المعرفة (هو فخور بمعرفته ويظن انه ليس بحاجة الى الحضور) .
رابعا : المستمع الراغب في الاستفادة (الذي يرغب حقا في الاستفادة) .
خامسا : مستمع بالإجبار(الذي يفرض على الحضور حتما) .
والبداية الصحيحة للعرض الشفوي الناجح هو أن تتعرف بالتفصيل على الحضور الذي سيستمع إليك

وفيما يلي قائمة ببعض الأسئلة التي عليك أن تجيب عليها في هذا الصدد .

- ما أسماء الحضور؟
- هل أعرف هذه الأسماء ؟
- ما هي مناصبهم الوظيفية ؟
- ما هو سنهم ؟
- ما هو نوعهم ؟
- ما هو مستواهن التعليمي ؟
- ما هي جنسياتهم ؟
- ما هو مستواهم الاجتماعي ؟
- ما هي اهتماماتهم ؟
- ما هي درايتهم بموضوع العرض ؟
- ما هي درجة الود لديهم ؟
- ما هي درجة تعاونهم ؟
- هل هم حاضرون برغبتهم ام مجبرين ؟
- ما هو عددهم ؟
- ما المدة التي يستطيعون تحملها في العرض ؟
- ما هي درايتهم بأساليب العرض الحديثة (مثل العرض بالكمبيوتر) ؟

الخطوة الثالثة :التصميم المبدئي للتقديم الشفوي والعرض .

وتعني هذه الخطوة تحويل كل الأفكار والمواد الأساسية التي تـم وضـعها إلى أهـداف واضـحة ويجب عليك مراجعة مواد الأفكار التي حشدتها في محاولة لتركيز أهم الحاجات والرغبـات الموجـودة مـع الوسائل الممكنة لإرضاء هذه الحاجات والرغبات والذي تتضمن:

أ-   تحويل الأفكار الى أهداف .

ب-   ما هو سبب تقديمي للعرض الشفوي .

ت-   ما الذي يمكن ان يستفيده المستمعون من موضوع العرض الشفوي .

ث-   ما هو الغرض من العرض الشفوي :

−   إعطاء المعلومات للمستمعين .

- تعليم المستمعين .
- إقناع المستمعين .
- الترفيه عن المستمعين .
- كل الأغراض السابقة مجتمعة .

ح .ما هو المطلوب من المستمعين قوله بعد العرض الشفوي ؟

ل .ماذا أريد من المستمعين الإيمان والاعتقاد به .

ي .ما هو العمل التطبيقي المحدد المطلوب من المستمعين تنفيذه ؟

3-12 مرحلة الاستعداد للعرض والتقديم

هنالك عدة وسائل الاتصال لأغراض التقديم والعرض المتميز ومنها :

1- **الوسائل الشفهية** :

وهي الوسائل التي يتم بواسطتها تبادل المعلومات بين المتصل والمتصل به شفاهه عن طريق الكلمة المنطوقة لا المكتوبة مثل (المقابلات الشخصية ، والمكالمات الهاتفية، والندوات والاجتماعات ، المؤتمرات) ، ويعتبر هذا الأسلوب أقصر الطرق لتبادل المعلومات والأفكار وأكثرها سهوله ويسراً وصراحة ، إلا أنه يعاب أنه يعرض المعلومات للتحريف وسوء الفهم . ونظراً للمهام المباشرة لمدير فهو يستخدم ويحتاج هذه الوسائل أكثر من غيرها .

2- **الوسائل الكتابية** :

وهي الوسائل لتي يتم بواسطتها تبادل المعلومات بين المتصل والمتصل به عن طريق الكلمة المكتوبة مثل (الأنظمة والمنشورات والتقارير والتعاميم والمذكرات والمقترحات والشكاوى ...الخ)، ويعتبر هذا الأسلوب هو المعمول به في أغلب المنظمات الحكومية، حيث أنه توجد خمسة شروط للرسالة المكتوبة تبدأ جميعاً بحرف (c)، وهي أن تكون كاملة (COMPLETE)، ومختصرة (COCISE)، وواضحة (CLEAR)، وصحيحة (CORRECT)، ولطيفة (COURTEOUS)

3- الوسائل غير اللفظية :

وهي الوسائل التي يتم بواسطتها تبادل المعلومات بين المتصل والمتصل به عـن طريق الإشارات أو الإيماءات والسلوك (تعبيرات الوجه وحركة العينين واليدين وطريقـة الجلـوس .. الـخ) ، ويطلـق عليها أيضاً لغة الجسم ، وقد تكون هذه التلميحات مقصودة أو غير مقصودة من مصدر الاتصال وتصل نسـبة استخدامها في الاتصال ما يقرب من 90% من المعاني وبصـفة خاصـة في الرسـائل التـي تتعلـق بالأحاسـيس والشعور ، ويختلف فهم الرسائل غير اللفظية بسبب اخـتلاف الثقافات داخـل المنظمـة وداخـل المجتمـع أيضاً .

12-3-1 إعداد واستخدام وسائل الإيضاح

تلعب وسائل الإيضاح دورًا بارزًا في نجاح عملية العرض والتقديم لأنها :

1- تجذب انتباه الجمهور .

2- تعزّز وتدعم الموضوع المشروح شفهيًّا .

3- تحفز الاهتمام .

4- تصور العناصر التي يصعب تخيلها .

5- عند إعداد وسائل الإيضاح، استخدم مبدأ الاختصار والبساطة، لا تشحن العرض بكمية هائلـة مـن المعلومات؛ لأن ذلك يشتت انتباه الحضور وينفرهم من العرض .

وهنالك عشرة إرشادات لإعداد وسائل إيضاح فعّالة :

1 - استخدام أقل قدر من وسائل الإيضاح، ويفضّل استخدام وسيلة واحدة لكل دقيقتين من وقت العرض .

2 - شرح فكرة رئيسة واحدة لكل وسيلة مساعدة واحدة على أن تكون بسيطة وواضحة لمنع التشتت .

3 - كتابة النص والأرقام بشكل واضح، وتأكّد من وضوح الرؤية للجمهور .

4 - استخدام وسائل الإيضاح المصوّرة كالرسوم البيانية والصور والمخططات الإنسانية .

5 - استخدام الألوان بحرص أو تجنّب تضارب الألوان أو الألوان الصاخبة في الكتابة والخلفيّات .

6 - استخدام وسائل إيضاح كبيرة وسهلة المشاهدة، وتأكد وضوح الوسيلة لأبعد نقطة في مكان العرض .

7 - الرسوم البيانيّة فهي تتيح أكبر عرض للمعلومات والبيانات .

8 - ضع صورًا ورسومًا بيانية سهلة المشاهدة لأبعد شخص في مؤخرة الغرفة .

9 - اصنع وسائل إيضاح جذابة تحتوي على ألوان شديدة التباين مع تجنّب تضارب الألوان .

10 - تجنب كثرة وسائل الإيضاح فبعض النقاط بسيطة ولا تحتاج لوسيلة إيضاح بل يكفي إلقاؤها شفهيًا .

اما اهم الإرشادات حول المعلومات المتضمنة في العرض :

1 - لوحة الأرقام: استخدم 25-35 رقمًا كحد أقصى للأرقام لكل وسيلة إيضاح، وعند حاجتك للأرقام الأوليـة ضع في نشرة مستقلة ثم قم بتوزيعها على الجمهور .

2 - لوحة النص: استخدم مقاس 6×6 لكتابة النص (6 أسطر، 6 كلمات لكل سطر) إذا كنت بحاجـة لأسطر أكثر استخدم أكثر شريحة، وانتبه من عملية التكرار .

3 - تقديم أنواع مختلفة من المعلومات، مثل النسب المئوية، الأجزاء، الوقت، التكرار، الربط .

2-3-12   كيفية ترتيب المعلومات لعرضها ؟

فيما يلي بعض طرق عرض المعلومات وترتيبها ، وذلك حتى يسهل عليك عرضها بشـكل منطقـي ،ومرتب ، وشيق ، وعليك أن تتدرب على ذلك ؟

أولا : طريقة المشكلة وسببها وحلها.

- وهي تعتمد على المثل (إن عرف السبب بطل العجب) .

- والآن اكتب في المربع التالي المشكلة التي تود عرضها ثم سبب وجود هذه المشكلة وحلها

ثانيا : الموضوع وعناصره (الخريطة الذهنية) .

وهي أن تتصور ذهنيا وفي شكل خريطة سريعة تلك العناصر التي يتكون منها الموضوع.

ثالثا : الطريقة الأبجدية .

يمكنك ان تعرض عناصر الموضوع استنادا إلى طريقة مسلية وشيقة وهي أن تستخدم مفردات الحروف التي يتكون منها أهم مصطلح في عرضك الشفوي خذ المثال التالي وحاول تكملته ، او حاول مع مصطلح آخر من عندك .

يدور العرض حول مصطلح (إستراتيجية)

(أ) ابدا بتحفيز الناس حول الإستراتيجية الجديدة ....

(ب) ساعد في وضع النظام الإستراتيجي ....

(ت) تجميع البيانات الخاصة بعناصر الإستراتيجية ....

رابعا : الهيكل التنظيمي .

يمكن ان تعرض موضوعاتك في شكل تنظيمي يضع كافة العناصر في ترتيب منطقي ومالوف للعين .

خامسا : التطور التاريخي

يمكنك عرض موضوعاتك في تطوير تاريخي يتناول الماضي ، والحاضر ، والمستقبل . كان تقول (كان الآمر ....أما لآن ....، وينتظر في المستقبل أن (.......) . في المربع حاول أن تعرض أحد الموضوعات التي تقترحها أن ، ولكن في تطور تاريخي مرتب.

الموضوع هو : ....

الماضي : ....

الحاضر : ....

المستقبل:........................

سادساً: الأمثلة والقصص .

يمكنك أن تربط عرضك للموضوع وذلك ببعض الوقائع أو الحالات او القصص أو الأمثلة ، وذلك لتقريب الموضوع إلي ذهن المستمعين والحضور . والآن اعرض علينا بعض القصص أو الأمثلة المرتبطة بموضوعات معينة ، وذلك في المربع التالي .

الموضوع هو : ....

المثال أو القصة : ....

سابعا : عظام السمكة .

يمكنك أن تعرض معلوماتك في شكل جذاب ، ويأخذ شكل عظام السمكة حيث أن رأس السمكة هي الموضوع (أو المشكلة) ، وحيث أن عظام السمكة هي عناصر الموضوع (أو المشكلة) ويمكن غضافة سمكة أخرى حيث سيكون رأس السمكة هي المشكلة ، وعظامها هي الحلول الخاصة بهذه المشكلة وإليك سمكتان :

(1) السمكة الأولى : تضع فيها المشكلة وعناصرها (أو أسبابها)

(2) السمكة الثانية : تضع فيها المشكلة وحلولها .

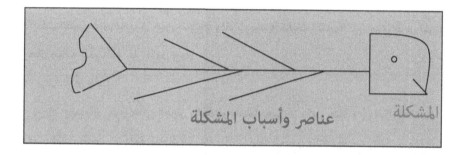

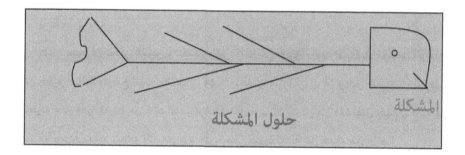

12-3-3 خصائص مادة الالقاء والعرض

العرض والتقديم هي قلب عملية الاتصال وحلقة الوصل بـين المرسـل والمسـتقبل، فـلا يمكـن أن تـتم عملية الاتصال بدونها، ولا بد من توفر بعض الخصائص في عملية الالقاء والعرض حتى تكون ناجحة وهي :-

1 - صريحة غير متحيزة :

بمعنى أنها لا لبس فيها ويجب أن تقول الحقيقة حتى تنفذ إلى القلب والعقل، وتـؤدي إلى تغـير في معلومات واتجاهات المستقبل.

2 - صحيحة أو مضبوطة :

بمعنى سلامة لغة المادة أو العرض والتقديم وخلوها من الأخطاء النحويـة أو الإملائيـة واختيـار الكلمات الصحيحة ووضعها في جمل صحيحة وفقرات معبرة. فاللغة السليمة تبين مدى حرص المرسل علـى إيصال رسالته للمستقبل على اكمل وجه.

3 - واضحـة أو جليـة :

يجب أن يكون معنى العرض والتقديم واضحاً بحيث لا يكون هناك أدنى امكانيـة لسـوء الفهـم، وهذا يتطلب فحص كل كلمة وجملة وعبارة مـن عبـارات العـرض والتقديم حتـى تكـون مفهومـة لـدى المستقبل.

4 - تامـة أو كـاملـة :

يجب أن تعطي العرض والتقديم معنى كاملا عن طريق تزويد المستقبل بمعلومات وفيرة تجيب عن جميع أسئلته وتوضح الهدف الاتصالي. وهـذا يتطلـب مـن المرسـل أن يحلـل جمهـوره ويعـرفهم حـق المعرفة حتى يعوا قصده من الاتصال مباشرة، وكذلك يجب ألا يفترض بأن المستقبل يفهم رسالته مـن أول مرة فلا باس أن يكرر رسالته اكثر من مره حتى يعطي صورة كاملة عن هدفه من الاتصال.

5 - موجـزة أو مختصرة:

على المرسل أن يوجز، ويكون الإيجاز بحذف المعلومات التي لا تسهم في تحقيق هـدف الاتصـال وتجنب الحشو الزائد.

6 - لطيفه أو دمثة :

يجب على المرسل أن يستخدم الكلمات الطيبة واللطيفة التي تضفي جواً من الاحـترام والتقـدير والسرور والمحبة على جو الاتصال.

7- محسوسـة أو ملموسـة :

يجب أن تكون كلمات العرض والتقديم محسوسة لأن الكلمات المحسوسة أكثر تحديداً للمعنـى من الكلمات المجردة لكونها تشير إلى الإنسانية.

استخدام الألوان في وسائل الإيضاح :

يجب العناية في استخدام الألوان، ومطابقتها مع الموضوع والجمهور، والغرض منها فمثلاً :

اللون الأزرق يعطي انطباعًا محافظًا أكثر من اللون الأصفر .

الألوان الباهتة تدل على الهدوء كالرمادي والوردي .

الألوان الحمراء، والبرتقالية والبنية تعطي نوعًا من الدفء .

لذا يجب مراعاة ما يلي :

- ألوان الخلفية متباينة مع ألوان النص أو البيانات .
- عدم تضارب الألوان مع وجود التنسيق .
- اجعل الألوان البرّاقة للنقاط الأكثر أهمية .
- حافظ على تناسق الألوان في جميع الشرائح .

4-12 المخطط التمهيدي للتقديم الشفوي والعرض

والفرق بين المخطط التمهيدي العادي والمخطط الثلاثي الأبعاد هو أن الأخير يشير ليس فقـط الى ما يريد الفرد بل أيضا يشير الى متى يجب أن يقوله ولماذا (اي مبررات القول)، وكيفية أو أسـلوب القـول ، وهذا يجعل المخطط التمهيدي جزءا لا يمكـن الاستغناء عنـه في إعـداد ووضـع أي عـرض شـفوي ، وهـذا المخطط المتعدد الأبعاد يعطي صورة اجمالية للتقديم الشفوي ويسمح للمتحدث بأن يبـدأ بتمييـز المـواد التي يجب أن يتضمنها وضع العرض في الحـال ويظهـر في الصـفحات التاليـة نموذجـا يمثـل النسـخة الأولي للمخطط التمهيدي في عدة أشكال ، ويمكن صياغة هذه الأشكال النموذجيـة وفقـا لحاجـة كـل متحـدث ، والمقصود بهذه الأشكال وضع الأمور في إطار منظم حتى يتمكن المتحدث من مشاهدة الصـور الإجماليـة . وهذا مهم جدا لتقديم العرض الشفوي ،ويشتمل الشكل النموذجي الأولي للمخطط التمهيدي على إكمال المعلومات التالية :

مدة العرض : كمية الوقت المخصصة لتغطية أي جزء من العرض الشفوي (مثل المقدمة وللنقاط الأساسية) .

المادة العلمية : المواد التي يغطيها المتحدث خلال هذه المدة وقد يكتفي المتحدث في هذه المرحلة بالنقاط الأساسية التي يمكن تغطيتها بالوقت المحدد .

المبررات أو الأسباب : وتشمل سبب إختيار مواد العرض الشفوي وما يريد المتحدث قوله .

كيفية القاء العرض : وتشمل أسلوب الإلقاء أو التقديم (بالكلام ، بالوسائل السمعية والبصرية ، فيديو ، أشرطة تسجيل) إلخ

الشكل النموذجي الأول (البداية)

العنوان ....

تاريخ وضع النسخة الأولي : ....

الأهداف ....

الوقت	المادة	الأسباب	الأسلوب
5 دقائق	مدخل وترجيب	استرخاء المستمعين	بالكلام
7 دقائق	فيلم وثائقي	تنويع الاتصال	فيديو
10 دقائق	تخاطب أولي مع المستمعين	إقناعه بالموضوع	بالكلام

الشكل النموذجي الثاني للمحتوى

عنوان المحاضرة :

علم النفس عند فرويد : الجوانب الثلاثة للعقل والشخصية الأنا والأنا العليا أو الضمير والشخصية الغريزية

أهداف المحاضرة :

1- تحديد أهم المفاهيم الثلاثة في علم النفس الفرويدي : الأنا والأنا العليا أو الضمير، و(الشخصية الغريزية) .

2- إثارة المستمعين عن هذه المفاهيم الثلاثة وإلمامهم بحيث يرغبون في تعلم المزيد عنها .

الوقت	المادة	الأسباب	الأسلوب
3 دقائق 7 دقائق 10 دقائق 30دقيقة 10دقائق	استقبال وترحيب فيلم وثائقي تخاطب أولي مع المستمعين المفاهيم لأساسية الأنا والأنا العليا أو الضمير والشخصية الغريزية	جذب الاهتمام والإلتزام لإبقاء الإهتمام إدخال المستمعين في الموضوع بعمق مفاهيم يجب أن يتعلمها المستمع	كلام تقديمي فيديو بالكلام بالكلام

صورة عن المخطط التمهيدي

عنوان المحاضرة :..

أهداف المحاضرة : ....

12-4-1 الترتيب المنطقي للتقديم الشفوي والعرض

هنا يجب أن يلقي المتحدث نظرة على كل ما يتوفر لديه من مواد ومعطيات فبعد تحديد نوع المستمعين ووضع أهداف التقديم الشفوي والعرض ووضع ورقة عمل وأخذ فكرة عما سيكون جزءا من العرض يحتاج المحاضر الآن لتحديد ما هو تسلسل تقديم المواد أو ما هو الترتيب المنطقي للتقديم الشفوي والعرض .

والطريقة التالية هي الأكثر استعمالا في تنظيم المواد التي سيقدمها المحاضر . وبإمكان المحاضر إختيار واحد منها فقط أو المزج والمطابقة بينها بما يناسب نوع المواد ونوع المستمعين فالتنوع يكون ضروريا في بعض الأحيان .

التمرين على الإلقاء

أن المخطط التمهيدي السليم للتقديم الشفوي والعرض شئ ضروري ، لكنه لا يكمل العرض والخطوة الأهم لإكمال التحضير هي بالتمرين على التقديم الشفوي فالمتحدث الجيد يظهر دائما بالمظهر المريح والمسترخي بحيث يضبط نفسه ويضبط سير العرض ، وهذه المزايا تحصل بالتمرن الفعال على إلقاء هذا العرض .

ويظن الكثيرون أن التمرن على التقديم الشفوي يكون بقراءة وإعادة قراءة مذكرات النقاط الرئيسية في العرض الشفوي ودراسة المادة المقدمة أو إستذكار أجزاء منها . كل هذا يساعد لكن هذه الخطوات وحدها لا تمثل التمرين الفعال على القديم الشفوي .

ان التمرين الفعال يعني إلقاء العرض الشفوي بالطريقة الأفضل ، بحيث يكون المتحدث مرتاحا مسترخيا وفي كامل سيطرته على الوضع جسديا وذهنيا وهو يعني أيضا تجنب المشاكل قبل حصولها اما الترتيب المنطقي للتقديم الشفوي والعرض هي :

1. الترتيب الزمني : من الماضي إلى الحاضر : هذا الأسلوب يقدم المواد في تسلسل زمني ويحقق نتائج جيدة في المواضيع التاريخية أو مواضيع دراسة كيفية تطور إنتاج معين أو وضع معين أو مفهوم معين .
2. الترتيب بالأولوية : هذا الأسلوب يقدم مواد العرض بترتيب أهميتها النسبية .
3. ترتيب حسب المزايا الحسنة والمزايا السيئة : تقديم المواد بوسيلة تبين سلبياتها وإيجابياتها وهذا التقديم جيد على الأخص في تقديم المواضيع الخاضعة للجدل أو تقديم معلومات مختلفة ومتباينة تساهم في صنع قرار معين .
4. ترتيب من الصعوبة إلى السهولة : وهو خاص بالمواد المتعلقة بحل المشاكل ويبدأ مع المستمعين من حالة صعبة يمكن معالجتها وصولا إلى وضع قائمة بالحلول المحتملة.

5. ترتيب تصنيفي غير مقيد بشروط : هـذا الأسلوب يتطلـب تصنيف مـواد العرض وتنظيمهـا في أجزاء تحت عناوين مختلفة ، وهذا الترتيب جيد عندما يكون لدى المتحدث الكثير مـن النقـاط المعقدة التي يجب تقديمها بوضوح .

وهنالك سبع خطوات بسيطة للتمرن على الإلقاء :

1. المراجعة الذهنية للمعلومات من خلال المخطط التمهيدي.
2. استعمال بطاقات تتضمن الأفكار الرئيسية للعرض الشفوي.
3. تصوير محاضرات اختبارية بالفيديو او آلة التسجيل ودراستها .
4. التمرين أمام اشخاص آخرين (الزملاء ، والزوجة ، والأصدقاء) .
5. التمرين على الأدوات المستعملة في الإلقاء (بيانات وخرائط والآت الأفلام والتسجيل).
6. التعرف على الغرفة التي سيتم فيها عرض المعلومات .
7. الجلوس في مقاعد المستمعين للإعتياد على الجو .

نصائح خاصة بإعداد الموضوع

مجموعة من النصائح الهامة والمفيدة التي سوف تساعدك في إعداد الموضوع إعدادا جيدا :

1. إذا لم تكن من المهتمين بالموضوع فارفض الدعوة لإعداد الموضوع .
2. إذا كانت معلوماتك عن الموضوع أقل من معلومات أغلبية الحاضرين فالأفضل لك وللحاضرين أن لا تقوم بإعداده .
3. إذا كنت من أصحاب الخبرة الشخصية في الموضوع ، وتنقصك الخلفية الأكاديميـة فـلا تتخـوف مـن الحديث في الموضوع لأنه في بعض الأحيان يكون الأكاديميين في حاجـة لتلقـي خلاصـة المعرفـة مـن أصحاب الخبرات .
4. إذا كانت معلوماتك عن الموضوع قليلة ، وكانت أمامك الوقت الكـافي للدراسـة وجمـع المعلومـات فلا تتردد في إعداده .
5. حدد الرسالة التي تريد توصيلها للحاضرين .
6. إختار بدقة الكلمات التي تعبر عن المعني الذي تريد توصيله .

7 . قم بإعداد إطار عام للموضوع وحدد فيه النقاط الرئيسية والهدف من كل نقطة ثم رتب النقاط حسب أهميتها وإلتزام أثناء العرض بالإطار الذي حددته للموضوع .

8 . لابد أن يكون هناك ترتيبا منطقيا وعلاقات منطقية بين الأفكار التي يتضمنها الموضوع

9. ضع عناوين لكل فقرة من فقرات الموضوع .

10. ينبغي أن يشتمل الموضوع على ثلاثة أجزاء رئيسية على الأقل وهي :

ا- مقدمة تجذب إنتباه الحاضرين .

ب- محتويات الموضوع .

ج- الخلاصة أو النتيجة .

11. أكتب الموضوع ثم إطبعه بخط واضح وبنط كبير يسهل عليك قراءته أو الرجوع إليه أثناء العرض .

5-12 مرحلة بدء ادارة التقديم الشفوي والعرض

يجب عليك في هذه المرحلة أن تصل إلى مكان العرض قبل أن يبدأ الموعد الرسمي بفترة كافية تستطيع فيها أن تهيئ نفسك للعرض الشفوي وتتأكد من ان تعليماتك بخصوص المكان والتجهيزات والوسائل البصرية والسمعية المساعدة قد تم تنفيذها بدقة .

ويجب عليك أيضا أن تنتبه إلى المهام التالية أثناء مرحلة بدء وإدارة التقديم الشفوي والعرض حتى يؤتي العرض ثماره المطلوبة ويتحقق الغرض كاملا منه وهذه المهام هي :

1. كلما كان تحضيرك للمادة جيداً, استطعت الانتباه إلى إشارات هامة, وبالتالي تضبط أسلوبك مع الدروس.

2. اذهب إلى قاعة التدريب مبكراً لتعطي نفسك وقتاً للاستعداد.

3. افحص المنظر من عدة مقاعد لتتأكد أن كل شخص يمكنه أن يرى شاشة العرض من أعلى السبورة الورقية.

4. افحص كل المعدات وتأكد من أنها تعمل وكيف تعمل.

5. كن مرتاحاً مع المشاركين قبل البداية رسمياً. اختلط معهم لخلق التفاعل.

6. حدد قبل أن تبدأ إذا كان بعض أعضاء المجموعة ينتظرون محادثات هاتفية. هذا يعطيك إحساساً أفضل عن من يحتاج أن يترك القاعة مقارنة بأولئك الذين يريدون مغادرة القاعة.

القواعد الخاصة بالدقائق الأولى من المحاضرة .

1. الانطباعات الأولى تدوم .
2. التآلف بين المحاضر والمستمعين .
3. جذب انتباه المستمعين .
4. أمثلة عن كيفية افتتاح العرض .
5. لغة الجسد .

التدريب على تقديم العرض

1. ضعْ قائمة المراجعة المستخدمة في التدريب لأنها سوف تساعدك على تقديم وعرض أفضل - .تأكدْ من وجود الملاحظات على بطاقات مثلاً بخط كبير مع تجنب القراءة على الجمهور .
2. راجعْ في ذهنك أفكارك مرتبة .
3. تدربْ على العرض واقفًا في مكان مشابه -ما أمكن- قاعة العرض الأساسية
4. قدمْ عرضًا تجريبيًا يشمل كل الأفكار مع استخدام وسائل الإيضاح كاملة، وليكن محلاً للفيديو .
5. راجعْ هذا الشريط مرة وأخرى، وقم بتغيير وملاحظة ما يلزم لتصل إلى الإتقان.

12-5-1 القواعد الخاصة بالدقائق الاولى من العرض

1- إظهار الاحترام وبناء الاتصال والتآلف من خلال الآتي :

- مشاركة المستمعين في العرض على قدم المساواة .
- إظهار أنك تحترم وقت المستمعين .
- إثبات أنك محاضر جيد وقمت بالتحضير جيدا .
- تبادل المشاعر مع المستمعين وتقدير ما يحسون به .

– النظر مباشرة إلى المستمعين، وتحقيق الاتصال البصري المباشر معهم لأن ذلك يجذب انتباههم

2- الافتتاح الجيد :

– الإشارة إلى الأوضاع الجارية .

– البدء بحكاية قصيرة .

– البدء باقتباس قول مأثور وقوله أمام المستمعين .

– البدء بوصف حالة واقعي متصلة بالموضوع .

ويحصل المستمعون على انطباعاتهم الأولى عن العرض من خلال الآتي:

1. مظهر المحاضر : ثيابه وأناقته .

2. مدى النظام في تقديم المتحدث للعرض .

3. الاتصال الأول للمتحدث بالمستمعين في شكل استقبال المستمعين والترحيب بهم .

نصائح خاصة بالمظهر أثناء العرض :

1- اهتم جيدا بمظهرك وملابسك , ولا تلبس ملابس ضيقة حتى تستطيق أن تأخذ نفسا عميقا كل فترة
.

2- اهتم بأن تكون حذاؤك مريحا حتى لا يؤثر ذلك على قدرتك على تحمل الوقوف لمدد طويلة .

3- تأكد من إحكام إغلاق أزرار ملابسك حتى لا تكون مثارا الانتقاد الآخرين وسخريتهم.

4-تحرك بحساب ولا تتحرك إلا لكي تكتب على السبورة او تشغل أي من أجهزة الإيضاح المساعدة .

5-لا تضع يديك وراء ظهرك أثناء الحديث.

6- تجنب أن تضع يديك في جيوب بنطلونك أما إذا كانت هذه من عاداتك التي لا تستطيع التخلص
منها فتأكد قبل العرض من خلو جيوبك من النقود المعدنية حتى لا تحدث جلجلة أو صوتا
يؤثر على تركيز وانتباه الحاضرين .

2-5-12 كيف تجذب أنتباه المستمعين

إبدا الحديث بإعطاء إحصاءات معينة عن الموضوع :

1. إبدا الحديث بسؤال مهم متعلق بالموضوع .
2. إبدا برواية واقعية متصلة بموضوع الحديث .
3. إبدا بالحديث عن الأوضاع الجارية أو أي حادثة مهمة حصلت مؤخرا مع ضرورة أن يكون الحدث ذو صلة بموضوع العرض .

إثنا عشر نصيحة في التآلف بين المتحدث والمستمعين :

1-احترم المتحدث للمستمعين .

2-مقابلة المستمعين قبل العرض ومصافحتهم وسؤالهم عن أسماءهم والتعرف إليهم كأفراد وذلك يحقق صلة تدوم خلال الوقت الكامل للعرض الشفوي .

3- الوصول إلى مكان العرض الشفوي في الوقت المحدد .

4- توزيع أوراق خاصة بالعرض الشفوي على المستمعين .

5- الاحتفاظ بإتثال بصري مباشر مع المستمعين ، وعدم النظر اليهم بشمولية عامة أو بعدم اهتمام أو بدون مبالاة .

6- تبادل الكلام عن المستمعين ومخاطبتهم بأسمائهم .

7- إظهار التقدير لأي فكرة جيدة تنطلق من أي مستمع والمديح الصادق في هذا المجال يصنع صلة جيدة بذلك المستمع وأي مستمع آخر يبدي فكرة جيدة .

8- إستغلال فترات الاستراحة في العرض لمتابعة بناء التآلف مع المستمعين والذي قد يتطور إلى لقاء جماعي .

9- طلب المعلومات من المستمعين عما يزعجهم وعما يريحهم في العرض الشفوي من حيث سرعة الكلام ، حرارة الغرفة ... إلخ .

10-توجيه المديح إلى المستمعين لتعزيز ثقتهم بأنفسهم .

11-الاستماع جيدا لما يقوله المستمعون ، والنظر إليهم مباشرة خلال حديثهم والتوقف برهة عن الكلام حتى ينهي المستمع كلامه كليا وعدم الإستهزاء بأي تعليق يقوله أحد المستمعين .

12-الانسجام مع طريقة كلام المستمعين فإذا كان كلامهم سريعا يجب أن يكون كلام المتحدث أيضا سريعا وإذا كان كلام المستمع بطيئا يبطئ المتحدث سرعة كلامه .

طرق جذب انتباه الحضور

لجذب انتباه واهتمام الحضور، هناك عدة طرق منها :

1. أغلقْ جهاز العرض العلوي عند الحاجة لشرح مطوّل لنقطة ما .
2. اتركْ صفحات فارغة بين الشرائح المعدّة مسبقًا، وتقدم للإمام خطوة .
3. امسحْ كافة المعلومات التي على السبورة لتجديد انتباه الحضور .
4. ضعْ بين الشرائح شريحة سوداء عند النقاط التي تحتاج إلى شرح .
5. اعرضْ المادة بالكشف التدريجي لجذب الحضور بسبب فضولهم للكشف عن الجزء الغامض .
6. تجنبْ توزيع أي نشرات أثناء العرض لكي لا يتشتت انتباه الحضور .
7. ضعْ المعدات في مكان يمكّن من الوقوف في وسط الغرفة لجذب انتباه الحضور(40 درجة من الحضور) .

وهناك نقاط تسع يجب أن تفكّر بها قبل أن تبدأ بالعرض، وهي :

1. جهاز العرض العلوي ومدى جاهزيّته .
2. لوحة الأرقام والأقلام وصلاحيّتها .
3. جهاز عرض الشرائح ومدى صلاحيّة العدسات .
4. أجهزة الكمبيوتر والبرامج، وذلك بفحصها والتأكد من عملها .
5. نشرات التوزيع وكيفيّة ترتيبها وكميتها المناسبة للجمهور .
6. المؤشرات وهل تحتاج إليها، ومدى وجود مؤثر احتياطي آخر .
7. الميكروفونات وتكون بأسلاك تسمح لك بالحركة مع ضبط الصوت المناسب لها .
8. الإضاءة والتوصيلات تكون بحالة جيدة، ويُفضّل ضوء بسيط أثناء عرض الشرائح حتى لا تكون شجماً في الظلام .
9. ترتيب المقاعد في وضع مريح للحضور ويمنع تشتيت الانتباه كأن يكون المدخل والمخرج في آخر الغرفة.

6-12 تقديم العرض

بأفكارك المطروحة تجنب الثالوث الخطر في العرض والذي يؤدي إلى فشل وهي (التصلب في المكان) رتابة الصوت عدم وجود الاتصال البصري.ويعتمد نجاحك في العرض على عاملين رئيسين هما :

-إدراكك وإلمامك لموضوع العرض .

-أسلوب وكيفيّة تقديم هذا العرض .

إرشادات التقديم :

هذه الإرشادات سوف تساعدك على تقديم عرض حركي وفعّال ومثير وهي :

1- **الوضعيّة:** أثناء وقوفك كن منتصباً باسترخاء على أن تكون مواجهاً للحضور مع توزيع وزنك بشكلٍ متساو على القدمين، ولا تحاول أن تنقل تركيزك من ساق لأخرى بشكل سريع ومستمر؛ لأن ذلك يشتت الجمهور .

2- **الحركة:** لا تتجمد في مكان واحد وفي نفس الوقت، لا تتمشّ ذهاباً وإياباً أثناء العرض، ولكن تحرك بشكل خطوة أو خطوتين في أي اتجاه، وسواء كنت على منصّة أو لم تكن عليك ألاّ تكون بعيداً عن جمهورك حتى تحقّق الاندماج معهم .

3- **توجيه الكتفين:** أثناء عرضك وجّه كتفيك نحو الحضور حتى تحقق الاتصال البصري، وعند وجود وسيلة إيضاح احرص ألاّ تزيد الزاوية بينك وبين الحضور عن (45 درجة) .ولا تتكلم إلا بعد حدوث اتصال بصري بينك وبين الحضور.

4- **الإيماءات:** تُستخدم الإيماءات للتوكيد في المحادثات دون أن نفكر ونخطط لهذه الإيماءات، بالرغم من ذلك تلعب الإيماءات دوراً هاماً في التقديم والعرض وتزيد من قناعات الحضور بعرضك إذا استخدمت بشكل مناسب في مكانها المناسب، وإن استخدام إيماءات غير طبيعية سوف يشتت انتباه الحضور مثل وضع اليدين في الجيوب، وتشبيك اليدين وراء الظهر، والوقوف مكتوف اليدين، وضع اليدين في الخاصرتين، وفرك اليدين بعصبيّة.

5- **الاتصال البصري :**

يدل الاتصال البصري مع الآخرين بالثقة بالنفس، بل ويفتح آفاقاً واسعة للتواصل مع الناس، ويساعد على تكوين العلاقات الجيدة، فعند تقديم العرض يتواصل مقدم العرض مع الحضور بصرياً مما يشركهم في العرض، ويجعل العرض أكثر جاذبية، كما أن الاتصال البصري يساعد مقدم العرض على الاسترخاء، ويخفف من الإحساس بالعزلة .

دلت التجارب أن أفضل اتصال بصري يكون من 1-3 ثانية لكل شخص، أما إذا كان الحضور كبيراً فقسّم الحضور إلى مجموعات مختلفة حتى تتواصل معهم بصرياً على شكل مجموعات، احذر من تجوّل بصرك في الغرفة أو الأسفل أو الأعلى أو تركيز بصرك على شخص أو مجموعة دون غيرها .

6- **استخدام الصوت :**

هناك ثلاث مشاكل متعلقة بالصوت وهي :

1) الرتابة: تحدث الرتابة عندما يفقد الصوت نبرته الطبيعية نتيجة القلق بحيث تصبح عضلات الصدر والحنجرة أقل مرونة، مما يخفف تدفق الهواء خلالها، ولتلافي تلك المشكلة عليك بالاسترخاء لتخفف التوتر، كما أن تحريك الجزء العلوي من الجسم يخفّف من حدة التوتر فتشعر بالاسترخاء، ويعود صوتك لوضعه الطبيعي .

2) التحدث بسرعة كبيرة: لا تعتبر مشكلة إلا إذا كان الكلام غير مفهوم من قبل المتحدث، ولكن عندما تقدم عرضاً فنياً أو تقنياً يجب أن تتحكم في سرعة نطقك، ولعلاج ذلك أصغِ لنفسك وأنت تقول آخر كلمة في جملة ما، ثم انتقل إلى الجملة الأخرى، وهذا الأسلوب له دور في جذب انتباه الحضور واستيعابهم لعرضك .

3) مشاكل طبقة الصوت: عند تقديم عرضك تأكّد من أن الجميع يسمع صوتك بوضوح تام، ولتجاوز هذه المشكلة يمكن إتقانها بالممارسة، ويمكن التدرب على التحكم بطبقات الصوت عن طريق عدة تمارين مثل استعمال غرفة أكبر من غرفة

التدريب مرتين للتحكم في طبقات الصوت أو غيرها من التمارين، ومن فوائد طبقات الصوت جذب انتباه واهتمام الحضور لعرضك .

7- أساليب السؤال والإجابة :

أ - **تشجيع الحضور على طرح الأسئلة:** الأسئلة هي عبارة عن معيار استيعاب الحضور لعرضك، لذا بادر الحضور وارفع يدك واطرح سؤالاً :ماذا لديكم من أسئلة؟ بعدها توقّف لفترة حتى يجمع كل واحد أفكاره ويرتّب سؤاله، ويؤدي رفع يدك إلى تحقيق هدفين :

-إشارة بصرية للبدء في طرح الأسئلة والمبادرة والتشجيع عليها منعاً للخجل .

-التنبيه للمساعدة في حفظ النظام، فالحضور سوف يرفع يده عند السؤال .

ب -**كيفية الاستماع إلى الأسئلة:** عند سماع الأسئلة، احذر من المشي- وأنت تستمع إلى الأسئلة، وكذلك من المقاطعة للسائل بقولك -أعرف قصدك جيداً- وكذلك أثناء الاستماع إلى الأسئلة تجنّب الحركات السلبية مثل فرقعة الأصابع أو فرك اليدين بعصبية أو هزّ الرأس بصورة سريعة؛ كل هذا سوف يربك السائل، ويهز صورتك التي رسمتها أثناء عرضك، بل أثناء طرح الأسئلة تخيّل أنك ما زلت تقدم عرضك بحماس وثقة وحيوية. أصغ للسائل؛ لأنك قد تستنتج معلومات أو مشاعر أو نوايا السائل .

ج -**الإجابة عن الأسئلة** :

1. استعدّ لأصعب الأسئلة وسوف يبدو ما دونه سهلاً، بعض المتحدثين يجهزون وسائل إيضاح لاستخدامها فقط عند الإجابة عن الأسئلة المتوقعة .
2. انتبه من جملة: هذا سؤال وجيه ويسعدني أنك قد طرحته، فإن ذلك يدل على عدم ثقة المتحدث في إجابته .
3. إذا تلقيت سؤالاً طويلاً فاطلب إيضاحه أكثر فذلك يعطيك وقتاً إضافياً لترتيب أفكارك .
4. إذا كنت تشك في عدم سماع أحدهم للسؤال فاطلب تكرار السؤال؛ لأن ذلك يعطيك وقتاً أكثر للتفكير .

5. حافظ على نمط أسلوبك الذي بدأت به أثناء الإجابة؛ لأن أي تغيير يوحي بعدم الثقة .
6. إذا كنت لا تعرف الإجابة فقل وبصدق -لا أعرف- أو اترك الحضور في التفكير في الإجابة؛ لأن ذلك يخرجك من المأزق ويحرر أفكارك .
7. استخدم قاعدة (25%-75%) أي وجّه 25% من اتصالك البصري إلى صاحب السؤال و 75% من الاتصال البصري إلى بقية الجمهور، خصوصاً في الأسئلة الهجومية؛ فذلك يجعلك مسيطراً على المواقف مهما ساءت .
8. لا تستخف بأي سؤال أو موضوع يُطرح من الجمهور، واجعل إجابتك بإيجاز غير مخلٍ، وإسهاب غير مخل .
9. تتضمن غالبية العروض وقتاً مخصصاً لطرح الأسئلة والإجابة، وأحياناً تُطرح خلال العرض، وأحياناً في نهاية العرض، أياً كانت فالمتحدث هو المتحكم في طرح الأسئلة والإجابة عنها، وفي نهاية الفترة المخصصة للأسئلة تستطيع أن تعلّق قائلاً (شكراً على أسئلتكم المفيدة) وبهذه الإرشادات تستطيع أن تقدم أقوى وأفضل عروضك، وستكون متحدثاً بارعاً.

1-6-12 أمثلة عن كيفية افتتاح التقديم الشفوي والعرض

1- **الحديث عن الأوضاع الجارية** : فالناس يهتمون بأي حوادث حالية وبما حصل حولهم ويمكن للمتحدث افتتاح حديثه بتعليق على حادثة محلية أو وطنية والتي تثير اهتمام المستمعين والمفيد على الأخص في هذا الإطار هي الأحداث الخاصة بالناس أو عن أشخاص آخرين أو اكتشافات جديدة أو الأوضاع المعيشية والأسعار مع ضرورة تجنب السياسة وأي مواضيع مثيرة للجدل والخلاف .

2- **الفكاهة** : إبدا براوية مضحكة أو ملاحظة مضحكة وتكون ذات صلة بموضوع التقديم الشفوي والعرض أو بنقطة مهمة يرغب المتحدث أن يفهمها المستمعون ، ولكن يجب تجنب النكت اللاذعة خاصة تلك غير المتعلقة بالموضوع والتي قد تسبب الشعور بالإهانة

3- **حكاية أو رواية قصيرة** : وهذا أسلوب آخر يصور أحد المفاهيم المهمة المتعلقة بموضوع الحديث مع ضرورة أن تكون الحكاية قصيرة جدا ومسلية ومؤدية نحو الموضوع دون استطراد ومن الأفضل أن تكون حكاية مثيرة لإهتمام المستمعين وليست مملة.

4- **اقتباس قول مأثور لأحد الأشخاص** : أو الاستشهاد بعبارات مأثورة مأخوذة من الكتب المهمة والتي تحمل الحكمة والتأثير والتي يمكن أن تزيد من وضوح أي نقطة معينة في موضوع الحديث والكتب الجيدة مليئة بعبارات كهذه من مختلف الأشخاص المشهورين وفي مختلف المواضيع ويمكن العثور على هذه الكتب في المكتبات العامة

وصف حالة واقعية : وذلك يجذب انتباه المستمعين لأنهم قد يشعرون بالتماثل مع هذه الحالة الواقعية

5- **بدء الحديث بسؤال** : والأسئلة مفيدة لأنها تتطلب جوابا ويجب أن يكون السؤال مثيرا أو محفزا للذهن وفيه شئ من الغموض وأن يرتبط بالنقطة التي يرغب المتحدث بإيضاحها .

6- **بدء الحديث بإحصاءات أو معلومات غير معروفة** : مثل القول للمستمعين : هل تعرفون أن القلب ينبض مليون مرة في حياة الشخص أو هل تعرفون أن الرعد فيه طاقة تنير مدينة بأكملها ؟ ...إلخ وأن تكون هذه الإحصاءات والمعلومات ملائمة للموضوع بحيث تؤثر بقوة في المستمعين .

خمسة أمور تفسد افتتاح العرض الشفوي

هناك الكثير من الأساليب الجيدة لإفتتاح العرض الشفوي بشكل فعال وكذلك هناك خمسة تفسد ذلك وبغض النظر عما يفعله المتحدث في الدقائق الأولي يجب أن يتجنب :

1. لا يجب أن يصل المتحدث متأخرا فذلك يعطي إشارة بأن كل ما يقوله في العرض الشفوي يمكن أن يتغير بسبب سواء في التنظيم والدقة .

2. لا يجب أن يبدأ المتحدث حديثة بالإعتذار لا تعتذر عن أي سئ وإذا كان ما حصل خطا كبير فالمستمعون هم أول من يدركه وسيعرفون أنك تعتذر ضمنيا عنه وأنك متأسف لحصوله دون أن تقول ذلك وإذا كان الخطأ بسيط لن يلاحظه المستمعون

الا إذا جذبت انتباههم إليـه بالاعتـذار ولا تبـدا أي قـول أو قصـة بالاعتـذار سـلفا عـن ضعفك في أسلوب القول أو الراوية ، لأن ذلك يفسد الغرض من القول لذلك لابد أن يفكر المتحدث إيجابيا في أخطائه .

3- لا يجب على المتحدث أن يبدأ العرض الشفوي بحكاية غير ملائمة وغير مناسبة لموضوع الحديث لآن ذلك يربك المستمعين ، ولا يجب روايه أي حكاية غير محتشمة أو لاذعة أمام المستمعين لأن ذلك قد يزعج بعض المستمعين اللذين قد يشعرون بالإهانـة . وإعلم أن : (الكلمـات لهـا قـوة وسـلطة والكلمات غيرت مجري التاريخ ومصير أشخاص كثيرين تفوهوا بها) .

4- لا يجب أن تبدأ الحديث بعبارات طويلة أو بطيئة .

5- إذا حدث عطل في تشغيل أدوات خاصة بالعرض الشفوي فذلك يمكن أن يفسد العرض .

2-6-12 السيطرة على القلق

يبقي القلق حالة طبيعية طالما أنه لا يعيقك عن العمل، وعند تقـديم أي عـرض يصـاحب ذلـك قلق فطري وضغوط طبيعيـة، والمهـم أن توظف هـذه الضـغوط لصـالحك لتقـديم عـروض أكثـر حماسًـا وفعالية .

ولكي تسيطر على القلق عليك اتباع ما يلي :

1- التنظيم: عدم التنظيم يسبب القلق، وكلما شعرت بـأن أفكـارك مرتبـة ومنظمـة زادت ثقتـك بنفسـك وتلامس القلق .

2-التخيّل: تخيل أنك تنجـز أعمالـك وعروضك بنجـاح وفعاليـة، وتذكـر أن التخيّـل الإيجـابي يولد نتيجـة إيجابية، والتخيّل السلبي يولد نتيجة سلبية .

3-التدريب :درّب نفسك باستمرار على التقديم والعرض أمام الزملاء أو أمام مـن تحب أو أمام المـرآة أو حرّك شفتيك أو صوّر نفسك بالفيديو، كل مـا سـبق هـو تـدريب ذاتي لنفسك، وتذكر أن الطريق الوحيد للإتقان هو التكرار (التدريب) .

4-التنفس بعمق: أنت تحتاج أثناء عرضك إلى العضلات التي تمد بالطاقة والحيوية، وهـي تعتمـد اعـتماداً كلياً على توفر الإكسجين اللازم من خلال الاسترخاء والنفس العميق، فقلّة التنفس تساعد على التوتر والقلق، لذا استرخِ ثم استرخِ ...

5-التركيز على الاسترخاء: تدرّب على التركيز على الاسترخاء بدلاً من التركيز على الخوف القلق، وصفِّ ذهنك من أي مشتّتات، فقط ركّز على تفكيرك بالاسترخاء .

6-إزالة التوتر: كلما زاد التوتر زاد انقباض العضلات، وقل التركيز مما يؤثر على تفكيرك وحيويّتك، والعكس يحدث عند ما يقل أو يتلاشى التوتر، كيف أتجنب زيادة التوتر؟ والجواب عن طريق تمرين الاسترخاء قبل تقديم العروض، فهي كفيلة بأن تزيل جوانب لديك.

7- التحرك أثناء تقديم العرض: قد يعاني المتحدث من التوتر نتيجة وقوفه في مكان واحد أثناء عرضه، لذا زيادة الحركة تساعد على التقليل التوتر سواء حركة الجسم أو اليدين أو الرأس أو العينين .

8-الاتصال البصري مع الجمهور: يساعد الاتصال البصري على جعل التعامل مع الحضور كعلاقة شخصية، لذا تواصل مع عيون الحاضرين أثناء عرضك، وكأنك توجه الحديث إلى كل منهم شخصيًا، فالاتصال البصري يزيد من استرخائك وجذب الحضور واهتمامهم بك.

7-12 استخدام الوسائل السمعية والبصرية

يريد المتحدث تحقيق أقوى تاثير لعرضه ونحن نعرف أن أعظم تأثير للتقييم الشفوي يحصل ليس فقط عندما يسمع المستمعون كلام المتحدث وحسب بل عندما يدركونه أيضا بوسائل أخرى تجعله أقرب إلى الواقع والتطبيق في جو مريح وهنا تتوافر وسائل ومعينات مساعدة كثير بدءاً من اللوحات الورقية ووصولا إلى الأفلام الوثائقية والفيديو والكمبيوتر ولكن يحتاج المتحدث إلى دليل يوجهه عن توافر هذه الوسائل وكيفية استعمالها ومتى يجب استعمالها وبعد ذلك يمكن للمتحدث تحقيق أقصى منفعة منها للعرض الشفوي.

عناصر متعلقة بغرفة العرض

1. ترتيب مقاعد الغرفة بما يتوافق مع طبيعة العرض الشفوي وغرضه .
2. تحديد الوسائل السمعية والبصرية المستعملة مع تذكر أنه يجب على كل مستمع أن يكون قادرا على مشاهدة وسماع ما يقدم بواسطة هذه الوسائل .
3. الإضاءة الجيدة هي عنصر مهم في العرض .
4. حرارة الغرفة حسب المناخ وكيفية ضبط هذه الحرارة بما يتوافق مع الجو المطلوب .
5. أن تكون مقاعد المستمعين مريحة .
6. تحديد مواقع الألواح الورقية وحجمها وعددها وهذا ينطبق على سائر الوسائل المستعملة في الغرفة .
7. تحديد متى يجب إستعمال الميكرفون أو مكبر الصوت في الغرفة (مثلا : عندما يزيد عدد المستمعين بالغرفة على خمسين مستمعا)

عناصر الصوت في الغرفة

معظم القاعات أو الغرف العامة المخصصة للعروض فيها أنظمة خاصة بالصوت والوسائل الصوتية أو السمعية . ولابد من التأكد من النقاط التالية في هذا الإطار :

1. في بعض الأحيان تخفق الآلات والأدوات في العمل ولذلك لابد من فحصها قبل وقت العرض .
2. تحديد قوة صوت الميكرفون و قبل وصول المستمعين .
3. التأكد من وصول الصوت إلى كل أنحاء الغرفة وإلى كل المستمعين .

ومن ناحية أخرى يمكن توفير الماء أو المرطبات للمستمعين خارج قاعة العرض في فترات الاستراحة وقد يفضل البعض القهوة كما يجب توافر الماء للمتحدث في فترات الاستراحة .

عنصر الحرارة في الغرفة

ويعتبر هذا من أهم عناصر العرض الشفوي والذي يشكو منه معظم المستمعين وهنا لابد من ضبط حرارة الغرفة بحيث بكون معتدلة البرودة أو معتدلة السخونة وذلك قبل بدء العرض ووصول المستمعين ومعظم القاعات والغرف المخصصة للعروض فيها أجهزة خاصة

بالحرارة على شكل نظام تدفئة أو نظام تهوية وتبريد ويجب أن يعرف المتحدث كيفية بشغيل هذه الأجهزة .

يجب إستعمال الوسائل البصرية في أي وقت يرغب فيه المتحدث التشديد على نقطة معينة وجعل المستمعين يشاهدون تفاصيلها إما بشكل مكتوب على لوحة ورقية أو على شكل خريطة بيانية أو رسم أو صورة (على الفيديو أو سلايد أو على شاشة الكمبيوتر) وبشكل عام يوجد العديد من الحالات التي تفرض استعمال الوسائل البصرية .

12-7-1 إستعمال الوسائل البصرية

1. إضافة التشويق إلى طريقة العرض الشفوي .
2. الرغبة في زيادة حفظ المستمعين للمعلومات .
3. تفسير مفاهيم جديدة .
4. تلخيص مفاهيم جديدة .
5. تقديم معلومات معقدة مثل الإحصاءات والرسوم البيانية .
6. إبعاد انتباه المستمعين عن المتحدث .
7. زيادة إشراك المستمعين في الحديث .

كيفية إستعمال الوسائل البصرية

أن الأنواع الشائعة للوسائل البصرية المستعملة هي كما يلي :

1. السبورات المختلفة الأنواع .
2. الألواح الورقية والخرائط البيانية
3. أوراق مطبوعة توزع على المستمعين .
4. الكمبيوتر ، وآلات العرض الخاصة به .
5. آلة عرض سينمائي .
6. آله عرض صور (سلايد slide) .
7. الفيديو .

والقاعدة الأولى العامة في استعمال هذه الوسائل هي عدم إرهاقها بالمعلومات أما القواعد الاخرى فهي :

1. أن تكون المعلومات البصرية المقدمة بسيطة فلا تزيد مثلا عن خمسة أسطر في الألواح الورقية أو الشفافيات ، أو الكمبيوتر ، وان تكون الكتابة بأحرف كبيرة وملونة، وألا يزيد السطر الواحد عن خمسة كلمات أما الرسوم البيانية فيجب ايضا أن تكون مبسطة نظيفة وسهلة الفهم .
2. أن تكون المعلومات البصرية المقدمة واضحة غير مشوشة . فمثلا يكتب المتحدث ملاحظته على اللوح ببطء ووضوح بحيث تكون الأوراق المطبوعة الموزعة جيدة الطباعة.
3. أن تكون المعلومات البصرية المقدمة متقنة ومشغولة بدقة وإحكام فمثلا تكون الكتابة على الألواح الورقية بخطوط مستقيمة غير متعرجة .
4. أن تبدو المعلومات البصرية متناسقة ومتماسكة .
5. أن تكون المعلومات البصرية المقدمة بسيطة وغير متشابكة فمثلا يمكن أن تشرح فكرة واحدة على لوحة ورقية واحدة واستعمال لوحة أخرى لشرح الفكرة الأخرى .
6. عدم كتابة جمل طويلة على اللوح لأنه من الأسهل على المستمعين إستيعاب الجمل القصيرة أو الصور والرموز والكلام لصنع التأثير البصري الفعال .
7. من الأفضل أن تكون الصور والأفلام وأشرطة الفيديو وأقراص الكمبيوتر واضحة وملونة .
8. أن تكون الرسوم التي يرسمها المتحدث بنفسه واضحة وأن يكون لديه فكرة مسبقة عن شكلها.

التقنيات الجديدة لتقديم العرض

التقدم الحالي للكمبيوتر أدّى إلى قفزات هائلة في مجال العرض والتقديم، وفيما يلي بعض التقنيات الحالية لإعداد وسائل العرض والتقديم .

1-أجهزة الكمبيوتر بجميع ملحقاته من الطابعة والأقراص، المبرمجة، والماسحات الضوئية وكذلك الوسائط المتعددة .

2-شاشات وأجهزة العرض، والتي تعرض عروض الكمبيوتر بشكل واضح .

3-البرامج بشكل عام من برامج معالجة الكلمات وبرامج العروض وبرامج الرسوم .

4-المؤشرات الهاتفية والتلفزيونية التي تمكن من التواصل من أماكن بعيدة.

إرشادات حول استخدام المؤشر :

1-يمكن استخدام المؤشر لإعطاء إشارة بصرية سريعة .

2-عند استخدام المؤشر وجه كتفك نحو الحضور بمعنى أمسك المؤشر باليد الأقرب للشاشة .

3-لا تعبث بالمؤشر في حالة عدم استخدامه .

4-استخدم المؤشر على الشاشة، وليس على جهاز العرض العلوي .

5- عند ترك المؤشر فوق جهاز العرض يؤدي إلى زيادة التركيز على الشاشة وتشتيت الانتباه .

6-عند استخدام مؤشر الليزر يجب مراعاة ما يلي :

-لا تُؤشرْ به نحو شيء ما بل إلى أشكال أو رسومات، فسيؤدي ذلك إلى إخفاء ارتعاش اليد .

- مؤشر الليزر أداة جديدة، قد يركز الحضور انتباهه عليها، لذلك لا تكثر من استخدامه .

الألواح الورقية أو الخشبية

اللوح سواء كان ورقيا أو خشبيا هو أكثر الوسائل البصرية توافرا واستعمالا وهو سهل الاستعمال وفعال في إيصال المعلومات والأفكار وغير مكلف نسبيا والألواح الورقية أفضل من لوح الخشب لأنها متعددة الاستعمالات وتحفظ المعلومات ولا يضطر المتحدث إلى محوها للكتابة من جديد كما يحصل في لوح الخشب وهي تعد عدة هامة جدا في التقديم الشفوي للمعلومات ولا تحتاج إلى مهارة كبيرة وهنالك عدة استعمالات لهذه الألواح الورقية (واللوح بشكل عام) :

1. تقديم المعلومات التي يرغب المتحدث في التشديد عليها .
2. تركيز انتباه المستمعين في شئ محدد ومكان محدد .
3. تدوين معلومات معينة وحفظها خاصة إذا كانت صادرة عن المستمعين .
4. إعادة عرض ما تكلم عنه المتحدث .

5. تشجيع المستمعين على المزيد من الاشتراك في الحديث .

ويمكن للمتحدث تحضير الألواح الورقية وكتابتها سلفا قبل العرض الشفوي للمعلومات لتوفير الوقت خلالها إن الإيحاء الحقيقي للمستمعين يحصل كما يلي :

1. عندما يفهم المستمعون ما يرغب المتحدث في إبلاغه .
2. عندما يفهم المستمعون بإيجابية وقناعة إلى المتحدث ولما يريد إبلاغه لهم .
3. عندما يتذكر المستمعون جيدا ما يتم تقديمه بواسطة المتحدث والوسائل البصرية قيمة في هذا الإطار لأنها تسهل حصول هذه الأمور الثلاثة .
4. توجيهات عامة لاستعمال اللوح والألواح الورقية .
5. استعمال أكثر من لوح واحد حيثما أمكن .
6. إستعمال الجزء الأعلى من اللوح حتى يتمكن جميع المستمعين بمن فيهم أولئك الجالسين في مؤخرة القاعدة من مشاهدة الكتابة على الألواح .
7. تحضير أوراق اللوح الورقي مسبقا قبل العرض الشفوي للمعلومات وذلك يجعلها أكثر ترتيبا ووضوحا وأسهل للقراءة .
8. إستعمال أقلام يمكن محو حبرها بسهولة وبحيث بكون خطها عريضا لكتابة الكلام بوضوح .
9. استعمال أقلام ملونة للألواح الورقية وبألوان قاتمة .
10. رسم إطار في صفحة كل ورقة لزيادة الوضوح .
11. إستعمال أوراق بسطور باهتة غير بارزة تسهل الكتابة بخط مستقيم مع المحافظة على وضوح الكتابة .
12. يجب التأكد أنه يمكن لكل المستمعين مشاهدة اللوح .
13. تعليق الأوراق المهمة في أماكن أخرى من الغرفة ليسهل متابعتها من قبل المستمعين.
14. ترقيم أوراق اللوح والخرائط والبيانات .
15. الاحتفاظ دائما بأوراق وأقلام اضافية من كل الأحجام والألوان .

16. طلب مساعدة أحد المستمعين في تحضير اللوح الورقي والمساعدة في الكتابة عليـه وذلك يـوفر جهد الكتابة على المتحدث خلال الكلام .

17. المشكلة الوحيدة الخاصة باللوح الورقي او الخشبي هي الحجم الذي لا يكون كبيرا عادة بما فيه الكفاية لتمكين الجميع من مشاهدة ما يكتبه المتحدث ولذلك تعد هـذه الألواح مناسبة فقط لمجموعات المستمعين المتوسطة او الصغيرة .

ولا بد أن تسيطر على الجو العام للعرض وتظل متماسك الأعصاب مهما ساءت الظروف، فتقديم العرض قد يمر بظروف وعقبات عديدة لم يُخطط لها، لذا عليك كمقدم عرض أن يكون لديك خيارات لأسوأ الظروف وبدائل جاهزة لتفادي أي عارض مع هدوئك التام وثقتك بنفسك، وتأكد أن هذه الوسائل ما هـي إلا مساعدة لك في عرضك، المهم هو أنت وثباتك وتحكمك بالموقف .

الارتجال الناجح في الحالات الطارئة :

عندما يُطلب منك الحديث بشكل مفاجئ، ولم تكن معداً لنفسك بشكل مناسب فلا ترتبك؛ لأنك غالباً لديك إلمام عن عملك بشكل جيد، لذا تصرف وفقاً للخطوات التالية :

أولاً: التفكير وترتيب الأفكار مثل :رتب أفكارك وعرضك حسب

1) الماضي – الحاضر – المستقبل.

2) الإنتاج – الدعاية – التسويق .

وتذكر المميزات والعيوب فهي مفيدة في المواقف التي تتطلب إقناعاً .

ثانياً: التحدّث .

1) اذكر بعض الملاحظات التمهيدية لتجمع شتات أفكارك وهدوء أعصابك .

2) كوّن جملة عرض توضح الأفكار الرئيسة أي المحور الذي سوف يـدور حولـه العـرض، ويفضـل أن يكـون أفكاراً مجزئة.

3) ادخل في لبّ الموضوع بالحديث عن أفكارك المجزئة عن المحور الأساسي للعرض، وليكن عـرض الأفكار مثلاً بنمط (الماضي – الحاضر – المستقبل).

4) راجع الأفكار الرئيسة وذلك بإعادتها والتأكيد عليها بإيجاز .

5) ضع خاتمة للعرض؛ فكما بدأت قوياً يجب أن تنتهي بشكل قوي؛ لأنه هو الذي سوف ينطبع في الذهن عند عرضك.

8-12 لغة الجسد وأهميتها في العرض والتقديم

ما هي الحركات السليمة للقائمين بالعرض .

1. الوقوف بانتصاب أمام المستمعين : وهذه وقفة ثقة يتوزع فيها وزن الجسد بالتساوي على القدمين وتعطي إنطباعا بالثقة والثبات .
2. النظر مباشرة إلى المستمعين : وهنا تكون المحافظة على اتصال بصري مع المستمعين سوف يشعرون بأنه يخفي عنهم أمرا ما بغض النظر عما يقوله ويبدأ الاتصال البصري مع الوجوه التي تبدو ودودة ومحبة للمتحدث ثم يفرع إلى المستمعين .
3. يجب أن يكون المتحدث مسترخيا : لأن التوتر العصبي يصل بسرعة إلى المستعين تماما مثل الكلمات . وإذا كان الحديث متوترا ولا يشعر بالراحة في إلقاء محاضرته يكون بجاوب المستمعين إليه مماثلا .
4. الحركات الجسدية الملائمة : بأن يكون المتحدث متكلما ديناميكيا .
5. ان يكون المتحدث حازم : اي لا يكون مترددا في الكلام خاصة في بداية الحديث .
6. الابتسام : فالابتسام يوحي بالثقة والانفتاح والارتخاء .

ما هي الحركات الشائعة للقائمين بالعرض :

1. التأشير بالأصابع : وهذه حركة شائعة ولكن لا يجب استعمالها بكثرة والتأشير بالإصبع يساهم في التشديد على قول معين أو جذب الانتباه إلي فكرة معينة ويمكن في بعض الأحيان أن يفهم سلبيا من قبل بعض المستمعين .
2. التأشير باليدين إلى اسفل : وهذا يشير إلي قوة الكلام وحزمه وتشمل تحريك الذراع في حركة قوية لحسم نقطة ما أو موضوع ما .
3. التأشير باليدين إلى الأعلى : وهي حركة تحث على الوقوف والكلام لدي تقديم فكرة تستحق الاعتبار والمناقشة .

4. حركة جانبية قاطعة باليدين : أو بيد واحدة : وهي تشير إلى نهاية نقطة ما وبداية نقطة أخرى .
5. حركة أمامية لليد : وهي تشير إلي الوقوف وتستعمل لإبطاء حركة المستمعين وجو النقاش وتستعمل لإيقاف الجدل والانتقال إلى الجد والعمل .
6. القبضة المرتفعة : و هي تظهر العزم والتصميم أو الغضب لكن يجب الحذر منها لأنها إشارة إلى القتال .

نصائح في وضع الجسم

مجموعة من النصائح الخاصة بوضع جسمك وتعبيرات وجهك وصوتك وطريقة نطقك أثناء التقديم الشفوي والعرض .

اولاً: وضع الجسم .

1. ينبغي أن تكون واقفا في مواجهة الحاضرين وجها لوجه .
2. لا تكن صلبا أو (متخشنا) في وقفتك .
3. استخدام يديك بحساب لكي تعبر عن حركات بسيطة يكون هدفها توضيح المعني للحاضرين .
4. إذا كانت تستخدم ميكروفونا فراعي ان يكون وجهك بعيدا عن الميكروفون في حدود من 10- 20 سم لكي ينتقل الصوت بسهولة للحاضرين وبدون ضوضاء .
5. لا تحرك الخاتم الذي في إصبعك أو تضع أشياء في جيبك وأنت تتحدث .

ثانياً:نصائح الصوت والنطق .

1. لا تضع يدك على فمك أثناء الحديث .
2. خذ نفسا عميقا قبل أن تبدأ وعند كل موقف وفي نهاية كل فقرة .
3. دع صوتك ينطلق بصورة طبيعية وتحكم في درجة الصوت بالطريقة التي تجعلك تعبر عن مضمون رسالتك .
4. تحكم في نبرات صوتك و لا تجعها على وتيرة واحدة واعرف متى ,اين ترفعها أو تخفضها .

5. راع أن يكون صوتك مريحا أثناء الحديث ولا تجهد صوتك بأن تتحدث في نـبرات غـير دقيقـة وغـير منتظمة فالصوت العالي نسبيا مطلوب ولكنه لا يضمن بالضرـورة جـذب انتبـاه الحـاضرين كـما أن الصوت المنخفض أكثر من اللازم قد يجعل المستمعين يسغرقون في النوم أنسب درجة للصوت هـي فوق المتوسط قليلا .
6. انطق كل كلمة على حدة ولا تنطق أكثر من كلمة في لفظ واحد حتى تكون مفهوما .
7. اختار الجمل البسيطة والكلمات السهلة التي تصل لإذهان المستمعين بسرعة .
8. لا تستخدم بعض الكلمات مثل آآآآآآآآ أو م م م م م م م .
9. إذا كانت هناك مصطلحات فنية اشرحها .
10. اتستخدم كلمات تحمل معاني عامة ومعاني خاصة .
11. جعل نطقك للألفاظ سليما ولا تتحدث بعصبية .
12. توقف عدة ثوان قليلة بعد عرض كل فكـرة لـكي تسـتقر في أذهـان المسـتمعين ولـكي تلـتقط أنـت نفسك .
13. اذا كنت تستخدم ميكروفونا فجربه قبـل أن تبـدأ في العـرض واضـبط جرحـة الصـوت لـكي يكـون واضحا لكل المستمعين .
14. لا تكرر بعض العبارات مثل (انني أعني) ... أو (أعني بذلك أن) أو (هل فهمتم ما أقول) .

ثالثاً : نصائح في تعبيرات الوجه اثناء العرض .

1) لا تجعل تعبيرات وجهك جامدة أثناء الحديث بل اجعلها معبرة .
2) اجعل عينيك على مستمعيك باستمرار لكي تعرف ردود أفعالهم واستجابتهم لما تقول .
3) لا تركز بعينيك على الجالسين في الصفوف الاول بل ركز على جميع الحاضرين .
4) تجنب النظر الى اسف أو إلى الامام (بعيدا عن الحاضرين) .
5) استخدام الايماءات الطبيعية المناسبة التي تخدم العرض .
6) تجنب عمل أي ايماءات بالقلم .

رابعاً: نصائح في الدعابة أثناء العرض .

1) لا تجعل العرض يمر بدون دعابة تشد انتباه الحاضرين .

2) اجعل الدعابة نابعة من الموضوع نفسه وليست مفتعلة .

3) افضل دعابة هي ما تكون بأسلوبك انت .

4) حاذر من استخدام الدعابة في غير أوانها .

5) ينبغي ان تكون الدعابة قصيرة ومضحكة فعلا .

6) لا تضحك بعد ان تلقيها فقد تكون انت الشخص الوحيد الذي يضحك .

9-12 تحضير خاتمة العرض الشفوي

قد يكون من المستحسن أن يتوافر لدى المتحدث فكرة واضحة عن خاتمة العرض الشفوي قبل البدء وأسوا خاتمة هي الخاتمة العادية كالقول مثلا : (وهكذا نكون قد انتهينا هل توجد أي أسئلة) وبالإمكان تجنب هذه الخاتمة الضعيفة بأن تعرف سلفا ما سوف تقوله في الخاتمة وأن تقوله بحماس عاطفي ويكون التحضير المسبق لهذه الخاتمة بأن تسأل نفسك الأسئلة التالية:

1. ماذا يريد المستمعون من العرض الشفوي ؟ ومن المتحدث ؟
2. ما يمكن أن تكون اعتراضات المستمعين على تنفيذ رسالة المتحدث ؟
3. ما هي مدى قوة حجتك في العرض الشفوي ؟
4. ما هي الخطوات التالية للعرض الشفوي التي يستوجب على المستمعين تنفيذها ؟

ويتطلب التوجه العاطفي نحو مشاعر المستمعين وجود خلفية نفسية عاطفية مشتركة بين المتحدث والمستمعين وبين المستمعين أنفسهم لأن ذلك التوجه يستند إلى إفتراض وجد معتقدات مشتركة وهذا يصح على كل أنواع المستمعين شرط أن يعرف المتحدث تماما نوعية مستمعيه وحاجاتهم ورغباتهم . والخاتمة حرفيا هي آخر كلمات المتحدث إلى المستمعين ولذلك يجب أن يستغلها كل إستغلال شرط أن تكون موجزة غير مملة وأن تلهم المستمعين إلى العمل ويمكن أن تتضمن الخاتمة ما يلي :

1. الأقوال المأثورات : من الأشخاص أو الكتب التي تعد مرجعا رئيسيا في موضوع العرض الشفوي .

2. القصص والحكايات الموجزة : ويحتاج إليها المحاضر لإبراز ما في الخاتمة ، شرط أن يثير أسلوب السرد مشاعر المستمعين . والقصص الملائمة في هذا المجال هي :

   – القصص الخاصة بالنجاح في أي من مجالات الحياة .

   – قصص تروي الصعود من الفقر إلى الثراء .

   – قصص تروي الصعود من الحضيض إلى القمة .

   – قصص تروي التحول من الهزيمة إلى النصر .

3. الدعوة الحثيثة إلى العمل : وهنا يذكر المتحدث المستمعين بأن الكلام يكون فعالا فقط عندما يتحول إلى عمل ولا بأس أن يتحدي المتحدث قدرة المستمعين على العمل فهذا التحدي فعال ومؤثر في نفوس المستمعين وهو أسلوب مرض لإختتام العرض الشفوي ومرض للمتحدث والمستمعين ، على السواء .

4. شرح الخطوات العملية والتطبيقية للعرض الشفوي .

ما يجب تجنبه في خاتمة العرض الشفوي

1. الاعتذار من المستمعين وهذا لا يجب أن يحدث فقط في خاتمة العرض الشفوي بل حتى خلاله وإذا كان لابد من الاعتذار فلا يجب أن يحدث أبدا في نهاية العرض الشفوي .

2. الاعتراف بتجاوز نقاش مسالة ما لأنه قد يكون الوقت تأخر كثير للعودة إلي تلك المسالة وهكذا يصبح الاعتراف غير ضروري ولابد من متابعة الموضوع.

3. عدم إعطاء الخلاصة النهائية فذلك يترك المستمعين دون فكرة موجزة واضحة عن العرض الشفوي .

4. الاستطراد المطول : يجب أن تكون الخاتمة قصيرة ومشوقة وأي بث مطول لها يسلبها عنصر التشويق .

الوداع :يجب أن يكون الوداع حماسيا مثل الترحيب وأن يشمل الأمور التالية :

1. شكر المستمعين على وقتهم وحضورهم ومشاركتهم .

2. كلمة توديعية مختصرة .

3. أن يبقي المتحدث موجودا بعد العرض الشفوي حتى ذهاب كل المستمعين .

والأمر الأخير بالغ الأهمية وغالبا ما يتجاوزه الكثير من المتحدثين فقد يرغب بعض المستمعين في محادثة المتحدث بعد العرض الشفوي ولا يجب على المتحدث أبدا أن يفوت عليهم هذه الفرصة وأن يبقي متحمسا لمخاطبتهم تماما كما كان في العرض الشفوي وعدم التحدث مع المستمعين بعد العرض الشفوي بالشكل الملائم قد يفسد نتيجة العرض وتشمل هذه المحادثة طرح بعض الأسئلة من قبل المستمعين والتي يجب أن يجيب عليها المتحدث بكل طيب خاطر .

أسئلة الفصل الثاني عشر

س1 : ما هو مفهوم العرض والتقديم .

س2 : ما هي مراحل التقديم الشفوي والعرض .

س3 : ما هي آلية إعداد واستخدام وسائل الإيضاح .

س4 : ما هي الكيفية التي يتم ترتيب المعلومات لعرضها .

س5 : ما هي خصائص مادة الالقاء والعرض .

ضع دائرة حول الاجابة الصحيحة فيما يلي :

س1 : ان مفهوم الالقاء هو .

أ- من الإقناع والاستمالة, بمعنى أنها تتعامل مع عقل وعاطفة المستمعين .

ب- وهي توصيل معلومات معينه لحضور يستمع للمتحدث.

ج- ولهذه المهارة فوائد عدة منها ما هو شخصي وما هو اجتماعي .

د- جميع ما ذكر صحيح .

س2 : عليك أن تقيّم ذاتك من خلال الأصناف التالية، وإلى أي صنف تنتمي :

أ- المتجنّب لا يبذل كافة الجهود للهروب وتجنب مواجهة الآخرين والأعمال التي تتطلب عروضًا.

ب- المتردّد يتعلل بالتردّد والخوف عندما يُطلب للتحدث أمام الآخرين، وعند عرضه مكرهًا يتعلل بالمعاناة .

ج- المتقبّل يقدّم العروض، ولكنه يبحث عنها، ويتمتع بالتحدث أمام مجموعة من الأشخاص .

د- جميع ما ذكر صحيح .

س3 : نحتاج الى مهارة التقديم الشفوي وعرض المعلومات في الحالات الآتية .

أ‌- عرض التقارير والمذكرات لنقل المعلومات عن موضوعات معينة .

ب‌- العرض الشفوي للمشكلات ، وبدائل حلولها .

ج‌- العرض الشفوي للإنجازات .

د‌- جميع ما ذكر صحيح .

س4 : تشمل مرحلة ما قبل العرض والتقديم الشفوي ما يلي .

أ‌- تخطيط وتحديد الهدف من التقديم والعرض الشفوي .

ب‌- تحديد التخطيط النفسي .

ج‌- تخطيط العمل الجماعي .

د‌- جميع ما ذكر صحيح .

س5: من أنواع المستمعين هي :

أ‌- المستمع الذي لا يرغب في الحضور (ليس يرغب في الحضور) .

ب‌- مستمع تطوعي (كأنه يذهب إلى عطلة) .

ج‌- المستمع حديث المعرفة (هو فخور بمعرفته ويظن انه ليس بحاجة الى الحضور).

د‌- جميع ما ذكر صحيح .

س6 : بعض الخصائص في عملية الالقاء والعرض حتى تكون ناجحة وهي :

أ‌- صريحة غير متحيزة .

ب‌- صحيحة أو مضبوطة .

ج‌- واضحـة أو جليـة .

د‌- جميع ما ذكر صحيح .

س7 : يشتمل الشكل النموذجي الأولي للمخطط التمهيدي لالقاء والعرض .

أ‌- مدة العرض .

ب‌- المادة المعنوية.

ج‌- عدم معرفة كيفية القاء العرض

د‌- جميع ما ذكر صحيح .

س8 : من القواعد الخاصة بالدقائق الاولى من العرض .

أ- إظهار الاحترام وبناء الاتصال والتآلف .

ب- مشاركة المستمعين في العرض على قدم المساواة .

ج- إظهار أنك تحترم وقت المستمعين .

د- جميع ما ذكر صحيح .

س9 : من الإرشادات سوف تساعدك على تقديم عرض حركي وفعّال ومثير وهي:

أ- الحركة .

ب- توجيه الكتفين.

ج- الوضعيّة.

د- جميع ما ذكر صحيح .

س10 :بعض النصائح في تعبيرات الوجه اثناء العرض .

أ- لا تجعل تعبيرات وجهك جامدة أثناء الحديث بل اجعلها معبراً .

ب- اجعل عينيك على مستمعيك باستمرار لكي تعرف ردود أفعالهم واستجابتهم لما تقول

ج- بعض ما ذكر صحيح .

د- ركز بعينيك على الجالسين في الصفوف الاول ولا تركز على جميع الحاضرين .

الاجابة الصحيحة

1. د

2. ب

3. د

4. أ

5. د

6. د

7. أ

8. د

9. د

10. ج

مراجع الفصل الثاني عشر

1. http://lorien.ncl.ac.uk/ming/dept/Tips/present/present.htm

2. http://www.impactfactory.com/

3. http://www.nwlink.com/~donclark/leader/leadpres.html

4. http://keygroupconsulting.com/bestpresoflife.php

5. http://keygroupconsulting.com/commpresasses.php

6. http://www.google.jo/search?hl=ar&q=presntation+skills

Printed in the United States
By Bookmasters